国家出版基金项目
NATIONAL PUBLICATION FOUNDATION

"十三五"国家重点图书出版规划项目

城市安全风险管理丛书

城市公共交通风险防控

Risk Prevention and Control of Urban Public Transport

周　淮　主编　张兴根　施　勇　副主编

同济大学出版社
TONGJI UNIVERSITY PRESS

图书在版编目(CIP)数据

城市公共交通风险防控 / 周淮主编. —上海：同济大学出版社，2020.10

(城市安全风险管理丛书 / 钟志华总主编)

"十三五"国家重点图书出版规划项目

ISBN 978-7-5608-9510-9

Ⅰ.①城… Ⅱ.①周… Ⅲ.①城市交通运输—交通运输管理—风险管理—研究—中国 Ⅳ.①F572

中国版本图书馆 CIP 数据核字(2020)第 173348 号

"十三五"国家重点图书出版规划项目

城市安全风险管理丛书

城市公共交通风险防控

Risk Prevention and Control of Urban Public Transport

周　淮　主编　张兴根　施　勇　副主编

出 品 人：华春荣

策划编辑：高晓辉　吕　炜　马继兰

责任编辑：宋　立　高晓辉

责任校对：徐春莲

装帧设计：唐思雯

出版发行　同济大学出版社　www.tongjipress.com.cn

(地址:上海市四平路 1239 号　邮编:200092　电话:021-65985622)

经　　销　全国各地新华书店、建筑书店、网络书店

排版制作　南京文脉图文设计制作有限公司

印　　刷　上海安枫印务有限公司

开　　本　787mm×1092mm　1/16

印　　张　18

字　　数　449 000

版　　次　2020 年 10 月第 1 版　　2020 年 10 月第 1 次印刷

书　　号　ISBN 978-7-5608-9510-9

定　　价　88.00 元

内容简介

本书聚焦公共汽(电)车、轨道交通、出租汽车、省际客运、水上客运和大型综合客运枢纽六大板块,结合行业和企业管理实践,系统梳理了城市客运重点业态和设施的主要风险、评价与预警方法,总结城市客运风险防控的重点,提出风险防控措施的有效性和适用性,阐述了保险在城市客运交通领域发挥的作用。此外,结合国内外典型实践案例,系统解读了城市客运交通重点业态和设施的风险管控理论和方法。

本书是城市决策者、管理者及相关技术人员在风险管控领域必备读物,本书还结合上海实践,梳理城市客运风险防控法规和应急预案体系,总结行业风险防控试点工作情况。尤其为城市客运交通行业与企业管理人员及相关从业人员提供理论与技术指导。

作者简介

周　淮

教授、高级工程师，曾任市交通委正局级巡视员，现任上海市交通运输行业协会常务副会长兼秘书长，同济大学磁浮和轨道交通研究中心理事长，上海工程技术大学轨道交通协同创新中心理事长，上海交通大学交通运输研究所名誉所长。

曾长期从事城市交通管理工作，主持了全国 20 多个城市轨道交通初期运营评审，主持编制了城市轨道交通运营安全评价等 7 项国家、上海市标准，主编《中国有轨电车技术论丛》，负责研究了“上海全面深化交通运输改革评估及若干重点问题研究”“关于加强交通行业管理重大问题研究”等重大课题，荣获上海市决策咨询成果一等奖和上海市科学技术进步三等奖奖项。

“城市安全风险管理丛书”编委会

《城市公共交通风险防控》编撰人员

主　　编　周　淮

副 主 编　张兴根　施　勇

编 委 会　张兴根　上海市交通委安委办
　　　　　施　勇　上海市交通委铁路处
　　　　　蔡敬艳　上海市交通委道路运输处
　　　　　戴　祺　上海市交通委轨道交通处
　　　　　胡　敏　上海市交通委港务监管处
　　　　　戴敦伟　上海市交通委交通设施处
　　　　　马　斐　上海市城市交通运输管理处
　　　　　卞佳骅　上海市码头中心
　　　　　吴　申　上海市路政局
　　　　　陆　鑫　上海市航务管理处
　　　　　陈　辰　上海市交通发展研究中心
　　　　　陆海卫　上海巴士实业(集团)股份有限公司
　　　　　瞿展瑜　上海申通地铁集团有限公司
　　　　　王斌峰　上海浦东新区公共交通有限公司
　　　　　李　晟　上海强生出租汽车有限公司
　　　　　陆伟华　上海市客运轮船公司
　　　　　潘颖秋　上海市轮渡有限公司
　　　　　薛新康　上海崇明客运轮船有限公司
　　　　　陈　征　上海申虹投资发展有限公司
　　　　　鲍荣清　上海环亚保险经纪有限公司

总序

浩荡40载，悠悠城市梦。一部改革开放砥砺奋进的历史，一段中国波澜壮阔的城市化历程。40年风雨兼程，40载沧桑巨变，中国城镇化率从1978年的17.9%提高到2017年的58.52%，城市数量由193个增加到661个（截至2017年年末），城镇人口增长近4倍，目前户籍人口超过100万的城市已经超过150个，大型、特大型城市的数量仍在不断增加，正加速形成的城市群、都市圈成为带动中国经济快速增长和参与国际经济合作与竞争的主要平台。但城市风险与城市化相伴而生，城市规模的不断扩大、人口数量的不断增长使得越来越多的城市已经或者正在成为一个庞大且复杂的运行系统，城市问题或城市危机逐渐演变成了城市风险。特别是我国用40年时间完成了西方发达国家一二百年的城市化进程，史上规模最大、速度最快的城市化基本特征，决定了我国城市安全风险更大、更集聚，一系列安全事故令人触目惊心。北京大兴区西红门镇的大火、天津港的“8·12”爆炸事故、上海“12·31”外滩踩踏事故、深圳“12·20”滑坡灾害事故等等，昭示着我们国家面临着从安全管理1.0向应急管理2.0乃至城市风险管理3.0的方向迈进的时代选择，有效防控城市中的安全风险已经成为城市发展的重要任务。

为此，党的十九大报告提出，要“坚持总体国家安全观”的基本方略，强调“统筹发展和安全，增强忧患意识，做到居安思危，是我们党治国理政的一个重大原则”，要“更加自觉地防范各种风险，坚决战胜一切在政治、经济、文化、社会等领域和自然界出现的困难和挑战”。中共中央办公厅、国务院办公厅印发的《关于推进城市安全发展的意见》，明确了城市安全发展总目标的时间表：到2020年，城市安全发展取得明显进展，建成一批与全面建成小康社会目标相适应的安全发展示范城市；在深入推进示范创建的基础上，到2035年，城市安全发展体系更加完善，安全文明程度显著提升，建成与基本实现社会主义现代化相适应的安全发展城市。

然而，受制于一直以来的习惯性思维，当前我国城市公共安全管理的重点还停留在发生事故的应急处置上，突出表现为“重应急、轻预防”，导致对风险防控的重要性认识不足，没有从城市公共安全管理战略高度对城市风险防控进行统一谋划和系统化设计。新时代要有新思路，城市安全管理迫切需要由“强化安全生产管理和监督，有效遏制重特大安全事故，完善突发事件应急管理体制”向“健全公共安全体系，完善安全生产责任制，坚决遏制重特大安全事故，提升防灾减灾救灾能力”转变，城市风险管理已经成为城市快速转型阶段的新课题、新挑战。

理论指导实践，“城市安全风险管理丛书”（以下简称“丛书”）应运而生。“丛书”结合城市安全管理应急救援与城市风险管理的具体实践，重点围绕城市运行中的传统和非传统风险等热点、痛点，对城市风险管理理论与实践进行系统化阐述，涉及城市风险管理的各个领域，涵盖城市建设、城市水资源、城市生态环境、城市地下空间、城市社会风险、城市地下管线、城市气象灾害以及城市高铁运营与维护等各个方面。“丛书”提出了城市管理新思路、新举措，虽然还未能穷尽城市风险的所有方面，但比较重要的领域基本上都有所涵盖，相信能够解城市风险管理人士之所需，对城市风险管理实践工作也具有重要的指南指引与参考借鉴作用。

“丛书”编撰汇集了行业内一批长期从事风险管理、应急救援、安全管理等领域工作或研究的业界专家、高校学者，依托同济大学丰富的教学和科研资源，完成了若干以此为指南的课题研究和实践探索。“丛书”已获批“十三五”国家重点图书出版规划项目并入选上海市文教结合“高校服务国家重大战略出版工程”项目，是一部拥有完整理论体系的教科书和有技术性、操作性的工具书。“丛书”的出版填补了城市风险管理作为新兴学科、交叉学科在系统教材上的空白，对提高城市管理理论研究、丰富城市管理内容，对提升城市风险管理水平和推进国家治理体系建设均有着重要意义。

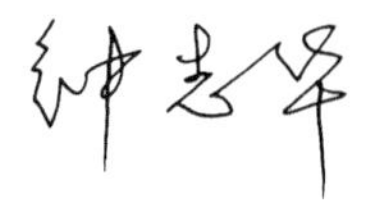

中国工程院院士

2018年9月

前言

随着我国经济的不断发展，交通成为人民生活中必不可少的组成部分，城市公共交通的迅速发展实现了便捷出行。公共交通是城市系统运行有机体中的重要一环，由于城市公共交通载客量大，运行环境复杂，具有较强的公众性、网络性和外部性，因此城市公共交通的安全生产事关人民群众生命财产安全，事关经济社会协调健康发展，事关改革发展稳定大局。

目前，城市公共交通行业安全生产形势严峻，公共交通领域是政府监管的重点领域，城市公共交通事故是交通行业事故的主要来源。城市公共交通实体量大，包含各行业经营业户的数量多、运输生产任务重；同时，城市公共交通行业安全风险点多、线长、面广，在人、车、物、路、环境、管理层面存在大量的安全隐患，安全风险存在叠加效应。

因此，系统地辨识城市公共交通各行业运行过程中存在的风险，全面地对城市公共交通存在的风险进行科学防控，对改善城市公共交通行业安全管理水平、保证城市公共交通的安全运行、保障人民生命财产安全和社会安全具有十分重要的意义。

基于此背景，本书总结了风险管理、风险防控、风险辨识的主要理论；基于城市公共交通行业发展现状，针对公共汽(电)车、轨道交通、省际客运、出租汽车、水上客运和大型综合客运枢纽等六类城市公共交通行业，分析了各行业在设施及运行、行业管理、风险防控方面的特点；从风险辨识与评价、风险防控措施、保险机制及应用三个方面，梳理了城市公共交通各行业的主要风险清单及对应的防控措施；通过详述各行业的重大事故案例及风险防控案例，生动反映了城市公交交通风险防控的实际发展。希望引起读者对城市公交交通安全风险的关注，为城市公共交通的风险防控提供一些参考与借鉴。

鉴于本书的相关案例以及经验总结仅涉及上海地区，书中仍有许多不足之处有待完善，恳请读者批评指正。

编者

2020 年 10 月

目录

第1章 总　论

1.1 城市公共交通行业概述

1.1.1 城市公共交通行业构成

本书主要聚焦城市公共交通行业，根据《国民经济行业分类》(GB/T 4754—2017)，社会经济活动划分为门类、大类、中类、小类四级，其中行业门类 20 个，行业大类 96 个，行业中类 432 个，行业小类 1 094 个。在该标准中，公共汽(电)车、轨道交通、省际客运、出租车、水上客运、综合客运枢纽归于交通运输、仓储和邮政业(G 门类)；综合客运枢纽涉及铁路运输、航空运输、道路运输、水上运输业四大类(表 1-1)。

表 1-1　　国民经济行业分类和代码

代码				类别名称
门类	大类	中类	小类	
G				**交通运输、仓储和邮政业**
	53			**铁路运输业**
		533		铁路运输辅助活动
			5331	客运火车站
	54			**道路运输业**
		541		城市公共交通运输
			5411	公共电汽车客运
			5412	城市轨道交通
			5413	出租车客运
		542		公路旅客运输
			5421	长途客运
			5422	旅游客运
		544		道路运输辅助活动
			5441	客运汽车站
	55			**水上运输业**
		551		水上旅客运输

(续表)

代码				类别名称
门类	大类	中类	小类	
			5512	内河旅客运输
			5513	客运轮渡运输
		553		水上运输辅助活动
			5531	客运港口
	56			**航空运输业**
		563		航空运输辅助活动
			5631	机场

1.1.2 城市公共交通行业现状

1.1.2.1 全国城市公共交通行业现状①

1. 客运装备

截至2019年年末，全国拥有公路载客汽车77.67万辆，比上年下降2.5%，其中大型客车30.31万辆，增长0.11%。公共汽(电)车69.33万辆，比上年增长2.9%，其中BRT车辆9 502辆，增长4.3%。按车辆燃料类型分，柴油车占17.4%，天然气车占21.5%，纯电动车占46.8%，混合动力车占12.3%。

全国轨道交通运营里程6 172.2 km，增加877.1 km；拥有轨道交通车站4 007个，增加599个；拥有轨道交通配属车辆40 998辆，增长20.5%。

拥有巡游出租汽车139.16万辆，增长0.2%。拥有城市客运轮渡船舶224艘，下降10.4%。全国城市客运(包括省际客运)装备拥有量统计见表1-2。

表1-2　全国城市客运(包括省际客运)装备拥有量

年份	省际客运汽车/万辆	公共汽(电)车/万辆	轨道交通运营车辆/辆	巡游出租车/万辆	城市客运轮渡船舶/艘
2015年	83.93	56.18	19 941	139.25	310
2016年	84.00	60.86	23 791	140.40	282
2017年	81.61	65.12	28 707	139.58	264
2018年	79.66	67.34	34 012	138.89	250
2019年	77.67	69.33	40 998	139.16	224

① 数据来自交通运输部《2019年交通运输行业发展统计公报》。

2. 客运服务

截至 2019 年年末，全国拥有公路载客汽车 2 002.53 万客位，下降 2.2%，其中大型客车 1 334.35 万客位，增长 0.03%；拥有公共汽(电)车运营线路 65 730 条，比上年增加 5 140 条，运营线路总长度 133.6 万 km，增加 13.7 万 km。其中，拥有公交专用车道 14 951.7 km，增加 2 101.5 km；BRT 线路长度 6 149.8 km。拥有轨道交通运营线路 190 条，增加 19 条，拥有轨道交通运营里程 6 172.2 km，增加 877.1 km；其中，拥有地铁线路 159 条、5 480.6 km，拥有轻轨线路 6 条、217.6 km。拥有城市客运轮渡运营航线 88 条，减少 3 条，拥有运营航线总长度 397.9 公里，增加 21.3 km。

全年完成城市客运量(包括省际客运)1 409.28 亿人，比上年增长 0.1%(图 1-1)。其中，公共汽(电)车完成客运量 691.76 亿人，下降 0.8%，其中 BRT 完成客运量 17.47 亿人，完成公共汽(电)车运营里程 354.13 亿 km，增长 2.3%；轨道交通完成客运量 238.78 亿人，增长 12.2%，完成运营车公里 41.43 亿车公里，增长 17.5%；巡游出租汽车完成客运量 347.89 亿人，下降 1.1%；客运轮渡完成客运量 0.73 亿人，下降 9.0%。

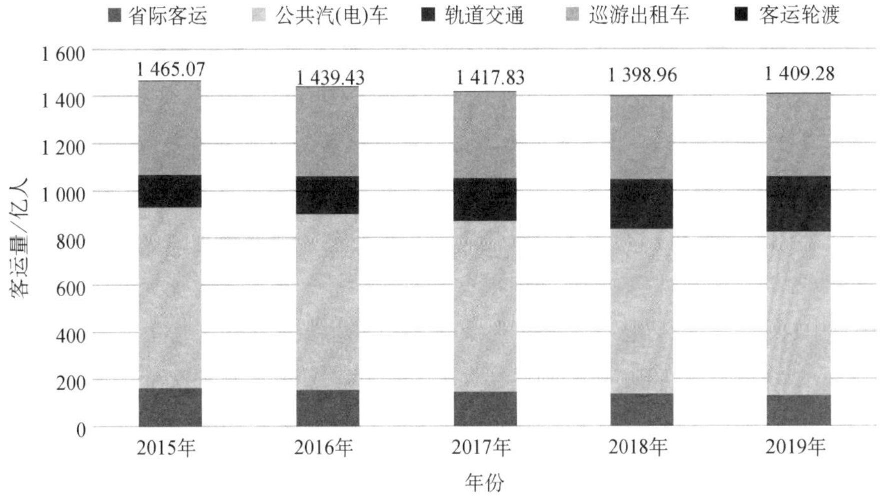

图 1-1　2015—2019 年全国城市客运量

3. 生产安全

全年共发生运输船舶水上交通事故 137 件，下降 27.5%，死亡失踪 155 人，下降 34.6%，沉船 46 艘，下降 44.6%。

公路水路交通运输建设领域全年共发生生产安全事故 67 起，比上年增长 59.5%，死亡 110 人，增长 71.9%，其中重大事故 1 起，死亡 12 人。未发生特大事故。

4. 能源消耗

全年共监测公路水路运输企业 123 家。监测的城市公交企业每万人次单耗 1.5 t 标准煤，与上年持平，百车公里单耗 38.1 kg 标准煤，下降 8.6%；公路班线客运企业每千人公里单耗

13.1 kg 标准煤，下降 10.3%，百车公里单耗 26.8 kg 标准煤，下降 7.9%；公路专业货运企业每百吨公里单耗 1.7 kg 标准煤，下降 15.0%；远洋和沿海货运企业每千吨海里单耗 4.8 kg 标准煤，增长 17.1%；港口企业每万吨单耗 2.1 t 标准煤，下降 8.7%。

1.1.2.2 上海公共交通行业现状①

1. 设施及客运装备状况

截至 2018 年年末，上海拥有道路旅客运输车辆（沪籍）10 028 辆，较上年减少 210 辆。运营公共汽（电）车 17 527 辆，较上年增长 0.4%。运营轨道交通车辆数 5 285 节，较上年增加 11.9%。运营出租汽车 43 233 辆，较上年减少 8.4%。客运轮渡运营航线 17 条，船舶 32 艘。

2. 客运服务

2018 年，上海公共汽（电）车线路日均客运量 575.6 万人次，较上年下降 4.5%。轨道交通日均客运量 1 016.49 万乘次（含磁悬浮），较上年增长 4.9%；日均客运周转量 9 246 万人公里，较上年增长 5.9%。出租汽车日均客运量 174.7 万人次，较上年下降 16.0%；日均载客里程 870.8 万公里，同比下降 12.0%。上海浦江轮渡完成客运量 4 525.3 万人次，日均 12.4 万人次，较上年下降 8.9%。三岛轮渡完成客运量 426.1 万人次，较上年减少 4.9%。省际客运旅客对外发送量 3 152 万人次，日均 8.64 万人次，较上年下降 7.8%。2018 年城市客运总体上保持平稳、安全、有序的基本态势，主要指标除轨道交通保持增长态势，其余客运服务有所下降。

3. 行业安全

2018 年，上海市共发生交通运输（道路运输、内河水上、港口、交通建设工程）安全生产事故 61 起，较上年增加 6 起；死亡人数 66 人，同比增长 3 人。59 起道路运输安全生产事故（不含车辆火灾事故）中，发生公共汽（电）车事故 27 起，出租汽车事故 19 起，省际客运事故 9 起，危险品运输事故 4 起，分别较上年增加 28.6%、减少 5%、持平、增加 100%。

4. 节能环保

2017 年，上海市交通行业能源消费量 2 377 万吨标准煤，较上年增加 8.6%。2018 年，全市公共交通能源消费量 176.9 万吨标准煤，较上年下降 1.4%。2018 年，上海市共推广应用节能和新能源公交车 9 368 辆，其中纯电动公交车数量 6 232 辆。建成 6 674 个公交车充电泊位和 23 座公交车充电场站。

1.2 风险管理概述

1.2.1 相关概念

根据国家标准《风险管理　术语》（GB/T 23694—2013）相关规定，风险通常是指在既定条

① 数据来自上海交通发展研究中心《上海市交通行业发展报告 2019》。

件下的一定时间段内，某种随机因素可能引起的实际情况和预定目标产生偏差，包括两方面内容：一是风险意味着损失；二是损失出现与否是一种随机现象，无法判断是否出现，只能用概率表示出现的可能性大小。其一般数学表达式为

$$R = P \cdot C$$

式中 R——该行动中风险的数值度量；

P——该行动中风险事件发生的概率；

C——该行动中风险事件发生造成的损失(负面影响)。

国内外研究机构和学者提出的风险概念如表 1-3 所示。

表 1-3 风险的概念

序号	研究机构和学者	风险概念
1	Smith，1996	风险＝发生概率×损失；致灾因子＝潜在的危险
2	IPCC，2001	风险＝发生概率×不同影响强度
3	Morgan Henion，1990 Random House，1966	风险就是可能受到灾害影响和损失的暴露性
4	Jones 和 Boer，2003 Helm，1996	风险＝发生概率×灾情。致灾因子：一个可能导致灾情的事件，例如热带气旋、干旱、洪水；或者一种可能导致生命体疫情的情况
5	Downing，et al，2001	在一定时间和区域内，某一致灾因子可能导致的损失(死亡、受伤、财产损失、对经济的影响)；致灾因子是指一定时间和区域内的一个危险事件，或者一个潜在破坏性现象出现的概率
6	Downing，et al，2001	风险＝致灾因子出现的概率；致灾因子＝对人身和社会安全的潜在威胁
7	Adams，1995	一种与可能性和不利影响大小相结合的综合度量
8	Crichton，1999	风险是损失的概率，取决于三个因素：致灾因子、脆弱性和暴露性
9	Stenchion，1997	风险是不受欢迎事件出现的概率，或者某一致灾因子可能导致的灾难；以及对致灾因子脆弱性的考虑
10	UNDHA，1992	在一定时间和区域内某一致灾因子可能导致的损失(死亡、受伤、财产损失、对经济的影响)；可以通过数学方法，从致灾因子和脆弱性两方面进行计算
11	Carreno，et al，2000	风险＝硬件风险(对物质基础设施和环境的潜在破坏)×软件风险(对社会群体和机构组织的潜在社会经济影响)
12	Carreno，et al，2004	风险＝物质破坏(暴露性和物质易损性)×影响因子(社会经济脆弱性和应对恢复力)
13	UNDRO，1991 extended from Fournierd' Albe，1979	风险＝致灾因子×风险要素×脆弱性
14	Wisner，2001	风险＝(致灾因子×脆弱性)－应对能力(coping capacity)
15	Wisner，2000	风险＝(致灾因子×脆弱性)－减缓(mitigation)

（续表）

序号	研究机构和学者	风险概念
16	De La Cruz Reyna，1996 Yurkovich，2004	风险＝（致灾因子×暴露性×脆弱性）/备灾（preparedness） 风险＝致灾因子×暴露性×脆弱性×相互之间关联性（interconnectivity）
17	UN，2002	风险＝（致灾因子×脆弱性）/恢复力（resilience）

国际风险管理标准 ISO 31000《风险管理标准体系》将风险定义为不确定性对目标的影响，这一定义包含五层含义：

（1）影响与期待的偏差——积极和（或）消极。

（2）目标可以有不同方面，如财务、健康安全，以及环境目标；可以体现在不同的层次，如战略、组织范围、项目、产品和过程。

（3）风险通常以潜在事件（指特殊系列环境的产生或变化）和后果（事件对目标的影响结果），或者其组合来描述。

（4）风险通常以事件（包括环境的变化）后果和发生可能性的组合来表达。

（5）不确定性是指与事件及其后果或者可能性的解释或知识相关的信息缺陷的状态，或不完整。

1.2.2 风险管理过程[1]

风险管理是为了达到一个组织的既定目标，而对组织所承担的各种风险进行管理的系统过程，即一个组织通过风险辨识、风险分析和风险评价认识风险，并在此基础上合理地使用规避、抑制、自留或转移等方法和技术对活动或事件所涉及的风险实行有效控制，妥善地处理风险事件造成的后果，以合理的成本实现预定的目标。

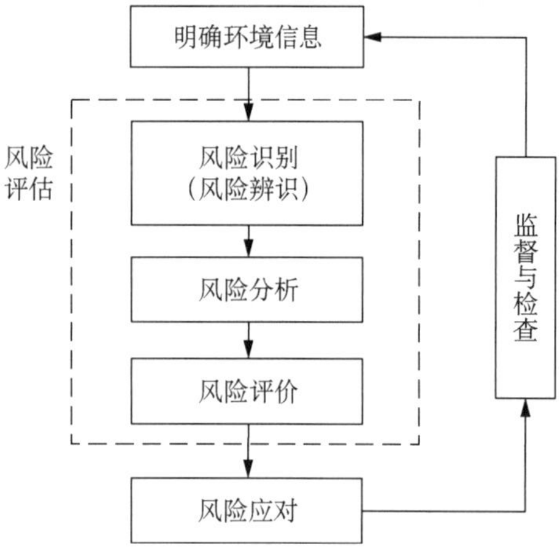

图 1-2 风险管理过程

风险管理旨在保证组织恰当地应对风险，提高风险应对的效率和效果，增强行动的合理性，有效配置资源。

在《风险管理 原则与实施指南》(GB/T 24353—2009)中，风险管理过程如图 1-2 所示，由明确环境信息、风险评估、风险应对、监督与检查等活动组成，其中风险评估包括风险识别（辨识）、风险分析和风险评价三个步骤。

根据《上海市企业安全风险分级管控实施指南》及《上海市道路运输重点业态安全生产风险辨识指南》等管理文件，安全生产风险评估程序应该包括的步骤如图 1-3 所示。

由于运营企业和工程项目内部和外部的风险环境不断变化,风险管理也随着条件的变化而进行调整。所以,风险管理是一个连续的、循环的、动态的过程。随着风险管理决策的实施,风险会发生变化出现许多新情况,随时反馈这些变化的信息,风险辨识者就能及时地应对新情况并进行风险分析和评价,从而调整风险管理决策,这样循环往复,保持风险管理过程的动态性就能达到风险管理的预期目的。

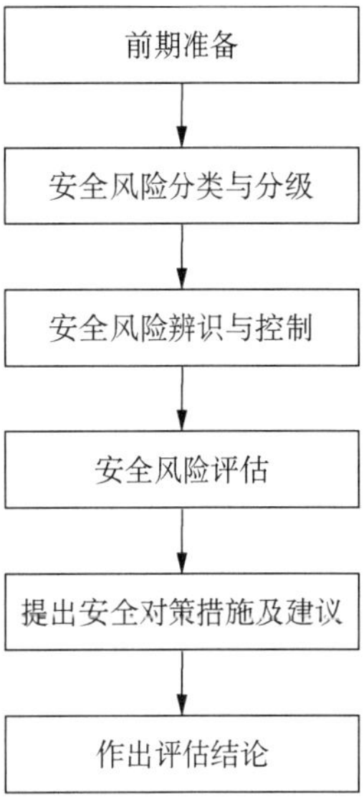

图 1-3 安全生产风险评估程序

风险应对的手段多种多样,归纳起来不外乎两种基本手段。

(1) 采用非财务对策的风险处理措施来降低企业的预期损失或使这种损失更具有可测性,从而改变风险。这种手段包括风险规避、风险降低、风险分隔及风险转移等。

(2) 采取财务措施处理已经发生的损失,包括购买保险、风险承受和自我保险等。

风险财务转移的实施手段是购买保险。通过保险,投保人将自己本应承担的归咎责任(因他人过失而承担的责任)和赔偿责任(因本人过失或不可抗力所造成损失的赔偿责任)转嫁给保险公司,从而使自己免受损失。

保险是一种经济补偿制度,以大数法则为基础,以合理计算为原则,集聚保险费建立保险基金,用于补偿因自然灾害或意外事故造成的损失,或对个人死亡、伤残给付保险金。

对交通安全进行投保,即为转移风险,一旦发生安全事故,在保单责任范围内,保险人将给予赔偿,减轻了政府和运输公司的经济压力,规避了事故带来的损失。但从整个社会资源及社会影响看,保险人出险理赔同样是社会资源的浪费,带来恶劣的社会影响,因而应制定完善的安全风险管理制度以降低事故发生,保障交通行业生产安全。

1.2.3 风险管理模型①

风险防控的重点是风险分析及管理。企业应根据前期的调查结果,结合研究论证和模型的特点,确定适用的风险管理模型。风险管理模型主要用于分析面临的主要风险因素、系统关键组件的构成情况及关键资产存在的脆弱性(包括技术措施和组织措施)等。可选取多种风险管理模型对同一评估对象进行评估,互相补充、分析综合、相互验证,以提高评估结果的准确性。对于行业有规定的,选择风险管理模型时从其规定;对于行业无规定的,从方便企业自主开展和全面推广的角度选择风险管理模型。具体包括下面几种模型。

1. 安全检查表法

安全检查表法(Safety Checklist Analysis, SCA)是依据相关的标准、规范,对工程或系统中

① 资料来源:《上海市企业安全风险分级管控实施指南(试行)》。

已知的危险类别、设计缺陷以及与一般工艺设备、操作、管理有关的潜在危险性和有害性进行判别检查。适用于工程、系统的各个阶段，是系统安全工程最基础、最简便、广泛应用的一种系统危险性评价方法。为了系统地找出系统中的不安全因素，把系统加以剖析，列出各层次的不安全因素，然后确定检查项目，以提问的方式把检查项目按系统的组成顺序编制成表，以便进行检查或评审，这种表就叫作安全检查表(Safety Check List, SCL)。

2. 作业危害分析法

作业危害分析法(Job Hazard Analysis, JHA)是一种安全风险分析方法，适用于对作业活动中存在的风险进行分析，制定控制和改进措施，以达到控制风险、减少或杜绝事故的目标。

3. 危险性预分析法

危险性预分析法(Preliminary Hazard Analysis, PHA)即预先危险性分析，也称初始危险分析，是安全评价的一种方法。在每项生产活动之前，特别是在设计的开始阶段，对系统存在危险类别、出现条件、事故后果等进行概略地分析，尽可能评估出潜在的危险性。

4. 事故树分析法

事故树分析法(Accident Tree Analysis, ATA)又称故障树分析法(Fault Tree Analysis, FTA)，是安全系统工程的重要分析方法之一，是一种演绎的安全系统分析方法。从待分析的特定事故或故障(顶上事件)开始，层层分析其发生原因，直到找出事故的基本原因(底事件)为止。这些底事件又称为基本事件，已知与它们有关的数据或者已经有统计或实验的结果。

5. 事件树分析法

事件树分析法(Event Tree Analysis, ETA)是安全系统工程中常用的一种归纳推理分析方法，起源于决策树分析(Determine Tree Analysis, DTA)，它是一种按事故发展的时间顺序由初始事件开始推论可能的后果，从而进行风险源辨识的方法。这种方法将系统可能发生的某种事故与导致事故发生的各种原因之间的逻辑关系用一种称为事件树的树形图表示。通过对事件树的定性与定量分析，找出事故发生的主要原因，为确定安全对策提供可靠依据，以达到猜测与预防事故发生的目的。目前，事件树分析法已在交通等领域运用，它可以进行故障诊断、分析系统的薄弱环节，指导系统的安全运行，实现系统的优化设计等。

6. 故障类型及影响分析法

故障类型及影响分析法(Failure Mode and Effect Analysis, FMEA)是常用的工艺危害分析方法，其基本方法是从系统中的元件故障或失效状态进行分析，逐次归纳到子系统和系统，从而有助于查找和消除各类风险，对设备设计以及使用过程中安全基础信息的完整性和准确性提出了很高的要求。

7. 危险与可操作性研究分析法

危险与可操作性研究分析法(Hazard and Operability Analysis, HAZOP)由各专业人员组成的分析组对工艺过程的危险和操作性进行分析，即对新建或者已有的过程装置及工程本质进行正式的、系统的严格审查来评估单个装置可能存在的危险性和可能对整套装置造成的影响。HAZOP分析的目的在于识别已有高危险性装置的潜在危险，除去导致重大安全的问题，例如有毒物质泄漏、火灾和爆炸等。

8. 风险矩阵法

风险矩阵图(Risk Matrix)又称风险矩阵法($R=L\times S$)，是一种能够以危险发生的可能性和伤害的严重程度来综合评估风险大小的定性的风险评估分析方法。它是一种风险可视化的工具，主要用于风险评估领域。英国石油化工行业最先采用这种方法，即辨识每个作业单元可能存在的危害，并判定这种危害可能产生的后果及产生这种后果的概率，二者相乘，得出所确定危害的风险。然后进行风险分级，根据不同级别的风险，采取相应的风险控制措施。其数学表达式为$R=L\times S$，其中，R代表风险值；L代表发生伤害的可能性；S代表发生伤害后果的严重程度。

从偏差发生频率、安全检查、操作规程、员工胜任程度和控制措施五个方面对危害事件发生的可能性(L)进行评价取值，取五项得分的最高分值作为其最终的L值(表1-4)。

表1-4 风险矩阵法L值评分表

赋值	偏差发生频率	安全检查	操作规程	员工胜任程度(意识、技能、经验)	控制措施(监控、联锁、报警、应急措施)
5	每次作业或每月发生	无检查(作业)标准或不按标准检查(作业)	无操作规程或从不执行操作规程	不胜任(无上岗资格证、无任何培训、无操作技能)	无任何监控措施或有措施从未投用；无应急措施
4	每季度发生	检查(作业)标准不全或很少按标准检查(作业)	操作规程不全或很少执行操作规程	不够胜任(有上岗资格证但没有接受有效培训、操作技能差)	有监控措施但不能满足控制要求，措施部分投用或有时投用；有应急措施但不完善或没演练
3	每年发生	发生变更后检查(作业)标准未及时修订或多数时候不按标准检查(作业)	发生变更后未及时修订操作规程或多数操作不执行操作规程	一般胜任(有上岗资格证、接受培训但经验与技能不足，曾多次出错)	监控措施能满足控制要求，但经常被停用或发生变更后不能及时恢复；有应急措施但未根据变更及时修订或作业人员不清楚
2	每年发生或曾经发生过	标准完善但偶尔不按标准检查(作业)	操作规程齐全但偶尔不执行	胜任(有上岗资格证、接受有效培训、经验与技能较好，但偶尔出错)	监控措施能满足控制要求，但供电、联锁偶尔失电或误动作；有应急措施但每年只演练一次
1	从未发生过	标准完善，按标准进行检查(作业)	操作规程齐全，严格执行并有记录	高度胜任(有上岗资格证、接受有效培训、经验丰富、技能与安全意识强)	监控措施能满足控制要求，供电、联锁从未失电或误动作；有应急措施且每年至少演练两次

从人员伤亡情况、财产损失、法律法规符合性、环境破坏和对企业声誉损坏五个方面对后果的严重程度(S)进行评价取值，取五项得分最高的分值作为其最终的S值(表1-5)。

表 1-5　　风险矩阵法 S 值评分表

等级	人员伤害情况	财产损失、设备设施损坏	法律法规符合性	环境破坏	声誉影响
1	一般无损伤	一次事故直接经济损失在 5 000 元以下	完全符合	基本无影响	本岗位或作业点
2	1～2 人轻伤	一次事故直接经济损失 5 000 元及以上，1 万元以下	不符合公司规章制度要求	设备、设施周围受影响	没有造成公众影响
3	造成 1～2 人重伤，3～6 人轻伤	一次事故直接经济损失在 1 万元及以上，10 万元以下	不符合事业部程序要求	作业点范围内受影响	引起省级媒体报道，一定范围内造成公众影响
4	1～2 人死亡，3～6人重伤或严重职业病	一次事故直接经济损失在 10 万元及以上，100 万元以下	潜在不符合法律法规要求	造成作业区域内环境破坏	引起国家主流媒体报道
5	3 人及以上死亡，7 人及以上重伤	一次事故直接经济损失在 100 万元及以上	违法	造成周边环境破坏	引起国际主流媒体报道

确定了 L 值和 S 值后，根据 $R=L\times S$ 计算出风险度 R 的值(表 1-6)。

表 1-6　　风险矩阵法 R 值计算表

风险度 R		严重性 S				
		1	2	3	4	5
可能性 L	1	1	2	3	4	5
	2	2	4	6	8	10
	3	3	6	9	12	15
	4	4	8	12	16	20
	5	5	10	15	20	25

根据 R 值的大小将风险级别分为以下四级：

$R=L\times S=17\sim25$：A 级，需要立即暂停作业。

$R=L\times S=13\sim16$：B 级，需要采取控制措施。

$R=L\times S=8\sim12$：C 级，需要有限度管控。

$R=L\times S=1\sim7$：D 级，需要跟踪监控或者风险可容许。

9. 作业条件危险性分析法

作业条件危险性分析法(Likelihood Exposure Consequence，LEC)是对具有潜在危险性作业环境中的风险源进行半定量安全评价的方法，用于评价操作人员在具有潜在危险性环境中作业时的危险性和危害性。该方法用与系统风险有关的三种因素指标值的乘积来评价操作人员伤亡风险大小，这三种因素分别是：L(likelihood，事故发生的可能性)、E(exposure，人员暴露于危险环境中的频繁程度)和 C(consequence，一旦发生事故可能造成的后果)。给三种因素的不同等级分别确定不同的分值，再以三个分值的乘积 D(danger，危险性)来评价作业条件危险性的大小，即 $D=L\times E\times C$。

当用概率来表示事故发生的可能性大小(L)时，绝对不可能发生的事故概率为 0，而必然发生的事故概率为 1。从系统安全角度考虑，绝对不发生事故是不可能的，所以人为地将发生事故可能性极小的分数定为 0.1，而必然要发生的事故的分数定为 10，介于这两种情况之间的情况指定为若干中间值(表 1-7)。

表 1-7　　事故可能性 L 值对照表

分数值	事故发生的可能性	分数值	事故发生的可能性
10	完全可能预料	0.5	很不可能，可能设想
6	相当可能	0.2	极不可能
3	可能，但不经常	0.1	实际不可能
1	可能性小，完全意外		

当确定暴露于危险环境的频繁程度(E)时，人员出现在危险环境中的时间越多，则危险性越大，规定连续出现在危险环境的情况定为 10，而非常罕见地出现在危险环境中定为 0.5，介于两者之间的各种情况规定若干个中间值(表 1-8)。

表 1-8　　暴露频繁程度 E 值对照表

分数值	频繁程度	分数值	频繁程度
10	连续暴露	2	每月一次暴露
6	每天工作时间内暴露	1	每年几次暴露
3	每周一次，或偶然暴露	0.5	非常罕见地暴露

关于发生事故产生的后果(C)，由于事故造成的人身伤害与财产损失变化范围很大，规定其分数值为 1～100，把需要救护的轻微损伤或较小财产损失的分数规定为 1，把造成多人死亡或重大财产损失的可能性分数规定为 100，其他情况的数值均为 1 与 100 之间(表 1-9)。

表 1-9　　事故后果 C 值对照表

分数值	后果	分数值	后果
100	大灾难，许多人死亡	7	重伤
40	灾难，数人死亡	3	轻伤
15	非常严重，一人死亡	1	引人关注，不利于基本的安全卫生要求

求出风险值(D)之后，企业应根据实际情况确定风险级别的界限值，以符合持续改进的思想。表 1-10 可作为确定风险级别界限值的参考。

表 1-10　　风险值对照表

D 值	危险程度	风险等级
＞320	不可容许的危险	A
160～320	高度危险	B
70～160	中度危险	C
＜70	轻度和可容许的危险	D

10. 道(DOW)化学火灾、爆炸危险指数评价法

道(DOW)化学火灾、爆炸危险指数评价法(简称 DOW 法)是在化工领域广泛应用的一种安全评价方法,其原理是通过对工艺单元危险物质的辨识,以评价单元中的重要物质系数(*MF*)为基础,用一般工艺危险系数(F_1)确定影响事故损害的大小,以特殊工艺危险性系数(F_2)来表示事故发生的主要概率,并根据 *MF*、F_1、F_2 三者之间的关系来确定工艺单元的危害系数(*DF*)和火灾爆炸危险指数(*F&EI*),并以此来确定危害区域和危害程度。

11. ICI 蒙德法

ICI 蒙德法,即 ICI 公司蒙德火灾、爆炸、毒性指标法,是在美国道化学公司(DOW)的火灾、爆炸指数法的基础上补充发展的,所考虑的问题更为全面,并编写了"技术守则"指导评价。

12. 危险度评价法

危险度评价法是对建设工程或装置各单元和设备的危险度进行分级的安全评价方法,是随着我国安全工作的发展从日本引进并经简化的评价方法。该方法主要通过评价、分析装置或单元的"介质""容量""温度""压力""操作"五个参数而对装置或单元进行危险度分级,进而根据装置或单元危险程度而采取相应的安全对策措施。其危险度分别按 A=10 分,B=5 分,C=2 分,D=0 分赋值计算,由累计分值确定单元危险度。

13. 单元危险性快速排序法

单元危险性快速排序法是美国 DOW 法的简化方法,使用简捷方便,主要用于评价爆炸潜在危险性大小、生产装置火灾,找出危险部位、危险设备。其评价流程如图 1-4 所示。

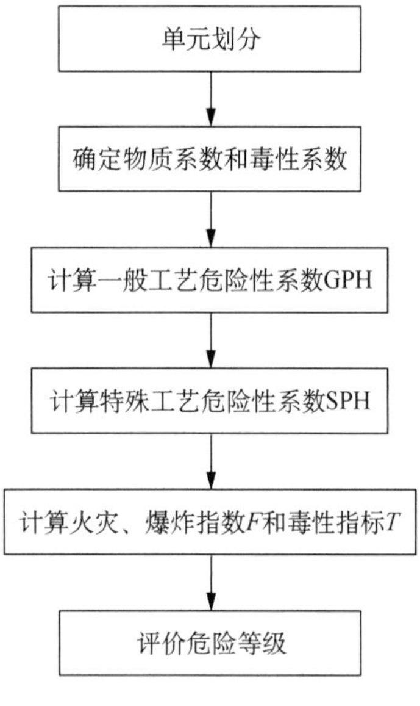

图 1-4　单元危险性快速排序法流程图

1.3　风险防控的实施

1.3.1　风险防控的总体要求

城市公共交通风险管理工作应坚持"以人为本、安全发展、综合治理"的发展理念,强化和落

实生产经营单位的主体责任，建立生产经营单位负责、职工参与、政府监管、行业自律和社会监督的机制，积极引导全员参与，开展全过程、各环节控制，以预防和减少事故发生，提高安全生产管理水平，保证生产经营活动的顺利进行。

1. 风险管理原则

(1) 业务融合原则。风险管理应贯穿于交通运输生产经营全过程、各环节，是开展生产经营的重要前提和基础，应与行业业务有机融合。从业人员应树立安全生产风险管理理念，并执行风险管理政策、制度、管理程序和措施。

(2) 系统化原则。风险管理工作应结合城市公共交通行业的实际系统性展开，人、设施设备、环境、管理四类致险因素相互影响、不可分隔，共同触发风险事件，并决定风险事件可能造成的人员伤亡、环境污染、社会影响、经济损失等的严重程度。

(3) 动态管理原则。交通运输系统中的人、设施设备、环境、管理四类致险因素均动态变化，使得风险管理需求也动态变化。因此，风险管理不能一成不变，应根据不同管理对象、不同致险因素的变化情况而动态开展。

2. 风险管理体系建立和保持

城市公共交通行业安全生产风险管理工作应采用“计划、实施、检查、改进”(PDCA)动态循环改进模式，积极推动交通行业安全生产“五大体系”(即法律法规制度体系、安全责任体系、预防预控体系、宣传教育体系、支持保障体系)建设；通过风险管理责任单位贯穿于风险辨识、评估和管控流程等风险管理工作过程中的自我检查、自我纠正和自我完善，形成持续改进的公路水路行业安全生产风险管理长效机制。

3. 风险管理业务指导

交通运输行业管理部门应根据《中华人民共和国安全生产法》，结合部门职能定位，贯彻落实对城市客运行业安全生产风险辨识、评估、管控等工作的监督检查和督办，积极完善行业风险管理相关法律法规制度体系建设、检查行业安全责任体系落实情况、加强宣传教育培训工作、提供标准规范等支持保障。

1.3.2 风险评估与预警

根据风险管理过程及相关模型，以及行业的风险管控实践(《公路水路行业安全生产风险管理暂行办法》)，企业负有风险管控主体责任，本节从企业层面考虑，风险评估与预警可参考以下流程和方法，也可根据实践要求，有所变通。

1.3.2.1 风险辨识

1) 确定辨识范围

从事城市客运生产经营活动的单位，根据生产经营单位负责的业务范围，综合考虑不同业务范围风险事件发生的独立性，以及历史风险事件发生情况，经研究确定一个或以上风险辨识范围。

2）划分作业单元

生产经营单位根据其业务范围、生产或经营区域、管理单元、作业环节、作业工艺、工作制度及程序等进行作业单元分类，并建立作业单元清单。

作业单元分类过程中，可采用线分类法，尽可能保持分类后的不同作业单元之间业务相对独立。

3）确定风险事件

针对不同作业单元，结合日常安全生产管理实际，综合考虑历史风险事件发生情况，研究确定各作业单元可能的风险事件类型。风险事件分析表可采用表 1-11 所示模式或其他模式。

表 1-11　　风险事件分析表

风险管理类别	业务名称	作业分类		作业单元	典型风险事件

4）分析致险因素

针对不同作业单元，按照人的因素、设施设备因素、管理因素、环境因素等进行主要致险因素的系统性分析，建立风险辨识结果表，加强重点领域、重点环节、重点时段的主要致险因素辨识（表 1-12）。

表 1-12　　致险因素分析表

业务名称	作业分类		作业单元	潜在事故后果	人的因素	设施设备因素	管理因素	环境因素

5）确定评估清单

针对不同作业单元，按照致险因素的类别、作用机理、可能发生风险事件的相似性进行不同风险单元的归并和拆分，确定风险评估，并建立风险评估清单（表 1-13）。

表 1-13　　风险评估清单

风险管理类别	风险评估清单

1.3.2.2　风险评估

1. 风险评估指标体系确定

风险等级主要由风险事件发生的可能性(L)、后果严重程度(C)决定。

1）指标体系分级标准

（1）可能性指标分级标准

可能性分为三个级别，分别为高、较高、低，其判断标准如表 1-14 所示。

表 1-14　　可能性判断标准表

序号	可能性级别	定性判断标准	定量判断标准
1	高	极易	综合得分 85 分及以上者
2	较高	可能	综合得分 60～84 分者
3	低	不太可能	综合得分 59 分及以下者

（2）后果严重程度分级标准

可能的后果严重程度分为三个级别，分别为严重、较严重、不严重，其判断标准定义如表 1-15 所示。

表 1-15　　风险事件可能的后果严重程度总体判断标准表

后果严重程度	后果严重程度总体判断标准定义
严重	(1) 人员伤亡：可能发生人员伤亡数量达到国务院《生产安全事故报告和调查处理条例》中重大及以上事故伤亡标准。 (2) 经济损失：可能发生经济损失达到国务院《生产安全事故报告和调查处理条例》中重大及以上事故经济损失标准。 (3) 环境污染：可能造成重大生态环境灾害或公共卫生危害。 (4) 社会影响：可能对国家或区域的社会、经济、外交、军事、政治等产生重大影响
较严重	(1) 人员伤亡：可能发生人员伤亡数量达到国务院《生产安全事故报告和调查处理条例》中较大事故伤亡标准。

（续表）

后果严重程度	后果严重程度总体判断标准定义
较严重	(2) 经济损失：可能发生经济损失达到国务院《生产安全事故报告和调查处理条例》中较大事故经济损失标准。 (3) 环境污染：可能造成较大生态环境灾害或公共卫生危害。 (4) 社会影响：可能对国家或区域的社会、经济、外交、军事、政治等产生较大影响
不严重	(1) 人员伤亡：可能发生人员伤亡数量达到国务院《生产安全事故报告和调查处理条例》中一般事故伤亡标准。 (2) 经济损失：可能发生经济损失达到国务院《生产安全事故报告和调查处理条例》中一般事故经济损失标准。 (3) 环境污染：可能造成一般生态环境灾害或公共卫生危害。 (4) 社会影响：可能对国家或区域的社会、经济、外交、军事、政治等产生一定影响

注：表中同一等级的不同后果之间为“或”关系，即满足条件之一即可。

2）指标体系确定方法

（1）可能性指标确定方法

可根据《风险管理　风险评估技术》(GB/T 27921—2011)确定的风险评估方法，综合考虑不同风险评价方法的优点、缺点、影响因素、评估结果类型，以及对评估对象特征特点的适应情况，选择相应的风险评估方法；或从以下三种方法中选择单独或组合使用，以确定风险事件发生的可能性。

① 利用相关历史数据识别哪些过去发生的事件或情况，借此推断它们在未来发生的可能性。所使用的数据应当与正在分析的系统、设备、组织或活动的类型有关。

② 利用故障树等技术预测可能性。当历史数据无法获取或不够充分时，有必要通过分析系统、活动、设备或组织及其相关的实效或成功状况来推断风险发生的可能性。

③ 利用专家法，对特定风险评估单元进行人、设施设备、管理、环境等致险因素分析，为各因素引发风险事件发生的可能性赋予一定区间权重，并给出相应的评价说明，作为可行性指标判断评估依据。

实操阶段根据权重取值区间，结合本单位风险评估单元实际进行评分。可能性分析权重表如表 1-16 所示。

表 1-16　　可能性分析权重表

业务名称	作业分类		作业单元	人的因素（分值）	设施设备因素（分值）	管理因素（分值）	环境因素（分值）

注：各类致险因素分值总分上限为 100 分。

(2) 后果严重程度指标确定方法

针对不同风险管理单元，深入分析其风险事件发生后可能的最大后果损失，综合参考历史上类似事件后果损失，通过对标方式予以确定。

2. 风险等级评估标准

安全生产风险由高到低依次划分为四级：重大、较大、一般、较小。

风险等级大小由风险事件发生的可能性、后果严重程度两个指标，对照表 1-17 所示评估标准确定。

表 1-17 风险等级评估表

后果程度 / 可能性	严重	较严重	不严重
高	重大	较大	一般
较高	较大	一般	较小
低	一般	较小	较小

1.3.2.3 企业风险管控措施

落实企业安全生产主体责任，生产经营单位应明确相关责任、制定相关制度、实施风险管控，将安全生产风险控制在可接受范围之内，防范安全生产事故。

(1) 责任分工

生产经营单位应根据本单位风险管理需求，结合本单位安全生产管理体制，明确不同层级对不同级别的风险管理责任，明确安全生产管理部门和生产经营部门的风险管理责任分工，明确不同岗位责任分工。

(2) 管理制度

生产经营单位应针对本单位生产经营活动范围及其生产经营环节，按照《公路水路行业安全生产风险辨识评估管控基本规范(试行)》(交办安监〔2018〕135 号)相关内容要求，编制风险辨识手册，明确本单位风险辨识范围、作业单位分类、风险辨识要求、风险评估对象等内容。

生产经营单位应制定本单位风险管理计划工作制度、风险跟踪工作制度、风险管控工作制度、风险降低工作制度、督促检查工作制度和奖惩工作制度等。

(3) 管控方案

生产经营单位应针对本单位风险辨识、评估结果，由安全管理部门协同生产管理部门，共同制定季度、年度风险管理计划，明确不同风险管理单元的应对策略，制定风险管控具体工作步骤，并根据人、设施设备、管理、环境四类致险因素的动态变化情况，及时更新和调整风险管理方案及其措施。

(4) 监控预警

风险监控人员，可根据监控机制确定的异常判断规则，由系统辅助人工，进行掌握风险管理单元的实时状态和变化趋势。

异常出现后，风险监控部门和人员应及时向业务相关部门和人员发出预警信息，并报备单位安全管理部门。

生产经营单位生产经营相关部门和人员应立即采取针对性管控措施，防范安全生产事故，并积极做好应急人员、物资等备勤工作。

（5）警示告知

生产经营单位应当在重大风险所在场所设置明显的安全警示标志，标明重大风险的危险特性、可能发生的事件后果、安全防范和应急措施。

生产经营单位应当将重大风险的名称、位置、危险特性、影响范围、可能发生的安全生产事故及后果、管控措施和安全防范与应急措施告知直接影响范围内的相关单位和人员。

（6）风险降低

生产经营单位应根据风险评估结果，针对不可接受风险，通过风险规避、风险转移、风险减缓等措施（如更换设备、改变工艺等），降低本企业的经营风险，将风险控制指标控制在可接受范围内。

（7）登记备案

生产经营单位应根据《公路水路行业安全生产风险管理暂行办法》有关规定，开展本单位相关风险信息登记备案工作，严格遵守报备内容、方式、时限、质量等要求，接受相关管理部门监督。

（8）业务培训

生产经营单位应根据本单位安全生产管理人员风险管理知识和能力情况，结合风险管理实际需求，充分利用社会培训资源，组织相关人员参加风险管理教育培训，积极加强本单位风险管理人才队伍建设。

（9）应急处置

生产经营单位应积极加强风险事件发生后应急处置体系的建设，包括完善事故应急预案，组建培训专兼职应急队伍，储备应急物资和装备，开展应急培训和演练等。一旦发生风险事件，应按有关规定，及时启动应急预案，开展有效处置，降低次生灾害发生风险。

（10）持续改进

生产经营单位应对管辖范围内风险辨识、评估、报备、管控、应急等情况进行年度总结和分析，并据此对风险辨识、评估、管控等进行修改完善，持续改进，不断提高安全生产风险管理水平。

（11）档案管理

生产经营单位应如实记录风险辨识、评估、监测、管控等工作痕迹和信息，并规范管理档案。

属地负有安全生产监督管理职责的交通运输管理部门应规范记录安全生产风险管理监督抽查中的有关信息，针对管辖范围内的重大风险建立档案，妥善保存相关文件资料。

1.3.3　风险防控措施

各级行业管理部门及运营企业针对行业运行风险，采取相应风险防控措施，具体包括四个方面的措施。

1. 行政措施

行政措施是国家行政机关在进行行政管理活动时，针对具体的实际问题所施行的单方面的决定和处理，它是运用最广泛的一种国家行政管理手段。在风险防控实践过程中，相关政策的出台或专项行动的启动，对行业风险管理具有直接指导意义。近年来，国家和地方层面先后出台多项风险防控指导文件。

在国家层面，如《公路水路行业安全生产风险管理暂行办法》《公路水路行业安全生产隐患治理暂行办法》《公路水路行业安全生产监督管理工作责任规范导则》等指导文件，明确构建安全生产风险管理和隐患治理双重预防控制机制的重要性。交通运输部办公厅印发《平安交通三年攻坚行动方案(2018—2020年)》(交办安监〔2018〕86号，以下简称《方案》)，明确交通运输行业将开展深化改革发展、强化责任落实、构建双重预防体系、突出重特大事故防范、提升安全保障能力、强化依法治理、提升从业人员素质等七项主要任务。《方案》提出，交通运输部将改革安全生产监管和执法体制，完成港航公安管理体制改革；督促企业落实安全生产主体责任，依法依规设置安全生产管理机构，配足安全生产专职管理人员，细化并落实全员安全生产责任制；指导各级交通运输主管部门及行业负有安全生产监督管理职责的单位制定安全生产监督管理工作责任规范，建立安全生产权责清单。

在地方层面，如上海市交通委员会发布《上海交通行业安全生产风险管理实施细则(试行)》(沪交安〔2018〕368号)，从多层面强化行业管理的风险管控能力建设。又如《2018年上海交通行业安全生产工作要点及其目标任务分解表》(以下简称《任务分解表》)，指出2018年本市交通行业安全生产工作的要点是完善安全责任体系、提升监管治理水平、深化日常安全监管、加大风险防控力度、夯实基础保障能力。通过《任务分解表》对安全生产工作各项要点的具体目标、责任单位及具体工作要求做出了详细的部署。

2. 经济措施

风险防控的经济措施主要体现在政府对安全生产经费及相关专项资金的安排规定，企业层面对安全生产经费的提取和使用。一般来说，经济措施对风险防控工作的开展有直接促进作用，经费落实保障是风险防控工作的基础。

在国家层面，中央财政通过一般公共预算和国有资本经营预算安排安全生产预防及应急专项资金(以下简称专项资金)，用于支持全国性的安全生产预防工作和国家级安全生产应急能力建设等方面的资金。财政部与国家安全生产监督管理总局于2016年12月修订并印发了《安全生产预防及应急专项资金管理办法》(财建〔2016〕842号)，对专项资金的使用和管理做出规定。

在地方层面，各地方政府根据《中华人民共和国预算法》和《安全生产预防及应急专项资金管理办法》等有关规定，积极制定本区域安全生产预防及应急专项资金的管理实施细则，切实发挥财政资金的使用效益。

在企业层面，城市公共交通行业相关企业通过实施本单位的关于安全生产费用提取和使用管理规定，规范安全生产费用的提取和使用。企业安全费用的提取标准以及安全费用的使用、监督管理，需依照《企业安全生产费用提取和使用管理办法》(财企〔2012〕16 号)的规定严格执行。通过安全管理及责任考核办法、事故责任追究管理办法等制度，强化事故责任追究，对事故责任人员处以相应程度的经济处罚，以提高管理人员安全责任和安全意识。通过制定奖惩办法，对在隐患排查、安全工作中有突出表现的员工予以奖励，鼓励员工在隐患排查、防控方面发挥积极作用。

3. 技术措施

风险防控的技术措施，主要体现在管理部门对行业风险防控技术的鼓励、支持及行业企业对风险防控技术手段的实践。应用技术措施会直接引导和改变风险防控工作的路径，促进管理智能化、高效化发展。

在政策层面，交通运输管理部门鼓励引导行业开展风险管控技术装备研究与应用，充分运用信息化、智能化、大数据等技术手段和先进工艺、材料、技术、装备，提升风险管控水平和安全监管能力。

在实践层面，城市公共交通行业通过建立风险监控平台、应急响应中心、安全事故信息管理系统、第三方监管平台、大数据服务平台、安全驾驶行为分析系统等技术手段，全面推进安全管理工作，提升安全管理效率。

4. 法律措施

风险防控的法律措施是从法律法规、应急预案层面对风险防控的强制要求，是风险防控工作开展的依据。

在法律法规层面，国家制定风险防控相关法律法规，加强交通行业的风险防控，如《生产安全事故报告和调查处理条例》《国务院关于特大安全事故行政责任追究的规定》《内河交通安全管理条例》《道路运输条例》《海上交通安全法》《海上交通事故调查处理条例》等。

在应急预案层面，通过制定各级预案，提高保障公共安全和处置突发公共事件的能力，最大程度地预防和减少突发公共事件及其造成的损害，保障公众的生命财产安全，保证社会全面、协调、可持续发展，如：国家层面的《国家突发公共事件总体应急预案》《国家安全生产事故灾难应急预案》《国家处置城市地铁事故灾难应急预案》；国务院部门层面的《公路交通突发公共事件应急预案》《水路交通突发公共事件应急预案》《国家城市轨道交通运营突发事件应急预案》；地方层面的《上海市突发公共事件总体应急预案》《上海市城市交通运输管理处应急预案实施方案汇编》《上海轨道交通大客流处置工作预案》；企业层面的《上海浦东新区上南公共交通有限公司生产安全事故综合应急预案》《上海市客运轮船有限公司综合应急预案》；等等。

1.3.4 风险防控与保险

交通运输行业本身与保险行业有着密切的联系，交通行业事故率的高低不仅影响人民生命安全和社会安定，也极大程度影响着运输企业和保险公司两方面的经济效益。

对行业管理部门而言，应树立保险的营运价值不仅是承保理赔，而是风险防控的理念，指导保险公司从风险管理的角度配合政府部门参与行业风险防控工作。将社会资源引入交通行业风险控制中，运用保险机制，形成第三方风险管理控制机制，解放政府资源，使政府真正实现职能转变，以“政府淡出、保险介入、第三方监管”为牵引，实现政府从“权重威严”的刚性管理到“有效服务”的柔性管理转变，依靠第三方监管分担政府安全生产管理职能。发挥技术市场的生产力，努力实现交通行业风险管理技术化、市场化、信息化的全面发展。

对保险公司而言，既有积极参与交通运输行业风险管理的内在动力，又有其特有的专业风险管理手段和资金优势。通过参与行业风险防控运作提供安全监管服务，同时将发现的风险暴露点传递给行业管理部门与投保企业，不断消除隐患，从而降低事故概率，减少企业和社会风险，实现互利共赢。

在交通行业引入保险机制，同时引入风险管理和保险相关的主体参与管理，包括四个方面主体。

1. 保险公司

随着经济社会的发展，保险的功能也发生了转变和升级，从一开始的经济补偿和资金运作，发展到现在的参与社会管理和社会治理。在处理各类社会矛盾的过程中，保险将复杂的利益纠葛转变为清晰规范的经济契约关系，提高了解决问题的效率。保险公司拥有法律、工程技术和管理等各专业人才，这为交通行业合理利用现有险种，探索开发新设险种，发挥保险的经济补偿和社会管理作用，逐步将风险管理资源交由市场配置提供了条件。

事故发生后的经济补偿，是保险公司的基本功能。当前保险公司参与经济活动过程中的风险管理，以实现降低风险概率、减少保险赔付为目标。因此，保险业也应结合自身行业的发展，充分发挥服务社会经济和参与社会安全治理功能。在参与经济活动和风险管控的过程中，应该聘请专业的组织和人员，以多种形式和方法提出风险管理工作要求。

2. 风险管理专业机构

风险管理专业机构受保险公司委托，在保险方案框架内，结合国家规定和行业规范进行风险辨识与评估，并制定风险管理工作大纲和操作细则，在实施过程中进行风险管控并完成工程风险管控报告。

3. 保险行业其他机构

保险行业的保险经纪、保险公估等公司，均可纳入交通行业实行的风险管理体系。这些机构提供包括保险咨询在内的各类服务，参与风险管理，以减少和减低风险。

4. 交通行业专业咨询机构

交通行业中与道路运输、交通工程建设、轨道交通、水上交通、路政设施管理与养护相关的咨询机构，包括学会或协会等，也可纳入交通行业实行全面系统的风险管控体系，参与风险管理。

第 2 章　公共汽(电)车风险防控管理

根据《城市公共汽车和电车客运管理规定》，城市公共汽(电)车客运是指在城市人民政府确定的区域内，运用符合国家有关标准和规定的公共汽(电)车车辆和城市公共汽(电)车客运服务设施，按照核准的线路、站点、时间和票价运营，为社会公众提供基本出行服务的活动。①

城市公共汽(电)车客运，一般指常规公交。近年来，新技术(如大数据挖掘、“互联网＋”等)在交通领域的应用为公共交通发展提供了新的解决途径和发展机遇，催生了定制巴士、快速公共交通系统的兴起。

上海作为我国首批获“国家公交都市示范城市”称号的特大型城市，在城市公共交通安全领域风险管理等方面成效卓著。本章以上海为例，对公共汽(电)车客运风险防控进行说明。

2.1　行业概况

2.1.1　设施及运行②

1. 设施状况

截至 2017 年年底，上海市已建成公交专用道里程 385 km，较上年新增 60.0 km(图 2-1)。

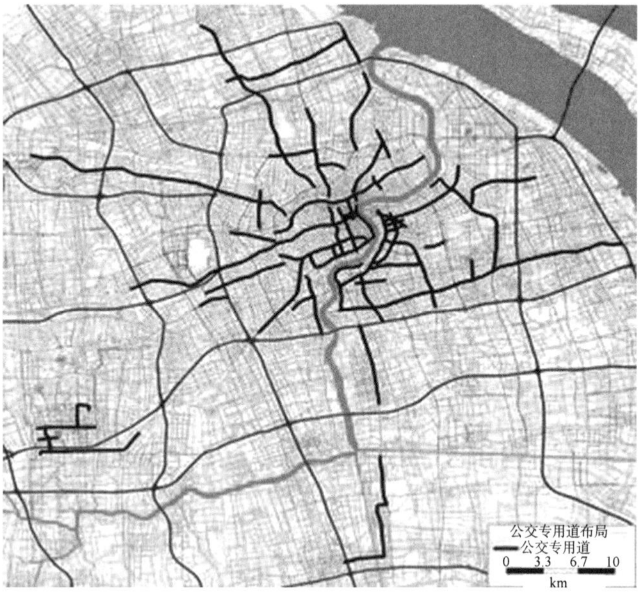

图 2-1　2017 年上海市公交专用道布局

截至 2017 年年底，上海主城区共有 22 条骨干公交通道，通道长度为 285 km，其中 159 km 已经划设公交专用道，另外 126 km 未实施公交专用道，亦未列入近期实施计划(图 2-2)。

2017 年上海市公交专用道概况如表 2-1 所示。

① 《城市公共汽车和电车客运管理规定》(中华人民共和国交通运输部令 2017 年第 5 号)。
② 数据来自上海市交通港航发展研究中心《上海市交通行业发展报告(2018)》。

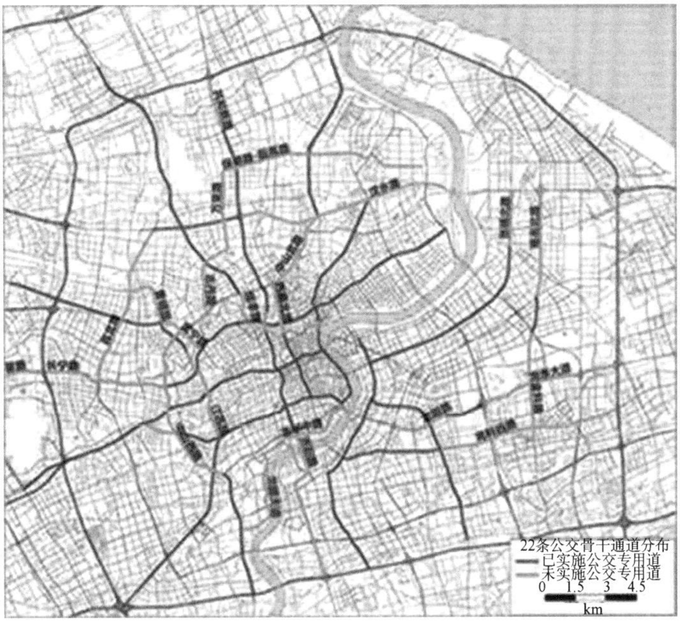

图 2-2　2017 年公交专用道与公交骨干通道分布

表 2-1　　2017 年上海市公交专用道概况

序号	道路名称	起止路段	建设里程/km	建成年份
1	延安东路—延安中路—延安西路	中山东路—古北路	10	“十五”期间
		古北路　外环西段	4.2	2015
2	西藏北路—西藏中路	苏州河—瞿溪路	4	“十五”期间
		瞿溪路—高雄路	0.5	2015
3	福州路	山东中路—云南路	0.8	2005
4	四平路	五角场—天水路	5.1	2016
	四平路—中山南路	天水路—陆家浜路	6.5	2005
5	中山南一路—中山南二路	陆家浜路—东安路	4.9	2005
6	虹桥路—肇嘉浜路—陆家浜路	中山西路—中山南路	9	2005
7	汶水路	共和新路—真北路	4.2	2006
8	鲁班路—重庆路—成都路—共和新路	中山南一路—长江西路	16.8	2006
9	漕溪北路—沪闵路	虹桥路—莲花路	7.6	2006
		莲花路—报春路	1.2	2015
10	长宁路—长寿路—天目路—周家嘴路	中山西路—军工路	17	2007
11	龙吴路	内环南段—外环南段	5.7	2007
12	广中路	共和新路—凉城路	1.6	2008
		凉城路—中山北一路	0.6	2015

（续表）

序号	道路名称	起止路段	建设里程/km	建成年份
13	张杨路	浦东南路—罗山路	4.5	2008
		罗山路—东陆路	5	2015
14	张江有轨电车	—	9.8	2009
15	浦电路	世纪大道—浦东南路	1.7	2009
16	潍坊路	源深路—浦东南路	1.9	2009
17	东方路	浦东南路—乳山路	6.4	2009
18	成山路	杨高南路—长清路	2.8	2009
19	浦建路—沪南路	浦东南路—康花路	8.8	2009
20	高科西路	杨高南路—浦东南路	2	2010
21	上南路	耀华路—外环南段	5.1	2010
22	龙阳路	浦东南路—罗山路	5.1	2010
23	华夏路	上中路越江—外环东段	16.7	2010
		外环东段—东绕城高速	10.8	2010
24	浦东南路—耀华路	浦东大道—长清路	8.1	2010
		长清路—世博大道	1.5	2015
25	大连路	辽源西路—霍山路	1.7	2010
26	瑞金南路	肇家浜路—中山南一路	1.2	2010
27	淞沪路—黄兴路	三门路—松花江路	3.1	2015
28	宛平南路	肇嘉浜路—中山南路	1.4	2015
29	石龙路	龙吴路—老沪闵路	2.5	2015
30	大渡河路—古北路	金鼎路—苏州河	4.3	2015
31	曹杨路	武宁路—顺义路	2	2015
32	曹安公路—武宁路	曹杨路—外环西段	4.9	2015
		外环西段—米泉路	17.9	2015
33	沪太路	中山北路—外环北段	11.5	2015
		外环北段—月罗公路	8.6	2015
34	河南路	天目东路—人民路	2.5	2015
35	天山路	剑河路—中山西路	4.3	2015
36	逸仙路—同济路	邯郸路—安达路	8.5	2015
		泰和路—友谊路	3.6	2015
37	闸殷路	淞沪路—军工路	3.89	2015
38	世博大道—耀龙路	白莲泾路—雪野二路	3.6	2015
		雪野二路—华夏西路	3.4	2015

(续表)

序号	道路名称	起止路段	建设里程/km	建成年份
39	浦东大道	居家桥路—金桥路	1.2	2015
40	世纪大道	陆家嘴环路—杨高中路	3.1	2015
41	金海路	杨高北路—外环东段	2.5	2015
		外环东段—华东路	1.8	2015
42	中环东线	浦东大道—华夏路	9.5	2015
43	浦星公路	沈杜公路—懿行路	4.1	2015
44	漕宝路	外环西段—中春路	2.8	2015
45	沪青平公路	外环西段—明珠路	9	2015
46	荣乐路	人民路—联阳路	5.5	2015
47	文诚路	辰塔路—玉树路	1.9	2015
48	新松江路	辰塔路—通波路	5.5	2015
49	航津路	浦东北路—杨高北路	2.2	2015
50	宝安公路	陆翔路—同济路	12.4	2016
51	金桥路	锦绣东路—浦东大道	3	2016
52	贤浦路	南奉公路—环城北路	5	2016
53	金科路	杨高北路—金桥路、蔡伦路—华夏路	4	2017
54	吴中路	七莘路—外环	1.9	2017
		外环—中山西路	6.1	2017
55	浦星公路　南行港路	丰南路　南行港路	6	2017
56	南奉公路	贤浦路—南桥汽车站	4	2017
57	松江有轨电车	—	15	2017
总计/km			385	

2017 年,上海延安路中运量公交(71 路)线路长度为 17.5 km,共有公交车辆 67 辆,其中 13 m以上车辆 40 辆。全年累积客运量 1 449.6 万人次,累积运营里程 318.2 万 km。

截至 2017 年年底,上海市共有公交停车(保养)场 294 个,较上年增加 2 个;总面积 235.2 万 m^2,较上年增加 7.2%;泊位数 23 029 个,较上年减少 6.2%。上海市公共停车(保养)场概况如表 2-2所示,其分布如图 2-3 所示。

表 2-2　　2017 年上海市公交停车(保养)场概况

年份	数量/个	面积/万 m^2	泊位/个
2013	284	205.3	15 678
2014	282	189.9	15 415

（续表）

年份	数量/个	面积/万 m^2	泊位/个
2015	289	207.2	19 162
2016	292	219.5	24 565
2017	294	235.2	23 029

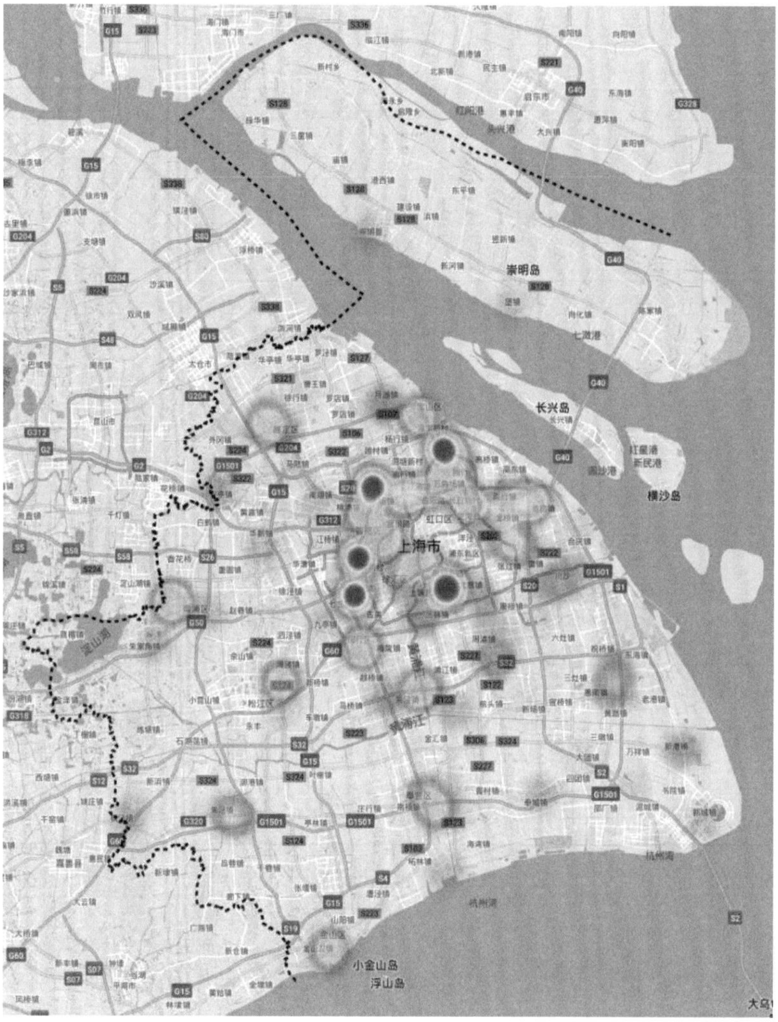

图 2-3　2017 年上海市公共汽(电)车停保场公交车辆分布

截至 2017 年年底，上海市公共汽(电)车站点共计 23 652 个，规模继续上升。其中枢纽站(始发线路 3 条及以上)290 个，首末站(始发线路 1～2 条)1 193 个，中途站 22 169 个。外环内和外环外的站点数量分别占到总量的 27.1%和 72.9%，外环外比重逐年上升。公交站点密度方面，全市达到 3.7 个/km^2，中心城达到 10.0 个/km^2，郊区中闵行区和宝山区站点密度较高。2017 年上海市公共汽(电)车站点覆盖率统计如图 2-4 所示。

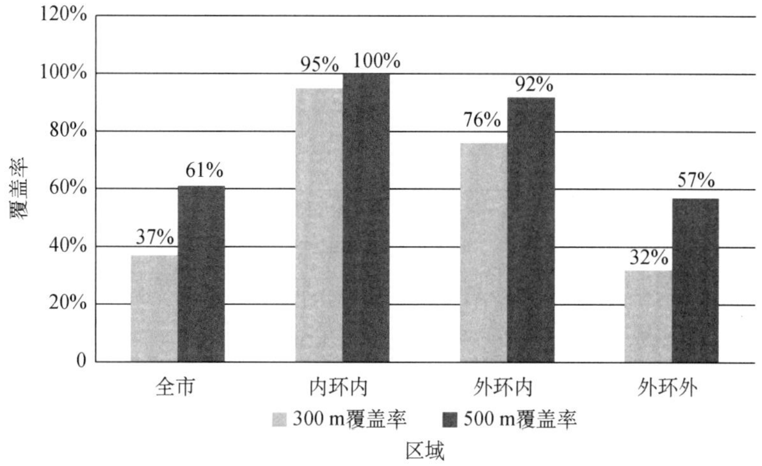

图 2-4　2017 年上海市公共汽(电)车站点覆盖率

2. 运行状况

截至 2017 年年底,上海市共有运营企业 29 家,运营车辆 17 461 辆,较上年增长 4.6%;运营线路 1 496 条,线路总长度 24 161 km,较上年下降 0.03%;线网长度 8 591 km,较上年增长 2.1%(表 2-3)。

表 2-3　近五年上海市公共汽(电)车行业概况

年份	2013	2014	2015	2016	2017
企业数量/家	35	32	33	28	29
车辆/辆	16 717	16 128	16 531	16 693	17 461
线路数量/条	1 338	1 377	1 429	1 457	1 496
线网长度/km	7 803	8 002	8 243	8 412	8 591
线路总长度/km	23 824.13	23 896.88	24 027.34	24 169.09	24 161.13
全空调/条	1 322	1 373	1 426	1 455	1 496
新辟线路/条	94	73	68	42	64
调整线路/条	200	183	196	158	175
撤销线路/条	13	34	16	14	25

截至 2017 年年底,上海市共有公共汽(电)车从业人员 56 315 人,较上年减少 0.8%,其中驾驶员 31 109 人,较上年增加 0.05%(表 2-4)。

表 2-4　近五年上海市公共汽(电)车行业从业人员分类统计　单位:人

年份	2013	2014	2015	2016	2017
管理人员	3 115	2 801	2 814	2 726	2 694
调度员	3 384	3 425	3 418	3 560	3 558

（续表）

年份	2013	2014	2015	2016	2017
驾驶员	31 276	31 159	30 590	31 094	31 109
售票员	9 140	8 192	7 481	7 385	7 008
其他人员	11 923	11 252	11 978	11 984	11 946
从业人员小计	58 838	56 829	56 281	56 749	56 315

2017 年，上海市公共汽（电）车线网密度为 1.35 km/km^2，较上年增长 2.1%，其中，外环内公共汽（电）车线网密度达到 3.16 km/km^2，较上年增长 3.3%。

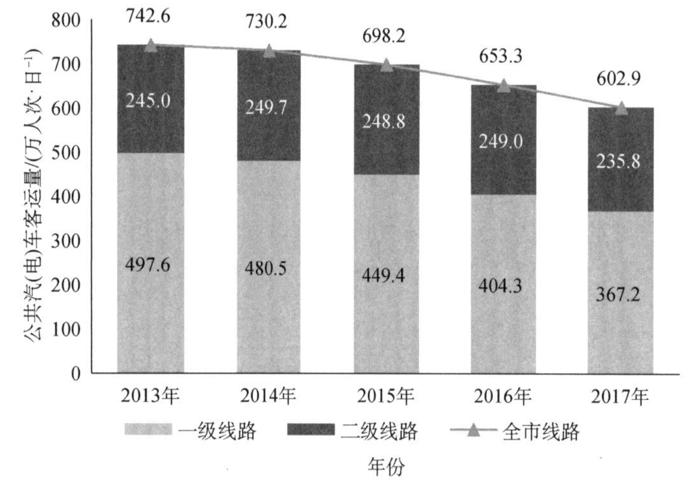

图 2-5　近五年上海市公共汽（电）车日均客运量

近五年，上海市公共汽（电）车客运量呈逐年下降趋势。2017 年，全市公共汽（电）车线路日均客运量 602.9 万人次，较上年下降 7.7%，其中一级线路日均客运量 367.2 万人次/日，二级线路日均客运量 235.8 万人次/日（图 2-5）。

2017 年，上海市公共汽（电）车全日平均运营车速为 20.9 km/h，其中早、晚高峰平均运营车速分别为 16.5 km/h 和 17.4 km/h，中午平峰为21.8 km/h。中心城区公交专用道上的运营车速要显著高于骨干道路上的运营车速，中心城早、晚高峰专用道运营车速分别为16.0 km/h和 16.4 km/h，骨干道路运营车速分别为 13.6 km/h 和 13.0 km/h。从区域上看，内环内运营车速最低，向外逐级提升。早高峰内环内运营车速为 11.9 km/h、内外环间车速为 12.7 km/h、外环外车速为 19.7 km/h。经过 2016 年交通管理大整治和 2017 年实施新的道交条例，上海公交专用道上车辆通行基本形成了稳定良好的秩序，公交车辆高峰时段车速已达到较好水平。

在安全管理方面，2017 年上海市共发生公共汽（电）车事故 21 起，较上年减少 34.7%。

2.1.2 行业管理

近年来，与城市公共汽（电）车运营管理相关的国家政策、行业法规、行业标准不断推出，充分体现了政府对城市公共汽（电）车发展的高度重视。政府对行业的管理主要体现在法律法规制定、行业引导、运营管理、票价管理、安全管理、信息化管理、行业节能减排管理等方面。

1. 行业基本适用法律法规

城市公共汽(电)车行车适用的法律法规包含以下部分。

《中华人民共和国安全生产法》

《中华人民共和国道路交通安全法》

《中华人民共和国反恐怖主义法》

《中华人民共和国刑法》

《中华人民共和国突发事件应对法》

《中华人民共和国道路运输条例》(国务院令第 666 号第二次修订)

《中华人民共和国道路交通安全法实施条例》

《城市公共汽车和电车客运管理规定》(交通运输部令 2017 年第 5 号)

《生产经营单位安全培训规定》(国家安全生产监督管理总局令第 80 号修订)

《城市道路管理条例》

《生产安全事故罚款处罚规定(试行)》

《交通运输突发事件应急管理规定》(交通运输部令 2011 年第 9 号)

《全国重点营运车辆联网联控系统考核管理办法》(交运发〔2016〕160 号)

《公路水路行业安全生产风险管理暂行办法》(交安监发〔2017〕60 号)

《公路水路行业安全生产事故隐患治理暂行办法》(交安监发〔2017〕60 号)

《公路水路行业安全生产风险辨识评估管控基本规范(试行)》(交办安监〔2018〕135 号)

《中共中央国务院关于推进安全生产领域改革发展的意见》(中发〔2016〕32 号)

《国务院关于城市优先发展公共交通的指导意见》(国发〔2012〕64 号)

《国务院办公厅关于印发〈安全生产“十三五”规划〉的通知》(国办发〔2017〕3 号)

《国务院安委会办公室关于全面加强企业全员安全生产责任制工作的通知》(安委办〔2017〕29 号)

《国家发展改革委　交通运输部关于印发〈推进“互联网 + ”便捷交通　促进智能交通发展的实施方案〉的通知》(发改基础〔2016〕1681 号)

《交通运输部关于推进公路水路行业安全生产领域改革发展的实施意见》(交安监发〔2017〕39 号)

《交通运输部关于全面深入推进绿色交通发展的意见》(交政研发〔2017〕186 号)

《上海市公共汽车和电车客运管理条例》(第四次修正)

《上海市公共汽车和电车客运服务规范》

《上海市公共汽车和电车客运从业人员培训管理规定》

《上海市道路交通管理条例》

《上海市安全生产事故隐患排查治理办法》

《上海交通行业安全生产风险管理实施细则(试行)》

《上海市城市公交安全生产风险辨识指南(等级划分标准)》

《关于印发〈2018年上海交通行业安全生产工作要点及其目标任务分解表〉的通知》(沪交安〔2018〕236号)

《关于全面深化本市地面公交行业信息化建设的行动计划(2016—2018)》(沪交科〔2016〕264号)

《城市公共汽电车客运服务规范》(GB/T 22484—2016)

《快速公共汽车交通系统建设与运营管理规范》(GB/T 32985—2016)

《城市公共汽电车驾驶员操作规范》(JT/T 934—2014)

《城市公共汽电车应急处置基本操作规程》(JT/T 999—2015)

《城市公共汽电车突发事件应急预案编制规范》(JT/T 1018—2016)

《城市公共汽电车运营安全管理规范》(JT/T 1156—2017)

2. 行业引导[3]

在交通运输部层面,客运服务方面,中华人民共和国交通运输部(以下简称交通运输部)组织编制了《城市公共汽电车驾驶员操作规范》(JT/T 934—2014)、《城市公共汽电车客运服务规范》(GB/T 22484—2016)、《快速公共交通系统建设与运营管理规范》(GB/T 32985—2016)等标准,要求各地结合实际加以推广应用,努力完善城市客运服务设施条件,提升从业人员服务水平。安全应急方面,交通运输部规定各地要按照《城市公共汽电车突发事件应急预案编制规范》(JT/T 1018—2016)、《城市公共汽电车应急处置基本操作规程》(JT/T 999—2015)等规范及规程的要求,制定、完善各级应急预案,并加强培训、演练。2017年3月7日,交通运输部颁布了《城市公共汽车和电车客运管理规定》,对城市公共汽(电)车规划与建设、运营管理、运营服务、运营安全、监督检查等各环节做出了制度安排和规范。

在上海市层面,为了加强公共汽车和电车客运管理,保障乘客和经营者的合法权益,促进公共汽车和电车客运的发展,上海市先后制定了《上海市公共汽车和电车客运管理条例》《上海市公共汽车和电车客运服务规范》和《上海市公共汽车和电车客运从业人员培训管理规定》。

3. 运营管理

上海市从2006年开始实施城市公共交通体制改革,实行中心城区与远郊区域“两级政府,两级管理”的区域差别化管理新模式,即中心区实行市交通行政管理部门一级管理体制,由上海市交通行政管理部门所属的上海市城市交通运输管理处(以下简称上海市运输管理处)直接对黄浦、徐汇、长宁、静安、普陀、虹口、杨浦等区的公共汽车和电车客运进行日常管理和监督;郊区实行市、区交通行政管理部门两级管理体制,即浦东新区以及闵行、宝山、嘉定、金山、松江、奉贤、青浦、崇明等区由交通行政管理部门负责组织领导本行政区域内的公共汽车和电车客运管理工作,所属的交通运输管理机构负责具体实施本行政区域内公共汽车和电车客运日常管理和监督工作。

两级交通行政管理体制充分调动了远郊区政府发展公共交通的积极性,极大地促进了上海远郊区公共交通事业的发展。两级交通行政管理体制实行后,上海郊区各区结合自身特点和发展需要,纷纷编制区域公共交通发展规划,加大对公交的投资力度。在各区公共交通发展规划的指导下,上海远郊区域城乡公交迅猛发展。

4. 票价管理

上海市公共汽(电)车经营者按照上海市人民政府核定的营运收费标准收费。经营者向乘客收取营运费用后,出具由市交通行政管理部门和市税务部门认可的等额车票凭证。2009 年,上海全线公交实施了优惠换乘政策,并推出了统一城乡公交票价结构方案。

针对常规线路,上海全市的公交票价体系如下。

(1) 市区公共汽车、电车票价

① 普通汽车、电车、双层客车单一票价,线路长度在 13 km 以内的线路票价 1.00 元/人次;线路长度在 13 km 以外的线路票价 1.50 元/人次。

② 空调汽车、电车、双层客车单一票价 2.00 元/人次。

(2) 郊区公共汽车票价

① 普通车多级票价:每公里按 0.12 元/人次计价,起价为 1.00 元,以 0.50 元进级。

② 空调车多级票价:每公里按 0.24 元/人次计价,起价为 1.00 元,以 1.00 元进级。

5. 安全管理

2017 年以来,国家及地方先后出台文件,强化公共汽(电)车客运行业风险管控工作。

2017 年 1 月,《国务院办公厅关于印发〈安全生产“十三五”规划〉的通知》(国办发〔2017〕3 号)指出要强化安全生产依法治理,明确了“十三五”道路交通事故的防范重点。

2017 年 11 月,《国务院安委会办公室关于全面加强企业全员安全生产责任制工作的通知》(安委办〔2017〕29 号)强调要强化企业安全生产主体责任的落实。

2017 年 3 月,交通运输部发布《城市公共汽车和电车客运管理规定》,对完善城市公共汽(电)车客运运营服务体系和安全管理机制做出了规定。

2017 年 5 月,交通运输部发布《公路水路行业安全生产风险管理暂行办法》《公路水路行业安全生产事故隐患治理暂行办法》及《公路水路行业安全生产风险辨识评估管控基本规范(试行)》,指出各部门、各单位要按照“标本兼治、综合治理、系统建设”的总要求,积极推进安全生产风险管理和隐患治理双重预防体系建设,持续推动交通运输事业安全发展。

2018 年 3 月,交通运输部发布《城市公共汽电车突发事件应急预案》,规范了城市公共汽(电)车突发事件的应急管理工作。

2017 年 12 月,上海市交通委员会发布《上海交通行业安全生产风险管理实施细则(试行)》(沪交安〔2018〕368 号),从多层面强化行业管理的风险管控能力建设。

2018 年 4 月,上海市交通委员会发布《2018 年上海交通行业安全生产工作要点及其目标任务分解表》,指出 2018 年上海市交通行业安全生产工作的目标是:交通行业各领域不发生重特大安全生产责任事故;交通行业实现“双下降、两确保”的目标;深入推进安全生产管理体系建设,逐步构建隐患排治和风险管控双重预防性工作体系。

6. 公交信息化管理

近年来，与交通智慧化发展相关的国家政策要求不断推出，充分体现了政府对解决城市交通问题的高度重视。

2012年，国务院发布《国务院关于城市优先发展公共交通的指导意见》，明确提出鼓励智能交通发展，推进信息技术在城市公共交通运营管理、服务监管和行业管理等方面的应用，对换乘枢纽、智能公交系统、节能环保车辆的购置给予资金支持。

2017年，国务院在《新一代人工智能发展规划》（国发〔2017〕35号）中把人工智能发展放在国家战略层面系统布局、主动谋划。其中在“智能社会”部分明确提出：要研究建立营运车辆自动驾驶与车路协同的技术体系，实现智能化交通疏导和综合运行协调指挥。

2016年7月，国家发展改革委、交通运输部印发《推进“互联网+”便捷交通　促进智能交通发展的实施方案》，要求公交都市要着力提升智能化水平，建设基于云计算、大数据、移动互联网等技术的新一代城市智能公交调度与服务系统，研发公交数据分析、大客流综合分析、运力与需求动态匹配、公交与其他交通方式协调运行、线网优化决策支持、安全应急等技术；完善公交出行服务，提升公交预测技术，实现灵活、互动的信息服务。

交通运输部《智慧交通让出行更便捷行动方案（2017—2020年）》要求到2020年，国家公交都市创建城市全面建成城市公共交通智能系统。在建设智慧型综合出行信息服务系统、利用互联网技术加强对城市公共交通运行状况监测、研发推广城市公交智能化服务App、鼓励和规范基于移动互联网技术的个性化公交服务发展等方面提出明确要求。

2015年，上海市交通委员会发布的《上海市交通科技与信息化中长期发展规划》在落实国家和上海市有关政策要求时，提出以科技信息化发展引领传统行业转型升级，建设高效智能公交骨干系统，依托公交信息感知、公交专用道监控、车联网等技术，实现高效实时智能公交调度及优先。深化大数据挖掘分析和应用，面向公交优先战略，提升管理精细化和决策精准化水平，创新互联网+公交服务与管理模式等。2016年，上海市交通委员会印发《关于全面深化本市地面公交行业信息化建设的行动计划（2016—2018）》（沪交科〔2016〕264号），提出上海市地面公交行业信息化建设的发展目标是：至2018年年底，基本建成以信息感知数据采集为支撑，以智慧出行、智慧管理与决策、智慧运营为重点应用的智慧公交体系，使上海市公交行业信息化整体水平达到国内领先水平，改革公交传统管理模式，整合资源、降本增效，实现公交优先发展战略和创建公交都市的智能化目标，推进公交行业转型升级，提升公众服务水平，增强公交吸引力。

近年来，本市交通骨干企业及各区交通管理部门，根据市交通委《关于全面深化本市地面公交行业信息化建设的行动计划（2016—2018）》的要求，围绕公交优先发展战略，按照上海市建设智慧城市、公交都市的工作目标，全面启动公交行业信息化二期建设，不断提高公交运营与管理效率，提升公交出行信息服务水平。

截至2019年年底，上海市公交集群调度系统实现了直接监测所有公交的运行状况，同时采集道路设施等数据信息；实现了公交到站时间预告；实现了交叉路口联动公交信号优先；实现了发布沿线站台信息的电子站牌信息发布系统。

7. 节能减排

我国高度重视新能源汽车产业发展，提出“发展新能源汽车是我国从汽车大国迈向汽车强国的必由之路”。近年来，国务院相继出台了加快推广应用新能源汽车、充电设施建设等指导意见。各部门也先后出台实施了一系列支持政策措施，扎实推进各项工作任务的落实，推动产业发展取得积极成效。

2018 年 7 月，《国务院关于印发打赢蓝天保卫战三年行动计划的通知》(国发〔2018〕22 号)发布，明确指出要加快推进城市建成区新增和更新的公交、环卫、邮政、出租、通勤、轻型物流配送车辆使用新能源或清洁能源汽车，重点区域使用比例达到 80%；2020 年年底前，重点区域的直辖市、省会城市、计划单列市建成区公交车全部更换为新能源汽车。

2017 年 11 月 27 日，交通运输部印发《关于全面深入推进绿色交通发展的意见》(交政研发〔2017〕186 号)，明确了绿色交通的总体要求和发展目标，要求推广应用新能源和清洁能源车船。在港口和机场服务、城市公交、出租汽车、城市物流配送、汽车租赁、邮政快递等领域优先使用新能源汽车。以上海市为例，上海作为首批公交都市，新能源公交车占比不断提升。2017 年，上海市共推广应用节能和新能源公交车 7 766 辆，其中纯电动公交车数量 4 555 辆，占比 58.7%，共建成公交车充电桩位 4 893 个①。

2.1.3 风险防控特点

近年来，我国发生频率较高的城市公交安全事故主要有交通安全事故、人为纵火或引燃爆炸物造成的公交车燃烧事故，场站危险源(如加气站、加油站、维修厂)问题导致的安全事故等。根据我国城市公共汽(电)车运营的实际情况，总结目前公共汽(电)车的风险防控特点主要有以下四个方面。

1. 车辆系统风险问题突出②

现有公交车车厢后部多有三级台阶(底部装有发动机)，空调车窗体普遍采用封闭式且车厢后部窗体窄小，车内扶手设置不尽合理、牢固度不够，在突发事件发生时极易放大危害结果。

同时，随着新能源公交车保有量的不断增加以及车辆电池的逐步老化，新能源公交车的安全风险问题如技术性能风险、维护保养风险愈发突出。近年来，新能源公交车事故层出不穷，电池质量安全问题、充电桩安全问题、新能源汽车整车及关键零部件相关安全标准及其相关安全测试标准与手段缺失的问题、监管体系不完善等问题已成为新能源公交车推广的瓶颈。

2. 违禁物品管控难

虽然相关规定中明确提及了严禁乘客携带易燃、易爆、有毒、有放射性、腐蚀性的危险品以

---

① 数据来自上海市交通港航发展研究中心《上海市交通行业发展报告》。

② 《关于本市城市公共交通安全管理情况的报告》，公报总第 266 号(市十四届人大常委会第二十二次会议)。

及宠物乘车，但由于公交车自身并没有安检设备，且人工安检的推行难度大，不符合公交车的运营特点及运行规律，目前对于违禁品的检查主要靠公交车驾驶员和售票员肉眼识别，极易产生安全隐患。

3. 车辆运行环境特殊

就外部环境而言，公共汽(电)车运营的特殊性在于车辆和车站均处于开放的露天环境，公交线路的行驶路线和设站固定，沿途多经过繁华商业区、居住区、企事业单位、学校等人口密集区域。一旦发生针对公共汽(电)车的暴力恐怖事件，极易造成重大伤亡，产生严重的社会影响。此外，路况特殊性(如施工、交叉盲区、郊区无路灯、路况差等)、公交候车亭、公交首末站、公交枢纽站等公交场站的消防、停车、进出车辆安全管理落实情况也是影响公共汽(电)车运营安全的重要因素。

就内部环境而言，公共交通的职能决定了乘客群的多样性和复杂性，因此，人的不安全因素如司机的危险驾驶行为，以及乘客的不当行为，是城市公交客运安全防控的重点之一。

4. 潮汐出行现象突出①

由于城市空间规模快速扩张，职住分离现象显著，客流时空分布失衡，导致公交潮汐出行现象突出，高峰时段大客流乃至超大客流情况多发，极易引发风险隐患。此外，重大活动、重大节日、突发事件大客流也对公共交通的应急处置构成了严峻考验，人员高度密集情况下，治安因素、违禁物品、人为破坏等安全风险不容忽视。

2.2 风险防控与实践

城市公交客运安全生产风险评估程序一般为：①通过对历史安全生产风险及交通事故情况的调查，以及评估专家的现场或书面调查，在可能发生运营安全风险诱因的基础上，确定关键风险源与一般风险源，完成对风险源的分类；②采用定性和定量相结合的方法，对风险源的风险发生概率及损失进行分析和评估，确定风险发生的可能性、发生后果的严重程度、从业人员的暴露程度及风险发生频率；③根据已经确定的风险发生概率等级、暴露级别、风险损失程度的等级，按照风险等级确定的相关要求，确定安全风险等级；④针对不同的安全风险等级，研究并提出相应的应对及改善措施。

本节主要对城市公共汽(电)车客运的风险防控与实践做出说明，其中，风险实践主要以上海为例进行说明。

2.2.1 风险辨识与评价

1. 风险辨识

企业是安全生产责任的主体。城市公交客运企业需要针对本单位生产经营活动范围及其

① 《关于本市城市公共交通安全管理情况的报告》，公报总第266号(市十四届人大常委会第二十二次会议)。

生产经营环节，按照相关法规标准要求，编制风险辨识手册，明确风险辨识的范围、方式和程序。企业的风险辨识主要针对影响发生安全生产事故及其损失程度的致险因素进行，致险因素一般包含四个方面。

(1) 驾驶员安全意识、安全与应急技能、安全行为或状态。

(2) 外部车辆的威胁以及内部新能源汽车技术成熟度。

(3) 极端天气对驾驶员本身及道路状况的影响。

(4) 安全生产的管理机构、工作机制及安全生产管理制度合规和完备性。

根据交通运输部《公路水路行业安全生产风险管理暂行办法》，城市公交客运的安全生产风险辨识分为全面辨识和专项辨识。全面辨识是企业为全面掌握本单位安全生产风险，全面、系统对本单位生产经营活动开展的风险辨识；专项辨识是企业为及时掌握本单位重点业务、工作环节或重点部位和管理对象的安全生产风险，对本单位生产经营活动范围内部分领域开展的安全生产风险辨识。全面辨识应每年不少于 2 次，专项辨识应在生产经营环节或其要素发生重大变化或管理部门有特殊要求时及时开展。安全生产风险辨识结束后应形成风险清单。

以上海市为例，上海市城市公交客运业态危险源来源可分为人、车、物、路、环境和管理六个部分，具体清单如下①。

1) 人的因素

公共汽(电)车风险源中人的因素如表 2-5 所示。

表 2-5　　公共汽(电)车风险源——人的因素

风险源判断	风险源	驾驶员具体表现
驾驶员违法行为	一般性违法，不指向他人	为了赶时间，驾驶员抢黄灯通过路口、驾车逆行、违法停车、超速行驶、酒后驾驶、违法倒车、违法掉头、违法会车等
	违法行为指向他人，具有攻击性、报复性	故意和前面车辆靠得很近，以示意前面的驾驶员提高车速或赶紧让路
		对妨碍自己行驶的车辆，如行驶缓慢或"加塞车量"感到非常气愤，长时间按喇叭、爆粗口，甚至故意超车后紧急制动
		强行超车
		强行变更车道
驾驶员操作错误	危险性错误，如操作不当、操作失误	在湿滑路面紧急制动，或车辆侧滑时紧急制动，急打转向盘
		在紧急情况时，错把加速踏板当制动踏板
		变更车道没有观察后视镜
		由主干路驶入支干路时，没有注意视觉盲区内的行人、非机动车
		转弯时未注意车辆内外轮差，车辆落入边沟等
	无危害性错误	分道口行驶路线选择错误等

① 《上海市城市公交安全生产风险辨识指南(等级划分标准)》。

（续表）

风险源判断	风险源	驾驶员具体表现
驾驶员注意力分散	主观原因	驾驶员在驾驶过程中接打电话、走神、与人闲聊、观察其他交通事故或者过度关注新奇事物
	客观原因	驾驶员注意力无法持续集中等
其他交通参与者的不安全行为	违反安全乘车规则	车辆行驶过程中违规换座
		乘车过程中低头看手机、未抓紧安全扶手
	违反通行规则	其他机动车驾驶员逆向行驶、违规占道行驶、违法超车、超速行驶、酒后驾驶等
		行人、非机动车不按交通信号通行、逆行、违规占用机动车道等

2）车的因素

公共汽(电)车风险源中车的因素如表 2-6 所示。

表 2-6　　公共汽(电)车风险源——车的因素

风险源分析	风险源	具体表现
技术状况不良	制动故障或失效	不能及时制动
	转向不良或失效	不能按意图转向
	灯光、信号装置故障	前照灯损坏、照明受到影响、夜间时驾驶员无法观察路况
		转向灯不亮、转向意图不能传达等
	侧向稳定性差	车辆在横向坡道行驶或进行超车、转弯等操作时，已发生侧滑或侧翻
	车辆悬架，减震系统缺陷	车辆进入坑洼路面时，颠簸严重，使驾驶员或乘客感觉不适，还可能使装载的货物掉落
	车速表故障	驾驶员不能准确掌握行驶速度
	轮胎磨损严重、有裂纹或扎入杂物	车辆在行驶中附着力不够，制动距离延长
		发生爆胎
	发动机故障	车辆无法启动
		车辆抛锚、应急停车，影响其他车辆通行
		车辆中途熄火，无法正常操控
主动装置失效	后视镜损坏	后视镜损坏，驾驶员观察道路交通情况受到影响
	刮水器失效	雨雪天刮水器无法使用，视线受影响
	喇叭失效	喇叭不响，其他驾驶员或交通参与者听不到车辆靠近的信号
	无遮阳板或掉落	驾驶员眼睛被太阳光直射，影响观察
	制动防爆系统等安全装置失效	车轮抱死，车辆侧滑

(续表)

风险源分析	风险源	具体表现
被动安全装置失效	无安全气囊	车辆发生碰撞等事故时,因无安全气囊,驾驶员头部直接撞到转向盘或前风窗玻璃上
	座椅安全	紧急制动或车辆发生事故时,驾驶员头部得不到保护,颈椎易受伤害
	保险杠损坏	发生碰撞事故,无法吸收、缓和外界冲击力,无法防护车体
	风窗玻璃损坏	影响驾驶员视野,易使驾驶员受伤
	灭火器、警告安全标志、安全锤损毁或缺失	出现紧急情况,无法及时有效处理
其他	客车地板	客车刚刚经过清洁或雨雪天,致使车内地板、上下台阶湿滑,使乘客摔倒
	座椅损坏	座椅损坏后露出尖锐金属架,碰上驾驶员或乘客
		座椅扶手损坏或缺失,不能保护乘客

3) 物的因素

公共汽(电)车风险源中物的因素如表 2-7 所示。

表 2-7　　公共汽(电)车风险源——物的因素

风险源判断	风险源	具体表现
客车物品存在危险	乘客物品摆放位置不合适	乘客携带危险品上车未被发现,易产生危险后果
		放在行李架上的物品掉落,砸伤乘客
		放置在椅子下的行李部分露出,绊倒乘客等
路面不明物体的存在	路面上存在不明障碍物阻碍行车	未注意到路面情况造成车辆行车方向偏移或者侧翻
不明飞行物体	窗外飞来不明飞行物影响正常行车	未及时采取措施躲避飞行物体或采取措施时车辆受到飞行物袭击的影响最小

4) 路的因素

公共汽(电)车风险源中路的因素如表 2-8 所示。

表 2-8　　公共汽(电)车风险源——路的因素

风险源判断	风险源	具体表现
城区道路	混合路面自行车、电瓶车、私家车等车流量大	车辆拥挤,不遵守道路法规
		道路反复行驶,驾驶员极易疲劳,车辆性能也易发生变化
		驾驶员精力不集中、感知能力下降
		公交车辆车体高,极易与路边的树木刮擦

（续表）

风险源判断	风险源	具体表现
冰雪路面	路面结冰摩擦系数低	车辆易发生侧滑
	阳光的反射率极高	大雪后雪地反射日光，刺激眼睛，导致雪盲症，影响正常观察
涉水路面	水过深	未查清水深即涉水行驶，易使车辆熄火、电气设备受潮
	水中有尖锐物	车辆轮胎被尖锐物扎破
	水流速度快	车辆行驶轨迹发生偏移
凹凸路面	路面凹凸不平	车辆颠簸，使驾驶员或乘客不适，车辆长时间在凹凸不平的路面行驶，车辆性能易下降等
	路面有较大凹坑与凸起	由于道路失修或局部地壳活动使路面出现凸起和深坑，躲避不及引发事故

5）环境的因素

公共汽（电）车风险源中环境的因素如表 2-9 所示。

表 2-9　　公共汽（电）车风险源——环境的因素

风险源判断	风险源	具体表现
夜间	行驶环境黑暗	路灯损坏、视线受影响
		驾驶员视野范围变小、视距变短
		会车时，其他车辆开远光灯，产生炫目
雨天	光线昏暗、能见度低	驾驶员视线受影响，无法清晰观察路况
	常伴有雷电、大风	雷电劈倒或大风刮倒路边树木，形成路障或砸中过往车辆
	路面湿滑、泥泞	降雨使得道路塌陷或变得松软，车辆容易陷入
		车辆发生侧滑
		使车辆制动距离延长
	气温低于 0 ℃形成冻雨	车辆制动距离延长
		车辆侧滑
	霜冻	驾驶员容易麻痹
雪天	视线不良	驾驶员视线被影响，无法清晰观察路况
	路面被积雪覆盖或有融雪	车辆启动时，车轮打滑，启动困难
		车辆行驶过程中易发生侧滑；车辆在平坦、两侧无建筑和树木、积雪覆盖的道路行驶，辨识不出分道线、路侧边缘等
大雾天气	能见度低	看不清路况，追尾事故频发，易连环追尾
		驾驶员长时间雾中驾驶，注意力持续集中，易疲劳等
高温天气	温度过高	驾驶员易疲惫、困倦、脾气暴躁
		轮胎压力高，易发生爆胎
		车辆用电设备、线路易自燃

(续表)

风险源判断	风险源	具体表现
高温天气	温度过高	水温过高,损坏发动机
		制动易失效等
台风	风力能量巨大,常伴有暴雨	路边树木、广告牌等被刮倒,易砸中汽车或阻碍交通;使车偏离行驶轨迹或侧翻
雹灾	来势凶猛,时间短,强度大,常伴有狂风骤雨	冰雹、降雨、大风影响视线,地面湿滑,车辆易发生撞车等事故

6) 管理的因素

公共汽(电)车风险源中管理的因素如表2-10所示。

表2-10　公共汽(电)车风险源——管理的因素

风险源判断	风险源	具体表现
驾驶员招聘	驾驶员招聘制度不完善	招聘人员态度随意
		因需求紧急而降低招聘要求
驾驶员管理	驾驶员管理信息不流通	各公司间驾驶员信息不流通,造成驾驶员容易带着问题跳槽而新公司不知情,从而造成驾驶员无视规章制度
排查管理	车辆排查不全面	未定期对车辆进行全面的排查,不能及时找出性能方面欠缺的车辆
	驾驶员考核制度不全面	未形成严格的驾驶员考核制度,驾驶员行为得不到约束

2. 风险评价

风险等级按照可能导致安全生产事故的后果和概率,由高到低依次可分为重大、较大、一般和较小四个等级。

(1) 重大风险是指一定条件下易导致特别重大安全生产事故的风险。

(2) 较大风险是指一定条件下易导致重大安全生产事故的风险。

(3) 一般风险是指一定条件下易导致较大安全生产事故的风险。

(4) 较小风险是指一定条件下易导致一般安全生产事故的风险。

同时满足两个或以上条件的,按最高等级确定风险等级。

3. 风险辨识及风险评价实践

以上海浦东某公交企业、浦西某公交企业两个企业为例,对公交企业的风险辨识与风险评价工作进行说明。这两个企业运用了工作任务分析法及事故机理分析法,对全企业生产系统和辅助系统工作地点的任务进行了风险源辨识及风险分级分类,相关经验可为我国其他公交企业提供借鉴。

1) 企业介绍

浦东某公交企业成立于2002年7月,经营范围包括市内公共交通客运、机动车安全技术检验(凭资质经营)等。目前公司拥有车辆 1 026 辆,员工总人数为 3 500 人,其中驾驶员 1 926 人,年度客运量达 13 755 万人次。

浦西某公交企业成立于 2008 年 11 月,承担相关区域内有关公交营运、公交场站经营管理等方面事实工程任务的落实。目前公司拥有车辆 416 辆,其中新能源车 141 辆、油电混合车 20 辆,员工总人数为 900 人,其中车辆驾驶员及管理人员 750 人,开通市属路线 2 条,区域公交线路 45 条。

2) 风险统计辨识

企业风险辨识及风险评价实践的第一步是运用工作任务分析法对全企业生产系统和辅助系统工作地点的任务进行风险源辨识。在全企业工作任务中,统计可能出现的风险源,两家企业在人的因素(人)、车的因素(车)、物的因素(物)、路的因素(路)、环境的因素(环)和管理的因素(管)六个方面的统计结果如下。

(1) 浦东某公交企业(表 2-11)

表 2-11　　浦东某公交企业安全生产危险源分类统计表

序号	单位	人	车	物	路	环	管	合计
1	车队	75	15	5	5	6	0	106
2	维修部	3	4	2	0	1	1	11
3	安全生产部	1	0	0	0	0	1	2
合计		79	19	7	5	7	2	119

(2) 浦西某公交企业(表 2-12)

表 2-12　　浦西某公交企业安全生产危险源分类统计表

序号	单位	人	车	物	路	环	管	合计
1	车队	82	10	1	15	1	0	109
2	维修部	3	4	1	0	0	0	8
3	安全生产部	1	2	0	0	0	1	4
合计		86	16	2	15	1	1	121

3) 风险分级分类

企业风险辨识及风险评价实践的第二步是风险分级分类。两家企业试点利用“LEC 法”,从“人—车—物—路—环境—管理”六个方面对风险进行分级分类和排序,排查出重大风险、较大风险、一般风险及较小风险,并总结出人员、车厢设备、物品、道路风险、环境及管理等方面风险源情况。两家企业的评级结果如下。

(1) 浦东某公交企业

① 重大风险任务清单(表 2-13)

表 2-13　　浦东某公交企业重大风险任务清单(Ⅳ级风险 18～25)——56 项

重大风险任务清单(Ⅳ级风险 18～25)——56 项					
序号	任务名称	风险值	序号	任务名称	风险值
1	有外界火源发生火灾	24	29	严重超速行驶或其他违规行为	22
2	在冰雪路面行车发生侧滑失控	24	30	其他机动车道驾驶员酒后驾驶	22
3	车辆在检修及行驶中发生燃料溢漏引发火灾	24	31	其他机动车道驾驶员违法超车	22
4	车辆在检修及行驶中发生电器火灾	24	32	窗外不明飞行物	20
5	车辆在检修及行驶中线路短路等引发火灾	24	33	发生侧偏、起吊重物落下伤人	20
6	驾驶员抢黄灯	24	34	逆反心理	20
7	驾车逆行	24	35	机动车载物不符合要求,物体伤人	20
8	违法掉头	24	36	行人、非机动车逆行	20
9	驾驶员酒后驾车,或精神恍惚,导致车辆失控	24	37	发生误碰触电	20
10	强行超车碰撞和侧滑	24	38	人在吊物下工作或吊物在人头上经过	20
11	强行变更车道	24	39	行人、非机动车不按交通信号通行	20
12	过度疲劳驾车	24	40	行人、非机动车违规占用机动车道	20
13	湿滑路面紧急制动	24	41	违法停车	20
14	急打转向盘	24	42	倒车发生碰撞	20
15	紧急时错把加速踏板当制动踏板	24	43	车辆电器设备受潮	20
16	路面不明障碍物	24	44	其他机动车道驾驶员逆向行驶	20
17	调度员对驾驶员的身体、精神、心理状况不了解,盲目调派车辆导致事故	24	45	其他机动车道驾驶员违规占道行驶	20
18	大雪后雪地反射日光影响正常观察	24	46	雨天、雾天行车路滑,视线不清	20
19	环卫焚烧垃圾产生烟雾影响视线	24	47	会车时忽略视线盲区	20
20	发动机故障	22	48	变更车道没有观察后视镜	20
21	车速表故障	22	49	大风行驶,车辆不稳	20
22	减震系统缺陷	22	50	积雪覆盖路面无法辨识分道线和路侧边缘	20
23	转向不良或失效	22	51	积水下尖锐物体刺破车轮	20
24	制动故障或失效	22	52	机动车载人超员	18
25	车辆转弯时与其他行驶的车辆和行人相撞	22	53	无证驾驶车辆	18
26	轮胎磨损严重	22	54	车辆未进行定期的全面排查	18
27	积水过深引起车辆熄火	22	55	雨天形成冻雨延长车辆制动距离	18
28	其他机动车道驾驶员超速行驶	22	56	驾驶员驾驶资料未建库共享	18

② 较大风险任务清单(表 2-14)

表 2-14　　浦东某公交企业较大风险任务清单(Ⅲ级风险 9～16)——35 项

较大风险任务清单(Ⅲ级风险 9～16)——35 项					
序号	任务名称	风险值	序号	任务名称	风险值
1	超过规定速度行车	16	19	乱停放车辆	12
2	掉头时忽视后面的车辆和行人	16	20	临时停车检修车辆时发生碰撞侧滑	12
3	行人、牲畜、摩托车、自行车等突然横穿公路	16	21	驾驶线路单一造成疲惫	12
4	驾驶员注意力不集中	16	22	树木刮倒砸中车辆	12
5	机动车易燃部位附件焊接和焊油箱发生火灾	16	23	爆胎	12
6	发生追尾和碰撞	16	24	自信心理	12
7	安全附件失效	16	25	通过铁路道口	10
8	招聘标准低	16	26	积水流速快	10
9	后视镜损坏	14	27	路面车辆拥挤	10
10	刮水器失效	14	28	道路安全防护措施不完善	10
11	行驶环境黑暗	14	29	挖路	10
12	远光灯炫目	14	30	埋管道	10
13	急躁心理	14	31	车体过高与树木刮擦	10
14	报复性心理	14	32	路面凹凸不平	10
15	麻痹心理	14	33	遮阳板缺失或掉落	10
16	逞强心理	14	34	喇叭失效	10
17	招聘人员态度随意	12	35	雨雾天气视线差	10
18	驾驶员考核制度不够严格	12			

③ 一般风险任务清单(表 2-15)

表 2-15　　浦东某公交企业一般风险任务清单(Ⅱ级风险 3～8)——28 项

一般风险任务清单(Ⅱ级风险 3～8)——28 项					
序号	任务名称	风险值	序号	任务名称	风险值
1	私自出车,心理反应紧张,超速行驶	8	7	安全锤缺失	8
2	驾车吸烟、饮食、打手机等违法行为	8	8	调车不当、任务不清而导致事故	8
3	通过有交通信号或标志控制的交叉路口	8	9	灭火器缺失	8
4	通过无交通信号或交通标志控制的交叉路口	8	10	灭火器损毁	8
			11	开带病车或未检验车	8
5	乘车人违法乘车	8	12	座椅无安全设施	6
6	安全锤损毁	8	13	座椅扶手损坏或缺失	6

(续表)

序号	任务名称	风险值	序号	任务名称	风险值
14	座椅尖锐金属露出	6	22	上、下站湿滑	6
15	乘客安全意识不强	6	23	车辆内部设备掉落	6
16	夜间行车照明不良	6	24	车内地板湿滑	6
17	乘客携带危险品上车	6	25	分道口选择错误路线	4
18	车辆侧偏或泄压伤人	6	26	警告安全标志损毁	4
19	座椅下物品露出绊倒乘客	6	27	警告安全标志缺失	4
20	无安全气囊	6	28	风窗玻璃损坏	4
21	保险杠损坏	6			

④ 重大风险源

通过评估，浦东某公交企业重大等级的风险主要有以下几个方面：驾驶员生理或心理原因的不当操作和违规驾驶；不良的道路条件造成的视线盲区、车辆侧滑等；车辆检修过程中的作业危险。

(2) 浦西某公交企业

① 重大风险任务清单(表 2-16)

表 2-16　　浦西某公交企业重大风险任务清单(Ⅳ级风险 18～25)——59 项

序号	任务名称	风险值	序号	任务名称	风险值
1	有外界火源发生火灾	24	14	急打转向盘	24
2	在冰雪路面行车发生侧滑失控	24	15	紧急时错把加速踏板当制动踏板	24
3	车辆在检修及行驶中发生燃料溢漏引发火灾	24	16	路面不明障碍物	24
4	车辆在检修及行驶中发生电器火灾	24	17	调度员对驾驶员的身体、精神、心理状况不了解，盲目调派车辆导致事故	24
5	车辆在检修及行驶中线路短路等引发火灾	24	18	大雪后雪地反射日光影响正常观察	24
			19	环卫焚烧垃圾产生烟雾影响视线	24
6	驾驶员抢黄灯	24	20	发动机故障	22
7	驾车逆行	24	21	车速表故障	22
8	违法掉头	24	22	减震系统缺陷	22
9	驾驶员酒后驾车，或精神恍惚，导致车辆失控	24	23	转向不良或失效	22
			24	制动故障或失效	22
10	强行超车碰撞和侧滑	24	25	车辆转弯时与其他行驶的车辆和行人相撞	22
11	强行变更车道	24			
12	过度疲劳驾车	24	26	轮胎磨损严重	22
13	湿滑路面紧急制动	24	27	积水过深引起车辆熄火	22

（续表）

序号	任务名称	风险值	序号	任务名称	风险值
28	其他机动车道驾驶员超速行驶	22	45	其他机动车道驾驶员逆向行驶	20
29	车辆出入公交站台	22	46	其他机动车道驾驶员违规占道行驶	20
30	严重超速行驶或其他违规行为	22	47	雨天、雾天行车路滑，视线不清	20
31	其他机动车道驾驶员酒后驾驶	22	48	会车时忽略视线盲区	20
32	其他机动车道驾驶员违法超车	22	49	变更车道没有观察后视镜	20
33	窗外不明飞行物	20	50	大风行驶，车辆不稳	20
34	发生侧偏、起吊重物落下伤人	20	51	积雪覆盖路面无法辨识分道线和路侧边缘	20
35	逆反心理	20			
36	机动车载物不符合要求，物体伤人	20	52	积水下尖锐物体刺破车轮	20
37	行人、非机动车逆行	20	53	机动车载人超员	18
38	发生误碰触电	20	54	无证驾驶车辆	18
39	人在吊物下工作或吊物在人头上经过	20	55	车辆未进行定期的全面排查	18
40	行人、非机动车不按交通信号通行	20	56	雨天形成冻雨延长车辆制动距离	18
41	行人、非机动车违规占用机动车道	20	57	驾驶员驾驶资料未建库共享	18
42	违法停车	20	58	车辆行驶过程中乘客随意换坐	18
43	倒车发生碰撞	20	59	车辆行驶过程中乘客低头看手机或打电话，未抓牢扶手	18
44	车辆电器设备受潮	20			

② 较大风险任务清单（表 2-17）

表 2-17　浦西某公交企业较大风险任务清单（Ⅲ级风险 9～16）——34 项

序号	任务名称	风险值	序号	任务名称	风险值
1	超过规定速度行车	16	11	行驶环境黑暗	14
2	掉头时忽视后面的车辆和行人	16	12	远光灯炫目	14
3	行人、牲畜、摩托车、自行车等突然横穿公路	16	13	急躁心理	14
			14	报复性心理	14
4	驾驶员注意力不集中	16	15	麻痹心理	14
5	机动车易燃部位附件焊接和焊油箱发生火灾	16	16	逞强心理	14
			17	招聘人员态度随意	12
6	发生追尾和碰撞	16	18	驾驶员考核制度不够严格	12
7	安全附件失效	16	19	乱停放车辆	12
8	招聘标准低	16	20	临时停车检修车辆时发生碰撞侧滑	12
9	后视镜损坏	14	21	驾驶线路单一造成疲惫	12
10	刮水器失效	14	22	树木刮倒砸中车辆	12

(续表)

序号	任务名称	风险值	序号	任务名称	风险值
23	爆胎	12	29	埋管道	10
24	自信心理	12	30	车体过高与树木刮擦	10
25	通过铁路道口	10	31	路面凹凸不平	10
26	积水流速快	10	32	遮阳板缺失或掉落	10
27	道路安全防护措施不完善	10	33	喇叭失效	10
28	挖路	10	34	雨雾天气视线差	10

③ 一般风险任务清单(表 2-18)

表 2-18　浦西某公交企业一般风险任务清单(Ⅱ级风险 3~8)——28 项

序号	任务名称	风险值	序号	任务名称	风险值
1	私自出车,心理反应紧张,超速行驶	8	15	乘客安全意识不强	6
2	驾车吸烟、饮食、打手机等违法行为	8	16	夜间行车照明不良	6
3	通过有交通信号或标志控制的交叉路口	8	17	乘客携带危险品上车	6
4	通过无交通信号或交通标志控制的交叉路口	8	18	车辆侧偏或泄压伤人	6
			19	座椅下物品露出绊倒乘客	6
5	乘车人违法乘车	8	20	无安全气囊	6
6	安全锤损毁	8	21	保险杠损坏	6
7	安全锤缺失	8	22	上、下站湿滑	6
8	调车不当、任务不清而导致事故	8	23	车辆内部设备掉落	6
9	灭火器缺失	8	24	车内地板湿滑	6
10	灭火器损毁	8	25	分道口选择错误路线	4
11	开带病车和未检验车	8	26	警告安全标志损毁	4
12	座椅无安全设施	6	27	警告安全标志缺失	4
13	座椅扶手损坏或缺失	6	28	风窗玻璃损坏	4
14	座椅尖锐金属露出	6			

④ 重大风险源

通过评估,浦西某公交企业重大等级的风险主要有以下几个方面:驾驶员生理或心理原因的不当操作和违规驾驶;不良的道路条件和站点设置;车辆故障。

2.2.2 风险防控措施

1. 一般管控措施①

对应城市公交客运业态人、车、物、路、环境和管理六大因素,不同危险源的一般管控方法如

① 《上海市城市公交安全生产风险辨识指南(等级划分标准)》。

表 2-19—表 2-24 所示。

(1) 人的因素

公共汽(电)车风险源一般管控办法中人的因素如表 2-19 所示。

表 2-19 公共汽(电)车风险源一般管控办法——人的因素

风险源判断	风险源	一般管控方法
驾驶员违法行为	一般性违法,不指向他人	增加路口交通指挥人为监管部署,在重点路口对违法违章行为进行及时管控并给予一定惩罚,考虑全市布局监管电子网络对违章车辆违章操作进行实时监控,探测违法行为进行实时警告
	违法行为指向他人,具有攻击性、报复性	
驾驶员操作错误	危险性错误,如操作不当、操作失误	提高驾驶员招聘的标准,在驾驶员上路前加强对驾驶员的安全教育,让驾驶员在行车过程中保持警惕性,避免不当操作的发生
	无危害性错误	
驾驶员注意力分散	主观原因	加强对驾驶员的安全教育,让驾驶员在行车过程中集中注意力,对驾驶员行为进行随机抽查,对注意力不集中的驾驶员依实际情况进行惩罚
	客观原因	
其他交通参与者的不安全行为	违反安全乘车规则	对乘客进行教育,明确运输企业免责行为和规定
	违反通行规则	加强对路面行车的人为监管和电子监管,对违法违规行为及时制止

(2) 车的因素

公共汽(电)车风险源一般管控办法中车的因素如表 2-20 所示。

表 2-20 公共汽(电)车风险源一般管控办法——车的因素

风险源判断	风险源	一般管控方法
技术状况不良	制动故障或失效	规范车辆检查工作,定期对车辆进行全面细致的检查,并对驾驶员进行培训,使其能及时发现并制止故障的发生
	转向不良或失效	
	灯光、信号装置故障	
	侧向稳定性差	
	车辆悬架,减震系统缺陷	
	车速表故障	
	轮胎磨损严重、有裂纹或扎入杂物	
	发动机故障	
主动装置失效	后视镜损坏	对驾驶员进行培训,使其在面对突发状况时能够迅速有效地应对,减少故障带来的损失,同时出车前对车辆各装置进行检查,减少装置突然故障的可能性,同时设立应急小组,出现状况时给予必要的援助
	刮水器失效	
	喇叭失效	
	遮阳板缺失或掉落	
	制动防爆系统等安全装置失效	

(续表)

风险源判断	风险源	一般管控方法
被动安全装置失效	无安全气囊	对车辆被动安全装置的定期检查,及出车前检查,将被动安全装置失效的可能性降到最低
	座椅安全	
	保险杠损坏	
	风窗玻璃损坏	
	灭火器、警告安全标志、安全锤损毁或缺失	
其他	客车地板	定期对车内设施进行检查,对存在安全隐患的部分及时进行修复,极端天气下驾驶员可对乘客进行提醒并及时清理车厢内部地面减少潜在威胁
	座椅损坏	

(3) 物的因素

公共汽(电)车风险源一般管控办法中物的因素如表 2-21 所示。

表 2-21　公共汽(电)车风险源一般管控办法——物的因素

风险源判断	风险源	一般管控方法
客车物品存在危险	乘客物品摆放位置不合适	车门设立安全检查机制,对乘客带上车的物品进行检查,车内通过张贴标语提示来规范和提醒乘客注意自身的乘车行为
路面不明物体的存在	路面上存在不明障碍物阻碍行车	加强驾驶员的安全教育,使其行车时有意识提高注意力,对路面情况进行及时判断
不明飞行物	窗外飞来不明飞行物影响正常行车	加强驾驶员的行车安全教育及危险应对技能教育,提升驾驶员在应对危险时的应变能力

(4) 路的因素

公共汽(电)车风险源一般管控办法中路的因素如表 2-22 所示。

表 2-22　公共汽(电)车风险源一般管控办法——路的因素

风险源判断	风险源	一般管控方法
城区道路	混合路面自行车、电瓶车、私家车等车流量大	对驾驶员进行安全教育并进行行为考核,对考核成绩不佳的驾驶员采取惩罚措施,以规范驾驶员的安全驾驶行为
冰雪路面	路面结冰摩擦系数低	降低车辆行驶速度
	阳光的反射率极高	
涉水路面	水过深	尽量绕开涉水路面,必经涉水路面的情况下,车辆慢行,并对路面水深等情况做出基本判断
	水中有尖锐物	
	水流速度快	
凹凸路面	路面凹凸不平	定期对车辆进行性能排查,同时对驾驶员进行必要的安全教育,使其在非常态路面上行驶时集中注意力,并且对前方路况做出及时判断,避免因躲避不及时而导致事故的发生
	路面有较大凹坑与凸起	

(5) 环境的因素

公共汽(电)车风险源一般管控办法中环境的因素如表 2-23 所示。

表 2-23　　公共汽(电)车风险源一般管控办法——环境的因素

风险源判断	风险源	一般管控方法
夜间	行驶环境黑暗	降低车辆行驶速度,驾驶员集中注意力
雨天	光线昏暗、能见度低	降低车辆行驶速度,驾驶员集中注意力
	常伴有雷电、大风	
	路面湿滑、泥泞	
	气温低于 0 ℃形成冻雨	
	霜冻	
雪天	视线不良	降低车辆行驶速度,驾驶员集中注意力,对路面情况做出基本判断
	路面被积雪覆盖或有融雪	
大雾天气	能见度低	降低车辆行驶速度,轮班制减少驾驶员驾驶时长,驾驶员集中注意力
高温天气	温度过高	给予驾驶员适当的降暑措施,对车辆状况勤于排查
台风	风力能量巨大,常伴有暴雨	驾驶员集中注意,对路况做出及时判断
雹灾	来势凶猛,时间短,强度大,常伴有狂风骤雨	车辆减速行驶,使驾驶员集中注意力

(6) 管理的因素

公共汽(电)车风险源一般管控办法中管理的因素如表 2-24 所示。

表 2-24　　公共汽(电)车风险源一般管控办法——管理的因素

风险源判断	风险源	一般管控方法
驾驶员招聘	驾驶员招聘制度不完善	完善驾驶员招聘制度,对招聘人员进行培养使其具有良好的招聘素质,严守招聘标准,不随意降低招聘要求
驾驶员管理	驾驶员管理信息不流通	建立行业驾驶员数据库对驾驶员进行行业内的统一管理,约束驾驶员的行为
排查管理	车辆排查不全面	完善排查管理制度,对车辆和驾驶员行为进行定期且全面的排查,避免侥幸心理的存在,及时发现车辆的性能欠缺,时刻规范驾驶员的行为
	驾驶员考核制度不全面	

2. 技术措施

《公路水路行业安全生产风险管理暂行办法》指出,交通运输管理部门应通过政策、法规标准和科技项目支持等方式,鼓励引导行业开展风险管控技术装备研究与应用,充分运用信息化、智能化、大数据等技术手段和先进工艺、材料、技术、装备,提升风险管控水平和安全监管能力。本节以上海某公交公司的企业实践为例,说明公共汽(电)车运营风险防控的技术措施。

(1) 建立公交行车安全事故信息管理系统

为了加强对事故处理流程的监管,及时反映事故情况及处理动态,进一步提高专职事故处理员业务水平,提升安全管理效率,上海某公交公司建立了“公交行车安全事故信息管理系统”,该系统可使事故处理流程的标准更透明、处理更规范、结案更及时。

(2) 安全行车实施实时监控

为实现全天候、全过程、全覆盖动态监控管理,不断提高行车人员在营运过程中的安全性、规范性和时效性,上海某公交公司对安全行车执行动态监控:依托GPS、DVR管理信息系统,采取专项检查、数据核查、确定违法等方式,对公司所属的所有营运线路车辆、所有在营运过程中的驾驶员、售票员及乘客等人员进行实时监督、纠违、管控和考核,有效降低行车安全的风险。为保证实时监控及时、有效、规范化运作,该公司还制定了配套的《行车安全实时监控管理办法》,对岗位设置及人员配备、实时监控职责及内容、监控程序及奖惩办法做出了具体规定。

(3) 全面推广安全驾驶行为分析系统

上海某公交公司试点推行“安全驾驶行为分析系统”,该系统的主要功能包括疲劳驾驶、并岗闲谈、单手驾驶、未系安全带等有碍于安全驾驶行为的实时提醒功能,将原有的事后处理变为事中提醒,更好地提醒驾驶员安全操作。同时,对驾驶员发生的违章进行保存并实时发送至集调后台,在大屏幕直观地予以显示,便于管理者第一时间进行干预及统计分析。该公司通过“技防手段”+“精细化管理”的方式,改变传统人盯人、抽样检查、片段式监督造成的管理薄弱点和盲点,真正做到了安全工作“预防为主、过程监控、及时处理、闭环管理”。

3. 其他措施

1) 行政措施

以上海市运输管理处为例,上海市交通管理部门通过建立健全工作体系、依法从源头治理隐患、建立健全责任追究制度、强化监管联动协调、开展专项治理、开展行业安全宣传培训等行政措施防控公共汽(电)车运营风险。

(1) 建立健全工作体系,加强安全工作组织领导

① 建立健全安全内网工作体系

自2008年以来,上海市运输管理处成立了安全内网工作体系,各业务部门明确一名领导分管安全工作。同时,建立安全内网每月工作例会制度,传达各级领导关于安全生产工作的重要决策部署,部署近期安全生产工作。这一工作体系达到了以“内网”带动“外网”(企业安全管理干部),共同做好行业安全管理工作的目的。

② 建立健全安全工作委员会

根据《加强上海交通港航运行安全领导干部“一岗双责”的工作意见(试行)》精神,2012年上半年,上海市运输管理处建立了安全工作委员会(以下简称安委会),从制度上明确了安委会各相关职责部门的工作职责和分工、工作制度以及工作目标。

(2) 依法从源头治理隐患,加大安全生产监管力度

在安全隐患治理方面,上海市运输管理处实施“多效合一”监管制度,进一步强化日常监管工作,从源头上开展安全隐患依法治理,加大安全隐患排查治理力度。同时,结合“平安交通”、道路安全年、安全生产月及“打非治违”等专项活动和亚信峰会、G20 峰会、“9 · 3”阅兵式等重大活动,组织全行业企业自查、行业日常监管、安全专项检查及多部门联合安全检查等行动,开展隐患排查,严格落实事故隐患排查治理措施。

在实际监管中,上海市运输管理处从源头抓好“两头”,即“人头”和“车头”,以“人头”和“车头”为抓手,实施有效的安全监管。抓“人头”,即抓从业人员的素质提高、教育培训、从业资格(尤其是企业安全管理人员必须持有市交通委颁发的安全管理培训合格证才能上岗,上海道路交通运输行业每年组织行业企业安全管理干部集中培训,培训合格者颁发合格证,在日常检查中发现持证的安全管理人员人数不符合要求,将责令企业整改;与此同时,与交警部门联手,及时清理驾驶证失效或吸毒驾驶员的从业资格)。抓“车头”,即对营运车辆的日常例检、车辆维护、任务来源等实施严格的检查,发现不符合行业管理要求的责令立即整改,消除安全隐患。此外,上海市运输管理处在开展安全隐患排查中,坚持将隐患排查内容定在“人、车、天、时、路”的范围中,通过“动静态并举”的管理理念及要求,对企业的从业人员、营运车辆、任务来源、季节气候特点、营运时间以及营运线路实施检查,真正实现“人清、车清、任务清”的“三清”目标。

自 2013 年至 2017 年 5 月底,上海市运输管理处共实施明察暗访和督查工作 5 700 余次,出动执法人员 22 881 人次,暗访和检查交通运输企业 10 495 家次,排查整改隐患 353 处,发出整改通知书 353 份(含与公安轨交总队、执法总队联合检查下发的);上海市区两级运管机构在打非治违专项整治中依行政职权注销业户经营许可证 44 677 家,注销营运车辆运营证 28 348 张,累计注销交通运输从业人员从业资格证 3 165 张,诚信考核 B 级企业 303 家,重点监管名单 303 家。

(3) 开展“四不放过”督查,建立健全责任追究制度

在发生重特大安全事故后,上海市运输管理处及时启动应急预案,相关负责人赶赴现场开展事故处置与协调,事故发生后赶赴企业开展“四不放过”安全检查,彻查事故原因,追查相关责任。根据上海市交通委的统一部署,上海市运输管理处于 2015 年和 2016 年相继印发了《市运输管理处安全稳定事故(件)信息报告规定(试行)》和《安全生产事故责任追究办法实施细则(试行)》,狠抓企业重特大安全事故报告,确保事故信息及时,同时落实安全生产事故追责措施。

(4) 强化监管联动协调,形成合力消除安全隐患

为了更好地加强从业驾驶员的管理,消除安全隐患,上海市运输管理处强化与交警部门的联动协调,和市交警总队保持行业驾驶员违章处置通报机制。通过联动协调机制,各相关行业可根据交警部门提供的行业驾驶员涉毒及驾驶证被注销情况,及时开展从业驾驶员情况的排摸,要求企业妥善处理,同时及时注销相关人员从业资格。2014 年以来,上海市共注销交通运输从业驾驶员从业资格 402 人(因吸毒、酒驾等各种原因引起驾驶证被注销,其中公交行业 87 人)。

(5) 开展专项治理

一是开展冬令、夏令公交空调车使用情况的例行检查，重点检查公交行业的运能保障、安全行车、安全设施、车容站貌等项目，同时关注车厢内应急开关、逃生窗、逃生锤、灭火器等安全设施配备是否有效和完好。

二是结合上海市交通行业“平安交通”专项整治活动，在全市公交行业开展安全生产大检查。重点检查企业各项安全管理制度、上级管理文件、从业人员安全教育、“四不放过”、隐患排查、应急预案及应急演练等相关台账以及各项管理措施的贯彻落实情况。

三是针对汛期、极端天气、重大节假日及各项重大活动的安全保障要求，开展对上海市重点公交枢纽现场管理、各项应急措施制定及落实情况的检查。

(6) 加强事故应急演练，开展行业安全宣传培训

上海市交通行政主管部门通过开展应急处置演练、强化应急值守、开展安全培训不断提高其对重点行业突发事件应急处置能力。

2) 企业层面措施

企业层面开展安全管理制度汇编，梳理安全生产风险管理工作制度，对企业风险、风险管理责任、风险管控方法流程、风险管控考评办法及安全生产费用管理办法做出详细规定，对落实企业主体责任有极大帮助。如上海某公交公司编制的《安全工作检查手册》《公交行车安全管理办法》《公交站点管理办法(试行)》《公交立体停车场使用管理办法》《公交安全生产费用管理办法(试行)》等，浦西某公交企业编制的《安全生产风险管理操作手册》等。

3) 经济措施

经济措施主要是安全生产费用提取和使用。根据财政部、国家安监总局联合制定的《企业安全生产费用提取和使用管理办法》(财企〔2012〕16号)(以下简称《办法》)，城市公共汽(电)车运营企业的安全生产费提取标准和使用范围按以下规定执行。

(1) 计提标准：根据财政部、国家安全生产监管总局财企〔2012〕16号文件第九条规定，“交通运输企业以上年度实际营业收入为计提依据，按照以下标准平均逐月提取：……客运业务、管道运输、危险品等特殊货运业务按照1.5%提取”。

(2) 安全生产费用使用范围包括：安全生产设施改造和维修、应急救援器材、劳动防护用品配备、安全生产检查与评价、重大危险源、重大事故隐患评估、整改、监控、安全技能培训和应急救援演练、安全生产先进适用技术的推广应用、安全生产标准化建设、安全生产应急体系建设、安全生产监控体系建设等预防和减少事故损失方面的支出。其中，交通港航行业企业安全生产费用具体范围包括以下内容。

① 完善、改造和维护安全防护设施设备支出(不含“三同时”要求初期投入的安全设施)，包括道路、水路、管道运输设施设备和装卸工具安全状况检测及维护系统、运输设施设备和装卸工具附属安全设备等支出；

② 购置、安装和使用具有行驶记录功能的车辆卫星定位装置(GPS)、船舶通信导航定位和

自动识别系统、电子海图等支出；

③ 配备、维护、保养应急救援器材、设备支出和应急演练支出；

④ 开展重大危险源和事故隐患评估、监控和整改支出；

⑤ 安全生产检查、评价(不包括新建、改建、扩建项目安全评价)、咨询和标准化建设支出；

⑥ 配备和更新现场作业人员安全防护用品支出；

⑦ 安全生产宣传、教育、培训支出；

⑧ 安全生产适用的新技术、新标准、新工艺、新装备的推广应用支出，例如，驾驶员培训学校安装、使用教练车培训计时器及平台建设、维护等费用；

⑨ 安全设施及特种设备检测检验支出；

⑩ 其他与安全生产直接相关的支出。

(3) 企业使用:《办法》对企业如何规范使用和管理安全生产费用提出了具体要求，并要求各级有关部门要依法加强监督检查，对存在的问题及时处理。依据《办法》第三十五条的规定，各级交通主管部门依法对企业安全费用提取、使用和管理进行监督检查。依据《办法》第三十六条的规定，企业未按本办法提取和使用安全费用的，行业主管部门会同财政部门责令其限期改正，并依照相关法律法规进行处理、处罚。

相关企业严格落实提取要求，如上海某公交公司通过实施《公交安全管理及责任考核办法》和《行车事故责任追究管理办法》，强化事故责任追究，对事故责任人员处以相应程度的经济处罚，以提高管理人员安全责任和安全意识。

2.2.3 保险机制及应用

1. 行业保险现状

公共汽(电)车客运保险险种除机动车辆保险(交强险和商业险)外，还涉及道路客运承运人责任险[1]。道路客运承运人责任险是指客运承运人在运输过程中发生交通事故或者其他事故，致使旅客遭受人身伤亡或财产损失，依法应当由客运承运人承担的经济赔偿责任。旅客是指持有效运输凭证乘坐客运汽车的人员、按照运输主管部门有关规定免费乘坐客车的儿童以及按照承运人规定享受免票待遇的人员。财产损失指旅客托运行李及随身携带物品的损失。

道路客运承运人的承保对象主要为城市公交车、客运车、出租租赁车等。随着客户保险意识的增强，拥有营业性客车的客户倾向于将车上人员责任险转为承运人责任险进行投保。

城市公交由于近几年赔付情况已经达到可保费的 4 倍之多，因此从 2015 年起保险公司开始了提价行动，原公交单位的预算一辆车 950 元保费，保额 8 万元，现保险公司增加到一辆车 3 800 元；公交单位考虑到成本压力，逐步转投意外险。

2. 行业保险模式

现阶段，运营企业或政府相关管理部门与保险公司处于矛盾的地位，一方面，被保险人为了节约保费成本,希望以最低的价格购买到最大程度的风险保障;另一方面,保险公司基于盈利的需求,市场价格已无下降空间。

2.3 案例分析

2017年上海市地面公交发生交通死亡事故情况如下。

1. 事故及死亡人数统计

2017年全年,上海市累计发生23起死亡事故,死亡24人,详见表2-25。

表2-25　　2017年上海市事故及死亡人数统计

行业名称	截至2016年12月累计数			截至2017年12月累计数			同比增减绝对数		同比增长率			侧翻(泄漏)累计数(起)	
	事故数(起)	死亡人数(人)	平均每起事故死亡人数	事故数(起)	死亡人数(人)	平均每起事故死亡人数	事故数(起)	死亡人数(人)	事故数	死亡人数	平均每起事故死亡人数	截至2016年12月	截至2017年12月
地面公交	32	33	1.031	23	24	1.043	−9	−9	−28.13%	−27.27%	1.19%	0	0

其中,经交警部门认定无责事故共3起3人。

2. 安全事故情况分析

从事故发生的主要原因来看,交通违法是造成事故的主要原因。客观上,交通事故的相对人安全意识较差,违法违章造成了事故多发。主观上,驾驶员营运服务压力较大,导致驾驶员行车多抢、快、跑,部分驾驶员文明驾驶的意识淡薄,盲目变道、抢道、路口超速、抢灯,个别驾驶员甚至时有发生闯禁令标志、闯信号灯等违法行为,遇有突发情况采取措施不及时,酿成事故。

从事故发生的驾驶员年龄来看,当事驾驶员普遍不是新驾驶员,有些还是有10年以上出租驾驶经历的"老驾驶员",由于有多年的行业驾驶经历,往往容易产生松懈和麻痹。虽然事故发生有偶然性,但往往几个因素的叠加导致了事故的发生。

从事故发生的时间段来看,凌晨和夜间仍然是交通事故的多发时段。交通违法、疲劳驾驶、措施不当是导致事故发生的直接诱因。一些驾驶员明知已相当疲劳,但经济上的诱惑还是促使其疲劳营运,个别驾驶员不顾规定超时运营,造成疲劳驾驶,应当引起高度重视。

以下为具体的重大事故案例。

【案例1】　上海浦东某公交企业790路"4·7"事故案例

1. 事故经过

2017年4月7日上午8时7分,790路驾驶员张某(从事公交行业驾驶经历1年)驾驶营运大客车，沿博山东路由东向西进入崮山路公交车站，由于进站时车速过快，刹车不及，与前方停着的同线路公交车辆发生追尾事故，造成公交车厢内有2名乘客受伤(其中1名女乘客骨折)。

2. 暴露问题

雨天，路面湿滑，视线条件差，790路驾驶员在驾驶车辆进站时，未遵守《中华人民共和国道路交通安全法》相关法律规定，违反公司制定的30 m进站之操作规定，未执行特殊气候安全行车的操作要求，盲目开快车，措施不及而酿成追尾事故。

(1) 个别驾驶员遵纪守法、安全行车和规范操作意识差，有待于进一步加强学习和宣传。

(2) 驾驶员特别是新进驾驶员的观察能力、预判能力和操作能力还有待提高，在复杂道路条件下(包含特殊气候等)如何做到规范操作，还需要进一步加强和提高。

(3) 分公司和车队对新进驾驶员、重点领域(如"两客一危")驾驶员、重点关注对象(违法次数较多的)在特殊气候条件下安全行车的操作规范要加强辅导、教育、检查。

【案例2】 上海浦东某公交企业863路"4·27"事故案例

1. 事故经过

2017年4月27日(星期六、晴)15时50分，863路驾驶员赵某(从事公交行业驾驶经历14年)驾驶营运大客车，沿溧阳路由西向东至四平路站出站时，驾驶员操作不当造成车厢内1名乘客摔倒。乘客臀部落地，由120急救送医上海新华医院，经过检查诊断为右侧股骨粗隆间骨折，为九级伤残，构成客伤事故。

2. 暴露问题

(1) 驾驶员驾驶车辆出站起步时操作过急是造成事故的主要原因。

(2) 驾驶员在营运过程中遇老人上车未注意照顾老人入座或等其扶好扶手后再起步。

【案例3】 上海浦东某公交企业"1·16"事故案例

1. 事故经过

2016年1月16日(周六)14时35分，驾驶员石某(从事公交行业驾驶经历2年)驾驶营运大客车，沿沪南公路由北向南行驶至华夏中路南约60 m处，与一辆同方向在前的581路公交车发生追尾，事故导致两车车损，龙惠专线车厢内3人受伤，伤者送医上海仁济医院救治(乘客1：蒋某某；乘客2：赵某；乘客3：潘某某)。

2. 暴露问题

(1) 驾驶员驾驶公交车过程中，未能按照规定控制好车速，未与前车保持安全有效距离，违反了交通法相关规定是引发该事故的主要原因。

(2) 驾驶员驾驶过程中未能集中思想驾驶，对同方向在前行驶的车辆动态预判不足，未按照操作规范安全驾驶。

(3) 驾驶员通过路口车速过快，未执行"一慢、二看、三通过"的操作要求。

【案例4】　上海浦东某公交企业780路“5·21”事故案例

1. 事故经过

2016年5月21日(周六)18时08分,780路驾驶员朱某(从事公交行业驾驶经历10年)驾驶营运大客车,沿鲁班路由南向北行驶至瞿溪路路口时,遇道路突发情况紧急刹车造成车厢内1名男乘客从后车厢摔倒至前面投币箱处。伤者于次日去东方医院南院就医,构成客伤事故。

2. 暴露问题

(1) 驾驶员驾驶车辆过路口未按“一慢、二看、三通过”操作规范安全驾驶。

(2) 驾驶员跟车过近,措施不及,处置不当。

【案例5】　上海浦东某公交企业775路“3·31”事故案例

1. 事故经过

2017年3月31日(周五)15时25分(天气晴),775路驾驶员杨某(从事公交行业驾驶2年)驾驶营运大客车,沿张杨路由东向西在最右侧公交专用车道行驶至近福山路东约150 m处时,由于一辆同向行驶的面包车突然变道,大客车在车速40 km/h的情况下操作不当(急刹车),造成车厢内1名离开座位准备下车的54岁女性乘客摔倒受伤,由120急救送上海东方医院治疗,构成客伤事故。

2. 暴露问题

(1) 小客车驾驶员交通法规意识薄弱,变道时未确保安全,妨碍直行车辆正常通行。

(2) 公交驾驶员疏于观察机动车动态,未提早预判,接近路口未减慢车速,未能做到《安全行车白皮书》中要求的安全操作规范驾驶。

(3) 大客车驾驶员在遇到突发情况后,预见性差,操作不当,致使车内乘客摔倒造成客伤。

【案例6】　上海浦西某公交企业738路“9·21”事故案例

1. 事故经过

2018年9月21日8时33分,钱某驾驶公交738路大客车沿陕西北路由北向南驶至南京西路北约30 m处,在右起第一根机动车道内停车上下客,适有邱某驾驶公交955路新能源公交车同向行驶至钱某所驾车辆左侧,未紧靠公交站点,在第二条机动车道内停车上下客,3名行人(2女1男)在途经钱某所驾车辆车头前方时,钱某驾车起步,撞倒3名行人,事故致2名女性行人死亡,1名男性行人受伤。事发后,邱某未停车报警,驾驶955路公交车驶离事故现场。

738路公交进站后,拉手刹,未挂空挡,35 s后松开手刹车辆起步,此后1 s,车辆碰撞行人,随后的10 s,车辆一直处于加速状态,驾驶员未采取制动措施,撞人10 s之后车辆才开始制动,此时车辆已行驶40多米,制动1 s后车辆停止。停车后5 s,制动灯熄灭。另据肇事的738路公交车所属公交公司相关负责人表示,事发时驾驶员钱某错把电门(新能源车)当刹车。

2. 暴露问题

(1) 涉事驾驶员钱某严重违规，错将电门(新能源车)当刹车，才造成重大事故和严重社会影响。

(2) 驾驶员驾驶过程中未能集中精力驾驶，行车时未注意观察前方行人和车辆动态，未按照操作规范安全驾驶。

(3) 驾驶员在遇到突发情况后，预见性差，操作不当。

【案例7】 新能源公交车行驶过程安全事故案例

1. 事故经过

2015年8月19日5点20分，上海某公交公司11路车辆头班车停靠在老西门终点站时，驾驶员发现车辆有焦味、车辆中门部带有明火，驾驶员切断车辆电源后关闭总闸门，协同现场管理人员及时自救处理(使用7只灭火器)并拨打110火警电话，消防队到达后出水解除火警。公交公司协同客车厂、超级电容器生产公司经各自负责的区域进行查验，发现各箱电容电压正常、高压接线无明显松动及短路现象。同时，根据司机及调度员提供的起火点信息，起火部位在后门右后侧，该处仅有4只风机，现已完全烧毁。经与其他同型车辆对比分析，初步认为本次火灾事故主要是由于向电容仓送风的风机(含线束)引起明火窜入车厢造成火灾事故。

2. 暴露问题

新能源汽车经过一段时间的发展，保有量快速增长的同时，使用的问题也陆续暴露出来，究其原因在以下几个方面。

(1) 国家加地方政府补贴使整车企业有巨大的利用空间，部分整车企业、动力电池(电芯及PACK)企业、驱动电机企业、驱动电机控制器企业、整车控制器企业等为抢补贴、抢时间，大幅缩短产品研发周期与产品验证时间，装车产品未进行针对性的产品开发、全方位的测试验证，未经过或大幅缩水整车匹配联调等关键工序，导致问题百出。此外，许多地方政府为拉动本地企业，设有一定的地域性限制，要求使用本地配套产品，但往往忽视了汽车配套产品的质量问题。

(2) 有关新能源汽车整车及关键零部件相关安全标准及其相关安全测试标准与手段的缺失问题尤为突出。目前国家已出台的相关标准缺乏系统性，对相关部门及企业的指导性仍显薄弱。且技术监督部门没有相关标准作为依据，无法行使检测权。

(3) 新能源汽车缺乏年检等监管体系。当前新能源汽车仍按传统汽车标准年检，而有关新能源汽车及关键零部件的电机、电池、电控、充电通信协议等检测方式及手段缺失，致使新能源汽车年检未起到应有的安全把控作用；充电接口、通信协议、整车安全性，动力电池安全性、安规测试、SOC、SOH等关键必检指标未能在年检检测报告中体现。

【案例8】 新能源公交车充电过程安全事故案例

1. 事故经过

4月26日，深圳五洲龙A10纯电动大巴在深圳普天新能源的深圳湾加电站充电后，发生火灾。8月,深圳“4·26”电动大巴起火事件的调查结果公布。经调查专家组鉴定,事故直接原因是车辆动力电池充满电后,动力电池过充电72 min,过充电量58 kWh,造成多个电池箱先后发生动力电池热失控、电解液泄漏,引起短路,从而导致火灾。

2. 暴露问题

(1) 电池电量充满时,电池管理系统主控模块失效,没有主动传递停止充电信息,而始终上传失效前数据,使系统没有完成中断充电功能。

(2) 充电机接收到BMS上报信息,知晓电池单体电压限值3.75 V和总电压限值600 V,仍然持续充电,直至总电压超过了充电机自身的保护限值后,才停止充电,此时电池已经严重过充。

(3) 充电系统运营单位、数据监控平台、整车企业对监控数据未给予重视,在充电过程中监控数据出现异常时,没有及时采取措施。如果能够实时分析监控数据,及时采取必要措施,这一事故是有可能避免的。

【案例9】 新能源公交车静态过程安全事故案例

1. 事故经过

2015年7月22日凌晨5点多,位于厦门港务大厦旁的东渡公交车停车场内,有公交车突然着火,现场烧毁的11辆公交车中有6台是插电式混合动力汽车。

2. 暴露问题

对于静态停放一段时间后,车辆自燃现象分析起来原因比较复杂,可归类为以下方面。

(1) 低压电器线路脱落,造成正负极短路,引起火灾。

(2) 电池系统内BMS供电为12 V铅酸电池以及由此产生的5 V等电源,在碰撞后,12 V、5 V电源由于供电独立性,可能一直带电,此为火花产生处。

(3) 高压电器线路脱落,造成正负极短路,引起火灾。

(4) 动力电池箱体外壳与动力电池正负极端口绝缘强度出现问题,产生较大漏电流,在漏电流较大点处出现高温,引发火灾。

附录1　上海某公交公司《行车安全实时监控管理办法》

近年来,我国越来越多的公交行业企业开始重视信息化监管模式在车辆运营安全监管过程中的作用。为了保证信息化管理模式的科学化和有效化,相应的管理制度必不可少。以上海某公交公司为例,该公司为实现安全行车动态监控工作的有效运作,制定了《行车安全实时监控管理办法》,详细规定了岗位设置和人员配备、实时监控职责、实时监控内容、监控程序和奖惩办法,相关内容具有较高参考价值。本书摘录具体内容以供借鉴。

第一章　总　则

第一条　为进一步加强安全行车实时监控工作,完善安全行车精细化管理工作机制,保证实时监控及时、有效、规范化运作，特制定本办法。

第二条　安全行车实时监控执行动态监控(以下简称“实时监控”)，依托GPS、DVR管理信息系统，采取专项检查、数据核查、确定违法等方式，对线路营运车辆和行车人员进行实时监督、纠违、管控和考核，有效降低行车安全的风险。

第三条　实时监控目标是通过完善GPS、DVR管理信息系统、优化监管手段，逐步实现动态监控全天候、全过程、全覆盖管理，不断提高行车人员在营运过程中的安全性、规范性和时效性。

第四条　实时监控对象为公司所属的所有营运线路车辆、所有在营运过程中的驾驶员、售票员及乘客等人员。

第五条　实时监控遵循以下原则：全面监控、分级实施、突出重点、查控结合、整改提高、奖惩挂钩。

第二章　岗位设置和人员配备

第六条　以实施监控为手段，立足于公司安全工作发展规划和结构调整，以现有岗位为基础，按公司人保部配置DVR、GPS监控岗位的相关要求，配置监控席位人数，实行全天候实时监控。

第七条　各直属单位应设立相应的专职监控人员负责本单位安全行车的实时监控工作，专职监控人员的配备，要符合每月对营运车辆和行车人员检查覆盖面达到300%的要求。

第三章　实时监控职责

第八条　安全行车实时监控工作归公司营运业务部管理，各直属公司营运业务部组织实施，并设立实时监控工作负责人(兼职也可)负责。

第九条　监控席位人员的职责(GPS监控席位人员参照此职责)：

(一)承担动态监控(监管、核查和反馈营运车辆监控轨迹、审核在线的违法信息和图像)的具体工作；

(二)在实时监控中发现严重违法驾驶行为，直接影响到行车安全的，应在第一时间对相应驾驶员发出安全短信提示，并立即通知相关管理人员做出应急措施；

(三)应服从公司安排，对疑点信息进行梳理确定，对违反公司相关规定的进行登记，报实时监控专项负责人；

(四)发现问题应及时报实时监控专项负责人，经营运业务部审核后纳入整改或执行考核；

(五)如实记录违法情况，建立相关台账；

(六)认真完成公司规定的每日监控量化指标，每日(以8小时计)不少于40辆，每辆车监控时间在8～10分钟，不得弄虚作假，玩忽职守；

(七)实时监控过程中，监控设备发生故障应及时报修；

(八)完成上级交办的临时任务。

第十条　实时监控负责人职责：

（一）负责日常实时监控管理工作，对实时监控中发现的严重问题及时向所属分管领导汇报；

（二）审理实时监控发现的疑点信息，及时予以核实，提出处理建议报直属营运业务部；

（三）对确认下发的违规整改单应进行跟踪和现场复查；

（四）对监控疑点信息、核实反馈信息及整改复查材料等进行登记备案；

（五）按公司相关规定建立相关台账；

（六）定期召开管理例会，发现问题及时整改，并按规定对相关人员作考核。

第四章　实时监控内容

第十一条　实时监控内容主要包括行车安全管理、规范操作管理、车厢服务管理、车辆进出站管理、乘客上下客管理、公交专用道管理等方面，通过车载监控探头对行车人员进行监管：

（一）通过车前摄像头的监控进行行车安全管理和公交专用道管理。具体内容包括：违反路口“四必”操作规定（四必：公交车辆行经路口时，必须主动减速慢行；公交车辆遇行人、非机动车通过人行横道时，必须主动停车礼让；公交车辆右转弯时，必须主动停车让行；公交车辆遇路口拥堵时，必须主动等候依次通过）、违反信号灯、强行超车、逆向行驶、未按规定使用灯光、违法变道、不按车道行驶、超速行驶、社会车辆占用公交车道。

（二）通过右后视镜摄像头的监控进行车辆进出站管理。具体内容包括：不规范停站、外车道上下客、未三车二停、有站不停、超越车站区域停车、未让站上乘客上车、未让车上乘客下车。

（三）通过驾驶位摄像头的监控进行行车安全管理、规范操作管理和车厢服务管理。具体内容包括：做与本职无关的事、单手握方向盘驾驶、使用手机等电子设备、驾驶闲谈、疲劳驾驶、车厢内吸烟或吃零食、未规范穿着识别服、未规范使用保险带。

（四）通过前门摄像头的监控进行行车安全管理、规范操作管理、车厢服务管理和乘客上下客管理。具体内容包括：开门行驶、门未合拢起步、车未停稳开门、中途上下客、不规范停站、有站不停、外车道上下客、超越车站区域停车、未让站上乘客上车、未让车上乘客下车、接触投币箱钱币。

（五）通过后门摄像头的监控进行行车安全管理、规范操作管理、车厢服务管理和乘客上下客管理。具体内容包括：开门行驶、门未合拢起步、车未停稳开门、中途上下客、不规范停站、有站不停、外车道上下客、超越车站区域停车、未让站上乘客上车、未让车上乘客下车。

（六）通过前车厢摄像头的监控进行规范操作管理、车厢服务管理。具体内容包括：行驶中清洁车厢、收钱不给票、车厢内吸烟或吃零食、并岗闲谈。

（七）通过后车厢摄像头的监控进行规范操作管理、车厢服务管理。具体内容包括：进出场未跟车到位、做与本职无关的事、与他人闲谈、使用手机等电子设备、车厢内吸烟或吃零食、未规范穿着识别服、行驶中清洁车厢、收钱不给票、未规范扬旗。

（八）通过车后摄像头的监控进行行车安全管理和公交专用道管理。具体内容包括：逆向行驶、违法变道、不按车道行驶、社会车辆占用公交车道。

（九）公交专用道管理通过车前和车后监控探头针对限行时间段内违反相关法规进入公交专用车道的社会车辆在公交专用车道内长时间占用等违法行为进行监控(监控时间为：上午7:00～10:00和下午16:00～19:00)，收集完整的影像资料，并根据公司指定的公安举报平台进行上报。

第五章　监控程序

第十二条　实时监控案件处置的基本流程：

（一）实时监控席位人员通过监控系统发现违章信息并加以标识，对违章信息进行研判；

（二）实时监控专项负责人收到违章信息报告后立即组织核实，并在1个工作日内将核实情况反馈给所属分公司，并报营运业务部；

（三）营运业务部收到反馈的核实信息后1个工作日内提出处理建议，对违反企业规定的下达整改通知；

（四）分公司接到整改通知后立即组织进行整改，并于5个工作日内将整改情况报营运业务部；

（五）实时监控专项负责人汇总整改情况，并于每月结束后5个工作日内形成动态监控，报所属营运业务部；营运业务部审核后下发到各营运分公司；

（六）所属营运业务部在次月1周内组织考评，列出考核意见，并将考核部分报人力资源部或计财部备案。

第六章　奖惩

第十三条　各直属企业应制定相应的专职监控人员奖励、考核方案，通过差异化分配，激励员工。

第七章　附则

第十四条　本办法自2018年4月1日起试行。

附录2　公共汽(电)车行业相关应急预案

附表2-1　　公共汽(电)车行业相关应急预案

国家预案	《国家突发公共事件总体应急预案》
	《国家安全生产事故灾难应急预案》
	《公路交通突发公共事件应急预案》
	《交通运输综合应急预案》
	《城市公共汽电车突发事件应急预案》
市级预案	《上海市突发公共事件总体应急预案》
	《上海市交通委员会处置本市道路运输行业突发事件应急预案》
	《上海市处置道路交通事故应急预案》
	《上海市城市交通运输管理处处置本市公共汽电车运营突发事件应急预案实施方案》

（续表）

市级预案	《上海市城市交通运输管理处处置本市节假日期间非重大活动突发大客流交通应急预案实施方案》
	《上海市城市交通运输管理处处置暴力犯罪事件应急预案实施方案》
	《上海市城市交通运输管理处处置恐怖袭击事件应急预案实施方案》
	《上海市城市交通运输管理处防汛防台应急预案实施方案》
	《上海市公共汽电车运营突发事件应急处置预案》

第3章 轨道交通

在中国国家标准《城市公共交通常用名词术语》中，城市轨道交通被定义为"通常以电能为动力，采取轮轨运转方式的快速大运量公共交通的总称"。城市轨道交通(Urban rail transit)[2]是指采用专用轨道导向运行的城市公共交通系统，包括轨道交通系统、轻轨系统、单轨系统、有轨电车、磁浮系统、自动导向轨道系统、市域快速轨道系统。截至2017年年底，上海轨道交通运营里程全国第一，多年运营积累了大量实践经验。本章以上海为例，对轨道交通风险防控进行说明。

3.1 行业概况

3.1.1 设施与运行[3]

截至2017年年底，上海市轨道交通运营线路16条(含磁悬浮)，运营里程666.40 km；其中城市轨道交通运营里程637.29 km，较上年增长8%。运营车站389座(含磁悬浮)，较上年增加22座，其中，换乘站52座。"十三五"期间，轨道交通规划新建线路10条，新建里程216 km。根据已批准的新一轮建设规划，到2020年达到17条线路、810 km；远期网络由21条线路组成，全长约1 051 km。2017年上海市轨道交通线网基本情况如表3-1所示，2013—2017年上海市轨道交通线网情况如图3-1所示。

表3-1　2017年上海市轨道交通线网基本情况

线路	区间	运营里程/km	车辆数		平日最小发车间隔	车站/座				
			节	列		地下	地面	高架	小计	其中换乘
1号线	莘庄站—富锦路站	36.89	504	63	2 min 44 s	15	4	9	28	10
2号线	浦东国际机场站—徐泾东站	60.34	488	69	3 min	27	1	2	30	10
3号线	上海南站站—江杨北路站	40.15	294	49	2 min 30 s	1	4	24	29	10
4号线	宜山路站—宜山路站	33.84	252	42	2 min 30 s	17	0	0	17	15
5号线	莘庄站—闵行开发区站	16.61	152	31	4 min 30 s	0	1	10	11	1
6号线	东方体育中心—港城路站	32.66	200	50	2 min 08 s	19	0	9	28	5
7号线	美兰湖站—花木路站	43.93	300	50	2 min 51 s	31	0	2	33	10

（续表）

线路	区间	运营里程/km	车辆数		平日最小发车间隔	车站/座				
			节	列		地下	地面	高架	小计	其中换乘
8 号线	沈杜公路站—市光路站	36.96	434	66	2 min 22 s	26	0	4	30	9
9 号线	松江南站站—曹路站	63.89	498	83	2 min 13 s	31	0	4	35	8
10 号线	新江湾城站—航中路站（虹桥火车站站）	35.20	246	41	3 min	31	0	0	31	11
11 号线	花桥站（嘉定北站）—迪士尼站	81.43	492	82	2 min	25	1	12	38	8
12 号线	七莘路站—金海路站	39.90	252	42	3 min 30 s	32	0	0	32	14
13 号线	金运路站—世博大道站	21.90	360	60	3 min 30 s	19	0	0	19	7
16 号线	滴水湖站—龙阳路站	58.82	138	46	3 min 30 s	3	0	10	13	2
17 号线	东方绿舟站—虹桥火车站站	34.77	126	21	5 min	7	0	6	13	1
合计		637.29	4 736	795		284	11	92	387	52

数据来源：上海申通地铁交通集团有限公司。

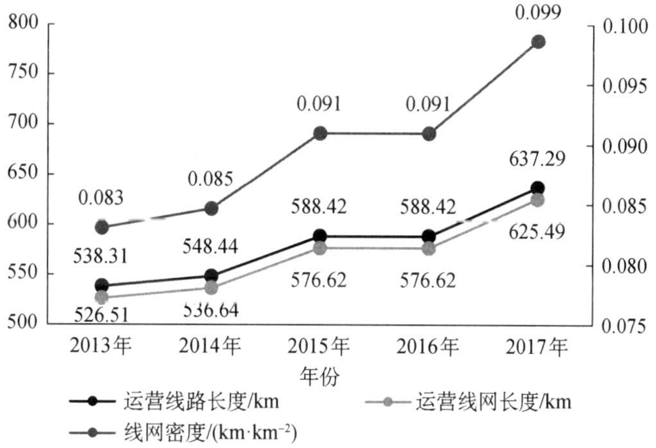

图 3-1　2013—2017 年上海市轨道交通线网情况

数据来源：上海申通地铁交通集团有限公司。

2017 年，上海市轨道交通运营企业 5 家；从业人员 28 317 人，较上年下降 7.0%；运营车辆数 4 736 节，较上年增加 17.7%（表 3-2）。

表 3-2　　上海市轨道交通发展概况（含磁悬浮）

	2013 年	2014 年	2015 年	2016 年	2017 年
运营公司/家	5	5	5	5	5
从业人员/人	28 783	28 989	29 315	30 435	28 317
车辆数/节	3 484	3 677	3 797	4 025	4 736

数据来源：上海申通地铁交通集团有限公司。

2017 年，轨道交通日均客运量 969.2 万乘次（含磁悬浮），较上年增长 4.3%。日均客运周转量 8 731 万人公里，较上年增长 4.7%（图 3-2）。

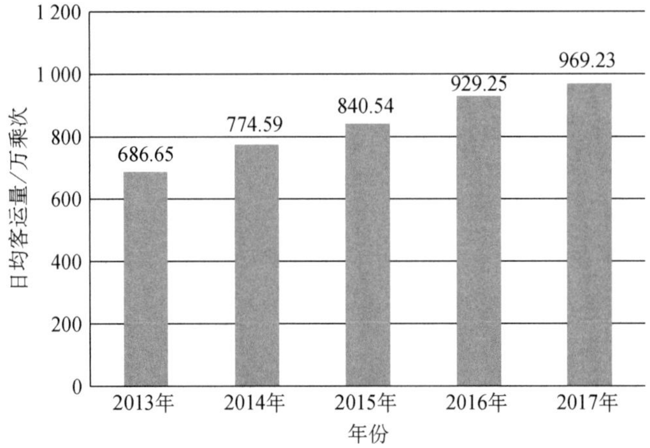

图 3-2　2013—2017 年上海市轨道交通日均客流量变化趋势

数据来源：上海市交通委员会。

2017 年，轨道交通百公里客流为 734 人次/百车公里，较上年上升 8.1%；日均客流强度为 1.52 万乘次/km，较上年下降 3.9%。

近年来，申通集团上下高度重视运营安全工作，从多方面加强管理，运营安全总体受控。一是没有发生较大事故等级以上的运营安全事故，一般 D 类、E 类事故保持下降趋势；二是运营质量指标不断上升，部分指标在国际同行中处于先进水平（表 3-3）。

表 3-3　上海轨道交通部分运营指标

指标名称	2016 年	2017 年
列车运行可靠度（5 min 及以上延误）/万车公里	234.17	367
最小发车间隔（高峰时段）/s	135	120
列车正点率	99.57%	99.70%
日均客流量/万乘次	928	968
配置车辆数/辆	4 008	4 672
车辆可用率	92.45%	92.44%
车辆上线率	87.19%	87.95%
司机生产率	0.40	0.42

3.1.2　行业管理

深入贯彻“管建并举、管理为重，安全运营为本”的指导方针，牢记安全生产底线，严格实施管控手段，层层落实安全责任，不断强化现场措施，以“标准化建设、精细化管理、人性化服务”的

“三化”建设为抓手，依法加强安全生产管理，加强安全标准与制度建设，建立安全生产隐患排查机制，强化突发事件应急处置能力，落实大客流安全风险管控，增强设施设备保障能力，做好外部侵害风险管控和安全保护区管理，多方协同落实公共安全风险管控，努力提高轨道交通运营安全保障能力，确保城市运行的安全。

1. 行业基本适用法律法规

《中华人民共和国安全生产法》

《中华人民共和国道路交通安全法》

《中华人民共和国反恐怖主义法》

《中华人民共和国刑法》

《中华人民共和国突发事件对应法》

《突发事件应急预案管理方法》(国办发〔2013〕101 号)

《中共中央国务院关于推进安全生产领域改革发展的意见》

《交通运输部关于推进公路水路行业安全生产领域改革发展的实施意见》

《中华人民共和国道路运输条例》

《城市轨道交通运营管理办法》(建设部令 2005 年第 140 号)

《城市轨道交通运营管理规定》(交通运输部令 2018 年第 8 号)

《关于加强城市轨道交通安防设施建设工作的指导意见》

《关于开展城市轨道交通安全生产检查工作的通知》

《全国轨道交通安全生产管理工作联络员工作办法》

《关于加强城市轨道交通建设管理的通知》(2003)

《城市轨道交通安全预评价细则》(A Q8004—2007)

《轨道交通运营安全评价标准》(GB/T 50438—2007)

《轨道交通可靠性、可用性、可维修性和安全性规范及示例》(GB/T 21562—2008)

《轨道交通运营安全评价标准》(GB/T 50438—2007)

《中华人民共和国安全生产法》

《中华人民共和国消防法》

《安全生产许可证条例》

《生产安全事故报告和调查处理条例》

《上海市道路交通管理条例》

《上海市轨道交通管理条例》(2013 年 11 月 21 日修正)

《上海市轨道交通运营安全管理办法》(2016 年 6 月 21 日上海市人民政府令第 42 号)

《上海市轨道交通安全保护区暂行管理规定》(沪交法〔2006〕第 442 号修正)

《上海市轨道交通车站服务设施设置规定》(沪交法〔2011〕200 号第二次修正)

《上海市轨道交通乘客守则》(沪交客〔2013〕828 号)

《上海市轨道交通运营服务标志设置规定》(沪交法〔2011〕200 号第三次修正)

《上海市轨道交通运营服务规范》

《城市轨道交通客运服务标志》(GB/T 18574—2008)

《城市轨道交通运营管理规范》(GB/T 30012—2013)

《城市轨道交通客运服务》(GB/T 22486—2008)

《上海市安全生产事故隐患排查治理办法》

《上海市突发事件预警信息发布管理暂行办法》

2. 行业引导

在国家层面,城市轨道交通是现代城市交通系统的重要组成部分,是城市公共交通系统的骨干。为规范城市轨道交通运营管理,保障运营安全,提高服务质量,促进城市轨道交通行业健康发展,根据国家有关法律、行政法规和国务院有关文件要求,2018 年 5 月,交通运输部发布了《城市轨道交通运营管理规定》(交通运输部令 2018 年第 8 号,以下简称《规定》),明确了安全支持保障和应急处置的要求,《规定》自 2018 年 7 月 1 日起施行。

为贯彻落实党中央、国务院决策部署,坚决打好防范化解重大风险攻坚战,促进城市轨道交通规范有序发展,2018 年 6 月,国务院办公厅发布《国务院办公厅关于进一步加强城市轨道交通规划建设管理的意见》(国办发〔2018〕52 号),明确了强化项目风险管控,坚守安全发展底线,把安全作为发展城市轨道交通的生命线,逐步形成覆盖城市轨道交通项目建设运营全过程的风险管理机制,坚决防范重特大生产安全事故发生。

在上海市层面,《上海市综合交通"十三五"规划》中明确上海综合交通发展重点任务之一为"提升交通行业安全风险防控水平",要求建设安全生产风险管理体系,全隐患排查治理体系。建立安全生产风险源辨识、评估、控制、教育培训、检查考核以及重大风险源报备等相关制度,逐步实施行业安全风险管理;建立细化轨道交通等重点领域安全生产重大事故隐患清单制、整改责任制,强化隐患排查整改督办和落实。

3. 运营管理

上海市交通行政管理部门负责职责范围内的轨道交通运营安全监督管理。

轨道交通企业是轨道交通运营安全的责任主体,应当按照有关规定设置安全生产管理机构,配备专职安全生产管理人员,做好其运营范围内轨道交通运营安全的日常管理工作,建立轨道交通运营安全控制体系,建立健全安全生产管理制度和操作规程,落实安全责任,维护轨道交通运营安全。①

上海市安全生产监督行政管理部门依照国家有关规定,对轨道交通运营安全实施综合监督管理。上海市发展改革、建设、公安等行政管理部门及各区(县)人民政府按照各自职责,协同实

---

① 上海市轨道交通管理条例。

施轨道交通运营安全管理。①

4. 票价管理

1）车票价格

上海轨道交通按照市物价主管部门批复的轨道交通网络票价体系计价，实行按里程计价的多级票价，0～6 km均为3元，6 km之后每10 km增加1元。票价的计算采用最短路径法，即当两个站点之间有超过1条换乘路径时，选取里程最短的一条路径作为两站间票价计算依据。

由于上海轨道交通5号线客流较小，仅乘坐5号线的内部票价较原票价体系优惠1元；如一旦涉及跨线票价，则采用路网票价计算方法进行计价。

2）优惠政策

（1）公交轨道联乘优惠：除外省市卡的持公共交通卡乘客，轨道交通进站时间距离前次公交乘坐POS机刷卡时间在120 min内，本次出站时享受公交轨道联乘优惠，联乘优惠金额为定值1元，出站计费时享受1元的优惠。

（2）公共交通卡轨道交通乘坐满70元累积优惠：当月除外省市卡外的公共交通卡在轨道交通乘坐满70元享受累积优惠，累积优惠金额为出站扣款金额的10%，即出站扣款实际金额为原扣款金额的90%。

（3）出站换乘票价连续计算：持除外省市卡外的公共交通卡乘客可在上海轨道交通三组出站换乘站点，且出站换乘车站出站后再进站间隔在30 min内可享受出站换乘连续计费，即在出站换乘车站刷卡出站后再刷卡进站乘坐不同的线路，票价可连续计算。

换乘，指乘客在不同线路之间通过设于付费区内的联络通道跨线乘坐轨道交通的行为，乘客不需要出站重新购票，乘坐里程连续计算，转乘，是指相近的车站尚不具备换乘条件，乘客跨线乘坐轨道交通需要通过设于非付费区的联络通道或地面道路转乘其他线路轨道交通的情况。

3）车票种类

（1）单程票：单程票指被车站售票设备赋予一定金额，在规定的时间和车站，可在轨道交通网络中使用一次。单程票利用薄型IC卡制作，并采用“照进插出”的方式，出站时被出口检票机回收，回收的车票可在车站售票设备上再次发售。

（2）一日票：上海轨道交通所有车站均有出售一日票，票价18元，在首次使用起24小时运营时段内无限次乘坐所有轨交线路（除磁悬浮线路）。

（3）三日票：上海轨道交通所有车站均有三日票出售，票价45元，首次使用起72小时运营时段内无限次乘坐所有轨交线路（除磁悬浮线路）。

（4）纪念票：使用方法为照进照出，出站不回收；若遗失、人为损坏即视为无票或持无效票乘车、处理规同单程票。

---

① 上海市轨道交通运营安全管理办法（2016年6月21日上海市人民政府令第42号）。

(5) 上海公共交通卡:使用方法为照进照出,出站不回收。普通卡收取押金 20 元,可反复充资使用,不记名,不挂失,退卡时返还押金。充资以 10 元为单位,最高储值额不超过 1 000 元。

(6) 手机卡:照进照出。

(7) 磁浮轨道交通一票通:磁浮单程 55 元/张、磁浮双程 85 元/张,照进照出,出站不回收,有效期内分别可乘坐一次(或两次)上海磁浮列车单程普通席,并可在首次刷卡进站后 24 h 的运营时段内无限乘坐轨道交通的所有线路。

免费乘车凭证:本人持有《上海市盲人乘坐车船有轨交通免费证》《中华人民共和国老干部离休荣誉证》《中国人民解放军离休干部荣誉证》《中华人民共和国伤残人民警察证》《上海市革命烈士家属优待证》《中华人民共和国残疾军人证》,由工作人员验证后经专用通道免费进出站。革命伤残军(警)人、烈士家属、离休干部、盲人凭证免费乘坐轨道交通,对残障人士提供特殊服务。普通"残疾人证"不能免费乘车,只有盲人才可去所在街道残联申请"盲人免费乘车证"。

5. 安全管理

近几年,国家和上海市先后出台文件,强化轨道交通行业风险管控工作。

在国家层面,党的十九届三中全会通过的《深化党和国家机构改革方案》提出,组建应急管理部,不再保留国家安全生产监督管理总局。最大限度地实现以事件为中心向以风险为中心、从习惯"亡羊补牢"向自觉"未雨绸缪"、从单纯"事后应急"转向"事前、事中防控"的转变。

在上海层面,上海市加快行业法规、规章及标准建设,如进一步修订《上海市轨道交通管理条例》,配套《上海市轨道交通事故处置规定》《上海市处置城市轨道交通运营事故应急预案》等多项规章和标准,为依法监管和运营提供了有效的法规支撑;修订了《上海轨道交通大客流处置工作预案》,明确启动条件和处置要求,并开展大客流安全风险管理试点评估。

建立多方应急联动机制。上海市建立了包含公安、消防、交通、卫生等部门,地区管理部门和申通集团的应急联动机制。同时,申通集团在市应急办、市交通委指导和推进下,建立了轨道交通站点"四长"(轨道交通站长、轨交公安警长、属地派出所所长和属地街镇长)联动机制。

依法加强企业安全生产管理。企业通过完善安全领导和管理机构,健全安全生产责任制,加强安全责任考核等加强轨道交通安全生产管理。加强安全标准与制度建设,完善运营管理规章规程,健全规章执行的督导检查机制。例如,申通集团组织力量开展运营安全管理规程(规章)修编工作,完善轨道交通服务标准体系,目前已形成 2 000 多项标准,完成 9 000 多个编制作业指导书。

强化企业安全生产主体责任。一是完善应急预案及演练。制定《上海轨道交通网络运营突发事件应急预案管理规定》,将集团应急预案体系分为 3 个层次,形成包括 1 个总体预案,N 个专项预案在内的预案体系,所有运营车站建立"一站一预案"。在此基础上分别组织进行预案学习培训和演练,提高一线员工应急处置能力水平。二是健全应急指挥体系。申通集团设立了上海申通地铁交通集团有限公司突发事件应急管理委员会及突发事件应急管理委员会办公室,构建了比较完善的安全生产应急管理体系。三是加强应急队伍建设。全面落实申通集团公司总体应急预案，完善“1＋3＋6”应急抢险体系布局，实现应急抢险工作的高效和联动，全方位提升网络应急处置能力。

6. 行业节能减排①

上海轨道交通在节能降耗与环境保护关键技术方面，开展了绿色能源扩大应用研究。在总结前期太阳能光伏发电技术在停车场应用成功经验的基础上，探索太阳能发电在高架车站应用的可行性，以扩大太阳能技术在轨道交通应用的范围。结合上海轨道交通车辆基地的建设，已在 12 号线、16 号线等车辆基地车库屋顶实施太阳能光伏并网发电项目。利用建筑屋顶建太阳能光伏并网发电的技术，为以后屋顶光伏电站的大面积推广和屋顶电站设计规范的编制积累经验和实践数据。

开展了绿色轨道交通 LEED 标准体系研究。联合美国绿色建筑委员会（USGBC）、绿色建筑认证协会（GBCI），共同创建了可应用于全球轨道交通的 LEED 绿色评价标准。充分发挥申通集团公司在轨道交通行业上的优势，已编制完成“车站＋列车运行系统＋车辆基地/控制中心＝轨道交通全线 LEED 评价”为总体架构的可应用于全球轨道交通的 LEED 绿色认证标准草稿，初步建立了轨道交通 LEED 认证评估体系，同时开展了上海轨道交通 18 号线作为全球首条轨道交通线路级 LEED 标准认证工作。

减振降噪改造技术方面再发力。“十三五”期间，通过研发高精度的轨道测控新技术，“布设基础控制网、轨检小车自动采集”替代传统的“布设导线铺轨基标、人工道尺弦线”，实现了轨道铺设高精度和高平顺性。通过融合、改进和再创新传统的城市轨道交通测量方法与轨道施工工艺，形成一套针对城市轨道交通的轨道精密工程测量技术体系。

3.1.3　风险防控特点[4]

1. 轨道交通风险防控特点

根据上海城市轨道交通运营的实际情况和自身特点，总结目前轨道交通的风险防控特点主要包括以下方面。

1）运营大客流矛盾突出

从可能产生的风险情况分析，主要体现在运营大客流矛盾突出。随着网络规模的快速扩张和乘客出行方式的改变，轨道交通承担的客流负荷加速攀升，目前极端客流已突破千万。特别是早晚高峰时段、换乘枢纽车站和突发情况下人流高度聚集，易发客流对冲情况，对客流疏导和应急处置提出更高要求。

2）设施设备的故障、人员违章操作和各种干扰因素引起的事故较多

从发生事故的主要情况分析，主要是由设施设备的故障、人员违章操作和各种干扰因素引

① 《申通集团管理信息化、环保和安全相关举措》。

起。具体如下。

(1) 在设施设备故障方面,设施设备的可靠性还有待于进一步提高,设施设备引发的故障还时有发生,部分设施设备老化带来设备状态不稳定问题,直接影响运营安全与效率。

(2) 在人员违章操作方面,表现在人员业务素质不高,或员工有章不循,导致了各类事故的发生,这说明了行业员工队伍整体素质与轨道交通发展要求不相适应,在网络规模迅速扩张的形势下,人员队伍被稀释摊薄,关键岗位人才缺乏,社会化支撑有限,造成管理能力和效率不能满足高强度安全运营的需要。

(3) 在外部干扰因素方面,外部施工违章作业、异物侵限、乘客不当行为都可能直接影响正常的运营秩序。一旦发生这些情况与问题,如处置不当,轻者造成运行效率下降,迅速形成客流积压和拥堵,重者甚至造成线路运行瘫痪和人员伤亡的严重后果。

2. 轨道交通风险特点

轨道交通是一个涉及部门众多、运营组织技术复杂的大系统,同时结构复杂、客流密集、网络联通性强、空间布局狭窄;轨道交通又是一个开放的服务平台,无论是外界的自然环境或社会环境还是政治环境都会对轨道交通产生影响。轨道交通风险具有以下特点。

(1) 事故后果的严重性。在半封闭状态单向高速运行的列车由于通风、照明及救援困难,一旦失控,必将引起大量人员伤亡和财产损失。

(2) 社会影响的恶劣性。轨道交通是城市的生命线工程,一旦发生风险事故,将直接造成交通瘫痪中断、人员拥堵,社会影响恶劣,甚至可能引发乘客骚乱,或市民对政府产生信任危机,后果极其严重。

(3) 行车安全对管理的依赖性。轨道交通运行作业是一个庞大的人机动态系统的安全运行,离不开管理协调,在很大程度上依赖于管理的有效性。

(4) 运营系统的动态性。轨道交通的整个运营系统靠各种设备的运转功能来保证,各设备动态运营状态对整个轨道交通系统的运营可能会造成直接的影响。因此,各项运营设备的动态性引起系统运营的动态性特征尤为显著。

(5) 运行作业的反复性。轨道交通运行作业由多工种联合作业,昼夜不断、周而复始,各种不安全事件和事故大多数是重复发生的。

3.2 风险防控与实践

3.2.1 风险辨识与评价

城市轨道交通企业应定期或不定期进行风险评估和预警,及时掌握当前的安全状况和潜在风险,做到安全管理工作心中有数。根据风险评估的结果,及时调整安全工作的重点。对潜在的风险,制定风险的防范措施,变被动安全为主动安全。对影响安全的设施、设备难点问题进行专题研究,不断提高设施、设备完好率。同时,应学习国内外轨道交通安全风险评估体系的先进做法，建立符合实际的风险评估体系，并将其作为长效管理手段。

风险预警工作主要包括：建立反应灵敏的预警机制，通过风险源的辨识，变事后补救为事先预防；通过建立设施设备的信息化管理手段，增强设施设备的状态监控；通过安全检查、业务考核等手段，增强从业人员的业务素质，并消除人为隐患；通过采用先进的监控技术，减少灾害天气和突发事件。

风险管理基本流程包括对风险的识别、分析、评价和控制，如图 3-3 所示。首先需要了解系统的构成，明确每个子系统的功能、作用、关系、职责，发现轨道交通存在的风险源，分析其特点、存在区域、后果、影响等；然后对识别出的风险源进行预测分析，通过风险源分析出来的风险发生概率和事故后果严重程度来选择合适的风险评价方法，确认风险等级，判断风险是否可以接受，风险不能接受时，采用风险减轻、风险自留、风险规避、风险转移等方法控制风险，并且实时监控，判断处理后风险是否降低到可接受水平以下，若没有则继续进行风险控制。

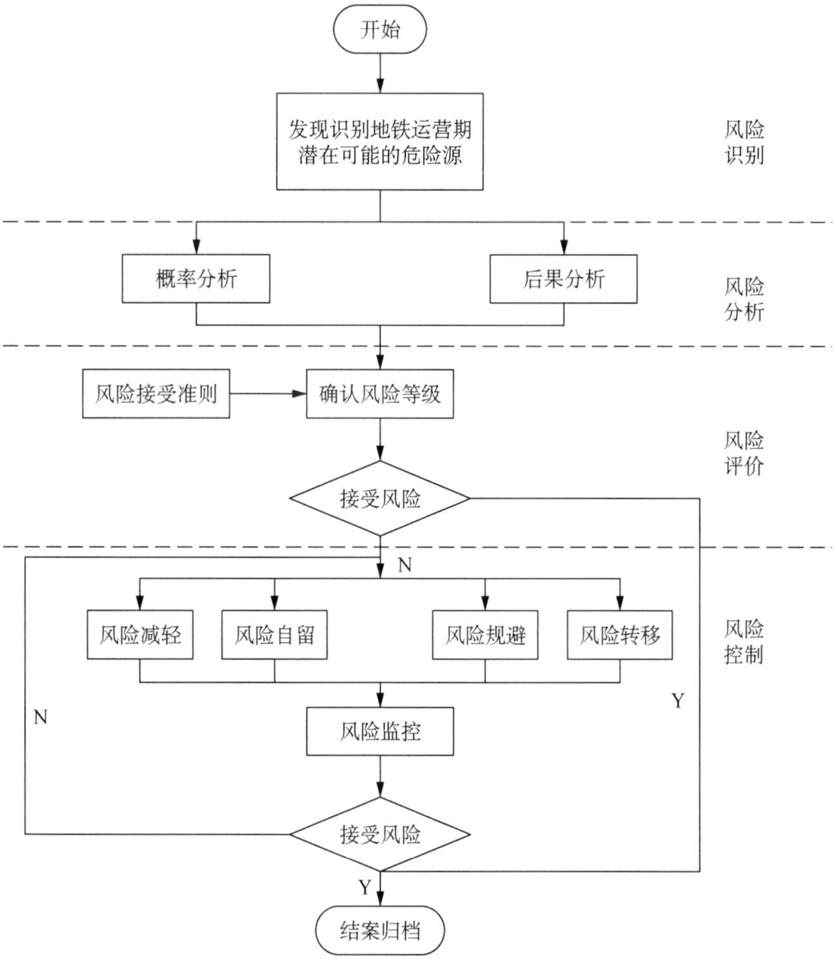

图 3-3　轨道交通风险管理基本流程[6]

3.2.1.1 风险辨识[1]

1. 轨道交通风险源

在城市轨道交通中，风险源指影响城市轨道交通正常运营，有可能造成人员伤害、设备损坏的所有因素，涉及人员、设备、环境和管理等各方面。为实现安全风险的全面管理，轨道交通运营企业安全风险管理对象为企业内可能存在的所有危害，包括运营企业内所有的设计、建筑物、生产作业过程、设备设施、人员、管理、环境、相关方（乘客、访客、承包商等外部人员）活动等方面存在的对安全生产造成影响的所有危险、有害因素。

通过查阅国内外城市轨道交通安全事故分析相关报告研究，结合上海轨道交通现状，总结出目前影响上海轨道交通安全的风险主要有九类：大客流、设施设备故障、客伤、火灾、列车相撞或脱轨、外部侵限、公共安全、自然灾害及内部员工管理缺失。从轨道交通事故产生的基本原因来看，可以归结为管理方面、设备方面、人员方面和自然因素四个方面相关因素。轨道交通风险源详见表 3-4。

表 3-4　轨道交通风险源及原因分析

分类	风险源	原因分析
管理方面	管理人员缺乏整体风险控制意识	没有专门的人员或机构进行轨道交通运营的风险管理活动，每个人或部门往往只针对自己工作中的风险独立地采取一定对策，缺乏系统性、全局性。在某些时候，轨道交通运营公司甚至根本就没有风险及风险管理概念及意识，没有积极主动、系统地进行风险管理工作，风险的事前管理缺位，事中和事后管理具有一定的随意性
	风险控制管理模式不够灵活	轨道交通运营公司的风险管理基本上是采用“归纳法”的被动式管理手段来应对将来可能出现的未知风险因素。利用这样的思路制定出的管理体系，虽然可能对重复出现事故的管理有用，但显然不能适应不断变化的实际情况的要求，达不到对轨道交通安全进行最大安全有效保障的目的
	降低风险的管理措施不多	缺乏对风险进行定期的复核和评估，降低了风险管理体系适应环境变化和规避风险的能力，同时也缺乏系统、科学的风险管理理论方法指导，缺乏科研项目投入，避免或者降低风险的管理措施不够
设备方面	车辆系统	车辆故障通常是影响线路运营的主要原因，车辆故障会造成严重的人员伤亡和财产损失后果。例如，由于轨道损伤或断裂引起的列车脱轨和由于车辆车门的安全性能不佳引发的车门不能关闭，都会造成的机械伤人事故。同时，车辆事故发生后，尤其在地下线路较难进行事故救援和人员疏散，车厢内的座椅等材料由于选择不当，易发生火灾，同时又产生有毒烟气，从而加重事故造成的影响。其中列车出轨是导致列车事故的主要因素
	通信系统	列车的通信系统发生故障或信号设备本身发生故障时，不能保证各种行车信息及控制信息不间断地可靠传输，从而引起事故的发生。由通信引起的故障以车载故障（主要是ATC/ATP 故障）最为频繁；出现 SECEM 故障后需用电话闭塞法行车，在行车密度加大的情况下，对营运仍有较大影响；列车时常发生收不到速度码，以及在车站停站发车表示器不亮的情况；新车载客运行，上线后也会出现较多的信号故障；中央 ATS 故障导致进路不自动触发事件

（续表）

分类	风险源	原因分析
设备方面	通风/排烟系统	在通风系统管理上的缺陷，如对风亭、风道设置不合理，会妨碍通风系统的正常工作。如在城市轨道交通系统内，地下隧道发生火灾，不仅火势蔓延快，而且积聚的高温浓烟很难自然排除，还会在隧道、车站内蔓延，给人员疏散和灭火抢险带来极大的困难，会严重威胁乘客、员工和抢险救援人员的生命安全
	电气系统	接触网带有高压电，一旦发生接触网断线或绝缘子损坏，接触到金属结构物就会使其带电，危及人身安全；由于电气设备损坏和使用不当常常发生触电伤亡事故；变电所和配电室中的电气设备等由于短路、过载、接触不良、散热不良、照明、电热器具安置或使用不当、违章作业等均会引起电气火灾、触电事故；杂散电流会给城市轨道交通以外的金属管道、金属结构造成电蚀危害；列车内的高压电器设备的安全防护措施不当，可能引起人员伤亡事故
	给/排水系统	给/排水管道的防腐、绝缘效果不佳会发生泄露；隧道内排水系统不完善，隧道防水设计等级过低，会导致涝灾或地表水侵入，地面车站的地平高度低于洪水设防要求；排水系统设置不完善，污水乱排以及污水、垃圾的排放会影响运营环境卫生
人员方面	乘客拥挤	乘客不文明乘车
	外来人员卧轨自杀	长期以来，多次因人员进入城市轨道交通线路区段，造成列车延误事件屡次发生
	恐怖分子的威胁	自从美国"9·11"事件发生以来，恐怖活动在世界各地频频发生，西班牙马德里、俄罗斯莫斯科、英国伦敦等城市轨道交通相继遭遇爆炸、毒气、火灾等社会灾害。城市轨道交通车站及列车是人流密集的公众聚集场所，一旦发生爆炸、毒气、火灾等突发事件，极易造成群死群伤事件，严重影响社会秩序稳定
自然因素	台风	根据国内外城市轨道交通事故的分析表明，台风对沿海城市的轨道交通特别是高架桥部分的破坏程度较高。因此，在有可能遭受台风威胁的地区，在工程设计及施工过程中就应加强对台风危害的防范
	水灾	城市轨道交通尤其是轨道交通工程的车站和隧道大多处于地面标高以下，一方面易受到洪涝灾害积水回灌的潜在危害，另一方面易受到岩土介质中地下水渗透浸泡危害。地下水或地表水进入轨道交通车站和隧道内，可以使装修材料霉变，电气线路、通讯、信号元件受潮损坏失灵，造成工程事故，危及行车安全。地下水积存，使轨道交通内部潮湿，湿度增加，使进入车站的乘客感觉不舒适
	地震	地下铁道的车站和隧道包围在周围的地理介质中，地震发生时地下构筑物随围岩一起运动，与地面结构不同

2. 轨道交通的风险辨识[1]

自1993年5月28日上海轨道交通1号线试运营至今，历经二十多年的建设和运营，上海轨道交通网络的规模逐步扩大，客流量增长十分迅速，在公共交通的骨干地位已经确立，为保障城市安全有序运行发挥了不可替代的作用。

随着轨道交通的发展，尤其城市轨道交通的普及，轨道交通网络化运营情况日趋复杂，管理人员紧缺和管理经验不足等问题日益显现，风险防控能力与轨道交通迅速发展不相适应，给轨道交通安全运营监管工作带来严峻挑战。其中，轨道交通具有地下运营环境独特、人员流动量大、一旦发生事故社会影响较大等特点。因此，需加强风险源控制，形成大客流安全源管控机制,提高轨道交通的安全性。

风险辨识即确认风险源的存在,并确定其特性的过程。[5]在识别过程当中应充分发挥集体的力量,结合使用脑力风暴、经验判断、失效模式与效应分析、危害与操作性分析、工作安全分析等方法。

风险辨识要考虑三种状态、三种时态和六种类型。

1)三种状态

三种状态即正常运营状态、非正常运营状态和紧急运营状态,如图3-4所示。

(1)正常运营状态。指列车白天和夜间的运营状态与运行图基本相符的状态。白天运营状态又分为高峰运营和非高峰运营。针对这两种运营状态,城市轨道交通系统采取了不同的客运行车组织方案和运行管理模式。

正常运营状态相对不太容易发生安全事故,但高峰运营时段,因为人多、拥挤、客流大可能发生车门夹人、乘客打架斗殴、踩踏等安全隐患。

(2)非正常运营状态。指因各种原因造成了列车晚点、区间堵塞、车站乘客过度拥挤、道岔故障、列车故障、沿线设备故障等影响正常运营秩序的情况。

非正常情况下,经行车指挥系统按照应急方案及时进行调整,可在较短时间内使运营恢复正常,通常不会对乘客的人身安全造成影响,但也存在正常运营状态高峰时段可能发生的各种风险,且发生概率更高。

(3)紧急运营状态。指发生火灾、爆炸、水灾、地震及雨雪风暴等自然灾害、设备故障导致大范围停运等,致使部分区间或全线无法运营的情况。

紧急运营状态下,有可能出现人员伤亡的严重后果,必须采取紧急事故抢险措施自救,减灾和抢险。

2)三种时态

三种时态即过去、现在和将来。过去:在本企业过去的某些活动中,或在类似企业的某些活动中存在的风险源或发生过事故。现在:目前正在从事的有风险源的活动。将来:在可以预见的将来还会存在有风险源的活动。

3)六种类型

六种类型即物理性、化学性、生物性、心理生理性、行为性和其他风险源。

充分考虑风险辨识的全面性,不仅要充分辨识轨道交通存在的安全风险,同时对历次事件已显现暴露危害、建设前期遗留转移至运营等方面的危害进行分析与辨识。通过意外事件、事故显现和暴露出的安全风险,吸取经验教训,并深入查找其中的风险点;工程建设阶段遗留问题存在的安全风险,已转移至运营,运营企业应认真梳理、核实前期工程遗留问题整改情况,并将未完成整改、存在事故风险的安全隐患纳入风险管控范围。此外,为确保危害辨识的全面性,可通过行业安全规范、标准等进行查漏补缺。

为便于风险辨识后续工作开展,各项已经识别出的危害应描述细致明确,结果记录须清晰,

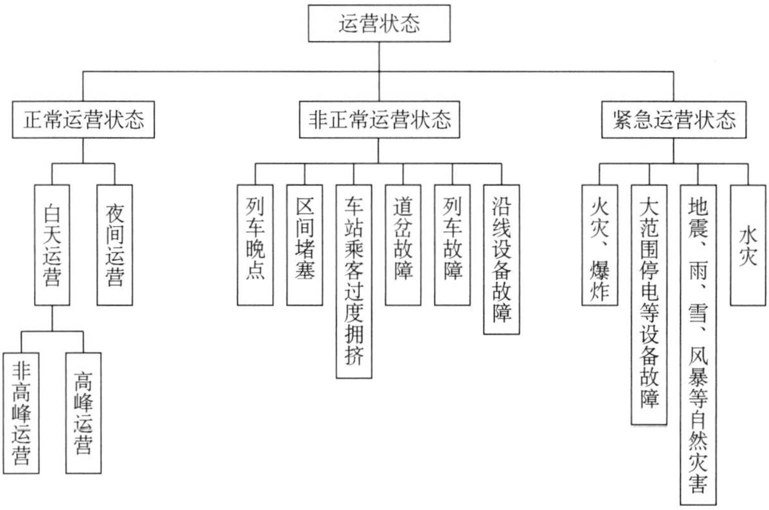

图3-4　城市轨道交通系统的三种运营状态

确保相关岗位可识别和查找定位。针对危害项目提出的风险减轻建议措施，须结合危害实际情况，严谨思考，充分考虑措施可行性、可操作性、可验证性，避免出现难以执行的模糊化措施。

3.2.1.2　风险分析

轨道交通风险源主要包括管理、设备、人员和自然等四个方面相关因素。产生原因包括轨道交通规划建设前期缺陷、管理不当造成的运能与运量的矛盾，轨道交通列车控制等关键设施设备核心技术掌握较差，未对关键岗位人才实施有效培训和管理，员工的责任心和安全意识方面有待加强，违章施工或事故造成运营线路损害，未对轨道交通面临的自然灾害威胁实施有效监控，包括夏季台风、汛期暴雨、冬季降雪冰冻等。另外，乘客的不文明乘车行为，如自杀、擅拉紧急拉手等也是不可忽视的外部干扰因素。

3.2.1.3　风险评价[1]

轨道交通安全生产主要风险源清单中，重点需关注管理、设备、人员和自然等方面风险辨识结果。风险源等级划分依据主要为相关法律法规、行业规范和轨道交通运营企业规范，同时参考事故数据和保险出险、赔付数据。风险等级划分主要考虑人员伤亡和直接经济损失。

风险等级评定综合考虑风险事故发生概率和事故发生造成的后果。发生概率高、造成后果严重的风险源风险等级高，发生概率低、造成后果轻微的风险源风险等级低。考虑事故发生产生的环境破坏、社会影响、事故发生概率等方面的后果，当多种后果同时产生时，应采取就高原则确定事故严重程度等级。

1. 风险分类及分级

(1) 风险的分类

从轨道交通事故产生的基本原因来看，可以归结为管理方面、设备方面、人员方面和自然因素四个方面相关因素。

(2) 风险的分级

轨道交通运营风险源评价标准见表 3-7[5]。风险源被识别后,应对照风险源评价矩阵表对风险源进行评价,并填写风险源审定申报表,对所识别的风险源进行风险评价,分析和评价引起事故的可能性(频率)及一旦发生事故可能的后果(严重度)。综合以上评价结果,对照风险源评价矩阵表,判定每一风险源的风险等级。风险的评价,应分别评价该风险源目前的风险等级和拟采取的控制措施实施后的风险等级。

R1 级别风险被称为"无法容忍之风险",该风险级别的风险源被称为"重大风险源"[5];

R2 级别风险被称为"不可容忍之风险";

R3 级别风险被称为"可容忍之风险";

R4 级别风险被称为"可接受之风险"。

将风险的可能性指数(L)、严重性指数(S)以 $R = L \times S$ 的计算公式,换算后得出评级参照指数 R 值,并对应分险等级划分矩阵表中的内容(表 3-5),最终评估出风险等级。

表 3-5　　风险等级划分矩阵表

可能性	不严重/可忽略	一般	严重/非常严重
不可能/可忽略	$R=4$ 五级	$R=6$ 四级	$R=10$ 三级
一般	$R=6$ 四级	$R=9$ 三级	$R=15$ 二级
可能/非常可能	$R=10$ 三级	$R=15$ 二级	$R=25$ 一级

根据已得出的风险等级,对照风险等级描述表的风险等级描述制定具体风险控制措施(表 3-6)。

表 3-6　　风险等级描述表

风险等级	R	风险等级描述
五级	4	稍有风险;可以忽略,不需要采取措施,也不保留文件记录
四级	6	需要采取限流措施加以控制,如采取闸机限流、关闭部分 TVM、加强监控、出入口限流、通道限流等措施控制风险
三级	9～10	需要强化控制措施来降低风险,如采取及配合其他措施控制风险,采取有效重点措施或启动三级大客流预案
二级	15	需要采取有效措施来降低风险;应采取进一步应急措施来降低风险,如启动二级大客流预案的方式控制风险
一级	25	需要只有当采取有效措施降低风险后,才能开始作业或者立即停止,如采取启动一级大客流预案、封站或其他极端控制方式以防止风险的发生或降低风险等级

表 3-7　　风险源评价矩阵表

项目			严重度						
			7	6	5	4	3	2	1
职工/委外人员/供应商安全(P:人数)		死亡	—	—	—	—	$p<3$	$3\leqslant p<10$	$p\geqslant 10$
		重伤	—	—	—	$p<3$	$3\leqslant p<10$	$p\geqslant 10$	—
		轻伤	—	$p<3$	$3\leqslant p<6$	$6\leqslant p<9$	$p\geqslant 9$	—	—
乘客/群众安全(P:人数)		死亡	—	—	—	$p<3$	$3\leqslant p<10$	$10\leqslant p<30$	$p\geqslant 30$
		重伤	—	—	$p<3$	$3\leqslant p<10$	$10\leqslant p<50$	$50\leqslant p<100$	$p\geqslant 100$
		轻伤	—	$p<3$	$3\leqslant p<10$	$10\leqslant p<50$	$50\leqslant p<100$	$100\leqslant p<500$	$p\geqslant 500$
运营服务(T:时间)		多线路中断	—	$T<15$ min	$15\leqslant T<30$ min	$30\leqslant T<120$ min	$2\leqslant T<3$ h	$3\leqslant T<24$ h	$T\geqslant 1$ d
		单线路中断/车站关闭	$T<15$ min	$15\leqslant T<30$ min	$30\leqslant T<120$ min	$2\leqslant T<3$ h	$3\leqslant T<24$ h	$1\leqslant T<7$ d	$T\geqslant 7$ d
财产损失		人民币/元	￥<1 万	1 万≤￥<20 万	20 万≤￥<100 万	100 万≤￥<500 万	500 万≤￥<1 000 万	0.1 亿≤￥<0.5 亿	￥≤0.5 亿
频率	A	≥每周数次	≥100/年	R3	R1	R1	R1	R1	R1
	B	每月数次	(10～100)/年	R4	R1	R1	R1	R1	R1
	C	每年数次	(1～10)/年	R4	R2	R1	R1	R1	R1
	D	每 10 年数次	(0.1～1)/年	R4	R3	R2	R1	R1	R1
	E	不常发生	$(10^{-2}\sim 10^{-1})$/年	R4	R3	R3	R2	R1	R1
	F	不大可能发生	$(10^{-3}\sim 10^{-2})$/年	R4	R4	R3	R3	R2	R1
	G	非常不大可能	$(10^{-4}\sim 10^{-3})$/年	R4	R4	R4	R3	R3	R1
	H	绝少发生	$(10^{-5}\sim 10^{-4})$/年	R4	R4	R4	R4	R3	R2
	I	未必会发生	$(10^{-6}\sim 10^{-5})$/年	R4	R4	R4	R4	R4	R3
	J	难以置信会发生	$<10^{-6}$/年	R4	R4	R4	R4	R4	R3

表 3-8 轨道交通运营组织致命风险管控表

序号	风险点	场景原因	可能导致的后果	控制措施	备注
1	站台门与车门之间夹人风险	(1) 安全防护装置故障或缺失，未能检测出夹人情况。 (2) 列车司机与站务员视线受阻或监护不严，未能发现夹人情况。 (3) 在轨道交通 10 号线全自动驾驶线路，列车关门至启动的间隔时间较短，仅能依靠安全检测系统保障安全。若安全检测设备故障或可靠性低，未能检测出夹人的情况	列车动车造成乘客伤亡	(1) 目前路网站台已安装了安全探测系统(红外线、激光等)、防护辅助装置(车尾光带)等设施，通过技防措施确保站台门与车门间夹人及时发现。要进一步对此类设施进行梳理和评估，对设施缺失或效果不佳的车站要研究针对性的防控方案。 (2) 要进一步加强风险场景下的轨道交通 10 号线全自动驾驶线路的安全性验证，提高设备的可靠性。 (3) 每日运营开始前，车站要对站台门、安全防护装置进行测试，确保状态正常。对于故障情况及时报修处置，并加强运营期间监护。 (4) 明确站务员、司机在列车办理乘降过程中的工作要求，做好站台监护、互控工作，发现异常现象时第一时间先按压站台紧急关闭按钮截停列车，再进行应急处置。 (5) 车站安装站台门信号设备，用于列车司机与站务员在列车停靠站台后列车门与站台门之间是否夹人、夹物状况的信息快速传递	案例：2017 年 4 月 20 日，轨道交通 4 号线蓝村路站发生一起屏蔽门与车门之间有乘客被夹事件，司机确认动车条件时及时发现，二次开关门后避免了一起事故发生
2	非正常行车风险	(1) 信号系统故障，故障区域列车必须以切除 ATP 方式、电话闭塞法维持运行。 (2) 车载设备故障，列车必须以切除 ATP 方式维持运行。 (3) 列车无法以信号方式反向运行时。 (4) 列车救援连挂完毕后，以切除 ATP 方式动车。 (5) 司机未经同意，擅自切除 ATP 运行	由于列车缺失 ATP 保护，可能造成列车冒进信号、超速等情况，从而引发掉道倾覆、列车冲撞等事故发生	(1) 进一步规范切除 ATP 运行的列车相关作业要求，明确安全间隔防护距离，运行速度限制。 (2) 明确列车切除 ATP 运行，调度员需办理审批授权，列车司机需接获调度命令，方可执行作业。 (3) 针对切除 ATP 运行列车落实人员监控防护，值班调度长、运营调度员、驻调司机负责中央列车全程运行监控。车站安排专人登乘列车司机室跟车监护，提示司机限速要求，督促标准化作业及协助瞭望。 (4) 进一步明确切除 ATP 列车运行前方信号未开放时，运营调度员与列车司机必须进行车调联控，提示司机注意信号	
3	外来异物侵入轨行区风险	(1) 恶劣天气条件下，如暴雨、台风等导致外来异物侵限。 (2) 沿线周边楼宇不文明行为，如丢掷垃圾、杂物等导致异物侵限。 (3) 安全保护区内违章施工、施工监管不力导致外来异物侵限。	列车掉道倾覆	(1) 进一步规范轨行区施工作业要求。明确施工结束后，施工负责人应负责确认工完场清方可进行施工注销。 (2) 每日执行运营前巡道作业，列车限速对沿线设施设备限界、线路状况进行确认，发现异常情况及时报告处置。 (3) 列车区间运行时，司机认真瞭望线路状况，发现异物侵限立即采取紧急停车措施。 (4) 各单位加强车站、线路附属设施和悬挂物紧固状态的检查和巡	案例：2016 年 7 月 27 日轨道交通 16 号线新场至野生动物园发生一起声屏障部件掉落线路造成列车撞击，严重威胁列车行车安全

（续表）

序号	风险点	场景原因	可能导致的后果	控制措施	备注
		（4）夜间施工结束后，相关施工器具、零部件遗留轨行区。 （5）内部相关设施设备存在设计缺陷、安装不到位、维护质量欠缺等原因，造成脱落侵限		查工作，尤其在每年汛期期间，加强对隔音屏、设施设备盖板等露天设施作为检查重点，防止物体发生脱落、倾倒造成侵限。 （5）进一步规范安全保护区巡查要求，加强日常巡查与监督，对作业项目相邻的轨道交通设施加强监护监测。对危及轨道交通安全情况或者违章作业的施工，应立即叫停作业并采取相应的安全措施	
4	岗位员工操作风险	行车关键岗位（调度员、列车司机、车站值班员）因生理或心理疾病、与他人矛盾、感情纠纷、吸食毒品或违禁药物等原因，在作业过程中精神恍惚、状态萎靡	行车作业人员过激或失控行为造成运营事故发生	（1）员工做好上岗前自律自控。为确保上岗人员出勤状态的良好，要求员工班前八小时内禁止饮酒及禁止服用相关影响药物，身体和心理状况必须符合岗位工作要求。 （2）严格落实上岗前状态确认工作。乘务组长、值班调度长和站长作为现场安全员，每日在司机、车站值班员、调度员上岗前，须对其身体与心理状态进行观察和询问，若出现精神恍惚、情绪急躁等异常现象，应暂停其上岗作业，并了解原因。 （3）员工因身体不适无法继续执行行车作业时，应及时报告并求助，并安排其他人员进行接替。同时重点关注高温夏季，做好员工防暑降温工作。 （4）建立行车重点岗位吸毒筛查机制，对列车司机、车站值班员、调度员等岗位进行每两年一次唾液类吸毒筛查工作。对于拒不接受吸毒筛查或检测不通过的人员，立即暂停其上岗资格，及时联系有关部门予以查证	
		路网规模的扩大，对员工综合素质能力提出了更高要求。但新进员工的持续增加，现场经验的累积尚且不足，造成人员的职业意识、安全意识以及标准化、规范化执行力不强。在岗位技能培训过程中尚存在知识盲点或厚此薄彼的现象	违章行为造成运营事故；处置不当造成事态扩大	（1）进一步加强行车作业岗位关于“车辆、信号、供电”等专业应急处置手册的完善，确保应急处置手册指向性明确、流程简洁、操作性实用。 （2）强化现场作业安全控制程序，推行“人性化、精细化、标准化”工作，细化现场作业程序，提升现场作业规范性和互控联控的有效性。 （3）不断提高应急管理工作，完善“1个总体预案＋N个专项预案＋X个现场处置方案”的预案体系，并在此基础上开展预案学习和演练，提高一线员工应急处置水平。 （4）加强对员工岗位技能培训，重点突出非正常行车作业及突发事件应急处置流程的掌握。要注重新老信号系统、不同批次车型、各类场景操作措施的差异性区分，定期开展岗位复训，确保调度员、司机、车站值班员等关键性岗位复训过关。 （5）重点关注近年来国内外同行业重大事故、事件，形成专题分析、事故案例汇编，以案例为突破口，加强各级管理人员和一线员工对案例的学习，吸取教训、引以为鉴	案例：2017年3月27日，轨道交通11号线和轨道交通9号线分别发生因人员违章造成的列车冒进信号机未关闭车门动车事故

表 3-9　　设施设备风险管理表

序号	风险源	场景	可能导致的后果	控制措施	备注
1	运能与运量不匹配	早晚高峰、节假日、各类重大社会活动引发的爆发性客流等	客流拥堵、踩踏	(1) 对所辖车站工作日、节假日等高峰时段客流规律、重大活动期间人员规模,在时间上提前实施限流。 (2) 调度根据客流及运能情况提前通知车站,在空间上提前实施限流。 (3) 通过"备车始发站放空列车、变更停站时分、变更列车运营交路组织、单/双向越站运行"等运营调整手段,提升或降低大客流涉及区段运力,缓解站点客流积压滞留;制定《上海轨道交通枢纽站大客流运力调整处置办法》,针对路网三线及以上换乘站点,任一某条线路因设备故障导致运力下降,造成该条线路站台/站厅客流积压,控制中心立即进行联动处置,逐级启动运力调整响应措施。 (4) 持续开展挖潜增能工作,优化行车方案,使其更符合高峰客流特征。 (5) 做好信息收集工作,提前启动专项运营组织方案的编制工作,调整行车组织、客运组织、设施设备管理、媒体宣传等运营组织工作。 (6) 做好客流引导宣传,根据客流和列车运营实时情况,及时做好运营信息、提示信息、突发信息的对外发布,引导乘客分流和疏散	轨道交通 1 号线运能提升改造,轨道交通 2 号线东延伸改造工程,轨道交通 3 和轨道交通 4 号线改造工程、网络车辆增购及车辆基地扩建等补短板项目已纳入《关于"十三五"期间上海轨道交通增能提效的实施方案》并推进实施
2	通行能力不足	车站局部区域瞬时客流积压,如列车到站时楼梯口积压、换乘客流在车站换乘通道交汇换乘	客流拥堵、踩踏	(1) 对于出入口设摊等影响乘客通行的车站,运营单位将进行联合执法、加装立桩、增加巡视频次等方式予以整治。 (2) 在重点车站优化进出站路线、增加技防措施,安装限流栏杆、分隔栏,配合广播宣传等方式进行早晚高峰客流疏导,特别是站台自动扶梯与楼梯入口拥堵处加装延伸栏杆。 (3) 换乘站在关键点位、高峰时段进行分段分流,站台换乘楼梯引导单向换乘。 (4) 大客流车站,将合理进行早高峰限流,并在自动扶梯、楼梯站台端隔断进行延伸,避免楼扶梯口发生客流冲突。 (5) 对于费区设置不合理、站厅面积小等车站,视条件进行费区改造,扩大公共区域面积	(1) 推进"重点大客流枢纽及车站出入口乘客诱导信息系统"项目,做好南京东路、静安寺 2 座换乘车站图文 LED 电子显示屏试点工作,力争早日路网推广。 (2) 推进重点大客流枢纽及车站疏散能力改造项目。2016 年计划开展 10 座车站的改造工程(1 号线莘庄,2 号线张江高科、徐泾东,3 号线火车站、水产路,8 号线人民广场、沈杜公路,9 号线漕河泾、10 号线新天地,11 号线曹杨路)。截止 5 月份 4 座车站正式开工实施(1 号线莘庄、2 号线徐泾东、9 号线漕河泾、8 号线沈杜公路),1 座车站已完成改造(9 号线漕河泾)
3	突发故障或事件	设施设备故障造成运营延误;如遇气候变化、自然灾害、火灾、治安案件、恐怖袭击等情况造成车站乘客滞留拥挤	客流恐慌、拥堵、踩踏	(1) 进一步完善预案修订工作。结合集团总体预案的下发,对各项专项预案开展修订完善工作。 (2) 结合第三方演练评估结果,强化对集团级预案演练工作管理,做好每次预案演练后续评估整改工作。 (3) 推进应急处置社区联动机制建立,促进地区政府职能部门与轨道交通站点密切联系、协同处置。 (4) 完善"上海应急广播"发布工作机制,通过准确播报轨道交通突发事件应急信息,降低突发事件对乘客出行的影响	2016 年上半年集团完成集团级演练计划共 13 次,分别为:行车作业综合类 1 次,车站大客流处置及公交应急联动 7 次,设施设备类 2 次,公共安全类3 次,各牵头单位执行情况良好,演练完成率 100%

2. 风险统计辨识及分级分类实践

根据申通集团《风险源辨识、风险评价和风险控制管理规定》的要求，申通集团梳理、辨识和评价了 2018 年度集团运营范围内的风险源及其控制措施。共辨识和评价出 536 项风险源，对评价为三级(含)以上的 59 项风险源制定了控制措施清单。详见轨道交通运营组织致命风险管控表和设施设备风险管理表(表 3-8、表 3-9)。

根据风险辨识、分析评价的结果，轨道交通运营单位要结合实际，按照风险源分级开展针对性的评估，对制定的防范措施定期检查和管控。同时要及时辨识运营生产中出现的新的风险源落实防控措施。各运营单位要对责任范围内三级(含)以上风险源的管控情况做好年度分析评价，各线路(维护部)要对责任范围内四级(含)以下风险源的管控情况做好月度跟踪评价，各班组要对责任范围内五级风险源的管控情况做好日常检查及记录。申通集团运营管理部、设施设备管理部及综合办要履行监管职责，对各自责任范围内的风险源管控情况加强指导，切实建立风险源监管的长效机制，确保运营生产安全稳定。

3.2.2 风险防控措施

3.2.2.1 管控措施

1. 落实企业安全生产主体责任[1]

申通集团从 2012 年至今不断完善企业安全管理制度，分别在应急处置、组织架构、事故调查、会议制度、奖惩考核、安全检查、过程控制和安全经费等方面建立了 28 项制度，具体如表 3-10 所示。

表 3-10 申通集团安全管理制度目录

序号	分类	名称	文号
1	应急处置	关于成立上海申通地铁交通集团有限公司突发事件应急管理委员会的通知	沪地铁〔2015〕280 号
2		关于下发《上海轨道交通网络运营突发事件应急预案管理规定》的通知	沪地铁〔2016〕109 号
3		关于下发《上海轨道交通运营突发事件预警响应、应急指挥和运营保驾的管理规定》的通知	沪地铁〔2015〕324 号
4		上海轨道交通突发事件交通保障应急预案实施管理规定	沪地铁〔2014〕93 号
5		上海轨道交通运营突发事件处置指挥管理规定	沪地铁〔2014〕110 号
6		上海轨道交通运营突发事故报告流程规定	沪地铁〔2014〕110 号
7	组织架构	关于印发修订后《上海申通地铁交通集团有限公司安全生产责任制》的通知	沪地铁委〔2015〕23 号
8		关于重新公布《上海申通地铁交通集团有限公司安全生产委员会工作细则》的通知	沪地铁安〔2013〕461 号
9		关于重新公布集团安全生产委员会成员的通知	沪地铁安〔2013〕300 号
11	事故调查	关于下发《运营事故调查处理管理规定》的通知	沪地铁〔2017〕543 号
12		关于下发《上海轨道交通运营事件分析处理规定》的通知	沪地铁〔2014〕511 号
13		关于下发《上海申通地铁交通集团运营安全监察工作规则》的通知	沪地铁〔2013〕373 号

（续表）

序号	分类	名称	文号
14	会议制度	关于进一步完善路网运营生产月度例会制度及相关要求的通知	沪地铁办〔2016〕83 号
15		关于调整运营安全生产周例会会议形式的通知	沪地铁〔2013〕427 号
16	奖惩考核	行车百日安全考核管理规定	沪地铁〔2017〕447 号
17		关于下发《轨道交通运营事故责任追究管理规定》的通知	沪地铁〔2014〕575 号
20		关于对领导干部进行安全工作约谈的暂行办法	沪地铁委〔2017〕30 号
21	安全检查	关于下发《上海申通地铁交通集团有限公司领导干部安全定点联系制度（试行）》的通知	沪地铁〔2012〕196 号
22		关于成立上海申通集团有限公司运营安全督查队的通知	沪地铁安〔2012〕197 号
23		隐患排查治理管理规定	沪地铁〔2015〕63 号
24	过程控制	职业健康安全运行控制管理规定	沪地铁〔2015〕584 号
25		关于下发《风险源辨识、风险评价和风险控制管理规定》的通知	沪地铁〔2015〕429 号
26		关于印发《上海申通地铁交通集团有限公司建立党政同责一岗双责齐抓共管安全生产责任体系暂行规定》的通知	沪地铁委〔2015〕22 号
27		关于下发《安全生产标准化自考评管理规定》的通知	沪地铁〔2016〕298 号
28	安全经费	关于申通地铁交通集团提取和使用安全生产费用的实施意见	沪地铁投〔2014〕75 号

2. 推动电梯等机械设施由原厂家维保、购买保险[1]

目前面临的最大挑战就是日益增加的客流量，上海轨道交通日均客流量从 2011 年 520 万人次/日，大幅增加到 2017 年近 969 万人次/日，单日峰值更是频频突破 1 000 万人次/日，建议应根据赔付情况，适时调整公众责任险费率，用经济手段控制风险，并通过鼓励相关厂家对其供货产品投保产品责任险，特别是电梯安全责任险来减轻管理方压力，并分散部分风险。

提倡电梯等机械设施由原厂家维保、购买保险，明确划分轨道交通运营企业和电梯等机械设备厂家的责任。电梯等机械设备造成的乘客人身伤亡由电梯厂家进行赔偿，承担公众责任。

电梯等机械设施由原厂家维保、购买保险可以强化原厂家的责任质量意识，能够督促其加强电梯的日常维护及保养，从源头上减低事故发生率，保障乘客人身安全。

3. 降低乘客人身伤亡及财产损失发生率，运营单位可采用的措施

（1）安全宣传。通过广播、张贴安全注意事项、微博宣传等措施，引导乘客文明乘车，规避乘客人身伤亡及财产损失风险。

（2）安全提示。通过警示标识、禁止标识、使用须知等措施，为乘客提供安全提示信息。

（3）规范作业。严格执行行车作业、客运服务、设施设备维护等作业标准，避免违章作业。

（4）设施设备维护。做好设施设备日常巡检、定期维护养护工作，确保设施设备处于良好工作状态。

（5）乘车行为监督。及时劝阻并制止有危及行车安全、设施设备安全或对其他乘客造成安

全影响的行为。

（6）车站、列车保洁。确保地面整洁、干燥、平整，营造舒适的乘车环境。

（7）安全培训。定期开展现场乘客人身伤亡及财产损失处置人员培训工作，提高现场处理突发事件的能力，降低乘客伤害程度。

3.2.2.2　技术措施[1]

轨道交通行业建立了客运风险防控的相关平台，企业相关实践如下。

1. 创新应急信息发布系统

申通集团建立健全“1+N”网络运营信息发布体系。在 1 个核心系统“上海轨道交通客流信息诱导系统”（TOS 系统）基础上，建成包括电视直播、移动电视、网站、微博、微信等多渠道的信息联动发布平台，同步进行信息发布，发挥对客流的应急组织诱导功能。

2. 推广实施“全球眼”管理系统

申通集团统筹推进“信息化建设”网格管理战略的总体布局。研究开发了“3G”（Group、Grade 和 Great）管理系统并携手中国电信安装“全球眼”视频监控系统，实现远程监管、数据处理和实检实查“三位一体”信息网格化管理的总体布局（图 3-5）。

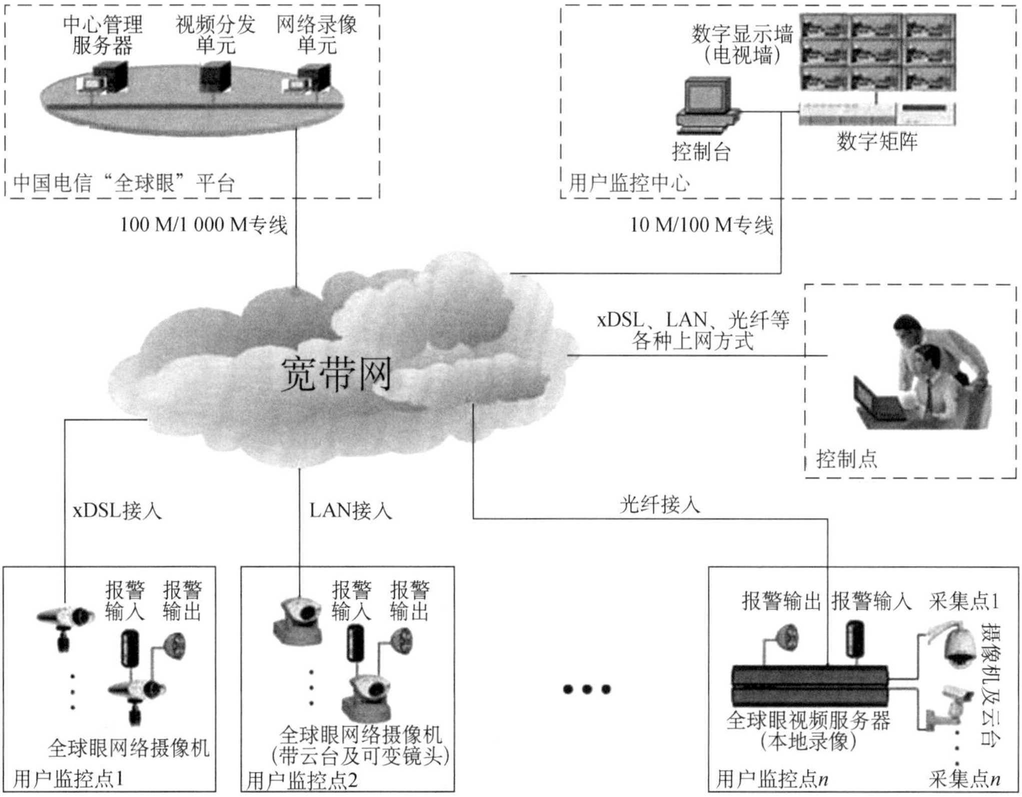

图 3-5　全球眼整体架构

3. 整合形成基础大数据平台

企业积极建立以“轨道交通云”为中心的信息化架构，组织无线网络建设和管理标准研究，并就上海轨道交通运营管理移动互联网的功能定位、建设原则、网络架构、服务质量保障、工程验收、运行维护等内容编制形成了《上海轨道交通运营管理移动互联网系统指导意见》。编制并发布了《信息资源管理规定》，其中规定了数据应用的基本策略。

4. 健全信息安全管理体系

申通集团建立了重要节假日/重大会议活动网络安全分级保驾机制，落实风险管控、应急值守、零事件报告等工作。目前已构建轨道交通大数据资源中心，建成轨道交通大数据服务平台，打造“智慧轨道交通”，提升了运营安全和建设水平。

3.2.2.3 应急预案

涉及轨道交通的法律法规、预案体系为包括以下部分。

1. 法律法规

《中华人民共和国突发事件应对法》

《中华人民共和国安全生产法》

《生产安全事故报告和调查处理条例》

《上海市实施〈中华人民共和国突发事件应对法〉办法》

2. 国家层面

《国家突发公共事件总体应急预案》

《交通运输综合应急预案》

《公路交通突发事件应急预案》

《水路交通突发事件应急预案》

《道路运输突发事件应急预案》

3. 地方层面

《上海市突发公共事件总体应急预案》

4. 企业层面

为切实加强上海轨道交通运营安全，提高上海轨道交通应急处置能力，降低灾害等突发事件对人员、财产安全造成的损失及对运营的影响，上海申通地铁交通集团有限公司联合上海市公安局等相关管理部门印发了 32 个应急预案，具体目录如表 3-11 所示。

表 3-11　　申通集团应急预案目录

序号	应急预案名称	文号
1	关于印发《上海轨道交通大客流处置工作预案》的通知	2015(外)57 号

（续表）

序号	应急预案名称	文号
2	关于印发《上海申通地铁交通集团有限公司地震应急处置专项预案》的通知	沪轨道交通运〔2017〕189号
3	关于印发《上海申通地铁交通集团有限公司通信中断应急处置专项预案》的通知	沪轨道交通运〔2017〕195号
4	关于印发《上海申通地铁交通集团有限公司电梯安全事故应急处置专项预案》的通知	沪轨道交通运〔2017〕196号
5	关于印发《上海申通地铁交通集团有限公司区间积水应急处置专项预案》的通知	沪轨道交通运〔2017〕197号
6	关于印发《上海申通地铁交通集团有限公司暴雪冰冻天气应急处置专项预案》的通知	沪轨道交通运〔2017〕198号
7	关于印发《上海申通地铁交通集团有限公司列车事故应急处置专项预案》的通知	沪轨道交通运〔2017〕199号
8	关于印发《上海申通地铁交通集团有限公司车站失电应急处置专项预案》的通知	沪轨道交通运〔2017〕200号
9	关于印发《上海申通地铁交通集团有限公司道床伤亡应急处置专项预案》的通知	沪轨道交通运〔2017〕201号
10	关于印发《上海申通地铁交通集团有限公司公交配套保障应急处置专项预案》的通知	沪轨道交通运〔2017〕202号
11	关于印发《上海申通地铁交通集团有限公司暴雨天气应急处置专项预案》的通知	沪轨道交通运〔2017〕203号
12	关于印发《上海申通地铁交通集团有限公司外来人员闯入司机室应急处置专项预案》的通知	沪轨道交通运〔2017〕204号
13	关于印发《上海申通地铁交通集团有限公司列车故障应急处置专项预案》的通知	沪轨道交通运〔2017〕205号
14	关于印发《上海申通地铁交通集团有限公司车站疏散应急处置专项预案》的通知	沪轨道交通运〔2017〕206号
15	关于印发《上海申通地铁交通集团有限公司信号故障应急处置专项预案》的通知	沪轨道交通运〔2017〕207号
16	关于印发《上海申通地铁交通集团有限公司公共治安事件应急处置专项预案》的通知	沪轨道交通运〔2017〕208号
17	关于印发《上海申通地铁交通集团有限公司轨行区异物侵限应急处置专项预案》的通知	沪轨道交通运〔2017〕209号
18	关于印发《上海申通地铁交通集团有限公司区间疏散应急处置专项预案》的通知	沪轨道交通运〔2017〕210号
19	关于印发《上海申通地铁交通集团有限公司车站火灾应急处置专项预案》的通知	沪轨道交通运〔2017〕211号
20	关于印发《上海申通地铁交通集团有限公司反恐防控应急处置专项预案》的通知	沪轨道交通运〔2017〕212号

（续表）

序号	应急预案名称	文号
21	关于印发《上海申通地铁交通集团有限公司 AFC 系统故障应急处置专项预案》的通知	沪轨道交通运〔2017〕213 号
22	关于印发《上海申通地铁交通集团有限公司线路故障应急处置专项预案》的通知	沪轨道交通运〔2017〕214 号
23	关于印发《上海申通地铁交通集团有限公司接触网-接触轨失电应急处置专项预案》的通知	沪轨道交通运〔2017〕215 号
24	关于印发《上海申通地铁交通集团有限公司运营突发事件应急处置总体预案》的通知	沪轨道交通运〔2017〕216 号
25	关于印发《上海申通地铁交通集团有限公司雾霾天气应急处置专项预案》的通知	沪轨道交通运〔2017〕220 号
26	关于印发《上海申通地铁交通集团有限公司高温天气应急处置专项预案》的通知	沪轨道交通运〔2017〕221 号
27	关于印发《上海申通地铁交通集团有限公司雷电天气应急处置专项预案》的通知	沪轨道交通运〔2017〕222 号
28	关于印发《上海申通地铁交通集团有限公司台风天气应急处置专项预案》的通知	沪轨道交通运〔2017〕223 号
29	关于印发《上海申通地铁交通集团有限公司公共卫生应急处置专项预案》的通知	沪轨道交通运〔2017〕224 号
30	关于印发《上海申通地铁交通集团有限公司可疑物品应急处置专项预案》的通知	沪轨道交通运〔2017〕225 号
31	关于印发《上海申通地铁交通集团有限公司有毒有害气体应急处置专项预案》的通知	沪轨道交通运〔2017〕226 号
32	关于印发《上海申通地铁交通集团有限公司列车火灾应急处置专项预案》的通知	沪轨道交通运〔2017〕227 号

3.2.3 保险机制及应用

3.2.3.1 行业保险现状[1]

对于轨道交通运营中存在的风险，现有的保险险种中主要由财产一切险和公众责任险两种保险来覆盖，其中财产一切险主要可以覆盖对路政设施及车辆损失的保险以及由于安全生产事故造成人员、财产伤害的保险。此外，对于车站内运行的车辆、机电设备、电梯等，还可以要求生产厂家对其产品投保产品责任险（电梯可投保电梯安全责任险），以分担运营公司的责任压力，分担风险。

1. 财产一切险

1）保单责任

在保险期间，由于自然灾害或意外事故造成保险标的直接物质损坏或灭失，保险人按照保险合同的约定负责赔偿。

保险事故发生后，被保险人为防止或减少保险标的的损失需支付必要的、合理的费用，保险人按照保险合同的约定也负责赔偿。

2）保险情况

2011年保单情况和赔付情况如下。

被保险人：上海某轨道交通运营公司、各线路项目公司、各运营公司及/或所属的分公司、子公司。

保险标的：被保险人所拥有的或被保险人所使用的全部轨道交通车辆；被保险人所拥有的或被保险人所使用的室外自动扶梯及升降梯。

地域范围：被保险人所有经营、活动、调试、运输所涉及的区域；包括但不限于办公经营区域，运营区域，调试区域，轨道交通车辆存放、检修等场所，以及运输区域。

营业性质：轨道交通的建设、运营及相关资源的开发。

保险期限：自2011年1月1日0:00时起至2011年12月31日24:00时止。

保险金额：轨道交通车辆111.228 0亿元；室外自动扶梯及升降梯2.928 0亿元。

免赔额：轨道交通车辆50 000.00元/每次事故；室外自动扶梯及升降梯1 000.00元/每次事故。

费率：试车条款0.53%；车辆运输条款0.022%；不含上述两个条款的本保单费率为轨道交通车辆部分0.036 1%、室外自动扶梯及升降梯0.022 5%。

总保险费：轨道交通车辆部分总保险费为4 015 330.80元；室外自动扶梯及升降梯总保险费为65 880元；试车部分和车辆运输部分保险费根据具体发生时，依照保单约定另行计算。

保险责任：在保险期间内，由于自然灾害或意外事故造成保险标的直接物质损坏或灭失的，保险人按照本保险合同的约定负责赔偿。前款原因造成的保险事故发生时，为抢救保险标的或防止灾害蔓延，采取必要的、合理的措施面造成保险标的损失，保险人按照本保险合同的约定也负责赔偿。

2. 公众责任险

1）保单责任

在保险期限内，被保险人在本保险单明细表列明的区域范围内从事经营业务时，因意外事故造成第三者人身伤亡和财产损失，依照中华人民共和国法律（不包括港澳台地区法律）应由被保险人承担的经济赔偿责任，保险公司按照保险合同以及具体条款的约定负责赔偿。

对被保险人因上述原因而支付的仲裁或者诉讼费用以及事先经保险公司书面同意而支付的其他费用，保险公司亦负责赔偿。

保险公司对每次事故引起的赔偿金额以法院或政府有关部门根据现行法律裁定的，应由被保险人偿付的金额为准。在任何情况下，均不得超过本保险单明细表中对应列明的每次事故赔偿限额。在保险期限内，保险公司在保险单项下对经济赔偿的最高赔偿责任不得超过保险单明细表中列明的累计赔偿限额。

2）保险情况

2011 年的保单情况和赔付情况如下。

被保险人：上海某轨道交通运营公司、各线路项目公司、各运营公司及/或所属的分公司、子公司。

被保险地址：被保险人所有经营、活动、调试、试车、运输所涉及的区域；包括但不限于运营区域，调试区域，试车区域，轨道交通车辆存放、检修等场所，以及运输区域、被保险人所辖或/及所需管理或/及实际负责的区域或/及被保险人之广告设施之区域。

保险期限：自 2011 年 1 月 1 日 0:00 时起至 2011 年 12 月 31 日 24:00 时止。

业务范围：轨道交通的建设、管理、规划、运营及相关范围。

保险责任：按公众责任险条款及后附扩展条款。

(1) 在保险期限内，被保险人在本保险单明细表列明的区域范围内从事经营业务时，因意外事故造成第三者的人身伤亡和财产损失，依照中华人民共和国法律(不包括港澳台地区法律)应由被保险人承担的经济赔偿责任，保险公司按照保险合同以及具体条款的约定负责赔偿。

(2) 对被保险人因上述原因而支付的仲裁或者诉讼费用以及事先经保险公司书面同意而支付的其他费用，保险公司亦负责赔偿。

(3) 保险公司对每次事故引起的赔偿金额以法院或政府有关部门根据现行法律裁定的应由被保险人偿付的金额为准。但在任何情况下，均不得超过本保险单明细表中对应列明的每次事故赔偿限额。在本保险期限内，保险公司在本保险单项下对上述经济赔偿的最高赔偿责任不得超过本保险单明细表中列明的累计赔偿限额。

赔偿限额：每次事故赔偿限额 4 000 万元；累计赔偿限额 8 000 万元。每次事故指不论一次事故或一个事件引起的一系列事故。

保险费：5 689 708.74 元；费率：142.242 7%。

计费基础：参照运营公司 2009 年以及 2010 年的两年的客流量，对 2011 年客流量进行预估，如表 3-12 所列。

表 3-12　　运营线路客流及保费情况

运营公司	线路	预计日客流/万人次	保费/元
运营一公司	1、5、9、10	179.45	1 962 384.05
运营二公司	2、11	118.48	1 295 608.32
运营三公司	3、4、7	149.26	1 632 266.07
运营四公司	6、8	73.11	799 450.30
合计		520.30	5 689 708.74

保单到期后如实际日客流量在预测日客流量±5%以内，则按5 689 708.74元×实际日客流量/预测日客流量调整保费，但实际 2011 年保费未调整。

3.2.3.2　行业保险模式[1]

上海某轨道交通运营公司目前投保的保险险种有两种，即为公众责任险和财产一切险。公众责任险主要是乘客在乘坐轨道交通过程中发生意外时的赔付保障，范围涵盖该公司及所属各运营单位负有管理职责的运营区域内，包括从检票进站始至验票出站计费区域、自动扶梯（含残障人士电梯）内以及其他属于轨道交通所属单位管辖范围内的非计费区和附属设施内，如检验票闸机外、车站出入口、地下通道等区域涉及的人身伤亡和财产损失。

集团负责整个轨道交通路网（不含磁浮线）公众责任险的统筹、协调和办理，与相应保险公司谈判签订保险合作协议，规定当年保费以上一年的保费为基准，根据当年客流增长量和前 3 年综合赔付情况等相关因素进行调整，每年一签。由各运营公司按管辖线路领取保单，并支付保费。由于集团统一采购，所以在公众责任险中单个客伤案件的最高保险金额达到 2 000 万元，对乘客受到意外伤害提供有效保障。

目前的客伤主要是个案，极少部分涉及多人。轨道交通的客伤从发生地点来看，主要原因是电梯伤害，占 35%～40%，其次是楼梯、地面摔跤，也占 35%左右，另外被车门或屏蔽门夹伤占 10%，车厢内摔倒撞伤的占 5%～10%，站台缝隙踏空约 5%，其他原因占 2%～5%。2010—2011 年由于保费较低，且发生“9・27”事故，公众责任险的赔付率超过 200%。近几年来，上海轨道交通加强管理，提升安全管控措施，除 2011 年“9・27”事故外，未发生人身伤害事件，客伤发生处于较低水平，赔付率在 50%～80%。

财产一切险主要目标为轨道交通设施设备，范围涵盖该轨道交通运营公司所拥有和全部使用的轨道交通车辆（包括保险期内新增车辆），室外的自动扶梯和升降梯（包括保险期内新增线路的自动扶梯及升降梯）。

近 5 年的赔付情况中，车辆赔付率除去 2011 年的 79.25%和 2013 年的 13.5%，其余年份的均为零，2010—2015 年的 5 年赔付率为 11.58%，2013—2015 年的 3 年赔付率为 4.75%。2010—2015 年的 5 年电梯赔付率为零。

截至 2015 年 12 月，上海轨道交通全网运营线路总长 548 km、车站 337 座。2014 年上海轨道交通日均客运量达 775 万人次，工作日日均客流量 840 万人次。周末大客流成常态化，尤其是遇重大活动或节假日因素客流量增长显著，12 月 31 日全网客流达到 1 028.6 万人次。公众责任险的保费，逐年大幅增长，给运营方带来一定的压力。

因此，除公众责任险和财产一切险两个险种外，对于车站内运行的车辆、机电设备、电梯等还可以要求生产厂家对其产品投保产品责任险（电梯可投保电梯安全责任险），来分担运营公司的责任压力，分担风险。目前，这一领域投保的厂家相对较少。上海市轨道交通推广投保公众责任险、财产一切险、产品责任险（由设施设备原厂家投保）、电梯安全责任保险（由电梯原厂家投保）。

（1）产品责任险保险责任

在保险期间或追溯期内，在保险单约定的承保区域内，由于被保险产品存在缺陷，造成第三者人身伤害或财产损失且被保险人在保险期限内首次受到赔偿请求，依照中华人民共和国法律（不含香港、澳门特别行政区和台湾地区法律，下同）应由被保险人承担的经济赔偿责任，保险人按照保险合同约定负责赔偿。

保险事故发生后，被保险人因保险事故而被提起仲裁或者诉讼的，对应由被保险人支付的仲裁或诉讼费用以及事先经保险人书面同意支付的其他必要的、合理的费用，保险人按照保险合同约定也负责赔偿。

（2）电梯安全责任保险责任

在保险期间内，保险单中列明的电梯在正常运行过程中发生事故，导致第三者遭受财产损失或人身损害，经国家有关行政部门组成的电梯事故调查组认定，该事故属于电梯安全责任事故，依照中华人民共和国法律应由被保险人承担经济赔偿责任，保险人将根据合同的规定对下列赔偿责任在约定的赔偿限额内负责赔偿：第三者的伤残、死亡和医疗费用赔偿责任；第三者的财产损失赔偿责任。

发生保险事故后，对于被保险人为减少损失或防止损失扩大而支付的必要、合理的费用，保险人亦根据合同的规定，在约定的赔偿限额内也负责赔偿。

对于轨道交通来说，现阶段轨道交通运营公司采取投保财产一切险和公众责任险的方式来转移日常运营风险，并根据特点针对城市轨道交通站、城市轨道线路、城市轨道交通车辆三个方面来设计并附加大量附加条款来覆盖人、物、环境、管理等方面可能出现的风险，总体来说风险可控。目前，面临的最大挑战就是日益增加的客流量，建议应根据赔付情况，适时调整公众责任险费率，用经济手段控制风险，并通过鼓励相关厂家对其供货产品投保产品责任险，特别是电梯安全责任险来减轻管理方压力，并分散部分风险。

3.3 案例分析

【案例1】 轨道交通运营组织部分风险

1. 站台门与车门之间夹人风险

1）案例情况

某起屏蔽门与车门之间有乘客被夹，司机确认动车条件时及时发现，二次开关门后避免了一起事故发生。

2）场景原因

（1）安全防护装置故障或缺失，未能检测出夹人情况。

（2）列车司机与站务员视线受阻或监护不严，未能发现夹人情况。

（3）在轨道交通10号线全自动驾驶线路，列车关门至启动的间隔时间较短，仅能依靠安全检测系统保障安全。若安全检测设备故障或可靠性低，未能检测出夹人情况。

3）可能导致的后果

列车开动造成乘客伤亡。

4）控制措施

(1) 目前路网站台已安装了安全探测系统（红外线、激光等）、防护辅助装置（车尾光带）等设施，通过技防措施确保站台门与车门间夹人及时发现。要进一步对此类设施进行梳理和评估，对设施缺失或效果不佳的车站要研究针对性防控方案。

(2) 要进一步加强风险场景下的轨道交通 10 号线全自动驾驶线路的安全性验证，提高设备的可靠性。

(3) 每日运营开始前，车站要对站台门、安全防护装置进行测试，确保状态正常。对于故障情况及时报修处置，并加强运营期间监护。

(4) 明确站务员、司机在列车办理乘降过程中的工作要求，做好站台监护、互控工作，发现异常现象时第一时间先按压站台紧急关闭按钮截停列车，再进行应急处置。

(5) 车站安装站台门信号设备，用于列车司机与站务员在列车停靠站台后列车门与站台门之间是否夹人夹物状况的信息快速传递。

2. “外来异物侵入轨行区”风险

1）案例情况

某起声屏障部件掉落线路造成列车撞击，严重威胁列车行车安全。

2）场景原因

(1) 恶劣天气条件下，如暴雨、台风等导致外来异物侵限。

(2) 沿线周边楼宇不文明行为，如丢掷垃圾、杂物等导致异物侵限。

(3) 安全保护区内违章施工、施工监管不力导致外来异物侵限。

(4) 夜间施工结束后，相关施工器具、零部件遗留轨行区。

(5) 内部相关设施设备存在设计缺陷、安装不到位、维护质量欠缺等原因，造成脱落侵限。

3）可能导致的后果

列车掉道倾覆。

4）控制措施

(1) 进一步规范轨行区施工作业要求。明确施工结束后，施工负责人应负责确认工完场清方可进行施工注销。

(2) 每日执行运营前巡道作业，列车限速对沿线设施设备限界、线路状况进行确认，发现异常情况及时报告处置。

(3) 列车区间运行时，司机认真瞭望线路状况，发现异物侵限立即采取紧急停车措施。

(4) 各单位加强车站、线路附属设施和悬挂物紧固状态的检查和巡查工作，尤其在每年汛期期间，将隔音屏、设施设备盖板等露天设施作为检查重点，防止物体发生脱落、倾倒造成侵限。

(5) 进一步规范安全保护区巡查要求，加强日常巡查与监督，对作业项目相邻的轨道交通设施加强监护监测。对危及轨道交通安全情况或者违章作业的施工，应立即叫停作业并采取相应的安全措施。

3. 岗位员工操作风险

1）案例情况

某起因人员违章造成的列车冒进信号机未关闭车门动车事故。

2）场景原因

路网规模的扩大，对员工综合素质能力提出了更高要求。但新进员工的持续增加，现场经验的累积尚嫌不足，造成人员的职业意识、安全意识以及标准化、规范化执行力不强。在岗位技能培训过程中尚存在知识盲点或厚此薄彼的现象。

3）可能导致的后果

违章行为造成运营事故，处置不当造成事态扩大。

4）控制措施

（1）进一步加强行车作业岗位关于“车辆、信号、供电”等专业应急处置手册的完善，确保应急处置手册指向性明确、流程简洁、操作性实用。

（2）强化现场作业安全控制程序，推行“人性化、精细化、标准化”工作，细化现场作业程序，提升现场作业规范性和互控联控的有效性。

（3）不断提高应急管理工作，完善“1个总体预案＋N个专项预案＋X个现场处置方案”的预案体系，并在此基础上开展预案学习和演练，提高一线员工应急处置水平。

（4）加强对员工岗位技能培训，重点突出非正常行车作业及突发事件应急处置流程的掌握。要注重新老信号系统、不同批次车型、各类场景操作措施的差异性区分，定期开展岗位复训，确保调度员、司机、车站值班员等关键性岗位复训过关。

（5）重点关注近年来国内外同行业重大事故、事件，形成专题分析、事故案例汇编，以案例为突破口，加强各级管理人员和一线员工对案例的学习，吸取教训、引以为鉴。

4. 现场施工不规范、监管不到位风险

1）案例情况

车辆：某车场漏撤接地保护装置；信号：对道岔受损部件进行更换作业过程中，遗留受损螺杆在侧离轨表示杆处，造成道岔故障，严重影响线路正常运营。

2）场景原因

现场作业制度不够完善；作业程序控制不够严格；未按要求规范作业；作业完成后，未按要求做全面仔细检查。

3）可能导致的后果

存在严重风险，严重影响线路的正常运营。

4）控制措施

加强对改造施工期间的安全管理，完善相应的监控机制；加强现场施工人员的安全教育。

5. 信号定位失表风险

1）案例情况

某路站发生4#/6#道岔“定位失表”故障。

2）场景原因

夜间施工过程中，现场作业班组维护工作不到位，未能做到施工结束后工完场清的基本要求，尤其对拆换下的零部件存在管控疏漏。

3）可能导致的后果

造成运营事故；处置不当造成事态扩大。

4）控制措施

加强对现场一线员工的责任心教育；加强实操培训和考核。

6. 04A02高压跨接箱积水风险

1）案例情况

某车二位端高压跨压箱出现积水。04A02车型与03A02车型一致，也同样存在积水风险。

2）场景原因

由于底架地板被打穿导致。

3）可能导致的后果

造成电气设备进水影响轨道正常运营；处置不当造成事态扩大。

4）控制措施

对相关结构的高压箱、电气设备进行普查；制定整改、维护措施、避免电气设备进水及积水风险。

7. 海伦路洞口段触网风险

1）案例情况

某下行定位点TLCW1/32，整个腕臂被承力索的张力向上抬；某下行TL03/37B定位点上承力索触碰到斜撑。

2）场景原因

某下行定位点TLCW1/32处承力索张力较大，斜腕臂处的滑轮未达到有效工作状态。

3）可能导致的后果

导致斜撑不能正常左右移动，容易造成运营事故。

4）控制措施

进行专题研究，提出改造方案；加强监控及维护。

8. 网管系统类型多，功能单一，无实时告警风险

1）案例情况

网络系统功能来看，部分网管系统的功能单一，无法实现检测系统内设备或部件的工作状态，如交换和传输系统无法实时检测核心业务板卡的工作状态。网络系统操作困难，不同的子

系统采用了不同的操作系统，交换系统的网管采用命令行的方式，对现有的维护人员有一定的困难，现有维护班组的人员无法对所有网管系统进行操作。

部分设备由于改造和大修等原因，采用替代设备，网络管理对替代设备存在管理不规范的情况。

2）场景原因

部分网管系统功能单一，网络系统操作困难。

3）可能导致的后果

运营成本增加，系统设备部件存在潜在风险，一旦发生将严重影响正常运营。

4）控制措施

在设备大修和改造时，将网管系统纳入大修改造的内容之一，并明确网管系统的建设要求，至少要实现功能齐全、操作简便，且有实时告警功能。

加强和完善对替代设备的监视和管理。

9. 机电设备质量及维护问题

1）案例情况

2014 年至 2017 年 7 月的机电设备历史故障数据分析表明，机电设备保修故障率较高。

2）场景原因

供应商的设备或部件的质量问题、维修人员技术水平、委外单位维护保养不到位、机电设备使用人员操作问题等导致。

3）可能导致的后果

机电设备质量与维护得不到有效保障，影响轨道正常运营；容易造成运营事故。

4）控制措施

加强供货商维修配件质量监管，进一步规范和完善机电设备的软件维护、更新以及版本管理制度；加强机电设备相关委外维保单位的作业监管与考核激励机制；完善人员管理和教育培训体系，提高关键岗位人员理论和实操水平。

【案例 2】 重大事故案例

1. 莫斯科轨道交通列车脱轨事故

1）案例情况

俄罗斯首都莫斯科 2014 年 7 月 15 日早高峰时段发生轨道交通列车脱轨事故。事故致使至少 10 人死亡，5 人被困，上百人在事故中受伤。俄联邦调查委员会发言人说，发生事故的列车在行驶过程中遭遇错误信号，急刹车导致部分车厢脱轨。

2）场景原因

设施设备故障造成运营延误；如遇气候变化、自然灾害、火灾、治安案件、恐怖袭击等情况，造成车站乘客滞留拥挤。

3）可能导致的后果

客流恐慌、拥堵、踩踏。

4）控制措施

一是进一步完善预案修订工作，结合集团总体预案的下发，对各项专项预案开展修订完善工作；二是结合第三方演练评估结果，强化对集团级预案演练工作管理，做好每次预案演练后续评估整改工作；三是推进应急处置社区联动机制建立，促进地区政府职能部门与轨道交通站点密切联系、协同处置；四是完善"上海应急广播"发布工作机制，通过准确播报轨道交通突发事件应急信息，降低突发事件对乘客出行的影响。

2. "9·27"上海轨道交通 10 号线追尾事故

1）案例情况

2011 年 9 月 27 日 14 时 10 分，上海轨道交通 10 号线新天地站设备故障，交通大学站至南京东路站上下行采用电话闭塞方式，列车限速运行。期间 14 时 51 分列车豫园站至老西门站下行区间两列车不慎发生追尾，14 时 51 分，虹桥路站至天潼路站 9 站路段实施临时封站措施，其余两端采取小交路方式保持运营，启动公交配套应急预案，公安、武警等赶赴现场协助疏散。

2）场景原因

下午两点半左右，由于新天地站信号故障，上海轨道交通 10 号线采用人工调度，导致豫园站到老西门站下行区间 1005 号车与 1016 号车相撞。

3）导致的后果

经初步统计，截至 2011 年 9 月 27 日 20 时 38 分，两列事故列车内滞留 500 多名乘客，伤员 40 余名，大部分为轻微伤乘客，未发现重伤。

4）控制措施

一是减轻主要安全责任人的压力；二是修改部分不适合实际工作特点的规章；三是加强贴近实际的应急演练；四是电话闭塞法在执行过程中存在一定安全控制风险，可尝试不同的运营组织方式，加强信息化技术的应用。

附录　大客流安全风险源辨识手册、大客流安全风险源试评估指南——申通地铁集团有限公司

申通集团研究制定《大客流安全风险源辨识手册》和《大客流安全风险源试评估指南》，根据集团关于高风险等级危险源危险区域管控措施及评估的工作要求，运管中心会同运营公司对 24 个站点 35 个区域的管控措施及实施情况进行梳理，其中涉及换乘站 21 座，非换乘站 3 座，35 个区域中对冲客流 18 个、同向客流 11 个、拥堵客流 6 个。车站现场分别从人员保障、大客流管控、信息服务、能力提升、服务类设施设备调整、应急预案处置等多个方面做出努力，并取得良好的实施效果。详见附表 3-1。

附表 3-1　高风险等级危险源危险区域(共 24 个站 35 个区域)

序号	线路	车站	主要情况	管控措施	落实情况
1	轨道交通 8、10 号线	老西门站	对冲客流(换乘通道)	换乘楼梯通道增加物理隔断,分流换乘客流	2015 年 5 月已落实
2	轨道交通 10 号线	天潼路站	对冲客流(1 号安检口旁的售票区域)	调整安检栏杆设置位,阻隔对冲客流	2016 年 1 月已落实
3	轨道交通 1 号线	汉中路站	拥堵客流:1 号线自动扶梯至站台处	早晚高峰换乘 1 号线客流较大,车站在自动扶梯站厅处和站台处各安排站务员助理 1 名进行监护,站台层晚高峰期间有高岗监护站台	落实情况良好
			同向客流:4 号口进站闸机处	晚高峰时间,下班通勤客流较大,且集中在 4 号口进站,客服中心人员加强进站疏导和巡视工作,值班员加强进站闸机 CCTV 监控	落实情况良好
4	轨道交通 2、10 号线	虹桥火车站站	拥堵客流:2 号线近东客服自动扶梯	南 1 北 1、南 2 北 2 进站闸机站厅位增加伸缩隔断,高峰时段启用分流进站客流分散楼扶梯下楼	2016 年 10 月已落实
			拥堵客流:10 号线南北进站闸口	1. 南 1 北 1 进站候检区域增设蛇形栏杆,扩大蓄客区域 2. 新增南 2 北 2 进站口,分流南 1 北 1 部分进站客流	1. 2016 年 10 月已落实 2. 2017 年 9 月已落实
5	轨道交通 2 号线	陆家嘴站	同向客流、区域:站台 1～4 号梯	1. 车站每月开展一次大客流演练,应急物资数量标准 2. 站台东西两端电梯处有延伸栏杆引导客流 3. 高峰时段,安排站务助理在站台楼扶梯处进行引导,使用便携式扬声器提示乘客安全 4. 4 号口进站第一组楼扶梯离闸机处较近,自动扶梯设置向上,高峰时拉升缩栏杆,引导客流至站厅中部下站台 5. 1 号口高峰进站时,闸机处设置站务助理引导客流往中间下站台	落实情况良好
			同向客流、区域:站厅(近车控室进站闸机处)	1. 车站每月开展一次大客流演练,应急物资数量标准 2. 4 号口进站第一组楼扶梯离闸机处较近,自动扶梯设置向上,高峰时拉升缩栏杆,引导客流至站厅中部下站台。避免进站客流和出站客流在楼扶梯处产生对冲 3. 高峰时,车控室前安排人员在瞭望台观察 4 号口进站客流情况,及时反馈采取限流措施	落实情况良好

（续表）

序号	线路	车站	主要情况	管控措施	落实情况
6	轨道交通4号线	世纪大道站	对冲客流，区域：站厅至站台电梯（4号线3号梯）	1. 严格执行《世纪大道站大客流预案》，加强应急处置预案演练 2. 高峰时自动扶梯向上开行，在站厅自动扶梯处设置隔离栏有序引导客流，防止在自动扶梯口客流对冲 3. 早高峰期间安排站务助理及工作人员在站厅3号楼梯、站台3号楼梯处疏导客流	落实情况良好
			对冲客流，区域：站厅至站台（4号线2号梯）	1. 严格执行《世纪大道站大客流预案》，加强应急处置预案演练 2. 自动扶梯设置向上开行，在站厅自动扶梯处设置隔离栏有序引导客流，防止在自动扶梯口客流对冲 3. 早高峰期间站台2号梯处安排站务助理及工作人员疏导客流	落实情况良好
			对冲客流，区域：站厅（2号线3号梯）	1. 严格执行《世纪大道站大客流预案》，加强应急处置预案演练 2. 在站厅自动扶梯处设置L形隔离栏有序引导客流至9号线，防止在自动扶梯口客流对冲 3. 于早高峰期间安排站务助理在3号梯站台疏导客流，引导上下楼梯分流 4. 于早高峰期间安排站务助理在3号梯站厅引导换乘客流	落实情况良好
			对冲客流，区域：站厅（2号线4号梯）	1. 执行《世纪大道站大客流预案》，加强应急处置预案演练 2. 在站厅自动扶梯处设置L形隔离栏有序引导客流至9号线，防止在自动扶梯口客流对冲 3. 于早高峰期间安排站务助理在4号梯站台疏导客流，引导上下楼梯分流 4. 高峰期间安排站务助理在4号梯站厅引导换乘客流	落实情况良好
7	轨道交通2号线	广兰路站	对冲客流（站台）	1. 车站每月开展一次大客流演练，应急物资数量标准 2. 高峰时段，车站1、4、5号口利用限流门进行限流 3. 站厅中部的硬隔离限流门视列车到站以及客流情况进行间歇性放行 4. 站台视客流情况启用移动限流栏 5. 站厅中部硬隔离限流门处及站台客流集中处均安排员工和站务助理进行引导，使用便携式扬声器提示乘客安全，使乘客4、8节换乘有序	落实情况良好

（续表）

序号	线路	车站	主要情况	管控措施	落实情况
8	轨道交通2号线	南京东路站	同向客流、区域：东端站厅至站台电梯	1. 车站每月开展一次大客流演练，应急物资数量标准 2. 早晚高峰时段，安排职工/站务助理在东端站台及楼扶梯处保驾，使用便携式扬声器提示乘客安全和步行向前 3. 站厅通往站台自动扶梯处设有延伸栏杆，缓解乘客拥堵在东端站台楼扶梯口处 4. 东端站厅处安排站务助理在扶梯处引导客流往前中段位置下站台，避免客流拥堵在楼扶梯口的现象	落实情况良好
			同向客流、区域：2号线换10号线通道口	1. 车站每月开展一次大客流演练，应急物资数量标准 2. 早晚高峰时段，安排站务助理在换乘通道处引导，使用便携式扬声器提示乘客安全 3. 利用分离栏杆使乘客换乘有序 4. 离通道口较近的东端站厅第一组楼扶梯处安排站务助理在扶梯处引导客流往前中段位置下站台，避免客流拥堵在楼扶梯口的现象	落实情况良好
			同向客流、区域：2号口站外至站厅自动扶梯	1. 2号出入口地面端已设置限流门、2号口站厅设置分流隔断划分进出站区域，高峰时段增岗疏导人员在出入口、楼梯、站厅拥堵点进行疏导 2. 站台及站厅客流均未出现客流积压时，采取进站分流措施。地面入口处安排人员引导乘坐10号线的乘客从7号口进站；联系2号线南京东路站，协调后引导乘坐2号线的乘客从3号口进站 3. 站台或站厅出现客流积压时，采取进站限流措施关闭2号口至站厅方向的自动扶梯，汇同警方在2号出入口地面端增设人员，启用2号口地面限流隔断控制进站客流量	经客流高峰时段观察，通过以上措施，可对该区域进出客流予以划分，同时也可调控该站厅区域客流量，有效避免客流积压情况的发生
9	轨道交通2号线	静安寺站	对冲客流：2号线换7号线通道口两端	1. 车站每月开展一次大客流演练，应急物资数量标准 2. 早晚高峰时段，安排站务助理在换乘通道处引导，利用登高台观察客流，发现该处存在客流堆积或拥堵后及时反馈车控室，车站将对该处增加保驾力量，使用便携式扬声器提示乘客安全。乘客换乘有序	落实情况良好
			同向客流：西端站台自动扶梯处	1. 车站每月开展一次大客流演练，应急物资数量标准 2. 早晚高峰时段，安排站务助理/职工在站台自动扶梯处引导，使用便携式扬声器提示乘客安全，自动扶梯至站台处设有隔离栏杆，有效缓解乘客拥挤在西端站台处	落实情况良好

（续表）

序号	线路	车站	主要情况	管控措施	落实情况
10	轨道交通11号线	江苏路站	同向客流，区域：11号线站厅至换乘通道电梯	1. 工作日早高峰常态化启动三级大客流限流措施 2. 根据大客流预案，应急物资配备齐全	1. 目前工作日早高峰常态化三级措施正常启动，正常情况下效果较好 2. 进一步制定完善2号线故障情况下的站外换乘方案，并进行方案演练
			同向客流，区域：2号线站厅中部至站台电梯	工作日早高峰，11号线至2号线换乘通道尽头站厅处，设置站务助理对乘客进行引导	目前站务助理的引导能够起到作用，大部分乘客有序分散楼梯下站台乘客。我司将对江苏路站客流组织作调整方案降低此位置客流交叉产生的风险
11	轨道交通13号线	金沙江路站	对冲客流（换乘通道口，13号线端）	1. 站厅及换乘通道设置分离13号线换乘3、4号线及3、4号线换乘13号线换乘客流，非高峰时段会开启5处铁栏移门，高峰时段关闭4处铁栏移门，专人负责开关站厅1处铁栏移门 2. 高峰时段现场宣传引导乘客	通过加强车站巡视工作，高峰时段加强车站广播，及专人引导工作落实情况良好
12	轨道交通11号线	隆德路站	对冲客流（11换乘13楼梯）	1. 早高峰单向换乘（8:00—9:00，限11号线换乘13号线） 2. 增加换乘提示导向，引导乘客走行路径 3. 安排小时工、巡视岗站务员、协警进行疏导 4. 利用移动护栏对换乘乘客进行限流 5. 通过大客流预案演练加强站务人员处突能力	早高峰限流措施能充分实现，换乘井然有序，大部分乘客根据导向提示进行换乘
13	轨道交通4号线	上海体育场站	进站客流（2号出入口）	该出入口平时客流稳定，但遇大型活动期间，车站使用移动栅栏在2号出入口外进行限流，并加派人员进行疏导工作	良好，执行情况到位
14	轨道交通1、3号线	上海南站站	对冲客流（1、2号口通道）	大客流情况下，通过站外限流方式限制进站人数，确保通道内的安全：1. 已在站厅内加装隔离栏杆；2. 限流时在站外利用移动伸缩门进行客流管控，2号口只出不进并引导乘客往3号口进站	管控措施经过春运、各节假日考验，有效缓解1、2号口通道处客流对冲问题，目前总体情况安全可控
15	轨道交通4、12号线	大木桥路站	对冲客流（换乘通道）	车站加装隔离栏分流乘客，并在早晚高峰时段（早7:30—9:30，晚17:00—19:00）加强广播宣传，疏导乘客避免客流对冲	自车站采取措施以来，最大限度避免客流对冲，取得了良好的效果
16	轨道交通3号线	宜山路站	拥堵客流（上行站台车尾部）	上行站台车尾及4♯自动扶梯处各增设1名小时工，根据高峰时段现场客流情况，引导乘客前往站台中部及头部，必要时将车尾处4♯自动扶梯暂时隔离，引导乘客往5♯自动扶梯前往站台候车，并在站台中部安装了移动伸缩门，将乘客继续引导至车头位置，避免乘客拥堵在楼梯口及站台尾部	通过管控措施的落实，有效缓解上行站台车尾部客运组织压力，目前总体情况安全可控

（续表）

序号	线路	车站	主要情况	管控措施	落实情况
17	轨道交通3号线	上海火车站站	对冲客流（1、3号线换乘通道）	换乘通道出现大客流对冲时采取的措施： 1. 利用伸缩栏杆隔离对冲人流 2. 1号出入口和4号出入口采取间歇性限流措施 3. 站台客流加强引导至西厅出站 4. 春运双头班车期间，2号口实行延时开门措施，引导乘客由1号线进站	管控措施经过春运、各节假日考验，有效缓解1、3号口换乘通道处客流对冲问题，目前总体情况安全可控
18	轨道交通3、4号线	宝山路站	对冲客流（上、下行站台）	采取以下措施对站台客流进行管控： 1. 楼梯口、自动扶梯口已加装隔离门 2. 早高峰时段上行所有自动扶梯调整运行方向（向下开启） 3. 当站台客流集中时，关闭自动扶梯，同时使用隔离门将客流隔离在站厅，根据站台客流情况分批放行站厅客流至站台	通过管控措施的落实，有效缓解站台客运组织压力，目前总体情况安全可控
19	轨道交通4、12号线	大连路站	对冲客流（4号线站台换乘12号线站台处）	车站采取早晚高峰时期（早7:30—9:30，晚17:00—19:00）4号线站台向12号线站台单向换乘，并加派站务助理3名（2名12号线站台，1名4号线站台）维持秩序	车站早晚高峰单向换乘已执行，站务助理人员已配置到位
20	轨道交通4号线	海伦路站	对冲客流：4号线站厅换乘10号线通道处	车站加装隔离栏，工作日早7:30—9:00、晚17:30—19:00换乘大厅隔离门关闭，非高峰时段打开，高峰时段加派1名站务员在此处巡逻，维持秩序	良好，执行情况到位
			同向客流：上行站台首端自动扶梯	车站加装隔离栏，物理分隔人流，工作日早7:30—9:00、晚17:30—19:00，加派1名站务员在此处巡逻，维持秩序	良好，执行情况到位
21	轨道交通7、8号线	耀华路站	对冲客流（换乘通道）	高峰时段，车控室加强广播，现场安排站务员助理小蜜蜂广播宣传引导乘客。值班站长和驻站民警、保安高峰时段现场保驾。如遇线路故障，车站利用步梯“禁止通行”栏杆封闭8号线换乘楼梯或使用移动式栏杆封闭7号线换乘楼梯	值班站长对站务员助理岗前培训并在高峰时段加强对站务员助理小蜜蜂广播的现场指导和检查。换乘楼梯步梯栏杆已经安装到位，移动式栏杆摆放在7号线站台上，遇线路故障，由值班站长增派工作人员和驻站民警保安现场把控

（续表）

序号	线路	车站	主要情况	管控措施	落实情况
22	轨道交通1、12号线	漕宝路站	同向客流（换乘通道）	1. 工作日早高峰时段（7:00—9:00）调整12号线站厅最靠近换乘通道处的单部自动扶梯运行方向，将原有向下运行调整为向上运行 2. 工作日早高峰时段（7:00—9:00）在12号线站厅换乘通道处增设移动分流移动栏杆，有效引导1号线换乘12号线的客流至12号线站厅中部自动扶梯至站台 3. 工作日早高峰时段（7:00—9:00），在换乘通道和12号线下行站台中间配置2名站务员助理，引导乘客有序换乘和引导乘客上下列车，并做好乘客询问解释工作	为缓解早高峰时段车站下行站台中部及中部自动扶梯位置处的客流拥堵点，车站工作日早高峰7:00—9:00时，通过在12号线站厅换乘通道处增设移动隔离栏杆及调整12号线站厅最靠近换乘通道处的单部自动扶梯运行方向，并安排站务员助理在客流拥堵点引导客流，对该时段1号线换乘12号线的换乘客流采取分流客运组织
23	轨道交通12、13号线	汉中路站	对冲客流（12、13号线换乘楼梯）	12、13号线早高峰换乘客流较大造成客流对冲，早高峰期间车站安排站务员助理1名在换乘楼梯处监护，车站申请在楼梯中间安装护栏，分割换乘客流，减轻客流对冲现象	车站在早高峰期间安排站务员助理1名在换乘楼梯处监护，楼梯间已安装护栏，将换乘客流分割，减轻客流对冲现象
24	轨道交通3、8号线	虹口足球场站换乘通道	人流密集，换乘通道6部自动扶梯均处于运行状态，未设置应急通道，有发生人员挤压可能	1. 有效落实监控、巡视和维保制度，定期做好对所需各类应急物资检查，及时报修，尽早排除故障，确保运营安全 2. 车站积极按要求做好定期演练培训工作，全面学习车站《电（扶）梯一梯一档》内容，组织完成好每季度的专项演练，落实三级响应 3. 考虑自动扶梯故障时，车站大客流疏散时，应运用社会资源，联合龙之梦商场及“四长联动”应急响应机制，发挥社会力量应对突发事件	1. 确保各项工作均能顺利开展，落实到位，在重大节日及活动加强保障力度 2. 做好相关培训演练记录工作，明确各岗位职责，确保有序疏散引导 3. 紧密联系各相关部门单位，积极配合开展联动机制

第4章 省际客运

根据《道路旅客运输及客运站管理规定》，道路客运经营，是指用客车运送旅客、为社会公众提供服务、具有商业性质的道路客运活动，包括班车（加班车）客运、包车客运、旅游客运。① 长三角是道路旅客运输较为繁忙的区域，本章以上海作为研究对象，对省级客运风险防控进行研究。

4.1 行业概况

4.1.1 设施及运行[3]

截至2017年年底，上海市公路总里程为13 321.991 km，较上年增加29.594 km，增长0.2%。总面积为182.55 km^2，较上年增加2.58 km^2，增长1.4%。公路密度为210 km/100 km^2。

截至2017年年底，上海市域高速公路共计17条，其中出省高速9条，高速公路里程829.213 km（含S20外环高速），较上年增加3.743 km，增长0.5%。上海市干线公路网布局如图4-1所示。

图4-1 上海市干线公路网布局

上海市与江苏省连接的国省道道路共计10条、60根机动车道，具体包括高速公路5条（G40沪陕高速、G50沪渝高速、G15沈海高速、G2京沪高速、S26沪常高速），普通国道4条，普通省道1条。上海市与浙江省连接的国省道道路共计6条、30根机动车道，具体包括高速公路4条（G60沪昆高速、S32申嘉湖高速、S36亭枫高速、G15沈海高速），普通国道1条，普通省道1条。2015—2030年上海市国省道规划布局如图4-2所示。

截至2017年年底，上海市运营公路客运站29个，其中，一级站7个，二级站3个，三级站11个，四级站3个，简易站5个。较上年减少了上海虹口足球场长途旅游客运有限公司（三级）和上海南桥客运

① 《道路旅客运输及客运站管理规定》交通运输部令2016年第34号。

汽车站有限公司(客)(简易站)。

2017 年,上海市收费高速公路日均交通量 105.97 万辆次,较上年增长 2.4%。日均周转量 4 352.6 万 PCU 公里①,较上年增长 9.1%(图 4-3)。

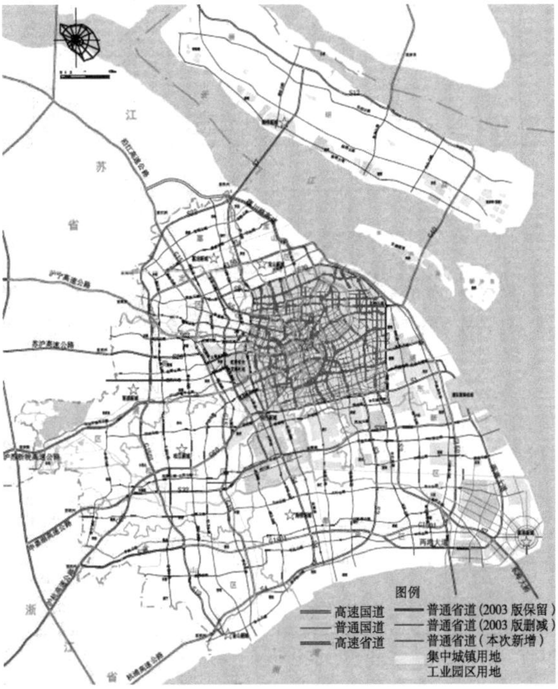

图 4-2　2015—2030 年上海市国省道规划布局图

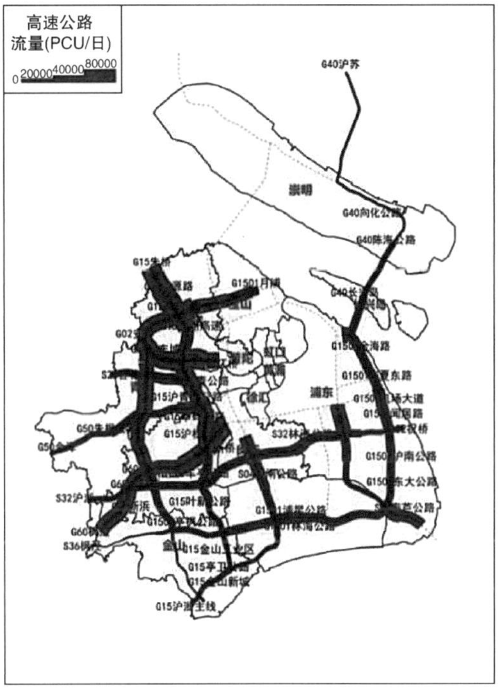

图 4-3　2017 年上海市收费高速公路网流量分布

2017 年,上海市共有道路旅客运输企业 138 户,与上年持平;户均车辆 74.2 辆/户,较上年减少 0.6 辆/户。其中,兼营班车客运和包车客运的企业 34 户,仅经营包车客运的企业 104 户,与上年持平。从车辆规模看,拥有 10～49 辆车的企业占比较大,在班车和包车客运企业中分别占 47.1%和 52.2%(表 4-1)。

表 4-1　2013—2017 年上海市道路旅客运输基本情况

指标名称	2013 年	2014 年	2015 年	2016 年	2017 年
道路旅客运输经营企业(户)	145	144	136	138	138
其中:班车客运	38	34	34	34	34
包车客运	145	144	136	138	138
道路旅客运输车辆数(辆)	9 849	9 638	10 012	10 327	10 238
其中:班车客运	2 165	2 126	2 072	1 977	1 909

① PCU 公里,标准小汽车当量,即把非小汽车类型的汽车,例如中巴、大巴、小货车、中货车、大货车、拖拉货车、非机动车、行人、拖拉机等折算为小汽车。

（续表）

指标名称	2013 年	2014 年	2015 年	2016 年	2017 年
包车客运	7 684	7 512	7 940	8 350	8 329
道路旅客运输车辆座位数(客位)	448 505	437 370	456 484	471 614	469 563
其中:班车客运	103 920	102 430	100 380	96 299	92 358
包车客运	344 585	334 940	356 104	375 315	377 205
道路旅客运输从业人员(人)	18 075	19 369	19 976	20 181	18 671
户均车辆(辆/户)	67.9	66.9	73.6	74.8	74.2
车均座位(客位/辆)	45.5	45.4	45.6	45.7	45.9

2017 年，道路旅客运输从业人员 18 671 人(包含客运站从业人员)，较上年减少 1 510 人。其中，客运驾驶员 14 671 人，较上年减少 1 214 人，占全部从业人员 78.58%；持证上岗人员 14 992 人。

2017 年，上海市共开通省际客运班线 3 309 条，较上年减少 70 条。按线路里程分，200 km 以内、200～400 km、400～800 km、800 km 及以上客运班线分别占客运班线总量 18.0%、30.2%、31.7%和 20.0%；按经营类型分，本市企业独立经营班线占比 45.9%，与外省市联合经营班线占比 54.1%(表 4-2)。

表 4-2　　2016—2017 年上海市省际客运班线概况

指标名称	合计		线路里程<200 km		200 km≤线路里程<100 km		400 km≤线路里程<800 km		线路里程≥800 km	
	2016 年	2017 年	2016 年	2017 年	2016 年	2017 年	2016 年	2017 年	2016 年	2017 年
客运班线条数	3 379	3 309	523	597	1 000	1 000	1 123	1 049	733	663
其中:高速公路客运班线	3 000	2 919	420	504	893	889	989	902	698	624
本市企业单独经营	1 543	1 519	248	281	460	456	489	472	346	310
与外省市联合经营	1 836	1 790	275	316	540	544	634	577	387	353

2017 年，省际客运线路日均发送班次 2 939 次，较上年减少 79 次；日均到达班次 2 883 次，较上年减少 36 次。运营班次前五位的车站依次是总站、南站、东站、沪太路站和强生长途客运站，分别占班次总数的 31.2%、19.7%、5.3%、4.4%和 3.4%。

2017 年，上海市省际客运旅客对外发送量 3 420 万人次，日均 9.37 万人次，较上年上升 0.5%，占全社会旅客发送量的 17.3%，较上年下降 1 个百分点。

2017 年，客运站旅客发送量 1 790.73 万人次，日均发送量前五位的车站分别是总站、南站、西站、沪太路站和机场。五大车站旅客发送量合计占客运站旅客发送总量的 81.56%，较上年上升 3.68 个百分点。客运站旅客发送主要方向依次是江苏、浙江、安徽、山东、江西、福建。

2017 年，上海省际客运事故 9 起，同比增加 125%(2016 年 4 起)，死亡人数 13 人，同比增加 62.5%(2016 年 8 人)。

4.1.2 行业管理

近年来，省际客运行业注重管理提质增效，不断加快推进道路客运行业供给侧结构改革、资源配置改革和监管制度改革，进一步激发客运企业自主创新内生动力，培育行业发展新动能，加快行业转型升级打造道路客运升级版，更好地服务于上海市社会经济发展和人民群众出行需求。

1. 行业基本适用法律法规

行业基本适用的法律法规包括以下部分。

《中华人民共和国安全生产法》

《中华人民共和国道路交通安全法》

《中华人民共和国反恐怖主义法》

《中华人民共和国刑法》

《中华人民共和国突发性事件对应法》

《中共中央国务院关于推进安全生产领域改革发展的意见》

《交通运输部关于推进公路水路行业安全生产领域改革发展的实施意见》

《中华人民共和国道路运输条例》

《道路旅客运输及客运站管理规定》

《交通运输部关于修改〈道路旅客运输及客运站管理规定〉的决定》

《上海市道路交通管理条例》

《道路运输从业人员管理规定》

《道路运输车辆技术管理规定》

《道路旅客运输企业安全管理规范(试行)》(交运发〔2012〕33 号)

《道路运输车辆动态监督管理办法》

《道路运输车辆等级划分和评定要求》

《上海市安全生产事故隐患排查治理办法》

《上海市省际道路旅客运输企业安全管理规范(试行)》

2. 行业引导①

在交通部层面，2016 年 12 月，交通运输部通过关于修改《道路旅客运输及客运站管理规定》的决定(交通运输部令 2016 年第 82 号)，自 2017 年 3 月 1 日起施行，主要完善了在客运班线经营中实行"实名制"及其相关管理内容。2017 年 1 月，交通部出台《交通运输部关于深化改革加快推进道路客运转型升级的指导意见》(交运发〔2016〕240 号)(以下简称"指导意见")，明确了发展目标和方向，提出了重点任务和保障措施。旨在充分发挥道路客运比较优势，进一步提升综合运输整体服务效能，更好满足经济社会发展和人民群众出行需要。

在上海市层面，2017 年，上海市根据国家指导意见，结合本市行业实际，制定了《关于深化

① 上海市交通委员会，《交通行业重大管理问题研究报告》，2017 年 12 月。

改革加快推进本市道路客运转型升级的实施意见》，提出了主要目标为“到2020年，基本建成安全可靠、经济高效、衔接顺畅、服务优质的道路客运服务体系”，具体包括四个“提升”；梳理了四方面重点任务共18项具体内容，引导行业加快转型升级的步伐。

3. 运营管理

上海市城市交通运输管理处（以下简称“运管处”）内设省际客运部，包括场站科、班线科和包车科，负责对本市省际客运行业的经营者、车辆、设施及从业人员进行日常管理和监督指导，确保行业健康有序运行。

上海市交通委员会执法总队（以下简称“执法总队”）负责对省际客运行业的违法违规行为进行监管和处罚，如站外带客、车辆超载、车辆或驾驶员的证照不一致等，或与运管处联合安全宣传教育、联合执法、联合约谈企业等。

客运站和多元化的班线运营企业负责具体运营，如制定班次时刻表（到达地、途经地、发车时间、公里数、全程时间、基准票价、车型等），掌握经营数据（线路实际班次、载客情况、票收和成本等），同时向管理部门报备。

4. 票价管理

一是班线客运票价。2009年底，上海市交通港口局、市物价局转发交通运输部、国家发展改革委《关于印发〈汽车运价规则〉和〈道路运输价格管理规定〉的通知》（沪交财〔2009〕713号）。该通知结合本市道路运输价格管理的实际情况，从价格管理形式、基准票价、行包票价、实际执行票价和票价核定、公布等方面对本市省际道路客运的票价进行了规范。

二是客运站收费标准。2000年，《上海市物价局、上海市城市交通管理局关于修订〈上海市道路汽车客运站收费实施细则〉的通知》（沪价公〔2000〕338号　沪交财〔2000〕386号）发布，该通知明确了车辆站务收费、旅客站务收费的相关规定和道路汽车客运站的收费标准。

5. 安全管理

2017年以来，国家先后出台文件，强化省际客运行业风险管控工作。2017年5月，交通运输部颁布了《公路水路行业安全生产风险管理暂行办法》《公路水路行业安全生产事故隐患治理暂行办法》及《公路水路行业安全生产风险辨识评估管控基本规范（试行）》；2018年1月，颁布了《公路水路行业安全生产风险管理暂行办法》，从多层面强化行业管理的风险管控能力建设；2017年11月，《国务院安委会办公室关于全面加强企业全员安全生产责任制工作的通知》（安委办〔2017〕29号），强调要强化企业安全生产主体责任的落实。

6. 行业节能减排

2017年底，交通部发布的《关于全面深入推进绿色交通发展的意见》提出，到2020年，初步建成布局科学、生态友好、清洁低碳、集约高效的绿色交通运输体系，绿色交通重点领域建设取得显著进展。其中，到2020年交通运输行业新能源和清洁能源车辆数量达到60万辆。

发展意见还明确大力推广应用新能源和清洁能源车船。支持高速公路服务区、交通枢纽充电加气设施的规划与建设，在京津冀、长三角、珠三角、成渝等区域公路网率先完善充电加气配套设施体系。

4.1.3　风险防控特点

省际客运在风险防控方面具有以下五个特点。

(1) 车辆承包模式

随着经济的发展，省际客运承包经营行为的普及，线路承包的内容和形式也发生了变化。一些社会人员也开始承包线路，并且自己聘用驾驶员，使得运输经营主体被无形分割为企业、车主、驾驶员三个层次。企业靠提供线路使用权和收取管理费从事运输活动；车主靠投入资金购置车辆、取得线路使用权和交纳管理费从事运输活动；驾驶员靠提供具体的运输驾驶服务，取得劳动报酬。此模式存在行业运营风险隐患。

(2) 车辆运行环境复杂

省际客运不同于市内运输，多数路线在 800 km 以下，线路跨越地域广、路况复杂、环境气候变化较大，如经常经过高速公路、山区道路等。不同道路的风险当量及风险要素不同，高速公路主要风险在于速度的控制，山区道路在于引发强烈撞击的风险等。因此，省际客运行车环境带来的风险较大。

(3) 市场化背景下经营风险大

近年来，随着高铁的开通运行，某些线路上省际客运市场逐步萎缩。经营效益的下降，导致企业对安全投入会有所减少，带来潜在风险。

(4) 驾驶员管理不严格

个体客运企业对承包经营缺少必要的严格管理，对驾驶员人员资质、保险及技能掌握上存在问题，某些驾驶员不按许可的线路走向行驶和站点停靠，超载、中途揽客、甩客等违规行为和服务质量投诉时有发生。同时，行李安检对省际客运来说十分重要，驾驶员管理不严格，将直接影响行驶安全。

(5) 车辆安全管理

车辆管理方面，很多车是个体经营，车辆产权归车主所有，运输企业不能有效监控车辆状况，车辆保养存在风险隐患，而车辆带病上路容易引发行车事故。

再如，运营车辆达标管理落实不到位，根据道路运输车辆技术管理规定（交通运输部令 2016 年第 1 号）："（四）车辆技术等级应当达到二级以上。危货运输车、国际道路运输车辆、从事高速公路客运以及营运线路长度在 800 公里以上的客车，技术等级应当达到一级。技术等级评定方法应当符合国家有关道路运输车辆技术等级划分和评定的要求。""（五）从事高速公路客运、包车客运、国际道路旅客运输，以及营运线路长度在 800 公里以上客车的类型等级应当达到中级以上。其类型划分和等级评定应当符合国家有关营运客车类型划分及等级评定的要求。"有些电动车和旅游包车无法达标。

4.2 风险防控与实践

省际道路客运安全生产风险评估程序为:①通过对历史安全生产风险及交通事故情况的调查,以及评估专家的现场或书面调查,在可能发生运营安全风险诱因的基础上,确定关键风险源与一般风险源,完成对风险源的分类;②采用定性和定量相结合的方法,对风险源的风险发生概率及损失进行分析和评估,确定风险发生的可能性、发生后果的严重程度、从业人员的暴露程度及频率;③根据已经确定的风险发生概率等级、暴露级别、风险损失程度的等级,按照风险等级确定的相关要求,确定安全风险等级;④针对不同的安全风险等级,研究并提出相应的应对及改善措施。

4.2.1 风险辨识与评价

1. 省际客运风险源[1]

(1) 天气原因。迷雾、暴雨、台风、道路结冰、道路积雪、道路积水等。

(2) 驾驶员原因。客运车辆技术审验不及时,客运驾驶人有酒驾、毒驾行为,客运驾驶人安全行车不规范、违反操作规程、技术水平低下、疲劳驾驶以及其他人为因素。

(3) 车辆原因。客运车辆存在带“病”运营及未按要求实时动态监控等情况,其中客运班车存在绕道行为,客运包车存在未按要求申领标志牌运营、“站外带客”、车辆自燃、人为纵火、机械疲劳、脱保托修等行为。

(4) 市场原因。驾驶员培训周期长、驾驶员青黄不接招工难、经营者站外带客、旅客未经安检上车、随意超载。

(5) 企业经营原因。驾驶员待遇低、业务安排不合理、驾驶员队伍不稳定、驾驶员超时加班、节假日人多拥挤疏客措施不到位、未购或脱购承运人责任险。

(6) 企业安全管理原因。安全管理人员配备、车辆维护管理、从业人员教育管理、营运管理、车辆动态监控不到位。

2. 风险的辨识

省际道路客运企业应针对本单位生产经营活动范围及其生产经营环节,按照相关法规标准要求,编制风险辨识手册,明确风险辨识范围、方式和程序。企业的风险辨识应针对影响发生安全生产事故及其损失程度的致险因素进行,致险因素一般包含以下方面。

(1) 客运从业人员安全意识、安全与应急技能、安全行为或状态。

(2) 道路旅客运输涉及基础设施、运输工具、工作场所等设施设备的安全可靠性。

(3) 影响安全生产外部要素的可知性和应对措施。

(4) 安全生产的管理机构、工作机制及安全生产管理制度合规和完备性。

省际道路客运的安全生产风险辨识分为全面辨识和专项辨识。全面辨识是企业为全面掌握本单位安全生产风险，全面、系统对本单位生产经营活动开展的风险辨识；专项辨识是企业为及时掌握本单位重点业务、工作环节或重点部位、管理对象的安全生产风险，对本单位生产经营活动范围内部分领域开展的安全生产风险辨识。全面辨识应每年不少于2次，专项辨识应在生产经营环节或其要素发生重大变化或管理部门有特殊要求时及时开展。安全生产风险辨识结束后应形成风险清单。

根据《上海市道路旅客运输安全生产风险辨识指南(等级划分标准)》，道路旅客运输业态的风险源可划分为"人、车、物、路、环境、管理"六个部分(同时附一般管控方法)，具体清单如下。

(1) 人的因素

道路旅客运输风险源中人的因素如表4-3所示。

表4-3　　道路旅客运输风险源分析——人的因素

风险源判断	风险源	驾驶员具体表现
驾驶员心理缺陷	性格、心理缺陷、极端心理等	风险驾驶行为、粗暴驾驶
驾驶员生理异常	疲劳驾驶	驾驶时打盹、注意力不集中
	带病驾驶	驾驶时精神萎靡、反应不迅速、困倦
驾驶员违规、违法驾驶	超速驾驶	超过行驶路段限速
	违规损害其他交通参与者的正常出行	违规、违法驾驶车辆侵占他人车道；碰擦或撞击其他车辆
驾驶员操作错误	风险性错误，如操作不当、操作失误	在湿滑路面紧急制动，或车辆侧滑时紧急制动，急打转向盘
		在紧急情况时，错把加速踏板当制动踏板
		变更车道没有观察后视镜
		由主干路驶入支干路时，没有注意视觉盲区内的行人、非机动车
		转弯时，未注意车辆内外轮差，车辆落入边沟等
	无危害性错误	分道口行驶路线选择错误等
驾驶员注意力分散	主观原因	驾驶员在驾驶过程中接打电话、走神、与人闲聊、观察其他交通事故或者过度关注新奇事物
	客观原因	线路、环境单一，平均驾驶时间较长，驾驶员注意力无法持续集中等
其他交通参与者的不安全行为	违反通行规则	其他机动车驾驶员逆向行驶、违规占道行驶、违法超车、超速行驶、酒后驾驶等
		行人、非机动车不按交通信号通行，逆行，违规占用机动车道等

(2) 车的因素

道路旅客运输风险源中车的因素如表4-4所示。

表 4-4　　道路旅客运输风险源分析——车的因素

风险源分析	风险源	具体表现
技术状况不良	制动故障或失效	不能及时制动
	转向不良或失效	不能按意图转向
	灯光、信号装置故障	前照灯损坏、照明受到影响、夜间时驾驶员无法观察路况
		转向灯不亮、转向意图不能传达等
	侧向稳定性差	车辆在横向坡道行驶或进行超车、转弯等操作时，已发生侧滑或侧翻
	车辆悬架，减震系统缺陷	车辆进入坑洼路面时，颠簸严重，使驾驶员或乘客感觉不适，还可能使装载的货物掉落
	车速表故障	驾驶员不能准确掌握行驶速度
	轮胎磨损严重、有裂纹或扎入杂物	车辆在行驶中附着力不够，制动距离延长
		发生爆胎
	发动机故障	车辆无法启动
		车辆抛锚、应急停车，影响其他车辆通行
		车辆中途熄火，无法正常操控
主动安全装置失效	后视镜损坏	后视镜损坏，驾驶员观察道路交通情况受到影响
	刮水器失效	雨雪天刮水器无法使用，视线受影响
	喇叭失效	喇叭不响，其他驾驶员或交通参与者听不到车辆靠近的信号
	无遮阳板或掉落	驾驶员眼睛被太阳光直射，影响观察
	制动防抱死系统等安全装置失效	车轮抱死，车辆侧滑
被动安全装置失效	无安全气囊或安全气囊损坏	车辆发生碰撞等事故时，因安全气囊之故，驾驶员头部直接撞到转向盘或前风窗玻璃上
	安全带损坏	车辆发生碰撞等事故时，无法束缚驾驶员和乘客，致使他们受伤
	座椅安全	紧急制动或车辆发生事故时，驾驶员头部得不到保护，颈椎易受伤害
	保险杠损坏	发生碰撞事故时无法吸收、缓和外界冲击力，防护车体
	风窗玻璃损坏	影响驾驶员视野，易使驾驶员受伤
	灭火器、警告安全标志、安全锤损毁或缺失	出现紧急情况，无法及时有效处理
	行李安全装置损坏或行李放置不当	放在行李架上的物品掉落，砸伤乘客
		放置在椅子下的行李部分露出，绊倒乘客等
其他	客车地板	客车刚刚经过清洁或雨雪天，致使车内地板、上下台阶湿滑，使乘客绊倒
	座椅损坏	座椅损坏后露出尖锐金属架，碰上驾驶员或乘客
		座椅扶手损坏或缺失，不能保护乘客

(3) 物的因素

道路旅客运输风险源中物的因素如表4-5所示。

表4-5　　道路旅客运输风险源分析——物的因素

风险源判断	风险源	具体表现
客车物品存在风险	乘客携带危险品	乘客携带危险品上车未被发现，易产生风险后果
	随车物品未安放妥当、牢固	放在行李架上的物品掉落，砸伤乘客
	车辆设备物品未处于正常状态	车辆上的座位、扶手等设备不牢固或损坏等，对乘客乘坐带来风险

(4) 路的因素

道路旅客运输风险源中路的因素如表4-6所示。

表4-6　　道路旅客运输风险源分析——路的因素

风险源判断	风险源	具体表现
高速公路	高速行驶车辆	相对封闭、控制出入、单向行驶、无平面交叉、路况好、车速高、流量大
临时修建道路	路基沉降	建设等级较低，压实度低，沉降大
	路面平整度差	等级较低，平整度差
	地形复杂	周边地形复杂
山区道路	连续上下坡	车辆连续上下坡转弯，频繁制动，易导致制动失效
		车辆上下坡，使发动机温度过高，或换挡不当，引起发动机熄火或溜车
	路窄弯急	物体遮挡，无法全面观察来车情况
		操作不当，车辆驶出路外
		超车、会车风险性大等
	完全防护设施不完善	道路安全防护设施不完善，车辆易冲出道路
	挖路、埋管道	阻挡道路畅通
	烟雾缭绕	环卫焚烧垃圾、农民焚烧秸秆，视线受影响，无法观察路况
城区道路	混合路面自行车、电瓶车、私家车等车流量大	车辆拥挤，不遵守道路法规
		道路反复行驶，驾驶员极易疲劳，车辆性能也易发生变化
		驾驶员精力不集中、感知能力下降
		客车车体高，极易与路边的树木刮擦
特殊路段	道路盲区	内外轮差大
	不能有效刹车	惯性大，制动距离长

（续表）

风险源判断	风险源	具体表现
隧道	光线差	隧道内照明差，可见度低
	隧道口出入风险	隧道口结冰
		隧道出入口明暗变化
立交桥环岛	匝道及出入口	方向多，出口多，车流量大
道路障碍物	掉落物	道路上有掉落或卸载的货物
	抛锚车辆	故障车未及时移开或交通事故车辆停在路中
	其他违法障碍物	农作物占道晾晒
冰雪路面	路面结冰摩擦系数低	车辆易发生侧滑
	阳光的反射率极高	大雪后雪地反射日光，刺激眼睛，导致雪盲症，影响正常观察
涉水路面	水过深	未查清水深即涉水行驶，易使车辆熄火、电气设备受潮
	水中有尖锐物	车辆轮胎被尖锐物扎破
	水流速度快	车辆行驶轨迹发生偏移
凹凸路面	路面凹凸不平	车辆颠簸，使驾驶员或乘客不适，车辆长时间在凹凸不平路面行驶，车辆性能易下降等
	路面有较大凹坑与凸起	由于道路失修或局部地壳活动使路面出现凸起和深坑，躲避不及引发事故

（5）环境的因素

道路旅客运输风险源中环境因素如表 4-7 所示。

表 4-7　　道路旅客运输风险源分析——环境因素

风险源判断	风险源	具体表现
夜间	行驶环境黑暗	路灯损坏、视线受影响
		视野范围变小、视距变短
		会车时，其他车辆开远光灯，产生炫目
雨天	光线昏暗、能见度低	视线受影响、无法清晰观察路况
	常伴有雷电、大风	雷电劈倒或大风刮倒路边树木，形成路障或砸中过往车辆
	路面湿滑、泥泞	降雨使得道路塌陷或变得松软，车辆容易陷入
		车辆发生侧滑
		使车辆制动距离延长
	气温低于 0 ℃形成冻雨	车辆制动距离延长
		车辆侧滑
	霜冻	驾驶员容易麻痹

（续表）

风险源判断	风险源	具体表现
雪天	视线不良	驾驶员视线被影响，无法清晰观察路况
	路面积雪	车辆启动时，车轮打滑，启动困难
	覆盖有融雪	车辆行驶过程中易发生侧滑；车辆在平坦、两侧无建筑和树木、积雪覆盖的道路行驶，辨识不出分道线、路侧边缘等
大雾天气	能见度低	看不清路况，追尾事故频发，易连环追尾
		驾驶员长时间雾中驾驶，注意力持续集中，易疲劳等
高温天气	温度过高	驾驶员易疲惫、困倦、脾气暴躁
		轮胎压力高，易发生爆胎
		车辆用电设备、线路易自燃
		水温过高，损坏发动机
		制动易失效等
		沥青路面变形
台风	风力能量巨大，常伴有暴雨	路边树木、广告牌等被刮倒，易砸中汽车或阻碍交通；使车偏离行驶轨迹或侧翻
雹灾	来势凶猛，时间短，强度大，常伴有狂风骤雨	冰雹、降雨、大风影响视线，地面湿滑，车辆已发生撞车等事故
泥石流、山体滑坡等地质灾害	风险落物	暴发突然，来势凶猛，破坏力大
	地面塌陷	不易觉察，来时迅速，后果严重

(6) 管理的因素

道路旅客运输风险源中管理因素如表4-8所示。

表4-8　　道路旅客运输风险源分析——管理因素

风险源判断	风险源	具体表现
驾驶员招聘	驾驶员招聘制度不完善	招聘人员态度随意
		因需求紧急而降低招聘要求
驾驶员管理	驾驶员管理信息不流通	各公司间驾驶员信息不流通，造成驾驶员容易带着问题跳槽而新公司不知情，从而造成驾驶员无视规章制度
排查管理	车辆排查不全面	未定期对车辆进行全面的排查，不能及时找出性能方面欠缺的车辆
	驾驶员考核制度不全面	未形成严格的驾驶员考核制度，驾驶员行为得不到约束
安全管理机构	缺少规定的安全管理机构	安全管理机构设置未能按照上级及相关文件要求，缺少相应机构或部门，不能与上级及时对接
	管理机构职能交叉	为应付上级要求，存在一人多肩挑现象或各部门分工交叉或重复，导致分工不明、管理效率低下

（续表）

风险源判断	风险源	具体表现
安全管理人员	未及时传达上级安全管理文件	不能及时将上级的安全管理文件、要求、精神传递到下一层管理人员或职工
	安全管理中疏忽、敷衍	安全工作不用心，工作时敷衍了事
	年龄老化，文化程度偏低	不能及时掌握新的安全管理新技术、新方法，安全管理思想老旧

另有企业针对自身经营特征，从人员、车辆、运行环境等方面考虑，制定风险源辨识表格，如上海交运锦湖客运有限公司的风险辨识表（表 4-9）。

表 4-9　　上海交运锦湖客运有限公司的风险辨识表

危险源分类	危险源	具体表现
驾驶员违规驾驶	一般性违规，不指向他人	为了赶时间，驾驶员抢黄灯通过路口，驾驶员逆行、违法停车、超速行驶、酒后驾驶、违法倒车、违法掉头、违法会车、违法牵引、客车超员等
	违规行为指向他人，具有攻击性、报复性	故意和前面车辆靠得很近，以示意前面的驾驶员提高车速或赶紧让路
		对妨碍自己行驶的车辆，如行驶缓慢或“加塞”车辆感到非常气愤，使劲按喇叭，爆粗口表示不满，甚至故意超车后紧急制动
		强行超车
		强行变更车道
驾驶员操作错误	危险性错误，如操作不当、操作失误	在湿滑路面紧急制动，或车辆侧滑时紧急制动，急打转向盘
		在紧急情况时，错把加速踏板当制动踏板
		变更车道没有观察后视镜
		由主路驶入辅路时，没有注意视觉盲区内的行人、非机动车
		转弯时，未注意车辆内外轮差，车辆落入边沟等
	（短期）无危害性错误	分道口行驶路线选择错误等
驾驶员注意力分散	主观原因	驾驶员在驾驶过程中接打电话、走神、与人热烈交谈、观察其他交通事故或者过度关注新奇事物等
	客观原因	高速公路环境单一，驾驶员注意力无法持续集中等
其他交通参与者的不安全行为	违反通行规则	其他机动车驾驶员逆向行驶、违规占道行驶、违法超车、超速行驶、酒后驾驶等
		行人、非机动车不按交通信号灯通行、逆行、违规占用机动车道等
		竞技驾驶等
	行为不自知、不自觉	老人行动迟缓，行走时不注意观察路况，遇到危险情况来不及躲避
		儿童行为不自知，不具备道路安全意识，嬉戏打闹、闯入道路
		其他交通参与者在经过路口时，忽视危险，突然出现
		行人打伞，遮挡住视线，不顾及周围车辆等

（续表）

危险源分类	危险源	具体表现
其他交通参与者的不安全行为	专注其他事物	行人边走边交谈、接打电话或听音乐，忽视靠近车辆
		路面施工工人专注于施工工作
		道路维护人员专注于清理道路工作等
结构存在风险	车体庞大	转弯、倒车、停车、超车等占用多车道
		重心高、容易侧翻
		遇软路肩、危桥、易垮塌道路设施
	车身存在视觉盲区	驾驶员看不到盲区内行人、其他机动车等
行驶特点存在风险	与其他车辆之间存在速度差	高速公路小客车与大货车、大客车的设计车速及限制行驶车速不同，存在绝对的速度差，迫使其他车辆频繁变更车道、超车、风险加大
	内外轮差大	转弯时碰撞、刮擦内侧行人、其他车辆等
	加速性能差	加速慢被后车追尾
	惯性大、制动距离长	前方有紧急情况，不能及时减速停车
技术状况不良	制动劣化或失效	不能及时制动
	转向不良或失效	不能按意图转向
	照明、信号装置故障	前照灯损坏，照明受到影响，夜间时驾驶员无法观察路况
		转向灯不亮，转向意图不能传达等
	侧向稳定性差	车辆在横向坡道行驶，或进行超车、转弯等操作时，易发生侧滑或侧翻
	车辆悬架，减震系统缺陷	车辆进入坑洼路面时，颠簸严重，使驾驶员或乘客感觉不适，还可能使装载的货物掉落
	车速表故障	驾驶员不能准确掌握行驶速度
	轮胎磨损严重、有裂纹或扎入杂物	车辆在行驶中附着力不够，制动距离延长
		易发生爆胎
	发动机故障	车辆无法启动
		车辆抛锚、应急停车，影响其他车辆通行
		车辆中途熄火，无法正常操控
主动装置失效	后视镜损坏	后视镜损坏，驾驶员观察道路交通情况受到影响
	刮水器失效	雨雪天刮水器无法使用，视线受影响
	喇叭失效	喇叭不响，其他驾驶员或交通参与者听不到车辆靠近的信号
	遮阳板掉落	驾驶员眼睛被太阳光直射，影响观察
	制动防抱死系统等安全装置失效	车轮抱死，车辆侧滑
被动安全装置失效	安全气囊损坏	车辆发生碰撞等事故时，安全气囊不能弹出，驾驶员头部直接撞到转向盘或前风窗玻璃上
	安全带损坏	车辆发生碰撞等事故时，无法束缚驾驶员或乘客，致使他们受伤

（续表）

危险源分类	危险源	具体表现
被动安全装置失效	保险杠损坏	发生碰撞事故时无法吸收、缓和外界冲击力，防护车体
	座椅安全头枕损坏或掉落	紧急制动或车辆发生事故时，驾驶员头部得不到保护，颈椎易受伤害
	风窗玻璃损坏	影响驾驶员视野，易使驾驶员受伤
	灭火器、警告标志、安全锤、应急门开关等损毁或缺失	出现紧急情况，无法及时有效处理
（客车）行李物品存在危险	乘客行李、随车物品存在危险或摆放方式位置不合适	乘客携带危险品上车未被发现，易产生危险后果
		放在行李架上的物品掉落，砸伤乘客
		放置在椅子下的行李部分露出，绊倒乘客等
其他	客车地板	客车刚刚经过清洁或雨雪天，致使车内地板、上下台阶湿滑，使乘客绊倒
	座椅损坏	座椅损坏后露出尖锐金属架，碰上驾驶员或乘客
		座椅扶手损坏或缺失，不能保护乘客
山区道路	连续上下坡	车辆连续上下坡转弯，频繁制动，易导致制动失效
		车辆上下坡，使发动机温度过高，或换挡不当，引起发动机熄火或溜车
	路窄湾急	山体遮挡，无法全面观察来车情况
		控制不合适，车辆驶出路外
		超车、会车危险性大等
	安全防护设施不完善	道路安全防护设施不完善、车辆易冲出道路
	山体滑坡	阻挡道路或直接造成损失
	云雾缭绕	秋冬季节或高海拔山路常有云雾，视线受影响，无法观察路况
高速公路	相对封闭、控制出入，单向行驶、无平面交叉、路况好、车速高、车流量大	速度高，制动停车距离长，易发生连环撞车事故
		车辆在高速公路上长时间高速行驶，驾驶员极易疲劳，车辆性能也易发生变化
		长时间在高速公路上驾驶，驾驶员对速度的感知能力下降，易超速行驶
		客货车辆重心较高，速度快，遇突发情况极易侧滑、侧翻
		平直路面在阳光照射下易产生“水面”效应，对安全行车产生干扰
施工道路	道路中断或变窄	行车道减少，车辆急减速
		通行车辆多，通行速度突然减慢，车辆不及时减速易发生追尾等事故
	路面有沙石	车辆制动距离延长或弯道易侧滑
	施工标志不明显或未设置	距离施工地点很近时才发现道路有施工，应急处置不当易引发事故

（续表）

危险源分类	危险源	具体表现
路障	道路上有掉落或卸载的货物	未发现路障，躲避不及，易发生事故；躲避路障时，与其他车辆发生轨迹交叉等
	故障车未及时移开或交通事故车辆停在路中	
	农作物占道晾晒	
冰雪路面	路面摩擦系数低、平整度差	车辆易发生侧滑
	对阳光的反射率极高	大雪后雪地反射日光，刺激眼睛，导致雪盲症，影响正常观察
涉水路面	水过深	未查清水深即涉水行驶，易使车辆熄火、电气设备受潮
	水下有泥沙	车辆打滑或陷于水中
	水中有尖锐物	车辆被尖锐物扎破
	水流速度快	车辆行驶轨迹发生偏移或被冲走
凹凸路面	路面凹凸不平	车辆颠簸，使驾驶员或乘客不适，车辆长时间在凹凸不平路面行驶，性能易下降等
	路面有较大凸起	由于道路失修或局部地壳活动使路面出现凸起和深坑，躲避不及易引发事故
临时修建道路	建设等级较低、压实度低，沉降不足、平整度差	车辆易倾翻、沉陷
	周边地形复杂及交通情况混乱	畜力车、人力车、低速汽车、摩托车等频繁出现，带来风险；无道路交通标志标线，行人随意行走，带来风险
交叉路口	车辆行人汇集，交通流量大，行驶轨迹交叉	驾驶员忽视盲区，易碰撞、刮擦交叉路口其他车辆行人等
隧道	长隧道内照明差	驾驶员未开启前照灯，车辆抛锚易引发碰撞事故
	隧道较窄、限制高度	驾驶员强行超车，易发生碰撞事故
		超高货车易碰撞出入口
	隧道口结冰	车辆容易失控，发生侧翻
	隧道出入口明暗变化	驾驶员出现短暂“失明”无法观察道路信息
	出口横风	影响驾驶员对车辆的操控
立交桥、环岛	方向多、出口多、车流量大	易迷失方向、选择错误道路
		错过出入口

（续表）

危险源分类	危险源	具体表现
桥涵	路宽限制	车流量大或路面情况不良（如湿滑、结冰等），车辆易驶出桥面，坠落桥下等
	限制轴重	重载大型车辆载重超过限制，使桥梁垮塌
	横风影响	较大横风影响车辆的正常行驶轨迹
路旁有高大的建筑、树木的道路	驾驶员视线被遮挡	驾驶员容易忽略
	交通信号灯、标志灯被遮挡	驾驶员未注意到被遮挡的信号灯，误闯红灯；驾驶员未注意到被遮挡的标志，发生危险
城乡接合部路段	各种交通工具汇聚，人车混杂	三轮车、畜力车、骑车人、行人多，驾驶员无力全面观察，易发生碰撞、刮擦事故
	交通安全实施不完善	交通信号、标志标线缺乏或损毁，通行无指示，易发生碰撞等事故
	临时市场占道经营	买卖双方不注意来往车辆
	交通参与者安全意识差	交通参与者不懂交通规则或没有遵守交通规则的习惯，给安全行车带来威胁
夜间	行驶环境黑暗	路灯损坏、视线受影响
		视野范围变小、视距变短
		会车时，其他车辆开远光灯，产生炫目
		夜间行驶易疲劳
雨天	光线昏暗、能见度低	视线受影响，无法清晰观察路况
	常伴有雷电、大风	雷电劈倒或大风刮倒路边树木，形成路障或砸中过往车辆
	路面湿滑、泥泞	降雨使得道路塌陷或变得松软，车辆容易陷入
		车辆发生侧滑
		使车辆制动距离延长
	气温低于 0 ℃形成冻雨	车辆制动距离延长
		车辆侧滑
	水网地区路面积水反光	远处驶来的车辆误以为是正常道路，容易高速驶入而发生侧翻
雪天	视线不良	驾驶员视线被影响，无法清晰观察路况
	路面被积雪覆盖或有融雪	车辆启动时，车轮打滑，启动困难
		车辆行驶过程中易发生侧滑；车辆在平坦、两侧无建筑和树木、积雪覆盖的道路行驶，辨识不出分道线、路侧边缘等
大雾天气	能见度低	看不清路况，追尾事故频发，易连环追尾
		驾驶员长时间雾中驾驶，注意力持续集中，易疲劳等
高温天气	温度过高	驾驶员易疲惫、困倦、脾气暴躁
		轮胎压力高，易发生爆胎

（续表）

危险源分类	危险源	具体表现
高温天气	温度过高	车辆电器原件、货物易自燃
		水温过高，损坏发动机
		制动易失效等
沙尘暴	风力大	被大风吹起的物体易击中车辆
		使车辆偏离行驶轨迹
	能见度低	飞扬的沙尘阻挡驾驶员的视线
	路面有沙土	路面布满沙土，使车辆发生侧滑
台风	风力能量巨大，常伴有暴雨	路边树木、广告牌等被刮倒，易砸中汽车或阻碍交通；使车辆偏离行驶轨迹或倾翻
地震	能量大，破坏性大	车辆行驶过程中突发地震，路面出现裂缝，车辆易掉入裂缝
		被倒塌的建筑物等砸中发生撞车等事故
泥石流、山体滑坡	暴发突然，来势凶猛，破坏力大	车辆躲避不及易被泥石掩埋
		泥石流、山体滑坡使交通瘫痪
雹灾	来势凶猛，时间短，强度大，常伴有狂风骤雨	冰雹、降雨、大风影响视线，地面湿滑，车辆易发生撞车等事故

产生上述省际客运风险源的原因包括企业安全生产主体责任不落实、车辆发班不科学、未建立有效车辆档案、未对驾驶人员实施有效管理、未落实安全行车规范、未严格制定车辆准入条件、未严格落实车辆动态监控、未落实有效车辆监控、未落实客运包车管理、未落实客运场站管理。[1]

3. 风险评价

1）风险的分类

与城市公共汽（电）车类似，省际客运运营企业危险源辨识主要是对人、车、物、路、环境、管理六个方面存在的危险因素的识别，具体包括危险因素可能产生的危害、存在的安全风险，根据其风险危害级别制定预防控制措施和应急处置预案。

岗位安全操作规程应指出各岗位存在的危险因素、防范措施和应急处理措施。对驾驶员的生理和心理构成危害的外界因素以及对车辆操纵稳定性构成危害的客观因素均构成危险源。

2）风险的分级

风险等级按照可能导致安全生产事故的后果和概率，由高到低依次分为重大、较大、一般和较小四个等级。

重大风险是指一定条件下易导致特别重大安全生产事故的风险。

较大风险是指一定条件下易导致重大安全生产事故的风险。

一般风险是指一定条件下易导致较大安全生产事故的风险。

较小风险是指一定条件下易导致一般安全生产事故的风险。

同时满足两个以上条件的，按最高等级确定风险等级。

4. 风险辨识及风险评价实践

上海试点省际客运企业运用工作任务分析法及事故机理分析法，对全企业生产系统和辅助系统工作地点的任务进行了风险源辨识及风险分级分类。选取试点单位包括久通商旅和中山客运。

1）企业介绍

久通商旅客运有限公司是上海市道路旅客运输行业的重要客运企业之一。

上海中山客运的经营业务主要分为旅游客运和班线客运，目前公司在职员工有 78 名，拥有车辆 150 辆，其中 70 辆是包车业务，80 辆是省际班线业务（目前有 60 多条班线）。公司运营业务分布广泛，包含开往浙江、江苏、四川、江西、安徽等全国各地的线路。

2）风险统计辨识

按照 LEC 法确定风险等级，根据企业实践，统计可能出现的风险源，统计如表 4-10、表 4-11 所示。

表 4-10　　久通商旅安全生产风险源分类统计表

序号	单位	人	车	物	路	环	管	合计
1	车队	89	4	1	10	3	0	107
2	维修部	3	1	0	2	1	1	8
3	安全生产部	0	0	0	0	0	0	0
合计		92	5	1	12	4	1	115

表 4-11　　中山交通客运风险源分类统计表

序号	单位	人	车	物	路	环	管	合计
1	车队	80	10	2	4	3	1	100
2	维修部	5	2	0	0	0	0	7
3	安全生产部	1	0	0	0	0	0	1
合计		86	12	2	4	3	1	108

3）风险分级分类

利用 LEC 法从“人—车—物—路—环境—管理”六方面对风险进行分级分类和排序，排查出重大风险、较大风险、一般风险及较小风险项目，并总结出人员、车厢设备、物品、道路风险、环境及管理等方面风险源情况。

按照 LEC 法确定风险等级，根据企业实践，得到评级如下。

（1）久通商旅

① 重大风险任务清单（表 4-12）

表 4-12　　重大风险任务清单（Ⅳ级风险 18～25）——55 项

类别	序号	任务名称	风险值
人	1	驾驶员抢黄灯	24
	2	驾车逆行	24
	3	违法掉头	24
	4	酒后驾车，精神恍惚，车辆失控	24
	5	强行超车碰撞和侧滑	24
	6	强行变更车道	24
	7	过度疲劳驾车	24
	8	急打转向盘	24
	9	紧急下错把加速踏板当制动踏板	24
	10	其他机动车道驾驶员超速行驶	22
	11	严重超速行驶或其他违规行为	22
	12	其他机动车道驾驶员酒后驾驶	22
	13	其他机动车道驾驶员违法超车	22
	14	其他机动车道驾驶员逆向行驶	20
	15	其他机动车道驾驶员违规占道行驶	20
	16	变更车道没有观察后视镜	20
	17	逆反心理	20
	18	行人、非机动车逆行	20
	19	乘客未抓紧扶手	20
	20	行人、非机动车不按交通信号通行	20
	21	行人、非机动车违规占用机动车道	20
	22	违法停车	20
	23	倒车发生碰撞	20
	24	机动车载人超员	18
车	25	车辆在检修及行驶中线路短路等发生火灾	24
	26	发动机故障	22
	27	车速表故障	22
	28	减震系统缺陷	22
	29	转向不良失效	22
	30	制动故障失效	22
	31	车辆转弯时易与其他行驶的车辆和行人相撞	22
	32	轮胎磨损严重	22
路	33	车辆电器设备受潮	150
	34	在冰雪路面行车发生侧滑失控	24
	35	湿滑路面紧急制动	24
	36	路面不明障碍物	24
	37	发生侧偏伤人	20
	38	积水下尖锐物体刺破车轮	20
物	39	窗外不明飞行物	20
	40	机动车载物不符合要求，物体伤人	20
环境	41	有外界火源发生火灾	24
	42	车辆在检修及行驶中发生燃料溢漏发生火火	24
	43	车辆在检修及行驶中电器发生火灾	24
	44	大雪后雪地反射日光影响正常观察	24
	45	环卫焚烧垃圾产生烟雾影响视线	24
	46	积水过深引起车辆熄火	22
	47	发生误碰触电	20
	48	雨天、雾天行车路滑，视线不清	20
	49	会车时忽略视线盲区	20
	50	大风行驶，车辆不稳	20
	51	积雪覆盖路面无法辨识分道线和路侧边缘	20
	52	雨天形成冻雨延长车辆制动距离	18
管理	53	驾驶时证件不全	18
	54	车辆未进行定期的全面排查	18
	55	驾驶员驾驶资料未建库共享	18

② 较大风险任务清单(表 4-13)

表 4-13　　较大风险任务清单(Ⅲ级风险 9～16)——33 项

类型	序号	任务名称	风险值
人	1	掉头时忽视后面的车辆和行人	16
	2	行人、牲畜、摩托车、自行车的突然横穿公路	16
	3	驾驶员注意力不集中	16
	4	发生追尾和碰撞	16
	5	急躁心理	14
	6	报复性心理	14
	7	麻痹心理	14
	8	乱停放车辆	12
	9	驾驶线路单一造成疲惫	12
	10	自信心理	12
	11	超过规定速度行车	16
	12	逞强心理	14
车	13	机动车易燃部位附件焊接和焊油箱发生火灾	16
	14	安全附件失效	16
	15	后视镜损坏	14
	16	刮水器失效	14
车	17	远光灯炫目	14
	18	无遮阳板或掉落	10
	19	喇叭失效	10
路	20	通过铁路道口	12
	21	挖路	10
	22	埋管道	10
	23	车体过高与树木刮擦	10
	24	路面凹凸不平	10
	25	道路安全防护措施不完善	10
环境	26	行驶环境黑暗	14
	27	临时停车检修车辆时发生碰撞侧滑	12
	28	树木刮倒砸中车辆	12
	29	积水流速快	12
	30	路面车辆拥挤	10
管理	31	招聘标准低	16
	32	招聘人员态度随意	12
	33	驾驶员考核制度不够严格	12

③ 一般风险任务清单(表 4-14)

表 4-14　　一般风险任务清单(Ⅱ级风险 3～8)——27 项

类型	序号	任务名称	风险值
人	1	驾车吸烟、饮食、打手机等违章行为	8
	2	乘车人违章乘车	8
	3	调车不当,任务不清而导致事故	8
	4	乘客携带危险品上车	6
	5	升降作业未按技术要求操作,发生车辆侧偏或泄压伤人	6
	6	分道口选择错误路线	4
车	7	安全锤损毁	8
	8	安全锤缺失	8
车	9	灭火器缺失	8
	10	灭火器损毁	8
	11	座椅安全设施	6
	12	座椅扶手损坏或缺失	6
	13	座椅尖锐金属漏出	6
	14	夜间行车照明不良	6
	15	座椅下物品露出绊倒乘客	6
	16	无安全气囊	6
	17	保险杠损坏	6

（续表）

类型	序号	任务名称	风险值	类型	序号	任务名称	风险值
车	18	上下站台阶湿滑	6	路	23	警告安全标志缺失	4
	19	车内地板湿滑	6	物	24	吊物捆绑不牢	6
	20	风窗玻璃损坏	4		25	行李架上物品掉落	6
路	21	通过无交通信号或交通标示控制的交叉路口	8	管理	26	私自出车，心理反应紧张，超速行驶	8
					27	开带病车和未检验车	8
	22	警告安全标志损毁	4				

④ 重大风险

通过评估，重大等级的风险主要有以下几个方面：驾驶员生理或心理原因的不当操作和违规驾驶；车辆故障；不良或不熟悉的道路条件。

（2）中山交通客运

① 重大风险任务清单（表 4-15）

表 4-15 重大风险任务清单（Ⅳ级风险 18～25）——47 项

类型	序号	任务名称	风险值	类型	序号	任务名称	风险值
人	1	驾驶员抢黄灯	24	车	17	车辆在检修及行驶中电器发生火灾	24
	2	驾车逆行	24		18	轮胎磨损严重，有裂纹或扎入杂物	24
	3	违法掉头	24		19	制动防抱死等安全装置失效	24
	4	酒后驾车，精神恍惚，车辆失控	24		20	发动机故障	22
	5	强行超车碰撞和侧滑	24		21	发生侧偏伤人	22
	6	强行变更车道	24		22	车辆电器设备受潮	20
	7	过度疲劳驾车	24		23	车速表故障	22
	8	急打转向盘	24		24	减震系统缺陷	22
	9	紧急时错把加速踏板当制动踏板	24		25	转向不良失效	22
	10	严重超速行驶或其他违规行为	22	路	26	路面不明障碍物	24
	11	乘客未抓紧扶手	20		27	积水下尖锐物体刺破车轮	20
	12	违法停车	20	物	28	机动车载物不符合要求，物体伤人	20
	13	倒车发生碰撞	20	环境	29	在冰雪路面行车发生侧滑失控	24
	14	会车时忽略视线盲区	20		30	湿滑路面紧急制动	24
	15	变更车道没有观察后视镜	20		31	大雪后雪地反射日光影响正常观察	24
车	16	车辆在检修及行驶中发生燃料溢漏发生火灾	24		32	环卫焚烧垃圾产生烟雾影响视线	24
					33	车辆转弯时易与其他行驶的车辆和行人相撞	22

（续表）

类型	序号	任务名称	风险值	类型	序号	任务名称	风险值
环境	34	其他机动车道驾驶员超速行驶	22	环境	41	雨天、雾天行车路滑，视线不清	20
	35	行人、非机动车逆行	20		42	大风行驶，车辆不稳	20
	36	发生误碰触电	20		43	积雪覆盖路面无法辨识分道线和路侧边缘	20
	37	行人、非机动车不按交通信号通行	20		44	雨天形成冻雨延长车辆制动距离	20
	38	行人、非机动车违规占用机动车道	20	管理	45	机动车载人超员	20
	39	其他机动车道驾驶员逆向行驶	20		46	车辆未进行定期的全面排查	20
	40	其他机动车道驾驶员违规占道行驶	20		47	驾驶员驾驶资料未建库共享	18

② 较大风险任务清单(表 4-16)

表 4-16　较大风险任务清单(Ⅲ级风险 9～16)——34 项

类型	序号	任务名称	风险值	类型	序号	任务名称	风险值
人	1	超过规定速度行车	16	车	19	灭火器、警告牌、安全锤、应急开关等损坏或缺失	10
	2	掉头时忽视后面的车辆和行人	16				
	3	驾驶员注意力不集中	16		20	后视镜损坏	14
	4	发生追尾和碰撞	16	路	21	内外轮差大	14
	5	急躁心理	14		22	驾驶线路单一造成疲惫	12
	6	麻痹心理	14		23	树木刮倒砸中车辆	12
	7	乱停放车辆	12		24	通过铁路道口	12
	8	自信心理	12		25	道路安全防护措施不完善	12
	9	逞强心理	14		26	车体过高与树木刮擦	10
车	10	机动车易燃部位附件焊接和焊油箱发生火灾	16		27	路面凹凸不平	10
				环境	28	行人、牲畜、摩托车、自行车的突然横穿公路	16
	11	安全附件失效	16				
	12	刮水器失效	14		29	行驶环境黑暗	14
	13	远光灯炫目	14		30	积水流速快	12
	14	临时停车检修车辆时发生碰撞侧滑	12		31	路面车辆拥挤	10
	15	制动不良或失效	10	管理	32	招聘人员态度随意	10
	16	转向不良或失效	10		33	驾驶员考核制度不够严格	12
	17	无遮阳板或掉落	10		34	招聘标准低	16
	18	喇叭失效	10				

③ 一般风险任务清单(表 4-17)

表 4-17　　一般风险任务清单(Ⅱ级风险 3～8)——27 项

类型	序号	任务名称	风险值	类型	序号	任务名称	风险值
人	1	私自出车,心理反应紧张,超速行驶	8	车	16	行李架上物品掉落	6
人	2	驾车吸烟、饮食、打手机等违章行为	8	车	17	车内地板湿滑	6
人	3	乘车人违章乘车	8	车	18	风窗玻璃损坏	4
人	4	分道口选择错误路线	4	路	19	通过无交通信号或交通标示控制的交叉路口	8
车	5	安全锤损毁	8				
车	6	安全锤缺失	8	路	20	夜间行车照明不良	6
车	7	灭火器缺失	8	路	21	警告安全标志损毁	4
车	8	灭火器损毁	8	路	22	警告安全标志缺失	4
车	9	座椅安全设施	6	物	23	吊物捆绑不牢	6
车	10	座椅扶手损坏或缺失	6	物	24	乘客携带风险品上车	6
车	11	座椅尖锐金属漏出	6	物	25	升降作业未按技术要求操作,发生车辆侧偏或泄压伤人	6
车	12	座椅下物品露出绊倒乘客	6				
车	13	无安全气囊	6	管理	26	调车不当,任务不清而导致事故	8
车	14	保险杠损坏	6	管理	27	开带病车和未检验车	8
车	15	上下站台阶湿滑	6				

④ 重大风险

通过评估,重大等级的风险主要有以下几个方面:驾驶员的安全意识、不当操作、违规驾驶;违法违规载客及车辆故障;道路条件及设施情况。

4.2.2　风险防控措施

1. 一般管控措施

(1) 人的因素(表 4-18)

表 4-18　　一般管控措施——人的因素

风险源判断	一般管控方法
驾驶员心理缺陷	培训教育、就医纠正
驾驶员生理异常	安装车载监控设备、明确驾驶规则和轮班制度
	安装行车监控、制定严格的上路驾驶规定
驾驶员违规、违法驾驶	安装行车监控仪、制定违法违规处罚规定
驾驶员 操作错误	提高驾驶员的招聘标准,在驾驶员上路前加强对驾驶员的安全教育,让驾驶员在行车过程中保持警惕性,避免不当操作的发生

（续表）

风险源判断	一般管控方法
驾驶员注意力分散	加强对驾驶员的安全教育，让驾驶员在行车过程中集中注意力，对驾驶员行为进行随机抽查，对注意力不集中的驾驶员依实际情况进行惩罚，较长车程可以采用换班制保持驾驶员精神状态
其他交通参与者的不安全行为	加强对交通安全的宣传，加强各交通参与组成部分的安全意识

（2）车的因素（表 4-19）

表 4-19 一般管控措施——车的因素

风险源分析	一般管控方法
技术状况不良	规范车辆检查工作，定期对车辆进行全面细致的检查，并对驾驶员进行培训，使其能及时发现并制止故障的发生
主动安全装置失效	对驾驶员进行培训，使其在面对突发状况时能够迅速有效地应对，减少故障带来的损失，同时出车前对车辆各装置进行检查，减少装置突然故障的可能性，同时设立应急小组，出现状况时给予必要的援助
被动安全装置失效	对车辆被动安全装置的定期检查，及出车前检查，将被动安全装置失效的可能性降到最低
其他	定期对车内设施进行检查，对存在安全隐患的部分及时进行修复，极端天气下驾驶员可对乘客进行提醒并及时清理车厢内部地面以减少潜在威胁

（3）物的因素

表 4-20 一般管控措施——物的因素

风险源判断	一般管控方法
客车物品存在风险	车门设立安全检查机制，对乘客带上车的物品进行检查，车内通过张贴标语提示来规范和提醒乘客注意自身的乘车行为

（4）路的因素（表 4-21）

表 4-21 一般管控措施——路的因素

风险源判断	一般管控方法
高速公路	车载监控转弯或上下匝道提示、降低车速
临时修建道路	降低车速、绕行条件好的道路等
	降低车速、规范好安全行驶规则
山区道路	完善山区道路基础设施建设，提升山区路面状况，同时加强对驾驶员的安全教育，使其在山区路面行驶时注意驾驶安全，降低事故发生的可能性
城区道路	对驾驶员进行安全教育并进行行为考核，对考核成绩不佳的驾驶员采取惩罚措施，以规范驾驶员的安全驾驶行为
特殊路段	降低车速，检修车辆安全设施，安装行车监控提示仪
隧道	减速行驶
立交桥环岛	降低行驶车速

（续表）

风险源判断	一般管控方法
道路障碍物	提高驾驶员注意力，在事故多发或违法障碍物较多路段减速行驶
冰雪路面	降低车辆行驶速度
涉水路面	尽量绕开涉水路面，必经涉水路面的情况车辆慢行，并对路面水深等情况做出基本判断
凹凸路面	定期对车辆进行性能排查，同时对驾驶员进行必要的安全教育，使其在非常态路面上行驶时集中注意力，并且对前方路况做出及时判断，避免因躲避不及时而导致事故的发生

（5）环境的因素（表 4-22）

表 4-22　一般管控措施——环境的因素

风险源判断	一般管控方法
夜间	降低车辆行驶速度，驾驶员集中注意力
雨天	降低车辆行驶速度，驾驶员集中注意力
	检修车辆刹车等安全设备，安装防滑链，减速行驶
雪天	降低车辆行驶速度，驾驶员集中注意力，对路面情况做出基本判断
大雾天气	降低车辆行驶速度，轮班制减少驾驶员驾驶时长，驾驶员集中注意力
高温天气	给予驾驶员适当的降暑措施，勤对车辆状况进行排查
台风	驾驶员集中注意力，对路况做出及时判断
雹灾	车辆减速行驶，驾驶员集中注意力
泥石流、山体滑坡等地质灾害	及时获取道路地质状况信息，在易发路段降低车速，绕路行驶

（6）管理的因素（表 4-23）

表 4-23　一般管控措施——管理的因素

风险源判断	一般管控方法
驾驶员招聘	完善驾驶员招聘制度，对招聘人员进行培养使其具有良好的招聘素质，严守招聘标准，不随意降低招聘要求
驾驶员管理	建议建立行业驾驶员数据库对驾驶员进行行业内的统一管理，约束驾驶员的行为，对未按规定进行驾驶员管理的管理者或公司采取惩罚措施
排查管理	完善排查管理制度，对车辆和驾驶员行为进行定期且全面的排查，避免侥幸心理的存在，及时发现车辆的性能欠缺以及时刻规范驾驶员的行为
安全管理机构	严格规范公司安全管理机构的设置，将安全管理机构及其负责人建案归档，并定期进行检查
安全管理人员	设定安全管理人员的考核制度，凡因安全管理人员工作原因导致较大事故以上者，公司根据自身情况应做出严重惩罚
	在招聘过程中，招聘年轻、文化程度高的人，或招聘会操作电子计算机和技能性较强的员工

2. 技术措施

1）交运巴士 GPS/北斗车辆监控及 3G 视频一体化监控平台

该平台包括可视化仪表盘、一体化视频监控、视频状态监控、区域绘制、区域规则设置、区域实时报警、车辆超速报警、2—5 点违规运营、司机 IC 刷卡集成、事故疑点分析、客流机接口、微信查车等功能模块开发，在开发中引入了移动互联网和云平台技术，为手机 App 接入提供软件功能和接口。

交运巴士智能手机 App 系统是面向交运巴士管理人员 App，由 3G 视频一体化监控平台提供后台数据，通过手机 App，管理人员可以随时随地进行车辆位置监控、轨迹回放、视频监控、客流信息、违规信息、疲劳驾驶报警、班次运营情况跟踪，随时随地掌握长途客运车辆运营和服务状况。

TSP（即车联网）功能应用系统主要面向司机，为司机提供运营过程中的信息服务，提供一键导航、交通流量、交通事件、旅游景点推送等功能，提供班次运营信息、行驶里程、行驶违规、调度信息等，支持地址搜索、路书制作、周边查询、实时气象预报等功能。

面向司机的交运巴士智能手机 App 系统，该 App 系统作为 TSP 系统的应用端，提供地图功能、本地导航、交通事件、路书信息推送、实时气象预报功能；并通过司机手机可以查询到自己驾驶期间车辆行驶轨迹、车辆违规、班次、里程、客流，支持调度功能，接收平台下发调度任务，并根据任务地址自动进入导航状态。

疲劳驾驶及驾驶行为分析模块主要结合司机 IC 刷卡和车辆行驶状况进行判断分析，形成疲劳驾驶统计和驾驶员驾驶行为分析报表。通过 IC 刷卡可以知道每时每刻哪位司机在驾驶车辆，并结合车辆行驶状况，知道司机是否超长时间开车、处于疲劳驾驶状态，并及时进行预警提醒，减少行车安全隐患。

物流北斗/GPS 车联网智能管控平台如图 4-4 所示。

同时，制定了《营运车辆车载监控设备及平台管理规定》，明确监控机构及岗位、营运基层公司职责、监控机构和监控岗位职能、车载监控设备使用人员职责、车载监控设备的安装维护和报修、教育与考核等。

2）进一步发挥第三方监管平台

2014 年 1 月 1 日，上海市省际客运行业第三方安全监测平台正式上线启动，平台通过车载卫星定位系统信息监控技术和保险业风险管理手段，为上海市省际客运行业的 12 063 辆客车提供了“线上实时管控＋线下保险增值服务＋大数据应用”24 小时不间断监测服务。该平台基于车辆超速、禁行时段行驶、GPS 掉线和疲劳驾驶、不按规定线路行驶等多项指标形成了完整的安全预警机制，并配合日报、周报和月报的形式向企业和管理部门提供全面的安全管理建议，在降低事故发生率和赔付率方面成效显著。

3. 应急预案

涉及省际客运法律法规、预案体系包括以下几个部分。

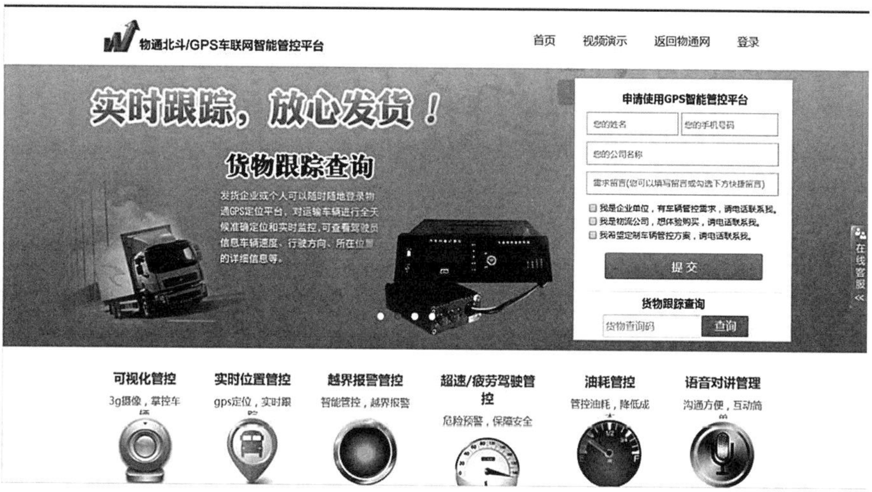

图 4-4　物流北斗/GPS 车联网智能管控平台

（1）法律法规

《中华人民共和国突发事件应对法》

《中华人民共和国安全生产法》

《生产安全事故报告和调查处理条例》

《上海市实施〈中华人民共和国突发事件应对法〉办法》

（2）国家层面

《国家突发公共事件总体应急预案》

《交通运输综合应急预案》

《公路交通突发事件应急预案》

《水路交通突发事件应急预案》

《道路运输突发事件应急预案》

（3）地方层面

《上海市突发公共事件总体应急预案》

《上海市交通委员会处置本市道路运输行业突发事件应急预案》

（4）企业层面

上海交运巴士客运（集团）有限公司生产安全事故应急处置综合预案等。

4.2.3　保险机制及应用

4.2.3.1　行业保险现状

省际客运保险险种涉及三种。

1）道路客运承运人责任险[1]

道路客运承运人责任险是指客运承运人在运输过程中发生交通事故或者其他事故，致使旅客遭受人身伤亡或财产损失，依法应当由客运承运人承担的经济赔偿责任。旅客是指持有效运输凭证乘坐客运汽车的人员、按照运输主管部门有关规定免费乘坐客车的儿童以及按照承运人规定享受免票待遇的人员。财产损失指旅客托运行李及随身携带物品的损失。

道路客运承运人的承保对象主要为客运车、出租租赁车等。随着客户保险意识的增强，拥有营业性客车的客户倾向于将车上人员责任险专为承运人责任险进行投保。

2）机动车辆保险

机动车辆保险即汽车保险（简称“车险”），是指对机动车辆由于自然灾害或意外事故所造成的人身伤亡或财产损失负赔偿责任的一种商业保险。该险种是以机动车辆本身及其第三者责任等为保险标的一种运输工具保险。其保险客户，主要是拥有各种机动交通工具的法人团体和个人；其保险标的，主要是各种类型的汽车，但也包括电车、电瓶车等专用车辆及摩托车等。

机动车辆保险可分交强险和商业险两大类，而商业险又可以具体分为基本险（也称主险）和附加险两个部分。

（1）商业险：基本险分为车辆损失险和第三者责任保险、全车盗抢险（盗抢险）、车上人员责任险（司机责任险和乘客责任险）；附加险包括玻璃单独破碎险、划痕险、自燃损失险、涉水行驶险、无过失责任险、车载货物掉落责任险、车辆停驶损失险、新增设备损失险、不计免赔特约险等。玻璃单独破碎险、自燃损失险、新增加设备损失险，是车身损失险的附加险，必须先投保车辆损失险后才能投保这几个附加险。车上责任险、无过错责任险、车载货物掉落责任险等，是第三者责任险的附加险，必须先投保第三者责任险后才能投保这几个附加险；每个险别不计免赔可以独立投保。

（2）交强险：交强险（机动车交通事故责任强制保险）是中国首个由国家法律规定实行的强制保险制度。《机动车交通事故责任强制保险条例》规定，交强险是由保险公司对被保险机动车发生道路交通事故造成受害人（不包括本车人员和被保险人）的人身伤亡、财产损失，在责任限额内予以赔偿的强制性责任保险。

下列六种情况下交强险可以办理退保：被保险机动车被依法注销登记的；被保险机动车办理停驶的；被保险机动车经公安机关证实丢失的；投保人重复投保交强险的；被保险机动车被转卖、转让、赠送至车籍所在地以外的地方；新车因质量问题被销售商收回或因相关技术参数不符合国家规定交管部门不予上户的。

3）公众责任险[1]

道路运输承运人虽然投保承运人责任险，却并不能完全转嫁经营风险。如道路客运承运人责任险的责任范围不包括运输工具外第三人的人身伤亡或财产损失。因此有必要再投保公众责任险作为补充。

4.2.3.2 行业保险模式

1. 共保体运营基本情况

上海市省际客运承运人责任保险共保体的指导思想为：“稳定经营，适度竞争，微利运作，优化服务。”在这样的经营宗旨和运作方针的指导下，共保体总体运营情况良好，在实践过程中摸索和总结经验，逐渐形成了一套功能完善、具有可操作性、合理性和先进性的风险保障机制，在事前安全管理和事故防范、事故发生时能及时处理、事后调整结构总结整改方面都发挥了应有的作用，得到了企业单位、行业管理部门及社会各界的广泛认可。2010 年至今，省际客运承运人保险费收入节节攀升，这说明该保险已在行业中受到广泛认可。在数据中，保险赔付最初远高于保费收入，共保体在亏本的情况下艰难运作，但坚持做好理赔服务，并将关口前移，加强对客运企业进行安全指导和风险防范工作。近几年来，共保体的赔付率逐年降低，说明经过多年的工作与努力，省际客运承运人责任保险共保体在市场的运作下越发成熟稳定，并发挥着防灾防损的有效作用。

2. 共保体运营模式及创新机制

根据上海市道路承运人责任保险的多年运行经验，上海市省际客运承运人责任保险机制采取了具有合力优势的共保体模式予以承保，还特设了许多创新机制以适应省际道路客运的行业特点。

1）定期共保体联席会议

在开展承运人责任险工作过程中，共保体各方需要与企业、行业协会、运管处进行沟通，确保其各项日常工作的正常开展。共保体每月定期召开例会，由保险公司的领导和相关负责人共同参与，就每月的工作进行汇报和总结、核对数据，就一些日常工作中遇到的困难或双方存在有分歧的地方，在例会上提出并共同商议解决，并对实收保费和理赔进行分摊。

2）重大事故应急响应机制

由于共保体中合力作用的充分发挥，省际客运承运人责任保险机制制定了针对重大案件理赔快速响应体系，并承诺一旦发生重大案件可先支付预估赔款的 50%。这一体系运行几年来，对快速处置事故、维护社会稳定起到了巨大的作用，如“4・22 常熟重大交通事故”“8・9 颍上大巴士追尾事故”“11・3 东海大桥大巴侧翻事故”等，保险机制均在事故发生次日就做出响应，派专员赶赴事故现场并支付预付赔款，解决运输企业的燃眉之急。

3）费率调整与无赔款奖励机制

为了使道路承运企业能更好地适应每年承保和理赔情况的变化，基于赔案的实际情况与道路承运企业的实际需求，共保体设置了费率调整机制，保费和保额每年都有所调。另外，根据当年度赔付情况，如没有理赔发生，则在下一年奖励该企业上一年度保费的 7%，以鼓励企业加强自身安全管理。

3. 共保体责任介绍

1）保险责任

保险期间内，旅客在乘坐被保险人提供的客运车辆的途中遭受人身伤亡或财产损失，依照中华人民共和国法律（不包括港澳台地区法律）应由被保险人承担的经济赔偿责任，保险人按照保险合同约定负责赔偿。

旅客是指持有效运输凭证乘坐客运汽车的人员、按照运输主管部门有关规定免费乘坐客运车辆的儿童以及按照承运人规定享受免票待遇的人员。

财产损失指旅客托运行李及随身携带物品的损失。

保险事故发生后，被保险人因保险事故而被提起仲裁或者诉讼的，对应由被保险人支付的仲裁或诉讼费用以及事先经保险人书面同意支付的其他必要的、合理的费用(以下简称“法律费用”)，保险人按照保险合同约定也负责赔偿。

2）责任免除

（1）下列原因造成的损失、费用和责任，保险人不负责赔偿。

① 投保人、被保险人及其雇员、代理人的故意或重大过失行为；

② 战争、敌对行动、军事行为、武装冲突、罢工、骚乱、暴动、恐怖活动；

③ 核辐射、核爆炸、核污染及其他放射性污染；

④ 行政行为或司法行为；

⑤ 地震、海啸。

（2）下列损失、费用和责任，保险人也不负责赔偿。

① 被保险人或其雇员的人身伤亡及其所有或管理的财产损失；

② 被保险人应该承担的合同责任，但无合同存在时仍然应由被保险人承担的法律责任不在此限；

③ 罚款、罚金及惩罚性赔偿；

④ 精神损害赔偿；

⑤ 被保险人的间接损失；

⑥ 非本保险合同所称旅客的人身伤亡和财产损失；

⑦ 无有效驾驶执照的驾驶人员驾驶承运人的客运车辆时造成的损失或责任；

⑧ 旅客因疾病(包括因乘坐客运车辆感染的传染病)、分娩、自残、殴斗、自杀、犯罪行为造成的人身伤亡和财产损失；

⑨ 旅客在客运车辆外遭受的人身伤亡和财产损失；

⑩ 旅客随身携带物品或者托运行李本身的自然属性、质量或者缺陷造成的损失；

⑪ 保险责任范围内，被保险人依法应承担的经济赔偿责任低于或等于免赔额的事故造成的损失、费用和责任；

⑫ 保险合同中载明的免赔额。

（3）其他不属于保险责任范围内的损失、费用和责任，保险人不负责赔偿。

3）费率浮动机制的明确规范

共保体的费率调整机制不仅使省际客运承运人责任保险的保障能力适应了市场环境的发展，真正有效地转移了客运企业的经营风险，同时也使保险公司能够在微利经营的基础上得以维持，保证该保险机制的稳定持续发展。由于第三方监测平台的建立，客运企业的各项行车安全管理数据将得以收集和整理。因此，在共保体新协议中，成员单位就费率浮动机制进行了更加明确的约定，使每年的费率变动情况有据可依、有例可查，使整个共保体费率机制更加公正、透明。

4）明确规定见费出单

根据上海市省际道路客运承运人责任保险共保体运行以来的服务和收费情况，共保体决定自2014年1月1日起实行"见费出单"，以期能够更好地推进项目业务管理工作，加强共保体保费收取管理，提高理赔速度，进一步促进共保体的规范运作，提升服务水平，切实保障被保险人利益和行业安全管理。

4.3　案例分析

【案例1】　上海交运巴士客运(集团)有限公司推进安全生产风险管理试点

推进安全生产风险管理试点工作实施方案

根据《交通运输部安全委员会关于开展安全生产风险管理试点工作的通知》(交安委〔2015〕1号)、市交通委员会《关于推进本市交通行业安全生产风险管理试点工作的通知》(沪交安委办〔2015〕36号)以及《关于印发〈推进本市道路交通行业安全生产风险管理试点工作实施方案〉的通知》要求，牢固树立"以人为本，安全发展"的理念，坚持"安全第一、预防为主、综合治理"的方针，制定和完善相关行业领域安全生产标准和制度规范，建立安全管理体系，创新安全标准建设，完善安全管理制度，夯实安全基础管理，实现安全科学发展。为确保公司推进安全生产风险管理试点工作的成功，各基层、各部室要积极做好安全生产风险管理相关基础工作，结合公司实际，特制定工作实施方案如下：

一、成立安全生产风险管理试点工作领导小组

组　长：邱德民

副组长：陈敏、方俊彦、刘骏珺

组　员：汤万全、季亚琴、沈荣军、蒋守光、裘德良、孙鸿、李冰洁、姜常鸣、乔国梁、王菊明

下设工作小组：

组　长：陈敏

副组长：汤万全、蒋守光、黄旻辉

组　员：顾国斌、华民、朱拥军、张庭国、李锦海、吴家胜、任玲、毛建祥、邵敏亮、金哲明

职责：

1. 组长全面负责公司安全生产风险管理试点工作。

2. 副组长负责公司范围内安全生产风险管理试点工作的推进。

3. 各组员全面负责各基层、各部室职责范围内的安全生产风险管理试点工作。

4. 公司安全技术部作为安全生产风险管理试点工作的推进常驻办公室，安全技术部经理是

安全生产风险管理试点工作主任，落实推动安全生产风险管理试点工作的阶段性工作。

5. 公司党政综合办公室人员负责安全生产风险管理试点工作的综合协调。

二、推进工作时间安排

第一阶段（2015 年 7 月 1 日—2016 年 3 月 31 日）

启动阶段：根据《交通运输部安全委员会关于开展安全生产风险管理试点工作的通知》（交安委〔2015〕1 号）、市交通委员会《关于推进本市交通行业安全生产风险管理试点工作的通知》（沪交安委办〔2015〕36 号）以及《关于印发〈推进本市道路交通行业安全生产风险管理试点工作实施方案〉的通知》的要求，与管理现状对照，整理完善各类制度、规程、预案、台账；建立健全各类工作台账、档案、记录等，并投入使用；对现场隐患进行整改；制定整改计划，对照规范全面开展自查自纠工作，查找不足，按计划进行整改；制定安全生产风险管理工作制度，编制风险辨识手册和评估指南，开展风险管理培训。

第二阶段（2016 年 4 月 1 日—2017 年 6 月 30 日）

实施阶段：开展安全生产风险源辨识，评估确定风险源等级，制定风险源管控措施，全面实施风险源监测与管控；改进安全生产风险管理工作机制，完善风险源等级划分标准。

第三阶段（2017 年 7 月 1 日—2017 年 7 月 31 日）

总结阶段：全面总结企业安全生产风险管理工作，形成企业风险辨识、评估、检查、控制、教育培训等制度，并报备市运输管理处各相关业务管理部门。

安全生产风险管理试点工作推进计划见表 4-24。

表 4-24　安全生产风险管理试点工作推进表

序号	工作阶段	任务分解	责任部门	配合部门	责任人	完成时间
1	部署阶段（2015 年 6 月底）	成立工作领导小组、工作小组，制定试点工作实施方案，细化工作任务，制定工作措施，明确进度安排	领导小组	各部室、各基层	各部室、各基层负责人	2015 年 6 月底
2	启动阶段（2015 年 7 月 1 日—2016 年 3 月 31 日）	整理完善各类制度、规程、预案、台账	工作小组	各部室、各基层	各部室、各基层负责人	2015 年 8 月底
3		建立健全各类工作台账、档案、记录等，并投入使用	工作小组	各部室、各基层	各部室、各基层负责人	2015 年 8 月底
4		对现场隐患进行整改	工作小组	各部室、各基层	各部室、各基层负责人	2015 年 8 月底
5		制定整改计划，对照规范全面开展自查自纠工作，查找不足，按计划进行整改	工作小组	各部室、各基层	各部室、各基层负责人	2015 年 10 月底
6		制定安全生产风险管理工作制度，编制风险辨识手册和评估指南	工作小组	各部室、各基层	各部室、各基层负责人	2015 年 12 月底
7		开展风险管理培训	工作小组	各部室、各基层	各部室、各基层负责人	2016 年 3 月底

（续表）

序号	工作阶段	任务分解	责任部门	配合部门	责任人	完成时间
8	实施阶段（2016年4月1日—2017年6月30日）	开展安全生产风险源辨识，评估确定风险源等级，制定风险源管控措施	工作小组	各部室、各基层	各部室、各基层负责人	2016年12月底
9		全面实施风险源监测与管控；改进安全生产风险管理工作机制，完善风险源等级划分标准	工作小组	各部室、各基层	各部室、各基层负责人	2017年6月底
10	总结阶段（2017年7月1日—2017年7月31日）	全面总结企业安全生产风险管理工作，形成企业风险辨识、评估、检查、控制、教育培训等制度，并报备市运输管理处各相关业务管理部门	工作小组	各部室、各基层	各部室、各基层负责人	2017年7月底

2016年安全生产风险管理工作培训计划

一、培训目的

通过安全生产风险管理工作培训，让全体员工熟练掌握国家安全生产法律法规和标准规范，具备与所从事的生产经营活动相适应的安全生产知识和管理能力，掌握本岗位的安全操作技能，增强预防事故，控制职业危害和应急处理的能力，夯实公司安全生产教育基础，落实安全生产风险管理长效机制。

二、培训组织

本次培训由公司经理室组织，公司办公室牵头，涉及人员不得无故缺席，培训时实行签到制度。

三、培训对象

公司全体员工。

四、培训地点

江场西路1717号（公司本部）320教育培训室。

五、培训时间

从3月11日起到3月25日止，每周五9:00培训，每次培训时间约一个半小时，如有培训日期、时间的调整，另行通知。

六、注意事项

1. 各部门、各基层领导，要高度重视安全生产风险管理工作培训计划工作。

2. 管理人员集中培训，应认真做好本部门、本基层参加人员的组织落实工作。

3. 基层公司可以利用每月集中召开的驾驶员会议，结合安全生产风险管理工作，自行组织开展好驾驶员的培训学习活动。

4. 各部门主要领导、各基层党政主要领导，是此次员工培训工作的第一责任人。

七、培训内容

授课老师	授课内容
方俊彦	培训动员
陈敏	安全生产风险管理工作培训
邱德民	培训总结

2015年安全生产风险管理试点工作阶段性总结

根据《关于积极开展2015年交通行业安全生产风险管理试点工作阶段性总结的通知》(沪交安委办〔2015〕100号)文件精神,我司按照文件要求进行阶段性总结,现将总结汇报如下:

一、统一思想,提高认识

安全生产工作是我们一切工作的基础,长期以来,我们一直在提把事故消灭在萌芽状态、变事后补救为事前控制,但一直找不到好的方法。现在,公司推出的安全生产风险管理试点工作就能很好地解决这些问题,解决了安全生产"管什么、怎么管"的问题。开展安全生产风险管理试点工作,是"体系化、规范化、指标化、信息化"总体思路在实际工作中的具体体现。我们应该认识到安全生产风险管理试点工作不是一次活动,而是安全生产规范管理方法、完善安全生产管理工作,提高安全生产管理水平的有效方法。所以,必须统一思想,改变观念,提高对安全生产风险管理试点工作的认识,扎实开展安全生产风险管理试点工作,才能逐步形成风险管理的日常化和常态化。

二、加强领导,落实责任

安全生产风险管理试点工作是一项涉及面广、要求高、较为复杂的工作,需要广大领导干部和员工积极参与、协调、配合的工作。要加强组织领导,为安全生产风险管理试点工作推进提供有力保障,并创造良好的建设条件,要在推进过程中加大管理和考核力度。积极组织培训、宣传,按照管理工作标准要求认真开展各项工作,确保安全生产风险管理试点工作的内容和要求落实到安全生产管理工作中。各部门、各基层、各岗位都是安全生产风险管理试点工作的责任主体,要积极主动,认真履行职责,全面完成试点工作的各项工作任务。各级人员一定要清楚自己在安全生产风险管理试点工作中的职责,明白自己该管什么、做什么、怎么管、怎么做,安全生产工作必须符合安全生产风险管理试点工作的要求。

三、高度重视,扎实推进

深入推进安全生产风险管理试点工作,是进一步推进安全生产长效机制建设,夯实安全生产管理基础和提高安全生产管理水平的重要举措,同时也是需要各部门、各基层积极参与、协调配合的一项十分艰巨的工作。各部门、各基层必须高度重视安全生产风险管理试点工作的推广及运用,充分认识到此项工作的复杂性和长期性,切实将体系建设工作与日常安全生产管理工作相融合,加强沟通和协调配合,确保安全生产风险管理试点工作的顺利开展。

1. 建立组织体系。白玉兰高客公司制定并下发《关于下发〈推进安全风险管理试点工作实施方案〉的通知》(白玉兰高客行〔2015〕12号)，成立了工作领导小组、工作小组，制定了试点工作实施方案，细化了工作任务，制定了工作措施，明确了进度安排。

2. 加强现场管理。与管理现状对照，整理完善各类制度、规程、预案、台账；建立健全各类工作台账、档案、记录等，并投入使用；对现场隐患进行整改；制定整改计划，对照规范全面开展自查自纠工作，查找不足，按计划进行整改。

3. 编制体系文件。根据文件要求，结合公司实际，制定了安全生产风险管理工作制度，编制了风险辨识手册和评估指南。

4. 开展明年工作。一是开展风险管理培训；二是开展安全生产风险源辨识；三是评估确定风险源等级；四是制定风险源管控措施。

总之，影响安全生产的因素纷繁复杂，只有开展安全生产风险管理试点工作，才能有效控制安全生产事故的发生，而安全生产风险管理试点工作与实施是一项涉及面广、要求高、较为复杂的工作，需要各级人员积极参与、协调配合的工作。在加强安全生产风险管理试点工作的同时，必须加强员工的安全思想教育，安全文化和安全生产风险管理试点工作同步进行，形成具有企业特色的安全文化，才能整体提高安全生产管理水平。

特此报告

上海白玉兰高速客运有限公司

【案例2】　上海省际客运企业安全生产风险管理操作手册
——久通商旅客运有限公司、中山交通客运有限公司

2017年，上海市交通委员会安监处研究制定《上海市道路旅客运输安全生产风险辨识指南(等级划分标准)》，进而开展企业试点，编制重点企业安全生产风险管理操作手册，并开发信息化平台，实现行业内企业安全生产风险管理操作手册编制模式化，完成企业编制风险管理手册全覆盖。

其中，久通商旅及中山交通客运作为第一批试点企业，编制完成《久通商旅客运有限公司安全生产风险管理操作手册》《中山交通客运有限公司安全生产风险管理操作手册》。

手册主要包含风险概述，工作任务风险管理，班线客运系统评估，客运风险源监测、预警、控制、升降级管理等内容。

风险管理主要运用工作任务分析法和事故机理分析法对风险源进行辨识，确定风险源可能产生的风险及其后果，对风险源进行分级分类、监测预警和控制，预防事故的发生。

按照工作任务分析法辨识风险源，首先以清单的形式列出本单位所有的工作任务及每项任务的具体工序，辨识出客运公司现有工作条件下所有工作任务中存在或潜在的人、车、路、物、环、管六类风险源。利用LEC法对风险源进行分析，确定风险源的风险值并将风险划分为四个等级，对已辨识出的风险源进行定期、动态和实时监测。风险源的具体条目和对应LEC法的打

分可在每次评估后进行动态更新。根据风险源的风险等级和实际发生频率按照四个预警等级进行预警，对风险进行有效控制。同时根据监测结果对风险源进行再次评价，并对风险源进行增减与升降级调整，从而实现班线客运安全生产风险的闭环管理。

【案例3】 典型事故案例

1. 上海交运巴士客运（集团）有限公司下属白玉兰“2·21”莒南班线超载事件

事故经过：

2018年2月21日15时30分，我司下属白玉兰公司合作经营车辆被淮安高速交警一大队在京沪高速下行线820 km处查获严重超员，经当时清点，该车核载39人，实载75人（含儿童2人），超员87%，系严重道路交通违法行为。

暴露问题：

白玉兰公司在日常车辆GPS监管时存在漏洞。缺乏隐患预警机制。

2. 陕西大客车撞隧道口致36死

事故经过：

2017年8月10日，陕西安康境内京昆高速公路秦岭1号隧道，发生一起大客车碰撞隧道口的交通事故，造成36人死亡13人受伤，直接经济损失3 533余万元。

2017年8月10日14时01分，驾驶人冯公浩驾驶河南省洛阳交通运输集团有限公司（以下简称洛阳交运集团）的大型普通客车，从四川省成都市城北客运中心出发前往河南省洛阳市。出站时，车内共有41人（2名驾驶人、1名乘务员以及38名乘客）。行驶途中，先后在京昆高速公路成都市新都北收费站外停车上客2人，在德阳市金山收费站外停车上客4人，在绵阳市金家岭收费站外停车上客3人。20时28分，车辆从陕西省汉中市南郑出口下高速公路至客车服务站用餐，在此期间下客1人。21时01分，车辆更换驾驶人，由王百明驾驶车辆从汉中南郑口驶入京昆高速公路，此时车上实载49人。23时30分，当该车行驶至秦岭1号隧道南口1 164 km+867 m处时，正面冲撞隧道洞口端墙，导致车辆前部严重损毁变形、座椅脱落挤压，造成36人死亡、13人受伤。11日凌晨6时20分，事故现场清理完毕；9时40分，事故道路恢复通行。

暴露问题：

（1）司机操作失当：事发前监控平台收到16次疲劳驾驶报警及多次超速报警提示。调查组认定，此次事故的直接原因是，驾驶人王百明行经事故地点时疲劳驾驶、超速行驶，致使车辆向道路右侧偏离，正面冲撞秦岭1号隧道洞口端墙。

（2）发车程序违规：顶班发车，驾驶员签名系伪造；安检员未严查证件、核对人数。洛阳至成都客运班线全长约1 100余km，途经连霍高速公路、京昆高速公路，班车类别为直达，中间无停靠站点，完成来回一个趟次的运输任务约需2天。

（3）道路设计问题：未按标准设计加速车道与货车道分界线宽度，也未开展核查。事发路段位于西(西安)汉(汉中)高速公路,属于京(北京)昆(昆明)高速公路在陕西省境内的一段,于2002年9月开工,2007年9月建成通车。

(4) 伤亡为何如此惨重:桥梁右侧路灯均未开启;超速致车内座椅脱落,乘客被挤压。

(5) 主管部门失职:被认定为生产安全责任事故,28人被立案侦查,32人受处分。调查组认为,陕西安康京昆高速“8·10”特别重大道路交通事故是一起生产安全责任事故。有关企业安全生产主体责任不落实,地方交通运输、公安交管等部门安全监管不到位等,是事故发生的间接原因。

3. 惠州市“7·6”重大道路交通事故

事故经过:

2017年7月6日13时30分许,广东省揭阳市汽车运输总公司一辆大客车(核载55人,实载44人)行至广河高速往河源方向74 km一上坡弯道路段处,碰撞道路右侧护栏后发生单车侧翻事故,造成19人死亡。

暴露问题:

大巴和公共汽车看似结实可靠,但遇到路况较差的情况,比如崎岖的山路或偏僻道路,就很容易造成翻车的情况。

4. 张家口蔚县“7·21”重大交通事故

事故经过:

2017年7月21日8时33分许,山西省大同市驾驶人解某某驾驶重型半挂牵引货车,沿张家口市蔚县境内109国道由北向南行驶至219 km+300 m处(黄梅乡小枣碾村路段),由于分心驾驶,未靠右侧行使,此时驾驶人班某某驾驶一辆长安牌中型普通客车(县内公交车,核载19人,实载19人)紧急转向避让,因操作不当致使车辆头控冲入对向车道,与李某某驾驶重型半挂牵引货车相撞后冲出路面侧翻,造成客车乘客8人当场死亡、3人抢救无效死亡,另有9人受伤。

暴露问题:

一是运输企业安全主体责任不落实,日常管理流于形式;二是道路安全隐患排查不到位,客货混行安全风险突出;三是营运客、货车源头和路面管控措施不落实,交通违法多发。张家口“7·21”事故中,肇事货车违法超载、占道行驶,驾驶人持实习驾驶期驾驶证违规驾驶牵引挂车、分心驾驶,肇事客车在行驶过程中长时间不关闭车门。

5. 内蒙古自治区呼伦贝尔市阿荣旗“4·29”重大道路交通事故

事故经过:

2017年4月29日17时24分许,内蒙古驾驶人解剑驾驶无号牌丰田牌小型客车(新车未注册登记)由阿荣旗那吉镇去往那吉屯农场。当此车行驶至国道111线1 544 km+180 m处交叉路口向北左转弯时,与齐齐哈尔海外国际旅行社有限公司讷河营业部租用梁刚驾驶的搭载43名黑龙江游客的宇通牌大型客车发生碰撞。小型客车碰撞国道111线东侧缆索护栏后停止,大型客车向右侧翻冲入国道111线东侧沟内仰翻。事故造成12人死亡,36人不同程度受伤,双方车辆不同程度损坏，直接经济损失 1 500 余万元。

暴露问题：

一是无号牌小型客车与大型客车驾驶人都存在违反路口警示标志、闪光警告信号和超速行驶等交通违法违规行为。内蒙古小型客车无牌照非法上路；大型客车不具备旅游包车资质违规经营，私自承接旅游包车业务，非法从事省际旅游包车业务，并在车辆卫星定位动态监控设备离线状态下违规上路运营。

二是齐齐哈尔市讷河市运输有限公司安全生产主体责任严重不落实。企业法定代表人未有效履行主要负责人安全生产管理职责，对所属车辆和驾驶员长期私自承接包车活动未进行有效管理，对非法从事旅游包车业务失管失控，未采取有效措施防止非法营运，客运车辆动态监控系统和相关制度存在漏洞，对停运期间的客运车辆状态缺乏监督管理。对驾驶员安全培训教育不到位，未建立培训档案，也未进行考核。

三是齐齐哈尔海外国际旅行社有限公司讷河营业部安全生产主体责任严重不落实。长期违规承包经营，多次违法从事招徕、咨询以外的旅行社业务经营活动，安全管理制度不健全、安全培训教育缺失，违规包租不具备旅游运营资质的客车从事旅游活动。

四是齐齐哈尔海外国际旅行社有限公司安全生产主体责任不落实。违规将讷河营业部承包经营以包代管，安全管理制度不健全，安全生产培训缺失，对其所属营业部日常经营行为疏于管理，未严格落实服务网点“统一管理、统一财务、统一招徕和统一咨询服务”规范，对长期违规经营、租用不具备旅游运营资质客车等行为严重失管。

五是黑龙江省齐齐哈尔市讷河市道路运输管理站未认真组织开展道路客运市场管理和监督检查工作。未采取有效措施开展道路运输市场“打非治违”源头治理，对辖区内营运车辆私揽业务、违规从事旅游包车的违法违规行为失察失管。对涉事运输公司落实车辆动态监控工作督促检查不到位，未定期对道路运输企业动态监控工作进行监督检查。

六是黑龙江省齐齐哈尔市讷河市文化广电体育局对旅游安全工作未引起足够重视。在该单位职能过渡期间未能够合理安排相关工作，督促指导检查旅游企业工作不力，对涉事旅行社营业部多次违法经营行为失察。

七是内蒙古自治区呼伦贝尔市扎兰屯市运输管理站对辖区内的旅游包车未能进行有效稽查，未发现查处涉事大客车在扎兰屯市境内非法运营问题。

八是内蒙古自治区呼伦贝尔市阿荣旗公安局交通警察大队对无号牌车辆稽查管控力度不够，未发现并查处涉事无号牌小型客车在阿荣旗境内上路行驶问题。

6. 云南临沧“3·2”重大道路交通事故

事故经过：

2017 年 3 月 2 日 23 时 13 分许，一辆重型罐式货车沿云南省临沧市 G214 国道行驶至 2 545 km+900 m 处右转下坡时，因严重超载导致制动失效，车辆失控冲向左侧并发生侧翻，与对向临沧市交通运输集团公司耿马分公司的一辆大型客车（核载 47 人，实载 47 人）发生刮碰，造成10人死亡、38人受伤。

暴露问题：

一是货车严重超载。经查，肇事货车罐体专门用于载运木炭粉，限载13.9 t，实际却违法装载了47.94 t的水泥粉，超载达244.9%，导致货车在长下坡路段刹车失灵引发事故。

二是临时招募驾驶人异地违法运营。经查，肇事货车驾驶人是车主通过某网站临时聘请，不熟悉车况、路况，行驶约20 km后即发生事故。

三是货运源头装载安全监管缺失。经查，肇事货车在云南华润水泥(弥渡)有限公司装载货物过程中，该公司未认真核对货车罐体、行驶证有关核载质量和允许装运货物种类等信息，导致核定装载木炭粉的货车非法装载水泥且严重超载。

四是客运车辆违法站外揽客。经查，涉事的大型普通客车核载47人，出站时车内载客30人，途中先后4次违规停车揽客共17人。客车上安装有视频监控系统，但客运企业未及时发现并纠正，暴露出客运企业安全主体责任不落实。

针对上述涉嫌违法的相关企业及个人，当地公安机关迅速开展立案侦查，对货车驾驶人、货车挂靠公司法定代表人、水泥生产企业直接负责的主管人员和其他责任人员等共8名相关责任人依法采取了强制措施。

第 5 章　出租汽车行业风险防控

在《城市公共交通常用名词术语》(GB 5655—1999)中，对出租汽车的定义是，充分满足乘客意愿而被雇用的营业汽车。在构建多样化服务体系方面，将出租车分为巡游出租汽车和网络预约出租汽车。网络预约出租汽车简称为网约车，巡游出租汽车喷涂安装专门的出租汽车标识。

上海的出租汽车曾是令人自豪的“城市名片”，其服务规范、风纪严明。本章以上海为例，对出租汽车行业风险防控进行说明。

5.1　行业概况

5.1.1　设施及运行

截至 2017 年年底，上海市城市道路长度 5 224 km，较上年增加 95 km，增长 1.9%；道路面积 115.9 km^2，较上年增加 3.4 km^2。2017 年，新增的重大道路设施包括虹梅南路—金海路通道(虹梅南路段)、南北高架中兴路下匝道等。2013—2017 年上海市城市道路设施规模统计见表 5-1。

表 5-1　2013—2017 年上海市城市道路设施规模

年份	道路长度/km	道路面积/km^2	车行道面积/km^2
2013 年	4 865	105.4	74.3
2014 年	4 852	105.5	75.4
2015 年	4 989	109.5	77.1
2016 年	5 129	112.5	79.1
2017 年	5 224	115.9	81.8

数据来源：上海市路政局。

截至 2017 年年末，上海市共有出租汽车运营车辆 47 177 辆，较上年减少 1.8%。其中，市区车辆 41 771 辆，区域车辆 5 406 辆。本市出租汽车万人拥有率为 19.51 辆/万人。2013—2017 年上海市出租汽车行业运营车辆统计见表 5-2。

根据国家及上海市网约车相关规定，上海自 2016 年 12 月 26 日开始对网约车经营服务进行许可管理，截至 2018 年 7 月 31 日，共有受理网约车从业人员审核申请 61 963 人，已有 17 009 人取得网约车从业资格证件；共受理网约车车辆审核申请 8 457 辆，已有 5 113 辆核发网约车车

表 5-2　　2013—2017 年上海市出租汽车行业运营车辆变化情况　　单位:辆

车辆数量		2013 年	2014 年	2015 年	2016 年	2017 年
全市出租汽车	顶灯车	49 623	49 788	49 586	47 271	46 397
	特准车	989	950	793	779	780
	合计	50 612	50 738	50 379	48 050	47 177
其中:区域出租汽车		5 312	5 647	5 623	5 610	5 406

数据来源:上海市城市交通运输管理处。

辆运输证;共有大众出行、神州优车、首汽约车、美团出行、神马专车、AA 租车、曹操专车、强生出行、悦道出行、久柏易游、斑马快跑、阳光车导、易到用车 13 家平台公司获得网约车平台经营资质。并有佰享科技(88 拼车平台)与嘀嗒拼车、邀友科技 3 家平台公司取得合乘出行平台备案证明。

截至 2018 年 6 月 30 日,监管平台接入情况:已有 12 家网约车公司正式接入平台,另有 6 家网约车公司已完成接入测试;同时,已有 2 家合乘车公司正式接入平台,另有 6 家合乘车公司已完成接入测试。车辆与驾驶员接入情况:平台接入的网约车车辆总数为 300 119 辆,网约车驾驶员总数为 364 691 人;合乘车车辆总数为 141 586 辆,合乘车驾驶员总数为 116 291 人。数据接收情况:平台每日接收 32 个类别接口数据,其中,订单数据工作日日均约 160 万个,休息日日均约 140 万个(包括乘客下单驾驶员未接单和已接单),完成订单工作日日均约 87.4 万个、休息日日均约 82.4 万个。订单主要由滴滴出行和美团两家网约车公司完成,其中,滴滴出行占 63.1%,美团占 35.4%,合计占总数的 98.5%。

2017 年,上海市共有出租汽车企业 125 家,其中市区出租汽车企业 106 家,区域出租汽车企业 19 家,个体户 2 943 户。

2013—2017 年出租汽车从业人员逐年下降,2017 年出租汽车从业人员为 91 234 人,较上年减少 3.9%,其中驾驶员 89 140 人,较上年减少 3.5%。

2017 年,出租汽车驾驶员资格考试合格 1 369 人,新发放从业资格证 1 342 张;网约车驾驶员资格考试合格 5 342 人,新发放从业资格证 5 304 张。

2017 年,全市出租汽车日均客运量 208.0 万人次,较上年下降 11.7%;日均载客里程 989.9 万 km,较上年下降 0.1%;日均载客车次 116 万次,较上年下降 11.5%。

2017 年,全市出租汽车里程利用率为 63.86%,较上年增加 1.33%;日均载客里程222.2 km,增加 4.2%;日均载客车次 25.9 车次,下降 8.3%;平均乘距 8.57 km,增加 13.5%。

2017 年,区域出租汽车里程利用率 58.13%,较上年增加 0.02%;日均载客里程 176.8 km,下降 3.5%;日均载客车次 34.5 车次,下降 9.2%;平均乘距 5.12 km,增加 6.2%。

2013—2017 年上海市出租汽车运行情况见表 5-3,上海市出租汽车单车综合运行指标见表 5-4。

表 5-3　　2013—2017 年上海市出租汽车运行情况

年份	载客里程/(万 km・日$^{-1}$)	载客车次/(万次・日$^{-1}$)	日均客运量/(万人次・日$^{-1}$)
2013 年	1 104.2	163	295.2
2014 年	1 104.6	157	283.3
2015 年	1 075.9	148	266.2
2016 年	991.3	131	235.6
2017 年	989.9	116	208.0

数据来源：上海市城市交通运输管理处。

表 5-4　　2013—2017 年上海市出租汽车单车综合运行指标

指标名称	单位	2013 年	2014 年	2015 年	2016 年	2017 年
里程利用率	%	63.13	64.48	65.54	62.53	63.86
日均载客里程	km/日	220.0	221.9	223.8	213.3	222.2
日均行驶里程	km/日	346.0	360.2	346.8	341.1	348.0
日均载客车次	次/日	32.9	31.5	30.8	28.2	25.9
平均乘距	km/乘次	6.77	7.04	7.28	7.55	8.57

数据来源：上海市城市交通运输管理处。

2017 年，全市共发生出租汽车安全生产事故 20 起，较上年增加 81.8%；死亡人数 21 人，同比增加 90%(表 5-5)。

表 5-5　　2016—2017 年上海市道路运输安全生产事故情况(起)

行业	出租汽车
2017 年事故数	20
2016 年事故数	11
同比	增长 81.8%
2017 年死亡人数	21
2016 年死亡人数	11
同比	增长 90%

数据来源：上海市交通委员会。

5.1.2 行业管理

1. 行业基本适用法律法规

出租汽车行业基本适用的法律法规包括以下部分。

《中华人民共和国安全生产法》

《中华人民共和国道路交通安全法》
《中华人民共和国反恐怖主义法》
《中华人民共和国刑法》
《中华人民共和国突发事件对应法》
《出租汽车运营服务规范》(GBT 22485—2013)
《网络预约出租汽车经营服务管理暂行办法》
《国务院办公厅关于深化改革推进出租汽车行业健康发展的指导意见》
《出租汽车经营服务管理规定》(交通运输部令 2014 年第 16 号)
《城市出租汽车管理办法》(建设部、公安部 1997 年第 63 号令发布)
《出租汽车站点设置规范》(DG/TJ 08-2108—2012)
《上海市查处车辆非法客运办法》(2014 年 7 月 29 日上海市人民政府令第 20 号)
《上海市出租汽车小客车车辆规定(修订)》(沪交客〔2011〕571 号)
《上海市无障碍出租汽车管理规定》
《上海市出租汽车客运服务规范》
《关于上海市深化改革推进出租汽车行业健康发展的实施意见》
上海市交通委员会关于印发《提高本市出租汽车行业服务质量的行动计划》的通知
《上海市网络预约出租汽车经营服务管理若干规定》
《上海市出租汽车管理条例》(2015 年 6 月 18 日第六次修正)
《上海市出租汽车个体工商户委托管理规定》(沪交法〔2011〕200 号第二次修正)
《上海市出租汽车营业站管理办法》(沪交客〔2012〕27 号)
《上海市出租汽车营运资格证件管理规定(修订)》(沪交客〔2011〕545 号)
《上海市出租汽车预约调度服务管理规范》(沪交运〔2014〕855 号)

2. 行业引导[3]

在国家层面，为更好地发挥出租汽车行业在促进经济发展、方便市民出行、提升城市综合服务能力等方面的重要作用，满足人民群众出行需求，2016 年 7 月 28 日，国家层面发布了《国务院办公厅关于深化改革推进出租汽车行业健康发展的指导意见》(国办发〔2016〕58 号)、《网络预约出租汽车经营服务管理暂行办法》(交通运输部、工业和信息化部、公安部、商务部、工商总局、质检总局、国家网信办令 2016 年第 60 号)等文件。

在上海市层面，2016 年 12 月 21 日，上海市印发了《关于本市深化改革推进出租汽车行业健康发展的实施意见》(沪府发〔2016〕98 号)、《上海市网络预约出租汽车经营服务管理若干规定》(沪府令 48 号)、《关于规范本市私人小客车合乘出行的实施意见》(沪交运〔2016〕1343 号)三个文件，为深化出租汽车改革和规范网约车发展提供了重要指导作用，旨在更好地发挥出租汽车行业在促进经济发展、方便市民出行、提升城市综合服务能力等方面的重要作用，满足人民群众出行需求。

3. 运营管理

上海市交通委员会(以下简称市交通委)是上海市出租汽车行业的行政主管部门,其所属的上海市城市交通运输管理机构负责具体实施上海市出租汽车客运的日常管理工作,并直接承担黄浦、徐汇、长宁、静安、普陀、虹口、杨浦等区的出租汽车客运日常监管责任;上海市城市交通行政执法机构承担本市出租汽车客运的监督检查和依法实施行政处罚责任。浦东新区以及闵行、宝山、嘉定、金山、松江、奉贤、青浦、崇明等区交通行政管理部门承担本行政区域内出租汽车客运的行政监督责任,其所属的区交通运输管理机构承担本行政区域内出租汽车客运的日常监管责任;其所属的区交通行政执法机构承担本行政区域内出租汽车客运的监督检查和依法实施行政处罚责任。

出租汽车的数量、停车场(库)、营业站和调度网络等的发展规划和计划,由市交通委根据城市建设和社会、经济发展的实际情况编制,报上海市人民政府批准后实施。

4. 票价管理

出租汽车行业应当统一管理、合法经营、公平竞争。出租汽车的营运收费标准和费用征缴标准,应当按照国家和上海市有关规定统一制订,做到公平、合理。

区级交通运输主管部门应当配合有关部门,按照有关规定,并综合考虑出租汽车行业定位、运营成本、经济发展水平等因素合理制定运价标准,并适时进行调整。同时,区级交通运输主管部门应当配合有关部门合理确定出租汽车电召服务收费标准,并纳入出租汽车专用收费项目。

经营者及其从业人员应当执行由市物价部门批准的收费标准,并且按照规定使用由市交通局会同市税务部门印制的车费发票。客运车费中包括乘客意外伤害保险费。

上海市区出租车计价标准如表 5-6 所示。

表 5-6　　上海市区出租车收费标准

公里数	日间(5:00—23:00)	夜间(23:00—5:00)
0～3 km	14 元	18 元
3～15 km	2.5 元/km	3.1 元/km
15 km 以上	3.6 元/km	4.7 元/km
加价部分	1. 乘距超 15 km 单价加计 50%; 2. 夜间(23:00—5:00)上浮 30%; 3. 车速低于 12 km/h 或乘客要求停车等候,每 4 min 计收 1 km 超起租里程单价	

5. 安全管理[6]

(1) 强化安全风险管控工作

国家及地方先后出台文件,强化出租汽车行业风险管控工作。2012 年制定了《关于印发交通运输企业安全生产标准化考评管理办法和达标考评指标的通知》(交安监发〔2012〕175 号),2013 年《生产经营单位安全生产事故应急预案编制导则》(GB/T 29639—2013)发布,2018 年 5

月上海市交通委员会颁布《上海交通行业安全生产风险管理实施细则（试行）》，从多层面强化行业管理的风险管控能力建设。2017 年 11 月，《国务院安委会办公室关于全面加强企业全员安全生产责任制工作的通知》（安委办〔2017〕29 号），强调要强化企业安全生产主体责任的落实。

（2）建立营运车辆监管平台

上海先后建立了网约车监管平台和出租汽车信息服务平台。网约车监管平台由市交通卡公司承建，通过互联网和信息化手段，实现对在上海市域范围内经营的网约车运营服务的事前、事中及事后进行全过程监管，保障上海出租汽车行业的运营安全和乘客合法权益。平台可实现各网约车公司的信息与资源整合，通过数据的接入和分析，实现车辆位置的实时监控、超出经营区域车辆核查、历史轨迹回放、特殊车辆查找、电子围栏稽查、特定区域车辆异常聚集等功能；同时平台还提供服务评价体系功能，建立网约车驾驶员和平台公司的服务质量档案，按照相关指标进行考评，并定期发布。网约车平台于 2016 年 10 月底试运行。出租汽车信息服务平台主要包括车辆和驾驶员身份识别、车辆运营状态识别和提高车辆运营安全性三大功能。通过平台，可实现"黑车"及"克隆车"的剔除，并可对载有乘客的车辆进行屏蔽，提高运营效率。

（3）加强网约车平台公司日常监管

① 要求从事网约车业务的平台合规经营。网约车新政正式实施以来，上海市始终要求从事网约车经营的平台严格按照相关规定，规范车籍和驾驶员户籍，并对已注册的不合规车辆及驾驶员进行清理。

② 严厉打击网约车违法行为，保持高压整治态势。在重要交通枢纽、地铁站、旅游景点及周边道路等非法网约车客运的高发区域，坚持每周开展至少 2 次以上"大兵团"集中整治行动，对非沪牌车辆、非沪籍驾驶员非法从事网络约租车业务的行为不断加大打击力度。同时，进一步强化交通执法与公安及属地管理部门联勤联动，每月组织开展街面联合查处，形成较大整治效应。

（4）联合监管实现综合治理

充分挖掘各领域法律资源及行业监管手段，加大对非法网约车的综合治理力度。2018 年 6 月 5 日，交通运输部、中央网信办秘书局等 7 部门发布了《关于加强网络预约出租汽车行业事中事后联合监管有关工作的通知》，明确加强网约车行业事中事后联合监管措施要求。上海市起草了本市贯彻落实七部委《通知》的实施意见，并已征求完相关管理部门的意见，下一步将加快文件的出台，对网约车行业实行联合监管。

（5）行业节能减排

2018 年 6 月，《国务院关于印发打赢蓝天保卫战三年行动计划的通知》（国发〔2018〕22 号）发布，文件要求加快推进城市建成区新增和更新出租车使用新能源或清洁能源汽车，重点区域使用比例达到 80%。

上海在《上海市环境保护和生态建设"十三五"规划》和《上海市综合交通"十三五"规划》中均强调了持续扩大出租车等领域的新能源车使用比例。2018 年，《上海市清洁空气行动计划

(2018—2022)》明确要求，加大出租等行业新能源车推广力度，提出了建成区新增和更新出租车中新能源车或清洁能源汽车比例达到80%以上，到2022年，出租等行业新增车辆力争全面实现电动化等目标。

2018年10月，以首届中国国际进口博览会为契机，上海首次推出了一批纯电动出租车，并在进口博览会期间提供定点保障。

5.1.3 风险防控特点

出租汽车管理体制改革以来，深层次的问题没有得到根本解决，以致出租汽车行业在发展的同时，政府、经营者、车主以及驾驶员各方利益矛盾日益显现。全国各地因出租车导致的事件不断，许多地区出现了集体上访事件，甚至发生了过激举动，对社会稳定产生了不良影响。随着经济的快速发展以及改革开放的不断深入，宏观上存在经营权总量控制、经营权有偿使用、经营权使用期限、经营模式、车辆更新与档次提升，企业与从业人员之间的关系处理等问题，出租汽车经营企业逐渐暴露出许多风险管理方面的问题。加之技术进步的日新月异，知识经济全球化趋势的推进，更使得出租汽车经营企业难以在瞬息万变、纷繁复杂的市场环境中从容面对各方面带来的竞争和风险。

(1) 所有权与经营权分离，劳动关系问题多。目前出租汽车企业大体存在三种经营模式：个体经营、挂靠经营和承包经营，劳动关系问题比较多，驾驶员的权益得不到很好的保障，酝酿了行业和社会风险。

(2) 组织结构简化，管理层次少，内部关系松散。由于多数出租汽车经营企业规模不大、管理层次少，内部关系则较为松散。

(3) 生产规模小，经营面窄，生产经营业务较单一，总体竞争力较弱。出租汽车经营企业一般只从业出租汽车经营领域，实行专门化经营。出租汽车经营企业经济实力不强，生产规模不大，经营范围狭小，难以展开大规模的技术创新和市场营销，从而总体竞争能力还较弱。

(4) 企业与员工沟通渠道不畅，抗风险能力弱。部分企业管理的基础不扎实，企业重收费轻管理，无视驾驶员的合理诉求，社会责任意识差，企业与员工沟通渠道不畅，发生驾驶员罢运时缺乏应急处理能力，往往寄希望于政府。

5.2 风险防控与实践

5.2.1 风险评估分析

5.2.1.1 风险辨识

1. 出租汽车风险源

根据出租汽车特点及风险源分布情况，可能发生的安全风险有以下几个方面。

(1) 自然灾害

包括台风、洪涝灾害、破坏性地震、气象灾害等自然灾害事件。

(2) 行车安全

出租汽车行车安全风险源包括人、设施设备、环境和管理等主观因素和客观环境因素，具体包括驾驶员、车辆、天气、企业管理等。

① 主观因素。主要是指驾驶员原因，包括驾驶员性别、年龄等生理条件不合要求，生理健康的体能条件、视觉条件、疲劳现象及其他生理现象对安全行车都存在一定的影响。驾驶员心理素质不相适应，如性格、情绪、意志等。驾驶员操作技术不良，有酒驾、毒驾行为，安全行车不规范，违反操作规程，交通法制意识不强，交通道德修养较差，防范避险经验缺乏等。

② 环境因素。主要包括"天""地"两个方面。其中，"天"——季节性转变、大气变化的因素，如迷雾、暴雨、台风、气象灾害等自然灾害事件等；"地"——道路状况、道路设施的因素，如道路结冰、道路积雪、道路积水等。

③ 车辆因素。出租汽车车辆的使用周期是6年，车辆存在带"病"运营状况、客运车辆未按要求实时动态监控、人为纵火、机械疲劳、脱保托修等行为。

④ 管理因素。主要包括企业经营和企业安全管理两方面。其中，企业经营原因主要是指驾驶员待遇低、业务安排不合理、驾驶员队伍不稳定、驾驶员为了"份子钱"超时加班等；企业安全管理原因主要是指出租汽车企业安全管理人员配备、车辆维护管理、从业人员教育管理、营运管理、车辆动态监控不到位。

2. 风险管控

1) 风险源监控

采用监测报警及现场安全检查等方式对风险源进行监控。

(1) 自然灾害事故的预防监控措施

遇暴风、暴雨等恶劣天气，防汛工作领导小组应加强值班，与气象、水利等部门保持密切联系，了解降雨情况，针对可能出现的台风、内涝等灾害，研究防御对策，明确防御重点，及时向各部门发布信息。加强对灾害隐患部位的巡查，必要时采取预警、转移人员和财产等措施。

(2) 行车事故的预防监控措施

公司营运技术部应根据季节特点及时掌握关于异常天气变化情况及上级有关部门的通知通报(如暴雨、浓雾、大雪、冰冻等可能引发道路交通违法行为和行车事故的有关信息)，并及时通知各营运公司做好安全行车预警性防范宣传教育工作。

2) 预警行动

(1) 员工或值班人员发现事故后，应立即告知现场主管人员。如果是火灾事故，应立即告知消防主管人员，同时拨打119向公安消防部门报警，急救拨打120。

(2) 所在部门要及时确立应对方案，迅速采取相应的应急措施，防止事故进一步扩大；当事故扩大后，立即向应急指挥部总指挥或副总指挥报告。

(3) 符合预案启动条件时，立即发出启动预案的指令，各应急小组组长就位，启动预案，同时根据信息报告与通知要求向事故发生地政府主管部门报告。

(4) 各应急救援小组、应急队员迅速集合，按职责分工，进入事故现场相应位置开展应急救援工作。

(5) 及时清点人员和已疏散的重要物资，查清有无人员被困事故现场中，并将情况告知现场指挥。

(6) 报告应包括以下内容：事故发生时间、类别、地点和相关设施；联系人姓名和电话，等等。

(7) 预警分级。

3) 信息报告与通知

(1) 信息报告与通知

① 应急指挥中心应设立值班室，保证值班人员 24 小时值班，值班室应明示应急组织通信联系人及电话等；

② 突发安全事故发生时，事故现场有关人员立即迅速报告应急指挥机构；

③ 值班人员接警后，立即将警情报告有关事故应急小组及部门负责人；特别重大事故，可直接向应急指挥中心总指挥、副总指挥及相关部门负责人报告；

④ 总指挥接到一般及以上事故报告后，应立即启动事故应急预案，采取有效措施，组织抢救，防止事故扩大，减少人员伤亡和财产损失，并在 1 小时内向区安全生产监督管理局和上级主管单位报告。情况紧急时，事故现场人员可直接向市安全生产监督管理局和有关部门报告。公司应急指挥中心获得有关的预警信息后，根据实际情况判断预警级别，对于Ⅰ—Ⅲ级突发事件的预警状态向公司应急工作领导小组提出启动预警的建议。公司应急工作领导小组下达启动命令后，公司应急指挥中心立即通知各应急小组和相关营运公司。

(2) 信息上报

① 信息上报内容包括：单位发生事故概况；事故发生时间、地点以及事故现场情况；事故的简要经过；事故已经造成的伤亡人数(包括下落不明的人数)和初步统计的直接经济损失；已经采取的措施，等等。

② 根据事故性质，按国家规定的程序和时限，及时向政府有关部门报告。

(3) 信息传递

事故信息按以下顺序传递：事故现场第一发现人员→现场负责人员→应急指挥中心→应急救援小组→各应急小组救援人员→企业其他有关部门。

5.2.1.2 风险分析

产生出租汽车风险源的原因主要有人的因素、车辆保养维修不及时或故障、安全操作规程不合理等。在人的因素方面，由于驾驶员更容易受到生活环境、作业环境、社会环境的影响，产生误判断、误操作或者过度疲劳，可能发生各类事故。

5.2.1.3　风险评价

1. 风险分类

出租汽车危险的辨识主要是对行驶过程中可能产生的危险因素进行识别，包括自然灾害风险、行车安全风险两个方面，具体包括危险因素可能产生的危害、存在的安全风险，根据其风险危害级别制定预防控制措施和应急处置预案。与城市公共汽(电)车、省际客运类似，出租汽车行车安全方面危险源辨识主要是对人、车、环境、管理四个方面存在的危险因素的识别。

2. 风险分级①

按照突发性事件的性质、规模和危害程度，出租汽车突发性事件划分为特别重大(Ⅰ级)、重大(Ⅱ级)、较大(Ⅲ级)和一般(Ⅳ级)四级。

(1) 特别重大突发性事件(Ⅰ级)

有下列情况之一的，为特别重大突发性事件(Ⅰ级)：

① 发生 500 人以上大规模出租汽车行业罢工或停运、交通严重堵塞，冲击、围攻党政军机关和要害部门的事件。

② 造成 10 人以上死亡、或 20 人以上重伤、或 1 000 万元以上的行车事故。

③ 其他需要作为特别重大突发性事件(Ⅰ级)对待的事件。

(2) 重大突发性事件(Ⅱ级)

有下列情况之一的，为重大突发性事件(Ⅱ级)：

① 发生 499 人以下 100 人以上出租汽车行业聚众围堵、冲击党政军机关要害部门，堵塞交通，集体罢工或停运的事件。

② 造成 3 人以上 10 人以下死亡、或 10 人以上 20 人以下重伤、或财产损失 500 万元以上 1 000 万元以下的行车事故。

③ 其他需要作为重大突发性事件(Ⅱ级)对待的事件。

(3) 较大突发性事件(Ⅲ级)

有下列情况之一的，为较大突发性事件(Ⅲ级)：

① 两个以上县(市)出租汽车行业发生集体罢工或停运、交通严重堵塞，冲击、围攻党政军机关和要害部门的事件。

② 发生 99 人以下、50 人以上出租汽车行业集体罢工或停运的事件。

③ 其他需要作为较大突发性事件(Ⅲ级)对待的事件。

(4) 一般突发性事件(Ⅳ级)

有下列情况之一的，为一般突发性事件(Ⅳ级)：

① 一个县(市)出租汽车行业发生非法集会、游行示威，上访请愿、罢工或停运的事件。

② 发生 49 人以下 10 人以上出租汽车行业非法集会、游行、示威、罢工或停运的事件。

---

① 强生集团《2018 生产安全事故综合应急预案》。

③ 造成 1 人死亡、或 3 人以上 6 人以下重伤、或财产损失 50 万元以上 100 万元以下(包括车辆侧翻)的行车事故。

④ 其他需要作为一般突发性事件(Ⅳ级)对待的事件。

表 5-7 出租汽车风险的分级分类

预警级别	级别描述	颜色标示	事件情形(满足其一)
Ⅰ级	特大	红色	① 发生 500 人以上大规模出租汽车行业罢工或停运、交通严重堵塞,冲击、围攻党政军机关和要害部门的事件。 ② 造成 10 人以上死亡、或 20 人以上重伤、或 1 000 万元以上的行车事故。 ③ 其他需要作为特别重大突发性事件(Ⅰ级)对待的事件
Ⅱ级	重大	橙色	① 发生 499 人以下 100 人以上出租汽车行业聚众围堵、冲击党政军机关要害部门,堵塞交通,集体罢工或停运的事件。 ② 造成 3 人以上 10 人以下死亡、或 10 人以上 20 人以下重伤、或财产损失 500 万元以上 1 000 万元以下的行车事故。 ③ 其他需要作为重大突发性事件(Ⅱ级)对待的事件
Ⅲ级	较大	黄色	① 两个以上县(市)出租汽车行业发生集体罢工或停运、交通严重堵塞,冲击、围攻党政军机关和要害部门的事件。 ② 发生 99 人以下 50 人以上出租汽车行业集体罢工或停运的事件。 ③ 其他需要作为较大突发性事件(Ⅲ级)对待的事件
Ⅳ级	一般	蓝色	① 一个县(市)出租汽车行业发生非法集会、游行示威、上访请愿、罢工或停运的事件。 ② 发生 49 人以下 10 人以上出租汽车行业非法集会、游行、示威、罢工或停运的事件。 ③ 造成 1 人死亡、或 3 人以上 6 人以下重伤、或财产损失 50 万元以上 100 万元以下(包括车辆侧翻)的行车事故。 ④ 其他需要作为一般突发性事件(Ⅳ级)对待的事件

5.2.2 风险防控措施

5.2.2.1 管控措施

出租汽车行业风险防控常用的管控措施包括以下三种。

(1) 加强信息化监管建设

2018 年上海市国资企业将通过市场化运作方式,筹备建立巡游车统一预约调度平台,交通管理部门则同步建立行业监管平台,对巡游车及网约车经营实现信息化监管。

(2) 加强信用管理体系建设

根据交通运输部 2018 年交通运输信用体系建设工作要点,研究建立出租汽车行业信用管理体系,通过对出租汽车经营者、驾驶员违法违规及失信行为、投诉举报、乘客服务评价等信息的记录与应用,将其纳入上海市统一的公共信用信息服务平台,并按照“信用交通”信息平台要求,及时上报有关信用数据。此外,将强化信用评价信息收集的应用,将其作为出租汽车经营者和驾驶员准入退出的重要依据。

(3) 交强险

通过设置交通强制安全险等措施，来降低出租汽车驾驶员交通违法风险(表 5-8)。

表 5-8　上海市交强险与交通违法相联系的费率浮动标准

内容	费率系数
醉酒后驾驶机动车的	+30%/次
饮酒后驾驶机动车的	+15%/次
超速超过 50%以上的	+20%/次
超速未达 50%(含)的	+10%/次
违反交通信号灯指示通行的	+20%/次
逆向行驶的	+20%/次
货车载物超过核定载重量 30%以上的	+10%/次
公路客车载客超过核定载客人数 20%以上的	+10%/次
车辆未经定期检验合格继续使用的	+10%/次
驾驶时拨打或接听手持电话的	+10%/次
违反让行规定的	+10%/次
变更车道影响他人行车安全的	+10%/次
其他交通违法 10 次(含)以上的(不包括上述 11 项违法行为和不纳入交强险费率浮动范围的交通违法行为)	+10%/次
上一年度费率调整系数累加上限为 60%	

5.2.2.2　技术措施

出租汽车行业风险防控常用的技术措施主要有电子警察、安全监管平台、车内设备改造升级等。

(1) 电子警察(表 5-9)

表 5-9　常见的交通违法“电子警察”项目

交通违法行为	违法记分	违法罚款/元	发生比例
401039 机动车违反规定停放、临时停车，驾驶人不在现场或者虽在现场但驾驶人拒绝立即驶离，妨碍其他车辆、行人通行的	0	200	26.21%
401019 机动车违反规定使用专用车道的	0	50	16.35%
401208 机动车通过有灯控路口时，不按所需行进方向驶入导向车道的	2	100	13.89%
401625 驾驶机动车违反道路交通信号灯通行的	6	200	10.58%
401345 机动车违反禁止标线指示的	3	200	9.89%
401344 机动车违反禁令标志指示的	3	200	8.11%
401018 机动车不在机动车道内行驶的	0	200	6.08%

（续表）

交通违法行为	违法记分	违法罚款/元	发生比例
401636 驾驶中型以上载客载货汽车、校车、危险物品运输车辆以外的其他机动车行驶超过规定时速20%以上未达到50%的	6	200	4.23%
401211 通过路口遇停止信号时，停在停止线以内或路口内的	2	100	1.79%
401301 机动车逆向行驶的	3	200	1.62%
401352 驾驶中型以上载客载货汽车、危险物品运输车辆以外的其他机动车行驶超过规定时速未达20%的	3	50～200	0.42%
401044 在禁止掉头或者禁止左转弯标志、标线的地点掉头的	0	200	0.41%
404008 非紧急情况下在高速公路应急车道上行驶的	0	200	0.17%
401721 驾驶中型以上载客载货汽车、校车、危险物品运输车辆以外的机动车行驶超过规定时速50%以上的	12	300～2 000	0.08%
401228 路口遇有交通阻塞时未依次等候的	2	200	0.07%

（2）车内设备改造升级

目前，上海市正在积极会同市质监部门研究推进计价器升级改造工作，并加快研发新型一体化车载智能终端设备，为乘客提供信息化服务的同时，也为驾驶员提供营运保障信息服务。另外，上海市巡游车已推出以交通卡为基础并涵盖NFC、微信、支付宝等多种新型支付方式，为乘客提供全方位服务。

5.2.2.3 应急预案

涉及出租汽车客运法律法规、预案体系包括以下四个层面内容。

1. 法律法规

《中华人民共和国突发事件应对法》

《中华人民共和国安全生产法》

《生产安全事故报告和调查处理条例》

《上海市实施〈中华人民共和国突发事件应对法〉办法》

2. 国家层面

《国家突发公共事件总体应急预案》

《交通运输综合应急预案》

《公路交通突发事件应急预案》

《水路交通突发事件应急预案》

3. 地方层面

《上海市突发公共事件总体应急预案》

4. 企业层面

强生集团《2018生产安全事故综合应急预案》等。

5.2.3 保险机制及应用

5.2.3.1 行业保险现状

截至2009年，根据出租汽车行业的管理条例要求和行业实际情况，上海市城市交通运输管理处会同上海市道路运输行业协会旅客运输专业委员会，委托了当时作为上海市交通运输港口局保险顾问的上海环亚保险经纪有限公司为第三方保险咨询顾问，并成立共保体优化完善工作项目组，在原有省际客运承运人责任保险共保体的基础上，研究筹备更新版的共保体，并制定行业覆盖、共保统赔、企业自选、分别出单、适度竞争和优化服务的承保方案。

经过项目组多次实地走访调研和邀请业内专家反复研究论证，新版的方案更具合理性，更能适应行业发展的要求、满足各业内企业抵御风险实际需求。2009年年底，项目组正式推出了上海出租汽车乘客意外伤害保险共保统赔新方案和实施细则，并通过市场化招投标组建共保体，最终由中国人寿保险股份有限公司上海市分公司和中国平安财产保险股份有限公司上海分公司共同组成了出租汽车乘客意外伤害保险共保体。

5.2.3.2 行业保险模式

1. 共保体运作模式

(1) 定期共保体联席会议

在开展承运人责任险工作过程中，共保体各方需要与企业、行业协会、运管处进行沟通，确保其各项日常工作的正常开展。共保体每月定期召开例会，由保险公司的领导和相关负责人共同参与，就每月的工作进行汇报和总结、核对数据，就一些在日常工作中遇到的困难或双方存在分歧的地方在例会上提出并共同商议解决，并对实收保费和理赔进行分摊。

(2) 保险服务流程简化

共保体为了便于企业进行投保和理赔，简化投保及理赔环节和手续，优化保险服务流程，明确标准和时限，强化服务意识，丰富服务内容。由专职理赔人员，网上及时处理解答企业客户在赔案处理过程中的疑问。针对续保业务投保服务，提前一个月向客户报价，确认投保情况。定期整理理赔数据，针对已报案未结案的客户进行电话沟通，了解滞缓情况，协助客户尽快结案赔付。

(3) 明确规定见费出单

自2014年1月1日起，共保体实行“见费出单”，更好地推进项目业务管理工作，加强共保体保费收取管理，提高理赔速度，进一步促进共保体的规范运作，提升服务水平，切实保障被保险人利益和行业安全管理。

2. 保险理赔的单证要求

(1) 物损理赔单证要求

2 000 元以下的:互碰记录书(需盖章)、事故双方的行驶证、驾驶证复印件(需在有效期内)、保险公司定损单或道路物损评估中心的评估单、修理发票、修理清单、事故对方的交强险保单复印件、营运车辆营运证复印件、营运驾驶员的准营证复印件等。

2 000 元以上的:事故认定书或事故调解书(警方出具的)、事故双方的行驶证、驾驶证复印件(需在有效期内)、保险公司定损单或道路物损评估中心的评估单、修理发票、修理清单、事故对方的交强险保单复印件、营运车辆营运证复印件、营运驾驶员的准营证复印件、施救费发票及作业单等。

(2) 人伤理赔单证要求

事故认定书、事故调解书(警方出具的)、事故当事人驾驶证复印件(需在有效期内)、事故车辆的行驶证复印件(需在有效期内)、营运车辆营运证复印件、营运驾驶员的准营证复印件等。具体单位要求如下所述。

① 医疗费

单证要求:医药费发票原件、病历、拍片检查报告、出院小结、住院清单。

审核原则:医保范围内与事故有关。

② 误工费

单证要求:单位出具的收入证明及实际停工扣款证明,劳动合同,事故前一年及停工期间的税单、银行工资卡清单或单位员工工资纳税申报表(加盖税务部门章);伤者是法人代表时提供营业执照复印件。

③ 残疾赔偿金

单证要求:伤残鉴定报告,伤者户籍证明(户口性质农业或非农业);如农村户籍需按城镇标准赔付的,另需提供事故前在城镇居住满一年以上相关居住证明,及到达城镇收入水平的相关工作证明。

④ 残疾用具

单证要求:小额案件一般仅涉及拐杖,提供发票,调解书中注明;大额案件涉及假肢时提供相关假肢配置机构出具的证明。

⑤ 死亡赔偿金

单证要求:死亡证明、火化证明、尸检报告、户籍性质证明、户籍注销证明。

⑥ 被扶养人生活费

单证要求:被抚养人是子女的,提供出生证;被抚养人是父母或配偶的,提供生育子女的证明、无劳动能力证明及有无生活来源的证明。

⑦ 交通费

单证要求:交通费发票。

审核原则:出租车发票认可与就诊时间和距离相符合的票据。

⑧ 住宿费

单证要求:住宿费发票,按 60 元/天/人。

审核原则:按 60 元/天/人,事故人员均在本市工作及居住的不认可住宿费。

5.3 案例分析

5.3.1 事故案例

1. 驾驶安全事故

(1) 事故情况

某强生出租车沿大连西路由东向西行,驶至玉田新村路口时,由于路口在进行地下管线施工,施工单位在现场设置的警示标志位置有所偏差,警示灯也未点亮,在光线较暗的条件下,疾驰中的出租车不慎坠入这个长约 3 m、宽 2 m 的深坑中,导致司机和乘客的脑袋将玻璃撞裂。乘客鼻子出血,驾驶员不同程度受伤,均被送往医院救治(图 5-1)。

图 5-1　出租汽车驾驶安全事故现场

(2) 风险分析

该起事故发生的主要原因是施工单位未按规定设置提醒标志。同时,出租汽车驾驶员未注意观察,思想疏忽,也存在一定的过错,且在驾驶中未正确系好安全带,导致本身受到伤害。

2. 重大事故案例

(1) 事故情况

2009 年 6 月 2 日 13 时 58 分,闵行区新镇路农南路口发生一起交通事故。大众出租车沿新镇路由南向北行驶至新镇路农南路口,为避让一辆沿农南路由东向北的右转车辆而失控进入反向车道,与一辆由北向南行驶的 173 路公交车迎面相撞(图 5-2),导致出租车内一名男性驾驶员及两名韩国籍女性乘客当场死亡，另两名韩国籍女性乘客受伤，后经闵行医院抢救无效分别于2日晚上和3日上午死亡。

图5-2　出租汽车驾驶安全事故现场

(2) 风险分析

该起事故大众出租车与右转弯小客车相擦导致车辆失控与对面公交车相撞，大众出租车应负次责，小客车主责。公交车69 km/h，大众出租车59 km/h，转弯车33 km/h。公交车如有超速行为，虽从理论上与该起事故无因果关系，但加重了事故的后果，也应负事故的次责。

5.3.2　编制多项出租汽车专项应急预案

编制了火灾、爆炸事故专项应急预案、机械伤害事故专项应急预案、触电事故专项应急预案、特种设备事故专项应急预案和灾害性天气专项应急预案等多项出租汽车专项应急预案。其中，灾害性天气专项应急预案如下。

一、洪汛、台风可能发生的季节及危害程度分析

本专项应急预案中所指的灾害性天气包括台风、雷暴、暴雨、浓雾、暴雪等的恶劣性天气。

灾害性天气的突发不仅会对企业正常的生产、生活活动造成影响，还可能造成人员伤亡和设备的损坏等。如台风、暴雨、暴雪、雷暴等灾害性天气均可能造成线路断线接地、短路等情况的发生，进而引发触电事故和电网系统、电气设备的损坏；台风、雷暴、暴雨、暴雪等天气可能导致临时房屋倒塌、易坠落物伤人、突然断电、防护设施倒塌、灌水四溢、人员物资设备等受损。

二、预防与预警

2.1　灾害性天气信息的收集和预防

(1) 根据上海地区的气候特征，积极同气象部门联系，采用各种方式收集天气信息，以做好预警工作。

(2) 及时传达集团公司的台风、暴雪、暴雨、雷暴等灾害性天气的预警，再将预警信息传达到各部门及各职工，做到天气情况早知道，减少在灾害天气时外出活动。

(3) 建立健全防灾害性天气安全管理规章制度，制订专项应急预案并加强对员工的教育，提高职工自我保护能力和避险的能力。

(4) 定期组织开展防灾害性天气专项检查，检查各部门抵御灾害性天气的能力、防灾设施、物资储备的情况。

(5) 每年定期组织防灾害性天气应急演练，使应急小组成员、职工熟悉应急工作过程；掌握应急工作要领，通过演练发现问题，及时整改。

2.2 预警行动

2.2.1 预警条件

当得到下列极端气象警报后，应立即启动预警：

(1) 台风橙色预警信号：12小时内可能受强热带风暴影响，平均风力可达10级以上，或阵风11级以上；或者已经受强热带风暴影响，平均风力为10～11级，或阵风11～12级并可能持续。

(2) 暴雨橙色预警信号：3小时降雨量将达到50毫米以上，或者已达到50毫米以上且降雨可能持续。

(3) 大雾橙色预警信号：6小时内可能出现能见度小于200米的浓雾，或者已经出现能见度小于200米、大于等于50米的浓雾且可能持续。

(4) 暴雪橙色预警信号：6小时内降雪量将达15毫米以上，或者已达15毫米以上且降雪持续，可能或者已经对交通有较大影响。

(5) 雷雨大风黄色预警信号：6小时内可能受雷雨大风影响，平均风力可达8级以上，或阵风9级以上并伴有强雷电；或者已经受雷雨大风影响，平均风力达8～9级，或阵风9～10级并伴有强雷电，且可能持续。

2.2.2 预警方法

企业应急指挥中心收到预警信息后，应采用固定电话、移动电话、广播等方式通知有关责任人传送预警信息，指令各救援组进入预警状态，做好应急准备工作，采取防范措施并连续跟踪天气的变化发展。

三、应急处置

3.1 处置措施

(1) 应急指挥中心接到预警信息后，应立即将信息逐级传达到各部门各岗位，同时根据事态的发展启动应急预案。

(2) 各部门、车间根据实际生产情况，对易受影响的岗位及设备停止生产，对部分线路进行断电操作，如灾害性天气可能对生产现场人员造成影响时，应根据指挥中心指令统一疏散至安全避险区域。

(3) 各部门领导负责本部门职工人数的清点工作，发现有未集中或在外作业人员应及时取得联系，如无法联系应尽快上报应急指挥中心，由应急小组组织救援工作。

(4) 风力加强、发生暴雨、暴雪情况时,搜救人员不得单独行动,至少两人一组,必要时系安全带相互照应。

(5) 灾害性天气期间,室外应禁止一切除危急处理之外的工作,强降水天气下,应检查建筑设施渗漏状况,并及时安排处理。

(6) 如有人员受伤,应立即通知指挥中心,各应急小组各司其职,设法施救,以救人为优先,车辆及医疗人员随时待命出动。

(7) 如灾害性天气导致职工无法正常下班,后勤保障小组应采取措施保证清洁水、食物及御寒衣服等的供应。

(8) 灾害性天气过后,各部门应组织技术人员对重要设备进行全面检查,运转正常后,方可投入生产。

(9) 电气专业人员在台风、暴雨雪、雷暴等恶劣性天气过后应巡视所有电气设备、室外端子箱、变配电设备等,如有积水应及时烘干。

3.2 应急物资与装备保障

(1) 日常配备可充电工作灯、电筒、篷布、铁锹等专用应急设施和设备。

(2) 准备一定数量的编织袋、麻袋、土工膜等,作为常备抗洪抢险物资。

(3) 配备必要的救生器材、救生衣、救生圈等。

(4) 进一步加固临时建筑的窗门及各类机械设备的入库措施。

(5) 所有机械设备须停放在安全位置,切实做好应急保护工作。

第 6 章　水上客运行业风险防控

根据交通运输部《国内水路运输管理规定》，水路运输按照业务种类分为货物运输和旅客运输，旅客运输包括普通客船运输、客货船运输和滚装客船运输。以上海为例，上海水路旅客运输主要分国内水路客运、乡镇渡运和国际邮轮三大类。其中，国内水路客运又可分为城市轮渡（包括黄浦江轮渡和三岛轮渡）、跨省客运（上海至浙江沿海跨省航线）和水上旅游（包括黄浦江旅游、苏州河旅游和区县内河水上旅游）三类。

本书水上客运行业主要聚焦城市轮渡。从 20 世纪 90 年代以来，水路客运已由传统的交通运输功能逐步向旅游休闲功能转变，城市轮渡作为城市公共交通体系中的重要一环，发挥着配套功能性作用。本书以我国城市轮渡较为发达的上海为例对水上客运行业的风险管控进行说明。上海的城市轮渡包括黄浦江轮渡和三岛轮渡，黄浦江轮渡往来于浦东浦西两岸，主要提供客运和车渡。三岛轮渡主要指往返于崇明岛、横沙岛、长兴岛的岛屿轮渡。

6.1　行业概况

6.1.1　设施及运行

1. 设施状况

截至 2017 年年底，上海市共运营城市轮渡（黄浦江轮渡）站点 31 个，其中浦西 16 个，浦东 15 个；运营三岛轮渡站点 8 个，其中崇明区 5 个，宝山区 3 个（表 6-1）。

表 6-1　2017 年上海市轮渡码头（使用中）基本情况

	航线名称	码头区域	码头名称	码头区域	码头名称
黄浦江轮渡	三淞线	浦西	吴淞轮渡站	浦东	三岔港轮渡站
	草临线		临江路轮渡站		草镇轮渡站
	东嫩线		嫩江路轮渡站		东塘路轮渡站
	金定线		定海桥轮渡站		金桥路轮渡站
	歇宁线		宁国路轮渡站		歇浦路轮渡站
	其秦线		秦皇岛路轮渡站		其昌栈轮渡站
	泰公线		公平路轮渡站		泰同栈轮渡站
	东金线		金陵东路轮渡站		东昌路轮渡站

（续表）

	航线名称	码头区域	码头名称	码头区域	码头名称
黄浦江轮渡	东复线	浦西	复兴东路轮渡站	浦东	东昌路轮渡站
	杨复线		复兴东路轮渡站		杨家渡轮渡站
	塘董线		董家渡轮渡站		塘桥轮渡站
	南陆线		南码头轮渡站		陆家浜路轮渡站
	三港线		华泾港口轮渡站		三林路轮渡站
	陈车线		陈行路轮渡站		车沟桥轮渡站
	杜吴线		吴泾轮渡站		杜行轮渡站
	民丹线		丹东路轮渡站		民生路轮渡站
三岛轮渡	崇明岛—宝山	崇明岛	南门港码头	宝山	宝杨路码头
			堡镇码头		宝杨路码头
			南门港码头		石洞口码头
			新河码头		吴淞码头
			新河码头		石洞口码头
	长兴岛—宝山	长兴岛	马家港码头		吴淞码头
	横沙岛—宝山	横沙岛	横沙码头	横沙岛	吴淞码头
	长兴岛—横沙岛	长兴岛	长兴对江渡		横沙码头

截至2017年年底，上海黄浦江游览共有经营性码头6个，泊位个数25个，泊位长度1 242 m。游船企业9家，运营游船33艘，客位11 336个，较上年减少500个（表6-2）。

表6-2　　2017年上海市黄浦江游览码头基本情况

序号	名称	泊位个数/个	泊位长度/m
1	秦皇岛路码头	3	185
2	十六铺码头	12	525
3	其昌栈码头	2	120
4	白莲泾码头	5	282
5	东方明珠游船码头	2	88
6	长江轮船	1	42

2. 运营状况

2017年，上海城市轮渡由上海市轮渡有限公司运营，共有航线16条，船舶39艘，运营范围为黄浦江东起吴淞口，西至米市渡沿江81 km区域。三岛轮渡由上海市客运轮船有限公司和上海崇明客运轮船有限公司运营，共有航线 8 条，船舶 28 艘。2017 年上海市轮渡行业概况见表 6-3。

表 6-3　　2017 年上海市轮渡行业概况

轮渡企业	船舶运力/艘	客位/个	车位/个	航线/条
上海市轮渡有限公司	39	17 800		16
上海市客运轮船有限公司	11	2 940	137	5
崇明客运轮船有限公司	17	4 607	159	3

2017 年，上海浦江轮渡完成客运量 4 966.6 万人次，日均 13.6 万人次，较上年下降 0.6%，降幅逐年收窄；完成车运量 48.7 万辆次，日均 1 334 辆次，较上年下降 2.5%(图 6-1)。

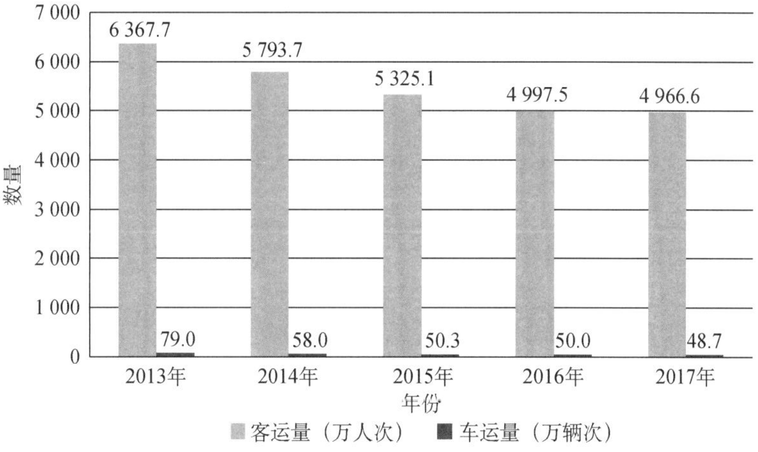

图 6-1　2013—2017 年黄浦江轮渡客运量及车运量

2017 年，三岛轮渡完成客运量 448.0 万人次，较上年增长 9.7%；完成车运量 102.6 万辆次，较上年增长 8.7%，客运量和车运量呈现稳步增长的态势(图 6-2)。

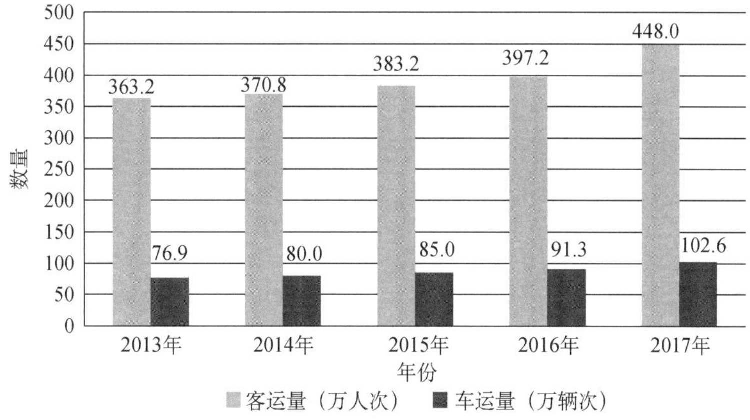

图 6-2　2013—2017 年三岛轮渡客运量及车运量

2017 年，上海市共发生内河水上交通及港口安全生产事故各 1 起，死亡人数分别为 2 人和 1 人。

6.1.2 行业管理

政府对水上客运行业的管理主要体现在法律法规制定、行业引导、运营管理、票价管理、安全管理、信息化管理、行业节能减排管理等方面。

1. 法律法规

政府对水上客运行业制定的法律法规主要包括以下内容。

《中华人民共和国港口法》(中华人民共和国主席令 2015 年第 23 号)

《国内水路运输管理条例》(2017 年国务院令 676 号)

《港口危险货物安全管理规定》(交通运输部令 2012 年第 9 号)

《港口经营管理规定》(交通运输部令 2016 年第 43 号)

《国内水路运输辅助业管理规定》(交通运输部令 2014 年第 3 号)

《关于修改〈老旧运输船舶管理规定〉的决定》(交通运输部令 2014 年第14 号)

《内河运输船舶标准化管理规定》(交通运输部令 2014 年第 23 号)

《交通运输部关于修改〈国内水路运输管理规定〉的决定》(交通运输部令 2016 年第 79 号)

《关于实施融资租赁船舶运力认定政策的公告》(交通运输部公告 2013 年第 81 号)

《关于实施国内水路运输及辅助业管理规定有关事项的通知》(交水发〔2014〕141 号)

《关于印发〈船舶报废拆解和船型标准化补助资金管理办法〉的通知》(财建〔2015〕977 号)

《上海港口条例》(上海市人民代表大会常务委员会公告 2010 年第 24 号)

《上海港口客运站管理办法》(上海市人民政府令 2009 年第 16 号)

《上海市内河港口管理办法》(上海市人民政府令 2012 年第 81 号)

《上海港口经营管理实施办法》(沪交港〔2008〕119 号)

《上海港口危险货物管理实施细则》(沪交法〔2009〕506 号)

《上海市水路运输管理条例》(上海市人民代表大会常务委员会公告 2010 年第 24 号)

《上海市水上公共交通客运服务规范》(沪交客〔2012〕590 号)

《水路旅客运输实名制管理规定》

《交通客运站建筑设计规范》(JGJ/T 60—2012)

《客滚船码头安全技术及管理要求》(JT 366—1997)

2. 行业引导

在国家层面，为了规范国内水路运输经营行为，维护国内水路运输市场秩序，保障国内水路运输安全，促进国内水路运输业健康发展，国务院于 2012 年 10 月 13 日发布《国内水路运输管理条例》，该条例确立了水路运输管理机构的法律地位、精简行政许可制度、新设运力宏观调控制度、新设节能减排、结构调整政策、新设诚信管理制度、新设服务质量管理制度、新设应急运输保障制度、健全市场动态监管和退出机制、保留国内水路运输市场保护制度、新设客运船舶强制保险制度。

《国内水路运输管理规定》依据《国内水路运输管理条例》制定。该规定旨在规范国内水路运输市场管理，维护水路运输经营活动各方当事人的合法权益，促进水路运输事业健康发展，对水路运输经营者、水路运输经营行为、外商投资企业和外国籍船舶的特别规定、监督检查、法律责任做出了详细说明。

在上海市层面，为了维护上海市水路运输市场秩序，保障水路运输经营者、旅客、货主和其他当事人的合法权益，促进水路运输事业的发展，规范水路运输管理，根据国家有关法律、法规，结合上海市实际情况，上海市制定了《上海市水路运输管理条例》，对上海市行政区域内从事营业性国内国际的水路旅客运输（含旅游运输）和水路运输服务以及相关的管理活动做出了规定。《上海市水上公共交通客运服务规范》（沪交客〔2012〕590 号）规范了从事水上公共交通的客运企业、客运船舶、港口客运站以及从业人员的服务标准。

3. 运营管理

我国水路运输管理工作由交通运输部主管。县级以上地方人民政府交通运输主管部门主管本行政区域的水路运输管理工作。县级以上地方人民政府负责水路运输管理的部门或者机构具体实施水路运输管理工作。交通运输部具体实施省际客船运输的经营许可。省内水路运输经营许可的具体权限由省级人民政府交通运输主管部门决定，向社会公布。具有许可权限的部门，对符合条件的，在 20 个工作日内做出许可决定，向申请人颁发《国内水路运输经营许可证》，并向其投入运营的船舶配发《船舶营业运输证》。申请经营水路旅客班轮运输业务的，还应向申请人颁发该班轮航线运营许可证件。交通运输部在特定的旅客班轮运输航线、水域出现运力供大于求状况，可能影响公平竞争和水路运输安全的情形下，可以决定暂停对特定航线、水域的旅客班轮运输新增运力许可。①

交通运输部负责我国港口经营行政管理工作。省、自治区、直辖市人民政府交通运输（港口）主管部门负责本行政区域内的港口经营行政管理工作。省、自治区、直辖市人民政府、港口所在地设区的市（地）、县人民政府确定的具体实施港口行政管理部门负责该港口的港口经营行政管理工作。国家鼓励港口经营性业务实行多家经营、公平竞争，严禁港口经营人实施垄断行为，规定任何组织和部门不得以任何形式实施地区保护和部门保护。②

上海市水上交通包括港口码头、航道、水上交通三方面，由上海海事局、航务处、码头管理中心主管。[1]《上海市水路运输管理条例》规定，市港口行政管理部门负责上海市水路运输的管理；浦东、嘉定、闵行、宝山、金山、松江、青浦、奉贤和崇明水路运输行政管理部门（以下统称区水路运输行政管理部门）负责本行政区域内水路运输的管理。市水路运输行政管理部门所属的上海市航务管理处负责上海市水路运输的具体管理；区、县水路运输行政管理部门所属的航务管理

① 《国内水路运输管理规定》（交通运输部令 2016 年第 79 号）。
② 《港口经营管理规定》（交通运输部令 2016 年第 43 号）。

署(所)在市航务处的业务指导下,负责本行政区域内水路运输的具体管理。

4. 票价管理

根据《国内水路运输管理规定》,我国水路旅客班轮运输业务经营者应当自取得班轮航线经营许可之日起60日内开航,并在开航的15日前通过媒体并在该航线停靠的各客运站点的明显位置向社会公布所使用的船舶、班期、班次、票价等信息,同时报原许可机关备案。旅客班轮应当按照公布的班期、班次运行。变更班期、班次、票价的,水路旅客班轮运输业务经营者应当在变更的15日前向社会公布,并报原许可机关备案。水路旅客运输业务经营者应当以公布的票价销售客票,不得对相同条件的旅客实施不同的票价,不得以搭售、现金返还、加价等不正当方式变相变更公布的票价并获取不正当利益,不得低于客票载明的舱室或者席位等级安排旅客。①

根据《上海市水上公共交通客运服务规范》(沪交客〔2012〕590号),水上客运船票票价根据航区特点、船舶类型、舱室设备等情况,由水上客运企业制定,报市交通行政管理部门和物价主管部门审批。水上客运企业应当使用符合国家规定基本格式的客运票证,不得对船票价格内已包含的服务项目另行收费或者向乘客强制提供收费服务。城市轮渡的票务方式可采用公共交通卡、轮渡月票、筹码、车辆过江票据等,并应当在每个客运站内配备公共交通卡刷卡交易设备。三岛轮渡应当使用符合国家规定的船票,基本内容包括承运人名称、航线、航次、座位号、票价、开船时间日期等。如因恶劣天气或其他不可抗拒因素停航时,水上客运企业对持当班有效船票并需要退票的乘客予以全额退款。

5. 安全管理

2017年5月,交通运输部发布《公路水路行业安全生产风险管理暂行办法》《公路水路行业安全生产事故隐患治理暂行办法》及《公路水路行业安全生产风险辨识评估管控基本规范(试行)》,指出各部门、各单位要按照“标本兼治、综合治理、系统建设”的总要求,积极推进安全生产风险管理和隐患治理双重预防体系建设,持续推动交通运输事业安全发展。《公路水路行业安全生产风险管理暂行办法》规定,从事公路水路行业生产经营活动的企事业单位(以下简称生产经营单位)是安全生产风险管理的实施主体,应依法依规建立健全安全生产风险管理工作制度,开展本单位管理范围内的风险辨识、评估等工作,落实重大风险登记、重大危险源报备和控制责任,防范和减少安全生产事故。交通运输部指导全国公路水路行业安全生产风险管理工作。地方交通运输管理部门和有关部属单位指导管辖范围内安全生产风险管理工作。属地负有安全生产监督管理职责的交通运输管理部门具体负责管辖范围内生产经营单位重大风险辨识、评估与管控的监督管理工作。

2017年11月,《国务院安委会办公室关于全面加强企业全员安全生产责任制工作的通知》(安委办〔2017〕29号),强调要强化企业安全生产主体责任的落实。

2017年11月,交通运输部印发《水上客运重大事故隐患判定指南(暂行)》,指导水路运输

① 《国内水路运输管理规定》(交通运输部令2016年第79号)。

和港口经营人判定水上客运重大事故隐患，该指南自2018年12月1日起施行。

《上海市水上公共交通客运服务规范》(沪交客〔2012〕590号)规定，水上客运企业应当按本规范的要求，建立健全安全服务质量管理体系，采取有效措施，持续改进客运服务。该规范对水上客运企业、客运船舶、港口客运站、从业人员的安全管理工作做出了详细的规定。

(1) 水上客运企业经营管理

① 依照有关法律、法规的规定，建立安全生产责任制度、安全生产规章制度和操作规程，健全安全管理体系。

② 建立生产经营管理制度，拥有与经营范围、经营业务相适应的船舶，并建立营运客船检查、保养、维修管理制度。

③ 制定本单位生产安全事故应急救援预案，并定期组织预案演练。

④ 会同客运站落实船舶靠泊、旅客上下船所必需的服务设施和安全设施，并建立对乘客携带物品安全检查制度。

⑤ 遵守国家水污染防治的法律、法规，加强设备保养，改善运行管理，维护船舶航行、停泊水域的环境卫生，不得违反规定排放、倾倒废弃物、污染物。

(2) 客运站经营管理

① 依照有关法律、法规和交通运输部有关港口安全作业的规定，加强安全生产管理，完善安全生产条件，建立健全安全生产责任制等规章制度。

② 定期开展客运站安全现状自查，在安全现状自查或者日常运营中发现的安全隐患，应当及时采取有效措施予以排除。

③ 制定本单位的重大生产安全事故的乘客紧急疏散和救援预案以及预防自然灾害预案，报送上海港码头中心备案，并定期组织预案演练。

④ 建立卫生培训制度，组织从业人员学习相关卫生法律知识和公共场所卫生知识，并进行考核；组织相关从业人员每年进行健康检查，取得有效健康合格证明后方可上岗；制定本单位的突发公共卫生事件应急预案，报送上海港港政中心备案，并定期组织预案演练。

⑤ 采取必要措施保证乘客运输的安全、快捷、便利，保持良好的候船条件和环境。

⑥ 按照核定功能使用和维护客运站的设施、设备，使其保持正常状态。遇恶劣天气、法定节假日、举办国家或者本市重大活动时，应当对设施、设备做事前安全检查，发现安全隐患的，应当立即予以排除。

⑦ 严禁乘客携带危险品进站上船，应当按照有关规定和标准，在客运站内设置安全检查设施、设备，配备安全检查人员，按照规定对进站人员携带物品、行李以及乘渡机动车等进行安全检查。在安全检查中发现有危险品的，应当立即采取防止危险发生的安全措施，并按照规定及时报告公安行政管理部门。

⑧ 客船不能按时运输乘客的，客运站应当及时发布公告。对滞留港口候船的乘客，应当会同承运人维持候船秩序，及时疏散乘客，做好船期变更和乘客退换票等工作。

⑨ 在客运站内对违禁危险物品目录或样式予以公告；严格执行检查制度，对收缴的危险品做好登记记录。

⑩ 加强电子监控设备的维护和利用；加强控烟劝导，除划定的吸烟区外，做到售票厅、候船室、码头及候渡停车场地等公共区域禁烟；维持良好的候船秩序，对违反客运站进站人员行为规范的乘客应当及时劝阻，经劝阻拒不改正的，可以拒绝为其提供服务，禁止其进站乘船。

⑪ 城市轮渡码头应当严格执行助动车及摩托车上船熄火规定，并督促非机动车及两轮摩托车驾驶员下车推行。

⑫ 三岛轮渡客滚码头应当设专职人员指挥乘客、车辆上下船，确保客、车分流，严格检查机动车驾驶员上船后停车熄火、拉手刹、拔钥匙，并在位于船首船尾车辆的前后轮胎后放置三角木垫固定车辆。

(3) 客船安全管理

按规定的乘客定额载客，禁止超载；乘客登、离船时应当做好引导工作，维持秩序，并提醒乘客码头和船舶的高低空挡，确保乘客上下船安全。

高速客船开航前应当确认乘客行包安放妥当，航行中航行状态改变(如变速、转弯等)前及船舶摇摆时应当发出安全提示，同时适时巡视，发现乘客不适及时采取措施。

航行时加强巡视，遇乘客有违反乘坐安全规则时应当及时劝阻。三岛轮渡的客滚船应当对车辆的安全停放进行巡视检查。航行中遇突发事故(事件)时，应当采取有效的应急处置措施保障乘客安全，按规定及时上报信息，并做好乘客的稳定工作。

(4) 从业人员管理

驾驶、轮机及普通船员应当持相应的有效船员适任证书上岗；驾驶员应当严格遵守国家相关通航法律法规规定，按照许可航线航行，注意避让过往船舶，不得抢航或者强行横越；轮机员应当在开航前严格检查客船各项设施设备，做好船舶维护保养工作，确保客船达到安全适航规定；船员应当指挥乘客安全有序上下船，并在航行过程中做好安全巡视和宣传工作。

6. 信息化管理

在国家层面，交通运输部印发的《交通运输信息化"十三五"发展规划》全面部署了我国交通运输信息化五年发展的总体思路、主要任务和保障措施，涵盖了公路、水路、城市客运及综合运输信息化等方面内容，体现了交通运输信息化发展的时代特征，是指导"十三五"时期交通运输信息化发展的重要纲领性文件。

在上海市层面，"十二五"期间，上海市启动了"上海国际航运中心综合信息共享平台"项目，由市建设财力投资建设航运信息基础设施和系统，主要包括口岸云数据中心、公共数据交换系统、航运门户网站以及跨区域通关协同、船舶动态监控等业务应用系统，为口岸数据、船舶动态信息汇集以及航运物流效率的提升建立了良好基础。与此同时，通过政府引导促进、专项资金支持等措施，上海市鼓励航运企业和机构开发各类航运信息化项目。其中，上海国际航运研究中心开发建设的"中国航运数据库"收录国内外港口基础信息和生产数据，动态跟踪国内外航运市场实时信息，收集航运相关经济数据，收录指标超过 800 项，数据超过 266 万条，企业用户数量突破 3 000 余家，已成为国际领先的港航数据库服务平台。此外，上海航运交易所承担全国集装箱班轮运价备案中心职能，已成为全国班轮输运市场的运价信息中心，有利于提高"上海航运指数"系列的权威性，争取国际话语权。以黄浦江轮渡信息化建设为例，目前上海仍在不断推进轮渡标准化建设工程。在智能升级方面的主要工作有升级电子售票系统、引进智能检票系统、新增走字屏和语音宣传引导系统、启用环保高清照明系统等；在安全技防方面的主要工作有增添防滑材料、添置服务设施、更新监控设备等；在彰显社会责任方面的主要工作有在渡口树立 LED 户外电子显示屏，循环播放各类公益宣传，传播正能量。

上海市将在上述工作的基础上继续深化，力争将上海建设成为国际航运信息的集聚地，充分运用信息资源，服务于其他国际航运服务要素的集聚和现代航运服务功能的提升。根据《上海国际航运中心建设三年行动计划(2018—2020)》，到 2020 年上海要基本建成航运资源高度集聚、航运服务功能健全、航运市场环境优良、现代物流服务高效，具有全球航运资源配置能力的国际航运中心，要打造航运科技创新高地，通过互联网、物联网、大数据、智能化等新技术应用，实现航运产业转型发展。

7. 行业节能减排

国家运用经济、技术政策等措施，支持和鼓励水路运输经营者实行规模化、集约化经营，促进水路运输行业结构调整；支持和鼓励水路运输经营者采用先进适用的水路运输设备和技术，保障运输安全，促进节约能源，减少污染物排放。①

在国家层面，2018 年 7 月，国务院印发《打赢蓝天保卫战三年行动计划的通知》(国发〔2018〕22 号)，我国从 2018 年 7 月 1 日起全面实施新生产船舶发动机第一阶段排放标准，深入推广使用电、天然气等新能源或清洁能源船舶。长三角地区等重点区域内河将采取禁限行等措施，限制高排放船舶使用，鼓励淘汰使用 20 年以上的内河航运船舶。

在上海市层面，《上海国际航运中心建设三年行动计划(2018—2020)》指出，要促进航运绿色、安全、高效发展，编制实施新一轮《绿色港口三年行动计划》，进一步实施船舶排放控制区管控措施，加快岸电设施推广和应用，推广 LNG 动力内河船舶应用，提高港区非道路移动机械清洁能源使用率，全面落实港口、船舶污染物的规范接收处置。

6.1.3　风险防控特点

从事水上交通运营的企业，各项规章制度的健全和有效执行、消防设施的配置和使用规范、人员的培训、安保管理的落实以及应急预案的建立和演练等，均对减少和降低意外事故发生的概率和程度起到至关重要的作用。以上海市为例，水上客运的风险防控存在如下特点。

1. 受运行环境因素影响大

水上客运受运行环境因素影响大，以上海为例，其表现形式有：①因不良的水文、气象条件

---

① 《国内水路运输管理条例》(2017 年国务院令第 676 号修订)。

等原因，造成航道淤积、船舶搁浅，如吴淞口每天涨潮 2 次，大量船舶乘潮进港，对相关航线的轮渡有风险，因此需要采取避风停航；②码头布局不科学、不合理，如与渣土码头相邻，频繁进出的渣土船对客运船只的靠离泊构成严重安全隐患等；③发生台风、地震、暴雨等自然灾害对码头、引桥等造成破坏；④港口保安工作不到位，发生人为破坏(包括船舶碰撞事故，恐怖分子破坏)；⑤存在素质不高的轮渡乘客在客舱内抽烟、骑助动车、偷运危险品等；⑥船舶在靠、离码头过程中，因操作不当，或因水文气象条件不良等原因，有可能造成船舶与码头相撞，进而导致船舶或码头破损及泄漏事故；⑦在码头前沿水域，由于操作失误，船舶之间发生碰撞，造成泄漏导致水域污染；⑧黄浦江气象环境复杂，容易出现大雾、大风等恶劣天气，尤其是突发性天气，因恶劣、重大改造工程而导致长时间停航；⑨三岛客运航程较长，面临突发恶劣天气时，存在较大运行风险。

2. 由设施设备故障引起的事故较多

水上客运因设施设备老旧、检修维保不到位引起的事故较多。如以上海为例，因设施设备老旧引起的风险，其表现形式有：①许多老旧渡口从 20 世纪六七十年代沿用至今，超龄使用；②许多趸船、浮桥的平均使用年限已超过 30 年，整体性能及配套设施技术状况较差，老旧程度严重；③许多营运客渡船船龄过长，属老旧的水上运输设备，不少船龄达 30 年的客渡船需强制报废；轮渡船舶船型过多，不同船舶吃水不同，对应码头标准也不同，对接存在诸多问题。因设施设备检修维保不到位引起的问题，其表现形式有：①轮渡引桥、趸船等设施设备，年久失修；②临时性客运码头无遮风挡雨的候船区域无法应对灾害性天气；③客运站内未按规定设置无障碍设施，或未对这些设施、设备进行定期检修；④未根据客运站规模配置相应的安检设施、设备，并定期维护、保养；⑤未保障应急疏散通道畅通；⑥标志标识不健全、不科学、不准确或不醒目；⑦未按要求安装视频监控系统，并对其内容按要求进行保存；⑧岸电供应装置发生故障以及误操作，等等。

3. 易受作业人员影响

船舶的安全运行受作业人员安全意识影响大。如客船超载；企业负责人、安全管理人员、安检人员、系解缆工及食品卫生从业人员等未经培训，进行不正确操作，未及时发现隐患并加以解决，管理不善、规章制度不健全；国际客运滚装船卸货违规作业、指挥失误、麻痹大意；靠离泊时，船和岸之间的通信、信息交流有误或衔接不当；轮渡码头非机动车未熄火、减速，直冲渡船；到港船舶状况较差，检测维保欠缺，不符合装载、运输方面的安全要求等问题均会给船舶运行带来风险。

4. 对各级管理工作要求高

水上客运风险防控对各级管理工作要求高，其原因在于：城市轮渡在运送旅客的同时，还运送机动车、非机动车、电瓶车、货物，成分复杂，当安检管理不到位时，极易引发事故；重大节假日期间，客流不断回升，候船室的面积过小，管理工作不到位容易造成大客流情况下的踩踏事件；管理不善、规章制度不健全或执行不严格容易导致违章指挥和违章作业；船岸双方信息沟通不畅容易导致操作失误，等等。

5. 存在船舶污染问题

船舶有大量的燃油，在航行过程中一旦发生船舶事故或者误操作，易造成燃油泄漏污染水域，而船舶本身没有能力处置，需要社会力量的介入。船舶污染事故是偶发的，而船舶污染应急防备是长期的，收取应急处置费用无法保障队伍的日常运营，需要有专项经费保障，否则出现污染而不能及时处置，对水源安全有很大的隐患。

6. 存在船舶碰撞铁路桥梁事故的隐患

以上海市为例，在多达60余座的跨内河航道铁路桥梁中，现仅4座桥梁按照国家技术标准安装了内河通航水域桥梁警示标志，其余跨内河航道铁路桥梁均未安装(或未按标准安装)警示标志。船舶夜航时因缺乏助航标志的指引，无法清楚辨认桥梁设施的具体形状和位置，加之多数铁路桥因建造年限较长通航净空尺度远低于现行通航标准，极易发生船舶碰撞铁路桥梁事故，有重大的通航安全隐患。

7. 引航作业面临风险

引航作业面临风险的识别可从以下角度考虑：船舶机械设备的机械能、电能、热能、化学能等非正常释放，为确保机械设备正常而进行的维护保养中人为失误和作业不良所产生的危险因素；被引航船舶和引航站站属船舶在航行、靠离泊、引航接送及应急反应等过程和与之相关的各种作业过程中产生的各种不安全因素。

6.2 风险防控与实践

6.2.1 风险辨识与评价

一般而言，水上客运风险源主要包括以下几点。

(1) 外界环境：包括影响船舶航行安全、渡口营运安全的航道、潮汐水流和气候状况等因素。

(2) 工作环境：包括船舶驾驶室、舱面、机舱间、船舶舷外作业、浮桥码头、岸上工作场所、施工场所等各工作岗位周围环境是否存在易落水、易碰头、易踏空、易高空坠落、易摔跤等危害因素。

(3) 平面布局：包括生产区、生活区、临时设施区、材物料堆放区的高温、有害物质、噪声、易燃易爆危险品等存放和使用布置，安全防护距离。

(4) 建筑结构：防火、防爆、防盗、卫生设施等。

(5) 设备设施：包括高温、腐蚀、转动、振动设备及其关键部位设备的防护、操作、检修和失误时的紧急异常情况等方面的危害因素；机械设备运转部件的防护、操作和检修作业是否存在误操作的可能性；电气设备断电、触电、接触不良易引发火灾消防事故等方面的危害因素；对大型设备(主要针对工业分公司)而言，危险性的大型设备和特种作业设备、高处作业设备，如吊车等是否存在防护、操作和检修作业等方面的危害因素。

（6）特殊场所：乙炔、氧气存放、油料库、易燃易爆危险品等存放、使用（主要针对工业分公司、维修站、仓库）。

（7）人的失误：是否存在可能导致事故发生的职工习惯性违章操作和工作现象。

1. 风险辨识

根据《公路水路行业安全生产风险管理暂行办法》，水上客运企业应针对本单位生产经营活动范围及其生产经营环节，按照相关法规标准要求，编制风险辨识手册，明确风险辨识范围、方式和程序。企业的风险辨识应针对影响发生安全生产事故及其损失程度的致险因素进行，致险因素一般包含以下方面。

（1）客运从业人员安全意识、安全与应急技能、安全行为或状态。

（2）水上客运涉及基础设施、运输工具、工作场所等设施设备的安全可靠性。

（3）影响安全生产外部要素的可知性和应对措施。

（4）安全生产的管理机构、工作机制及安全生产管理制度合规和完备性。

水上客运的安全生产风险辨识分为全面辨识和专项辨识。全面辨识是企业为全面掌握本单位安全生产风险，全面、系统地对本单位生产经营活动开展的风险辨识；专项辨识是企业为及时掌握本单位重点业务、工作环节或重点部位、管理对象的安全生产风险，对本单位生产经营活动范围内部分领域开展的安全生产风险辨识。全面辨识应每年不少于1次，专项辨识应在生产经营环节或其要素发生重大变化或管理部门有特殊要求时及时开展。安全生产风险辨识结束后应形成风险清单。水上客运企业应依据风险等级判定指南，对风险清单中所列风险进行逐项评估，确定风险等级以及主要致险因素和控制范围。对风险致险因素发生变化并超出控制范围的，生产经营单位应及时组织重新评估并确定等级。企业的重大风险等级评定、等级变更和销号，可委托第三方服务机构进行评估或成立评估组进行评估，出具评估结论。企业成立的评估组成员应包括企业单位负责人或安全管理部门负责人和相关业务部门负责人、2名以上相关专业领域具有一定从业经历的专业技术人员。

以上海市为例，上海市某轮渡公司和上海市某客运轮船公司安全生产风险源清单见表6-4、表6-5。

表6-4　上海市某轮渡公司安全生产风险源信息表

<table>
<tr><th>岗位及场所</th><th>风险源及安全风险</th><th>风险因素描述</th><th>风险评估级别</th></tr>
<tr><td rowspan="4">船舶带缆处</td><td rowspan="4">缆绳断裂伤人
不按规定穿戴劳防用品
缆绳断裂造成船舶移位
旅客进入该区域造成绊倒</td><td rowspan="4">伤人、船舶失控、摔伤</td><td>三级</td></tr>
<tr><td>三级</td></tr>
<tr><td>三级</td></tr>
<tr><td>四级</td></tr>
</table>

（续表）

岗位及场所	风险源及安全风险	风险因素描述	风险评估级别
载车甲板	车辆配载不当 消防间距不足 旅客滞留车甲板 车辆上船后驾驶不当 上下车时车辆抛锚 两轮电动车、摩托车系固不当 车辆固定不良	倾斜、通道堵塞、伤人、车辆抛锚、两轮车侧翻	三级 三级 三级 三级 四级 三级 四级
船舶驾驶室	助航仪器设备故障 未保持正规瞭望形成紧迫局面 未按法律法规规定航行 紧急情况下应急处置不当 消防设备设施失效 船员对应急信号及应急措施不熟悉	碰撞、搁浅、火灾	三级
船舶轮机部	未遵照规定执行设备保养规定造成设备故障 电器检修未按规定执行造成事故 电瓶间、油箱积聚易燃易爆气体过量造成爆燃 高速运转部件造成伤害 船舶授油未按规定造成环境污染	爆炸、触电、机械故障、伤人、污染	四级 四级 三级 三级 三级
旅客上下船处	船岸舷梯状况不良 船员或旅客坠江 上下客时过分拥挤造成伤害 旅客上下船时滑倒 涌浪造成船舶颠簸摇晃	拥挤、滑倒、跌倒、落水	三级 三级 三级 三级 三级
调度室	船舶超载 船舶开航超抗风等级 船舶开航时不满足能见度条件	船舶超载、能见度、抗风级航行	三级 二级 二级
公司厨房及餐厅	过期、变质食品 餐厅地面湿滑 油烟机严重油垢 电器线路老化或负载过高	食物中毒、火灾、人员滑倒	三级 三级 三级 三级
公司危险品车辆装运	车况不良 违章吸烟 航行中发生碰撞事故 航行中发生搁浅事故 航行中发生火灾事故	碰撞、搁浅、爆炸	三级 二级 二级 二级

（续表）

岗位及场所	风险源及安全风险	风险因素描述	风险评估级别
公司轮站	危检仪损坏 安保监控失效 消防设备设施失效 雨雪天路面湿滑 配电箱无警示标志 旅客、车辆坠江 车辆在引桥上抛锚	触电、传动带伤人、危险物品夹带、管制刀具进站	三级 三级 三级 三级 三级 三级 三级

表 6-5 上海市某客运轮船公司风险源清单

编号	作业活动	发生场所	描述	影响人员（环境）	等级
1	船舶碰撞	船舶	船舶之间，船岸之间，船与障碍物之间碰撞引起燃油溢出	环境	低
2	火灾/爆炸	船舶	引起燃油溢出	环境	低
3	垃圾处理	公司所属区域	垃圾及废弃物排出	环境	低
4	系解缆作业	船舶/轮站	不按规定穿戴个人防护用品造成伤害	健康	低
5	系解缆作业	船舶/轮站	站位不合理，踩跨缆绳，造成缆击伤害	健康	低
6	系解缆作业	船舶	作业前未对缆绳安全检查，造成缆绳破损伤人	健康	低
7	系解缆作业	船舶/轮站	非系解缆人员进入现场，造成误伤	健康	低
8	系解缆作业	船舶	导向桩/筒不活络，造成断缆伤人	健康	低
9	系解缆作业	船舶	操车时不注意缆绳松紧程度和机械运转情况造成断缆或弹跳伤人	健康	低
10	封闭处所作业	船舶/轮站	进入已知或怀疑空气不安全的处所不采取安全措施，造成中毒窒息事故	健康	低
11	封闭处所作业	船舶/轮站	未落实进入前预防措施，造成中毒窒息	健康	低
12	高处作业	船舶/轮站	不戴安全帽使头部失去保护造成伤害	健康	低
13	高处作业	船舶/轮站	不系妥安全带，造成坠落伤害	健康	低
14	高处作业	船舶/轮站	患有高血压/心脏病/严重贫血/美尼尔氏症等上高禁忌疾病不报告造成事故	健康	低
15	所有工作场所	公司所属区域	非吸烟场所吸烟或乱扔烟头，引发火灾	健康	低
16	生活起居	船舶/轮站宿舍	楼梯滚落/浴室/厕所照明不足，地面湿滑，造成船员滑跌伤害	健康	低
17	行走/交通	船舶/轮站	码头上下船可能遇到行驶车辆的伤害	健康	低
18	生活起居	船舶/轮站宿舍	船员居室内使用大功率电器，造成火灾	健康	低

（续表）

编号	作业活动	发生场所	描述	影响人员（环境）	等级
19	车辆装卸	船舶/轮站	车辆不当配载，稳性可能影响船舶操纵，严重时可能造成倾覆危险	操作风险	低
20	车辆装卸	船舶/轮站	车辆装载作业时缺乏监督检查，没有发现装载不当，可能导致船舶险情或事故发生	操作风险	低
21	运输途中	船舶	航行时未经常对车辆进行检查，必要时应采取措施，可能导致车辆移动、失火，威胁船舶安全	操作风险	低
22	运输途中	船舶	没有了解或遵守法规和报告制度，可能导致违反港口规定而遭受处罚	操作风险	轻微
23	运输途中	船舶	没有及时修改航海图书资料，造成船舶航行错误，可能导致发生险情或事故	操作风险	低
24	运输途中	船舶	穿越主航道时没有详细了解通航密度、气象和水文等特点，可能导致船舶险情或发生事故	操作风险	中
25	运输途中	船舶	未及时接收航行警告、气象预报，可能导致船舶险情或事故	操作风险	低
26	运输途中	船舶	未对航行灯、信号灯进行检查，可能导致碰撞险情或事故	操作风险	低
27	运输途中	船舶	未使用安全航速和有关限速的规定，可能发生事故	操作风险	低
28	运输途中	船舶	在南门通道会船没有与他船互相配合、协调避让，可能导致船舶紧迫局面或发生碰撞、触损、搁浅事故	操作风险	低
29	运输途中	船舶	VHF 未在指定频道守听并保持与 VTS 的联系，可能造成船舶险情	操作风险	低
30	系解缆作业	船舶	靠离泊中首尾带缆人员操作失误，缆绳绞进船尾螺旋桨，可能导致船舶险情或发生事故	操作风险	低
31	运输途中	船舶	瞭望疏忽将可能导致船舶碰撞、搁浅等事故	操作风险	中
32	运输途中	船舶	驾驶员未能熟练地使用雷达，如遇到能见度不良以及在船舶密度大的水域航行时，可能导致船舶险情	操作风险	低
33	运输途中	船舶	船长未将航行指示和注意事项或者其他重要布置明确记入“船长命令簿”，可能导致船舶事故	操作风险	低
34	能见度不良时	船舶	能见度不良航行时没有开启航行灯，可能发生险情或碰撞事故	操作风险	中
35	能见度不良时	船舶	雾航状态下没有正确操作和使用雷达可能导致发生碰撞事故	操作风险	中
36	能见度不良时	船舶	雾航状态下没有守听和正确使用 VHF 无线电话，联系协调避让行动或者沟通错误，可能导致船舶碰撞	操作风险	中

（续表）

编号	作业活动	发生场所	描述	影响人员（环境）	等级
37	停泊/歇泊时	船舶	没有以适当的时间间隔巡查船舶，可能导致船舶险情或发生事故	操作风险	低
38	其他情况	船舶	AIS没有输入或没有正确输入静态和动态数据，如船舶吃水、目的港和预计抵达时间、航线计划、航行数据等，由于本船信息错误可能导致船舶发生险情或碰撞事故	操作风险	低
39	救生艇操作	船舶	对救生艇、吊艇架和相关操纵装置不熟悉，可能导致放艇和收艇过程中发生险情或事故	操作风险	低
40	明火作业	船舶	维修保养违章动火或未按船舶明火作业须知操作，可能导致发生火灾事故，造成船舶损失或人员伤害	操作风险	中
41	岗位职责	公司各级人员	人员不按规章制度要求履行岗位职责、违章操作、不服从管理和安排，可能造成操作风险	操作风险	低
42	应急与演习	船舶/轮站	没有进行应急预案的培训和演习不到位，可能导致一旦发生险情时不能迅速进行处置而造成风险	操作风险	低
43	应急预案	船舶/轮站	对突发相关的紧急危害事件没有制定相应应急预案，可能导致一旦发生险情无章可循而造成船舶风险	操作风险	低
44	站变配电	站配电房	受潮、雷击、跳闸	操作风险	低
45	码头岸电箱	站码头	接头座烧坏 电箱门损坏	操作风险	低
46	卷扬机	站码头	钢丝绳锈蚀	操作风险	低
47	趸船锚链		锚链锈蚀、锚链走位	操作风险	低
48	浮趸船	站码头	老船漏水	操作风险	低
49	浮码头吊桥	轮船浮码头	起吊设备	操作风险	低
50	防污染器材	轮站码头区	配件缺失或缺少	影响环境	低
51	应急发电机	站应急发电机房	发电机无法应急	操作风险	低
52	避雷设备	站码头	避雷设备失效	操作风险	低
53	防汛设施及器材	引桥口	防汛门正常关闭，器材配备足够	操作风险	低
54	防冻防滑设施及器材	站码头	设施有效，器材足量	操作风险	低
55	站上下车吊桥	轮站 车渡码头	吊桥脱落	操作风险	低
56	站放客梯	轮站	放客梯脱落	操作风险	低

（续表）

编号	作业活动	发生场所	描述	影响人员（环境）	等级
57	加油码头	加油码头	油污染	影响环境	低
	燃油加装作业	船舶			
58	船舶主机	船舶	主机失控	操作风险	低
59	船舶发电机组	船舶	失电	操作风险	低
60	船舶舵机系统	船舶	操舵失控	操作风险	低
61	船舶锚设备	船舶	锚不能抛起	操作风险	低
62	安检	客运站/船舶	未严格按照相关安检规定对旅客进行安检，导致“三品”进站上船，可能引发爆炸、火灾等险情或事故发生	操作风险	轻微
63	安检	客运站	安检仪未进行日常维修保养；出现故障，未及时修复，导致危险物品进站上船，引发爆炸、火灾等险情或事故	设备风险、操作风险	低
64	安检	客运站/船舶	未按规定向旅客普及各类安全知识、应急注意事项，可能导致旅客发生险情或事故	操作风险	低
65	安检	客运站/船舶	未按规定将查获的各类危险品、违禁品妥善保管，未及时移交公安，可能导致爆炸、火灾等险情或事故	操作风险	低
66	旅客上下船	船舶	未正确清点旅客人数，导致船舶超载	操作风险	低
67	旅客上下船	船舶	未严格执行车客分流工作，未阻止随车人员上下车辆甲板，可能导致随车人员经过车辆甲板受到伤害	操作风险	低
68	旅客上下船	船舶	未按规定做好冬季防滑防冻工作，导致旅客滑倒受伤	操作风险	低
69	旅客上下船	船舶	船舶靠码头，搭栓客梯时，车客渡客运（副）主任未按规定穿着救生衣，发生险情或事故	人员健康风险、操作风险	低
70	旅客上下船	轮站	旅客上下船时，客梯、安全网搭栓不牢，导致旅客受伤、坠江等风险或事故	操作风险	中
71	客舱巡回检查	客运站/船舶	未认真执行巡回检查工作，未对旅客行李堵塞应急通道进行合理安排，导致应急情况下不能及时撤离	操作风险	低
72	客舱巡回检查	船舶	未能认真执行巡回检查工作，导致无关人员在航行途中进入影响船舶航行的安全区域，引发险情或事故	操作风险	低
73	客舱巡回检查	船舶	未能认真执行巡回检查工作，未对旅客不安全行为加以制止，可能发生客伤险情或事故	操作风险	低
74	客舱巡回检查	客运站/船舶	未认真执行巡回检查工作，未对特殊旅客进行关注，可能引起人员伤害及财产损失	操作风险	低

（续表）

编号	作业活动	发生场所	描述	影响人员（环境）	等级
75	客舱巡回检查	船舶	未能认真执行巡回检查工作，未发现客舱内安全设施故障并及时上报，可能导致人员受到伤害	操作风险	低
76	旅客伤病	客运站/船舶	未对突发传染病、疫情加以严格控制，采取隔离措施，可能威胁旅客及船员的身体健康和生命安全	人员健康风险	低
77	食品安全	客运站/船舶	未按照食品加工操作规程和有关要求进行操作，可能导致员工食物中毒	人员健康风险	中
78	食品安全	客运站/船舶	用具和容器等进行清洗消毒工作，可能导致交叉污染，引起员工食物中毒	人员健康风险	低
79	垃圾管理	客运站/船舶	站、船对生活垃圾未严格管控，导致流向水域，污染环境	环境管理风险	低
80	药品管理	客运站/船舶	站、船对医药箱过期药品未严格管控，导致流向垃圾桶或水域，污染环境	环境管理风险	低
81	上下船安全	客运站码头/趸船	不明涌浪对上下客产生危险	操作风险	低
82	车客混流	船舶甲板/上船道口	车客未按规定分流造成人员伤害	操作风险	低
83	高客流	客运站候船室	候船室旅客瞬时增多可能引起人员拥挤，造成拥挤踩踏事件	操作风险	低
84	过江二轮车绑扎	车辆甲板	非机动车辆和摩托车聚集时，易造成车辆未有效系固，车客混流，贵重摩托车损坏和客伤事件	操作风险	低
85	高峰车流	南门/石洞口 待渡区域	车辆增多时造成秩序混乱易产生舆情事件	操作风险	低
86	大量非机动车、电瓶车及摩托车过江	南门/石洞口	大量两轮车及摩托车过江时易造成危险	操作风险	低
87	航行途中车辆甲板巡查	车辆甲板	车辆甲板巡查不到位未及时发现险情或不安全情况造成事故	操作风险	低
88	车辆危险品安检	南门/石洞口	车辆安检不到位易造成危险品夹带进站上船	操作风险	低
89	旅客意外落江	客运站码头/趸船	旅客游走安全区域以外造成落江	操作风险	低
90	客运站门岗管理和贵宾卡管理和售票	客运站/船舶	客运站门岗人员未真正履职造成无票人员进入公司，贵宾卡管理不到位可能造成超载	操作风险	低
91	客运站码头现场秩序管理	客运站码头/趸船	上下车辆和旅客时易造成车辆和旅客秩序混乱以及航班误点时聚集码头和趸船	操作风险	低

（续表）

编号	作业活动	发生场所	描述	影响人员（环境）	等级
92	食品安全	职工食堂	引发食品卫生安全事件	影响职业健康	低
93	食堂消防	职工食堂	油烟排风管油腻引发火灾	操作风险	低
94	食堂消防	职工食堂	液化气灶的使用、软管的新旧	操作风险	低
95	防盗失窃	公司大楼及各客运站	财物、贵重物品丢失	操作风险	低
96	公务用车	道路	交通事故	操作风险	低
97	人员	站船	未穿戴或正确使用劳动防护用品	人员健康	低
98	人员	站船	未按公司规定正确上、下班	操作风险	轻微
99	人员	船舶	连续工作时间超长，造成人员疲劳当班	操作风险	轻微
100	人员	船舶	上班时的酗酒问题	操作风险	低
101	人员	站船	夜间睡眠不足，第二天上班精神恍惚	操作风险	轻微
102	人员	公司	员工上班时突发性疾病所带来的风险	操作风险	低
103	人员	船舶机驾人员	人员的适任能力不足所造成的风险	操作风险	低
104	人员	站船	未按公司各项操作规程进行操作所带来的风险	操作风险	中

2. 风险评价

水上客运重大事故隐患及其产生原因分析如下①。

(1) 客船安全技术状况、重要设备存在严重缺陷是指下列情形之一：客船擅自改建；客船改装后，船舶适航性、救生和防火要求，不满足技术法规要求；客船船体破损、航行设备损坏影响船舶安全航行，未及时修复；客船应急操舵装置、应急发电机等应急设施设备出现故障；客船未按规定配备足额消防救生设备设施或消防救生设备设施存在严重缺陷。

(2) 客船配员或船员履职能力严重不足是指下列情形之一：船长或者高级船员的配备未满足最低安全配员要求；参加航行、停泊值班的船员违反规定饮酒或服用国家管制的麻醉药品或者精神药品。

(3) 客运码头重要设备及应急设备存在严重缺陷或故障是指下列情形之一：未按规定配备足额消防救生设备设施或配备的设备设施存在严重缺陷；未按规定设置旅客和车辆上下船设施、安全设施、应急救援设备，或者设置的设备设施不能正常使用。

(4) 水上客运生产经营单位违法经营、作业是指下列情形之一：客船未持有有效的法定证书；客船未遵守恶劣天气限制、夜航规定航行；客船载运旅客人数超出乘客定额人数的、未按规

① 交通运输部《水上客运重大事故隐患判定指南(暂行)》。

定载运或载运的车辆不符合相关规定、未按规定执行“车客分离”要求；客运码头未按规定履行安检查危职责，违规放行人员和车辆；未按规定执行水路旅客运输实名制管理规定；超出经营许可范围和许可有效期经营。

(5) 水上客运生产经营单位安全管理存在严重问题是指下列情形之一：未按规定建立安全管理制度或安全管理体系；未切实执行安全管理制度或安全管理体系没有得到有效运行；安全管理相关人员不符合规定的任职要求或履职能力严重不足；未按规定制定应急预案或者未定期组织演练，且逾期不改正。

(6) 其他重大事故隐患是指下列情形之一：客船人员应急疏散通道严重堵塞；客船压载严重不当；客船积载、系固及绑扎严重不当；客船登离装置存在重大安全缺陷未及时纠正；客运码头未按相关标准配备安全检测设备或者设备无法正常使用；客运码头及其停车场与污染源、危险区域的距离不符合规定。

1) 风险的分类[1]

水上客运作业存在的主要风险为人员伤亡、码头基础设施损坏、靠系船舶损坏(倾覆)、候船室损坏、大量旅客滞留、大量船舶滞留、停水停电、火灾事件、危品事件、保安事件等。

(1) 人员方面：各级管理人员、从业人员身体健康状况、安全管理知识储备、安全操作技能等；现场操作是否规范、现场是否违规、行业监管是否到位等。

(2) 环境(市场)方面：自然灾害、社会不稳定事件、公共卫生事件、市场运行状况等。

(3) 设施设备方面：车船检测维保、现场操作工具的使用保养、安全设施设备的使用等。

(4) 管理方面：行业生产经营单位对相关人员、现场操作、日常经营等方面的安全管理；各级行业管理部门对管辖行业、管辖企业的日常监管和相关管理政策、体制、机制等方面。

2) 风险的分级

风险源等级划分依据主要为相关法律法规、行业规范和企业规范，同时参考事故数据和保险出险、赔付数据。风险等级划分主要考虑人员伤亡和直接经济损失，根据实际情况考虑主营业务行业类型、承运人类型、行驶区域、船舶状况、驾驶员状况、企业的安全生产管理情况、企业的管理和作业人员持证情况、设备设施情况、企业的专项安全评价情况等客观因素，和事故发生产生的环境破坏、社会影响、事故发生概率等方面的后果，当多种后果同时产生时，应采取就高原则确定事故严重程度等级。[1]

水上客运风险等级按照可能导致安全生产事故的后果和概率，由高到低依次分为重大(Ⅰ级)、较大(Ⅱ级)、一般(Ⅲ级)和较小(Ⅳ级)四个等级。

重大风险(Ⅰ级)是指一定条件下易导致特别重大安全生产事故的风险。

较大风险(Ⅱ级)是指一定条件下易导致重大安全生产事故的风险。

一般风险(Ⅲ级)是指一定条件下易导致较大安全生产事故的风险。

较小风险(Ⅳ级)是指一定条件下易导致一般安全生产事故的风险。

同时满足两个以上条件的，按最高等级确定风险等级。

6.2.2 风险防控措施

1. 一般管控措施

以上海市某轮渡公司和上海市某客运轮船公司为例，水上客运风险的一般管控措施如表 6-6、表 6-7 所示。

表 6-6　　上海市某轮渡公司安全生产风险源管控措施

岗位及场所	风险源及安全风险	安全及监控措施	责任人	适用的应急预案及现场处置方案
船舶带缆处	缆绳断裂伤人； 不按规定穿戴劳防用品； 缆绳断裂造成船舶移位； 旅客进入该区域造成绊倒	带缆时检查缆绳良好情况； 按规定佩戴劳防用品； 操作人员按规定培训上岗，并熟练掌握操作规程； 加强值班巡视，根据潮位及时收松系缆； 禁止旅客进入带缆区域	带缆驾驶、水手	现场急救、拨打 120 送医； 启动船舶，重新靠泊系缆
载车甲板	车辆配载不当； 消防间距不足； 旅客滞留车甲板； 车辆上船后驾驶不当； 上下车时车辆抛锚； 两轮电动车、摩托车系固不当； 车辆固定不良	操作人员按规定培训上岗，并熟练掌握操作规程。装车人员根据车辆状况、合理配载，及时调整船舶平衡。严禁首倾，横倾不得超过 2°； 留有足够的消防通道，确保消防设施设备的通过； 水手长有序指挥汽车驾驶员泊好车位，拉好手刹，告知驾驶员上客舱； 发生车辆抛锚情况，立即联系港方及时将事故车辆拖离现场； 两轮车停放指定区域，并系固良好； 首尾车辆、大型重载车辆垫好垫木	水手长	打压载水，调整船舶平衡； 派拖车拖离事故车辆； 现场急救、拨打 120 送医
船舶驾驶室	助航仪器设备故障； 未保持正规瞭望形成紧迫局面； 未按法律法规规定航行； 紧急情况下应急处置不当； 消防设备设施失效； 船员对应急信号及应急措施不熟悉	做好对助航仪器、消防等设施设备的日常维护保养和检查，确保设施设备处于适航状态； 按法律法规规定航路航行，并保持正规瞭望、使用安全航速，确保船舶航行安全； 加强对船员的培训工作，做好日常的应急演练，明确各自的岗位职责； 严格遵守各自岗位职责及操作流程	船长、驾驶	首先根据各类应急预案进行自救，同时报公司、报海事
船舶轮机部	未遵照规定执行设备保养规定造成设备故障； 电器检修未按规定执行造成事故； 电瓶间、油箱积聚易燃易爆气体过量造成爆燃； 高速运转部件造成伤害； 船舶授油未按规定造成环境污染	做好机舱电气、机械等各设施设备的日常维护保养和检查，确保设施设备处于适航状态； 严格遵守机舱各岗位操作规定执行； 船舶授油按规定操作	机舱人员	拨打 120 送医； 对故障的设备立即进行抢修，并将情况报告船长； 按《油污应急计划》处置

（续表）

岗位及场所	风险源及安全风险	安全及监控措施	责任人	适用的应急预案及现场处置方案
旅客上下船处	船岸舷梯状况不良； 船员或旅客坠江； 上下客时过分拥挤造成伤害； 旅客上下船时滑倒； 涌浪造成船舶颠簸摇晃	水手和服务员应在上下客时应加强梯口值班并注意观察水域情况，遇有不明涌浪及时阻止上下客，并要求码头水手撤回舷梯； 加强巡查，密切关注旅客在码头区域内动向，维持秩序，确保在安全线内； 雨雪天做好防滑措施。清扫积水、积雪，垫好草包或防滑垫； 严格执行旅客上下客流程操作的规定	水手、服务员	现场急救、拨打120送医； 按《人落水》应急预案处置
调度室	船舶超载； 船舶开航超抗风等级； 船舶开航时不满足能见度条件	操作人员按规定培训上岗，并熟练掌握业务知识； 及时收听气象预报，掌握船舶抗风等级，严禁超风级指挥船舶航行； 严格遵守能见度不良时的规定，听从海事的指示	调度员	遵守公司及海事相关规定
公司厨房及餐厅	过期、变质食品； 餐厅地面湿滑； 油烟机严重油垢； 电器线路老化或负载过高	严禁过期、变质食品进食堂； 餐厅地面保持清洁干燥； 定期清洁油烟机； 定期对电器电路检查和维护保养	厨工	拨打120送医； 根据失火应急预案处置，火势过大，拨打119求助
公司危险品车辆装运	车况不良； 违章吸烟； 航行中发生碰撞事故； 航行中发生搁浅事故； 航行中发生火灾事故	禁止吸烟，严格遵守危险品运输的各项操作规定； 做好危险品上船前的安检工作，车况不良不得上船； 航行中船长大副双岗值班，严格执行危险品运输规定的航路航行； 保持正规的瞭望、使用安全航速，确保船舶航行安全	船长、驾驶	现场急救、拨打120送医； 首先根据各类应急预案进行自救，同时报公司、报海事
公司轮站	危检仪损坏； 安保监控失效； 消防设备设施失效； 雨雪天路面湿滑； 配电箱无警示标志； 旅客、车辆坠江； 车辆在引桥上抛锚	操作人员按规定培训上岗，并熟练掌握操作规程； 做好设备的日常保养工作和检查工作，并做好相关记录； 现场消防设施设备到位； 安检仪发生故障，及时上报及抢修； 安检仪发生故障需临时进行人工安检； 雨雪天做好防滑措施。清扫积水、积雪，垫好草包或防滑垫； 加强巡查，密切关注旅客在码头区域内动向，维持秩序，确保在安全线内	安保员 值班长 服务员	现场急救、拨打120送医； 拨打110报警

表6-7　　上海市某客运轮船公司风险源管控措施

编号	作业活动	发生场所	描述	控制措施
1	船舶碰撞	船舶	船舶之间，船岸之间，船与障碍物之间碰撞引起燃油溢出	防止水域与环境污染管理规定
2	火灾/爆炸	船舶	引起燃油溢出	防止水域与环境污染管理规定
3	垃圾处理	公司所属区域	垃圾及废弃物排出	垃圾管理计划
4	系解缆作业	船舶/轮站	不按规定穿戴个人防护用品造成伤害	CKCZ04-22 靠离泊安全操作须知
5	系解缆作业	船舶/轮站	站位不合理，踩跨缆绳，造成缆击伤害	CKCZ04-22 靠离泊安全操作须知
6	系解缆作业	船舶	作业前未对缆绳安全检查，造成缆绳破损伤人	CKCZ04-22 靠离泊安全操作须知
7	系解缆作业	船舶/轮站	非系解缆人员进入现场，造成误伤	CKCZ04-22 靠离泊安全操作须知
8	系解缆作业	船舶	导向桩/筒不活络，造成断缆伤人	CKCZ04-22 靠离泊安全操作须知
9	系解缆作业	船舶	操车时不注意缆绳松紧程度和机械运转情况造成断缆或弹跳伤人	CKCZ04-22 靠离泊安全操作须知
10	封闭处所作业	船舶/轮站	进入已知或怀疑空气不安全的处所不采取安全措施，造成中毒窒息事故	CKCZ04-06 进入密闭舱室作业操作须知
11	封闭处所作业	船舶/轮站	未落实进入前预防措施，造成中毒窒息	CKCZ04-06 进入密闭舱室作业操作须知
12	高处作业	船舶/轮站	不戴安全帽使头部失去保护造成伤害	CKCZ04-24 船舶高处舷外水面作业安全须知
13	高处作业	船舶/轮站	不系妥安全带，造成坠落伤害	CKCZ04 24 船舶高处舷外水面作业安全须知
14	高处作业	船舶/轮站	患有高血压/心脏病/严重贫血/美尼尔氏症等上高禁忌疾病不报告造成事故	CKCZ04-24 船舶高处舷水面作业安全须知
15	所有工作场所	公司所属区域	非吸烟场所吸烟或乱扔烟头，引发火灾	CKCZ04-27 船舶防火须知
16	生活起居	船舶/轮站宿舍	楼梯滚落/浴室/厕所照明不足，地面湿滑，造成船员滑跌伤害	
17	行走/交通	船舶/轮站	码头上下船可能遇到行驶车辆的伤害	
18	生活起居	船舶/轮站宿舍	船员居室内使用大功率电器，造成火灾	CKCZ04-27 船舶防火须知
19	车辆装卸	船舶/轮站	车辆不当配载，稳性可能影响船舶操纵，严重时可能造成倾覆危险	CKCZ04-32 车辆甲板装载、卸载操作须知
20	车辆装卸	船舶/轮站	车辆装载作业时缺乏监督检查，没有发现装载不当，可能导致船舶险情或事故发生	CKCZ04-32 车辆甲板装载、卸载操作须知
21	运输途中	船舶	航行时未经常对车辆进行检查，必要时应采取措施，可能导致车辆移动、失火，威胁船舶安全	CKCZ04-35 巡回检查须知

（续表）

编号	作业活动	发生场所	描述	控制措施
22	运输途中	船舶	没有了解或遵守法规和报告制度，可能导致违反港口规定而遭受处罚	CKCZ04-1 船舶动态及船位报告须知
23	运输途中	船舶	没有及时修改航海图书资料，造成船舶航行错误，可能导致发生险情或事故	CKCZ04-12 船舶设备、航行技术资料管理须知
24	运输途中	船舶	穿越主航道时没有详细了解通航密度、气象和水文等特点，可能导致船舶险情或发生事故	CKCZ04-18 航行安全操作须知
25	运输途中	船舶	未及时接收航行警告、气象预报，可能导致船舶险情或事故	CKCZ04-18 航行安全操作须知
26	运输途中	船舶	未对航行灯、信号灯进行检查，可能导致碰撞险情或事故	CKCZ04-18 航行安全操作须知
27	运输途中	船舶	未使用安全航速和有关限速的规定，可能发生事故	CKCZ04-18 航行安全操作须知
28	运输途中	船舶	在南门通道会船没有与他船互相配合、协调避让，可能导致船舶紧迫局面或发生碰撞、触损、搁浅事故	CKCZ04-18 航行安全操作须知
29	运输途中	船舶	VHF 未在指定频道守听并保持与 VTS 的联系，可能造成船舶险情	CKCZ04-1 船舶动态及船位报告须知
30	系解缆作业	船舶	靠离泊中首尾带缆人员操作失误，缆绳绞进船尾螺旋桨，可能导致船舶险情或发生事故	CKCZ04-22 靠离泊安全操作须知
31	运输途中	船舶	瞭望疏忽将可能导致船舶碰撞、搁浅等事故	CKCZ04-18 航行安全操作须知
32	运输途中	船舶	驾驶员未能熟练地使用雷达，如遇到能见度不良以及在船舶密度大的水域航行时，可能导致船舶险情	CKCZ04-18 航行安全操作须知
33	运输途中	船舶	船长未将航行指示和注意事项或者其他重要布置明确记入“船长命令簿”，可能导致船舶事故	CKCZ04-18 航行安全操作须知
34	能见度不良时	船舶	能见度不良航行时没有开启航行灯，可能发生险情或碰撞事故	CKCZ04-18 船舶遇雾安全操作须知
35	能见度不良时	船舶	雾航状态下没有正确操作和使用雷达可能导致发生碰撞事故	CKCZ04-18 船舶遇雾安全操作须知
36	能见度不良时	船舶	雾航状态下没有守听和正确使用 VHF 无线电话，联系协调避让行动或者沟通错误，可能导致船舶碰撞	CKCZ04-18 船舶遇雾安全操作须知
37	停泊/歇泊时	船舶	没有以适当的时间间隔巡查船舶，可能导致船舶险情或发生事故	CKCZ04-21 甲板部航行、停泊值班须知

（续表）

编号	作业活动	发生场所	描述	控制措施
38	其他情况	船舶	AIS没有输入或没有正确输入静态和动态数据，如船舶吃水、目的港和预计抵达时间、航线计划、航行数据等，由于本船信息错误可能导致船舶发生险情或碰撞事故	船舶实施开航前自查清单
39	救生艇操作	船舶	对救生艇、吊艇架和相关操纵装置不熟悉，可能导致放艇和收艇过程中发生险情或事故	CKCZ04-30救生艇（舢板）操作须知
40	明火作业	船舶	维修保养违章动火或未按船舶明火作业须知操作，可能导致发生火灾事故，造成船舶损失或人员伤害	CKCZ04-26船舶明火作业管理须知
41	岗位职责	公司各级人员	人员不按规章制度要求履行岗位职责、违章操作、不服从管理和安排，可能造成操作风险	CKCX-02-01船舶相关人员的责任、权力和相互关系
42	应急与演习	船舶/轮站	没有进行应急预案的培训和演习不到位，可能导致一旦发生险情时不能迅速进行处置而造成风险	CKYJ03-02船舶应急计划等
43	应急预案	船舶/轮站	对突发相关的紧急危害事件没有制定相应应急预案，可能导致一旦发生险情无章可遵而造成船舶风险	CKYJ03-02船舶应急计划
44	站变配电	站配电房	受潮、雷击、跳闸	1. 定期检测 2. 定期维护 3. 规范操作 4. 责任到人
45	码头岸电箱	站码头	接头座烧坏 电箱门损坏	1. 定期检测 2. 定期维护 3. 责任落实
46	卷扬机	站码头	钢丝绳锈蚀	1. 定期检测 2. 定期维护 3. 责任落实
47	趸船锚链		锚链锈蚀、锚链走位	1. 定期检测 2. 定期维护 3. 责任落实
48	浮趸船	站码头	老船漏水	1. 定期检验 2. 定期维护 3. 定期检查

（续表）

编号	作业活动	发生场所	描述	控制措施
49	浮码头吊桥	轮船浮码头	起吊设备	1. 定期维护
				2. 规范操作
				3. 责任落实
50	防污染器材	轮站码头区	配件缺失或缺少	1. 定期检查
				2. 责任落实
				3. 建站账制度
51	应急发电机	站应急发电机房	发电机无法应急	1. 定期维护
				2. 规范操作
				3. 责任落实
				4. 业务学习
52	避雷设备	站码头	避雷设备失效	1. 定期检测
				2. 日常维护
53	防汛设施及器材	引桥口	防汛门正常关闭，器材配备足够	1. 定期检查
				2. 定期维护
				3. 责任落实
54	防冻防滑设施及器材	站码头	设施有效，器材足量	1. 定期检查
				2. 责任落实
55	站上下车吊桥	轮站	吊桥脱落	
		车渡码头		
56	站放客梯	轮站	放客梯脱落	
57	加油码头	加油码头	油污染	
	燃油加装作业	船舶		
58	船舶主机	船舶	主机失控	
59	船舶发电机组	船舶	失电	
60	船舶舵机系统	船舶	操舵失控	
61	船舶锚设备	船舶	锚不能抛起	
62	安检	客运站/船舶	未严格按照相关安检规定对旅客进行安检，导致“三品”进站上船，可能引发爆炸、火灾等险情或事故发生	该公司标准化文件 KBXZ1609-28 旅客安全检查须知、KBXZ1609-30“三品”检查操作须知、KBXZ1609-34 客运站安检规范

（续表）

编号	作业活动	发生场所	描述	控制措施
63	安检	客运站	安检仪未进行日常维修保养；出现故障，未及时修复，导致危险物品进站上船，引发爆炸、火灾等险情或事故	该公司标准化文件 KBXZ1609-35 客运站安检仪操作规范
64	安检	客运站/船舶	未按规定向旅客普及各类安全知识、应急注意事项，可能导致旅客发生险情或事故	该公司标准化文件 KBXZ1609-29 旅客安全告知规定、体系文件 CKCZ04-04 旅客熟悉船舶安全常识须知
65	安检	客运站/船舶	未按规定将查获的各类危险品、违禁品妥善保管，未及时移交公安，可能导致爆炸、火灾等险情或事故	该公司标准化文件 KBXZ1609-30 “三品”检查操作须知
66	旅客上下船	船舶	未正确清点旅客人数，导致船舶超载	该公司标准化文件 KBXZ1609-12 船舶、客运站防超载操作须知、KBXZ1609-27 旅客、车辆上下船安全须知、公司体系文件 CKCZ04-51
67	旅客上下船	船舶	未严格执行车客分流工作，未阻止随车人员上下车辆甲板，可能导致随车人员经过车辆甲板受到伤害	该公司标准化文件 KBXZ1609-27 旅客、车辆上下船安全须知、公司体系文件 CKCZ04-51
68	旅客上下船	船舶	未按规定做好冬季防滑防冻工作，导致旅客滑倒受伤	该公司标准化文件 KBXZ1609-27 旅客、车辆上下船安全须知、公司体系文件 CKCZ04-51
69	旅客上下船	船舶	船舶靠码头，搭栓客梯时，车客渡客运（副）主任未按规定穿着救生衣，发生险情或事故	该公司标准化文件 KBXZ1612-01
70	旅客上下船	轮站	旅客上下船时，客梯、安全网搭栓不牢，导致旅客受伤、坠江等风险或事故	严格按照该公司标准化文件 KBXZ1609-27、公司体系文件 CKCZ04-51 执行
71	客舱巡回检查	客运站/船舶	未认真执行巡回检查工作，未对旅客行李堵塞应急通道进行合理安排，导致应急情况下不能及时撤离	该公司标准化文件 KBXZ1609-17、KBXZ1609-31、公司体系文件 CKCZ04-52
72	客舱巡回检查	船舶	未能认真执行巡回检查工作，导致无关人员在航行途中进入影响船舶航行的安全区域，引发险情或事故	该公司标准化文件 KBXZ1609-14
73	客舱巡回检查	船舶	未能认真执行巡回检查工作，未对旅客不安全行为加以制止，可能发生客伤险情或事故	该公司标准化文件 KBXZ1609-17、KBXZ1609-31
74	客舱巡回检查	客运站/船舶	未认真执行巡回检查工作，未对特殊旅客进行关注，可能引起人员伤害及财产损失	该公司标准化文件 KBXZ1609-17、KBXZ1609-31
75	客舱巡回检查	船舶	未能认真执行巡回检查工作，未发现客舱内安全设施故障并及时上报，可能导致人员受到伤害	该公司标准化文件 KBXZ1609-17、KBXZ1609-31

（续表）

编号	作业活动	发生场所	描述	控制措施
76	旅客伤病	客运站/船舶	未对突发传染病、疫情加以严格控制，采取隔离措施，可能威胁旅客及船员的身体健康和生命安全	该公司标准化文件 KBXZ1609-07 旅客传染病、疫情报告与控制规定、公司体系文件 CKCZ04-55 旅客伤病处理须知
77	食品安全	客运站/船舶	未按照食品加工操作规程和有关要求进行操作，可能导致员工食物中毒	该公司标准化文件 KBZD1609-04 食品安全管理制度
78	食品安全	客运站/船舶	用具和容器等进行清洗消毒工作，可能导致交叉污染，引起员工食物中毒	该公司标准化文件 KBZD1609-04 食品安全管理制度
79	垃圾管理	客运站/船舶	站、船对生活垃圾未严格管控，导致流向水域，污染环境	该公司标准化文件 KBXZ1609-05 防止水域与环境污染管理规定，公司体系文件 CKCZ04-47 船舶生活垃圾处理须知
80	药品管理	客运站/船舶	站、船对医药箱过期药品未严格管控，导致流向垃圾桶或水域，污染环境	该公司体系文件 CKCZ04-53 船舶药品、医疗器械管理须知
81	上下船安全	客运站码头/趸船	不明涌浪对上下客产生危险	崇明客轮公司安全通告〔2018〕3 号
82	车客混流	船舶甲板/上船道口	车客未按规定分流造成人员伤害	标准化文件 KBXZ 1609-27 旅客、车辆上下船安全须知
83	高客流	客运站候船室	候船室旅客瞬时增多可能引起人员拥挤，造成拥挤踩踏事件	安全生产应急预案 24 章节假日等客流高峰时的应急预案
84	过江二轮车绑扎	车辆甲板	非机动车辆和摩托车聚集时，易造成车辆未有效系固，车客混流，贵重摩托车损坏和客伤事件	〔2017〕3 号文《节假日期间非机动车和摩托车超载计划数量时的处理办法》
85	高峰车流	南门/石洞口 待渡区域	车辆增多时造成秩序混乱易产生舆情事件	安全生产应急预案 22 章客运站应急预案
86	大量非机动车、电瓶车及摩托车过江	南门/石洞口	大量两轮车及摩托车过江时易造成危险	〔2017〕3 号文《节假日期间非机动车和摩托车超载计划数量时的处理办法》
87	航行途中车辆甲板巡查	车辆甲板	车辆甲板巡查不到位未及时发现险情或不安全情况造成事故	CKCZ04-35 巡回检查须知
88	车辆危险品安检	南门/石洞口	车辆安检不到位易造成危险品夹带进站上船	标准化文件 KBXZ 1609-30“三品”检查操作须知
89	旅客意外落江	客运站码头/趸船	旅客游走安全区域以外造成落江	标准化文件
90	客运站门岗管理和贵宾卡管理和售票	客运站/船舶	客运站门岗人员未真正履职造成无票人员进入公司，贵宾卡管理不到位可能造成超载	

（续表）

编号	作业活动	发生场所	描述	控制措施
91	客运站码头现场秩序管理	客运站码头/趸船	上下车辆和旅客时易造成车辆和旅客秩序混乱以及航班误点时聚集码头和趸船	标准化文件 KBXZ 1609－29 旅客安全告知规定
92	食品安全	职工食堂	引发食品卫生安全事件	标准化文件 KBZD 1609－04 食品安全管理制度
93	食堂消防	职工食堂	油烟排风管油腻引发火灾	标准化文件 KBZD 1609－02 消防安全管理制度
94	食堂消防	职工食堂	液化气灶的使用、软管的新旧	标准化文件 KBZD 1609－02 消防安全管理制度
95	防盗失窃	公司大楼及各客运站	财物、贵重物品丢失	加强门岗管理，值班工作安防设备及时维修，处于良好状态
96	公务用车	道路	交通事故	定期维护保养办理保险
97	人员	站船	未穿戴或正确使用劳动防护用品	标准化文件 KBXZ1612 从业人员劳力防护用品佩戴、使用、监督管理规定
98	人员	站船	未按公司规定正确上、下班	人事部下发的“重申劳动纪律”有规定
99	人员	船舶	连续工作时间超长，造成人员疲劳当班	“关于严格执行上班作息制度的通知”和“重申劳动纪律”
100	人员	船舶	上班时的酗酒问题	“员工奖惩办法”、体系文件 CKCZ04-11
101	人员	站船	夜间睡眠不足，第二天上班精神恍惚	“重申劳动纪律”中有规定，同时通过夜查进行监督
102	人员	公司	员工上班时突发性疾病所带来的风险	标准化文件 KBZD1612-01 职业卫生健康管理制度
103	人员	船舶机驾人员	人员的适任能力不足所造成的风险	标准化文件 KBZD1612-02 岗位聘用考核、管理规定
104	人员	站船	未按公司各项操作规程进行操作所带来的风险	标准化作业管理章节及体系文件操作手册中有详细规定，加强岗前培训及熟悉确认工作

注：“CK”指某客运轮船公司的体系文件编号；“KB”指某客运轮船公司的标准化文件编号。

2. 技术措施

以上海为例，介绍各企业在安全管理信息化应用方面的实践。

1）上海某轮渡公司

（1）AIS 监管平台

上海某轮渡公司在黄浦海事指挥中心设有 AIS 监管平台，值班时间为每天 07:00—18:00，对公司所属 35 艘客渡轮及 3 艘工作船进行监控，监控内容包括：所有船舶 AIS 设备工作状态；

所有船舶执行限速规定(8 节)情况;营运对江客渡规范(直角)横越情况。

如果平台工作人员发现有船舶 AIS 处于不正常工作状态或发现有航行不规范操作行为,会拨打当班驾驶员电话进行指纠,同时记录汇总。每周末,平台会将一周 AIS 监管汇总情况上报安保部。安保部将各分公司指纠情况进行通报,要求各单位指导船长查明原因,并将对当事驾驶员批评、教育、考核的情况反馈至安保部。2018 年“春运”期间,为加强船舶安全管理,公司安排全体指导船长参加 AIS 监管平台值班工作,做到“春运”期间平台 24 小时有人值守,收到了良好的效果,并得到黄浦海事的好评。

(2) 动态监控

上海某轮渡公司通过轮渡渡口的显示装置,如滚动走字屏、室外彩色大屏进行宣传或播放各种警示、提示,并在渡船和候船室、进出口通道、浮桥浮码头装有 1 000 个全球摄像机、半球摄像机、监控摄像机。水上渡船的监控,可以随时调用图像,陆上轮渡站的监控装置,可供该公司总调度室和轮站实行全范围的高清实时监控以及 90 天左右录像的调取,且并入公安的监控系统。

(3) 总调度室动态监控

上海某轮渡公司在各个渡口通过全覆盖的摄像头实时监控现场情况,通过网络传送到总调度室,各航线现场值班人员通过公司集群号与总调度室保持沟通,形成视觉、听觉上的动态监控。总调度室人员通过监控视频、现场值班长的报送了解各航线船舶动态及现场生产状况。如遇恶劣天气或突发情况造成临时停航,航线值班长第一时间通知总调度室,由总调度室报送相关领导及相关上级主管部门(上海交运集团总值班室、上海市交通委指挥中心、上海市水上公安局应急指挥协调室、上海市交警应急联动中心),并于第一时间在微信公众号上更新,让过江乘客可在微信公众号上查询到航线实时状态。

2) 上海某客运轮船公司

(1) AIS 远程监控系统

上海某客运轮船公司指挥中心安装有 AIS 远程实时监控系统,可以对船舶安全航行情况进行实时跟踪,发现问题可以立即指出,并可以对船舶以往的航行轨迹进行回放。

(2) 气象服务系统

该公司和上海中心气象台保持实时联网,能在第一时间获得强对流等恶劣天气的预报和最新气象信息,为船舶开航提供参考。

(3) 水位服务系统

该公司在水务部门的支持下,在南门港码头安装有实时潮位站,能获得最精准的潮位信息,为船舶通过浅水区域提供参考,确保船舶航行安全。

(4) 视频监控系统

该公司在船舶和客运站、码头等重要区域安装有高清视频监控系统,可对公司安全运行情况进行监控。

(5) 安保服务

该公司在各港口码头配备了安检仪，与安保公司签订协议，由对方派出专职人员对过往旅客和车辆进行违禁品查堵工作。

3. 其他措施

1) 行政措施

以上海市为例，上海市通过加强双基建设、夯实安全基础，突出工作重点、提升监管水平，调整勤务及监管模式、提高监管效率，开展专项行动、排除安全隐患，强化安全宣传、培育港航文化五方面的行政措施防控水上客运风险。

(1) 加强双基建设，夯实安全基础。①明确全年的安全工作任务。制定并印发《年度内河港航安全重点工作任务分解表》，细化安全重点工作任务内容，明确每项工作任务的责任领导、责任部门和阶段性工作目标。②落实安全监管职责，签订《年度上海市内河港航安全监督管理工作责任书》，明确各辖区水上交通事故控制指标和安全工作职责，建立安全监管承诺制。③召开安全专题会议。④完善安全监管基础数据。梳理船舶、船员、船检、航道、港口、运管等各个行业条线的安全监管基本情况，做到安全工作底数清、情况明。⑤开展年度安全工作考核。

(2) 突出工作重点，提升监管水平。①强化重点时段安全防范工作。通过提前部署、明确要求、强化值守等工作措施，针对危险品运输及作业、内河渡运及水上旅游客运等重点对象，切实强化现场监督检查，深入排查治理安全隐患，确保"元旦""春节""五一""中秋""国庆"等法定节假日及全国"两会"期间等重点时段的内河港航安全与稳定。②做好恶劣天气安全防范工作。通过发布预警信息，广泛开展现场宣传和检查，加强应急值守和信息报送等工作措施，保障恶劣天气期间内河港航安全形势平稳。③保障"船员管理质量管理体系"有效运行。结合实际工作情况，对相应的法律、法规进行修订，及时梳理体系内、外部文件；组织开展体系受控人员业务培训，全面提高履职能力；完成年度内部审核和管理评审工作。④开展内河港区范围内危险品储罐底数排摸及内河危险货物港口交叉专项检查。⑤强化水上水下活动现场安全监管。开展通航安全评估、办理水上水下活动许可(含延期)、发布航行通告、派员参加相关建设、施工单位组织召开的施工协调会、积极指导水工现场安全检查、临时封航交通管制及船舶疏导工作，实施临时交通管制，维护工程施工现场的通航安全。⑥推进船舶签证取消海事监管模式改革。制定出台《上海市地方海事局重点跟踪(监督)船舶管理办法》，并组织开展船舶落实进出港报告情况专项整治活动，确保船舶进出港报告制度得以全面落实。⑦强化内河船舶法定检验。积极开展内河渡船和客船抗风等级标注工作，对拟申请抗风等级为7级及以上的船舶开展船舶稳性复合；根据交通运输部海事局统一部署，制定"对油船防止油污证书和对散装液体化学品船船舶适装证书"的检验复核计划，并同时加强对油船和散装液体化学品船的检验控制。⑧继续推进游艇码头办证工作。积极督促各单位申办港口经营许可证，要求无证单位整改并及时办理许可手续，并积极帮助未办证单位答疑解惑。⑨按照交通运输部及市交通委有关省际水路旅客运输实名制工作要求，继续推进上海港省际水路旅客运输实名制工作。

(3) 调整勤务及监管模式，提高监管效率。①启动勤务模式调整，针对周六、周日客流高峰期，安排执法人员对辖区内重点客运码头、候船室进行现场执勤。②开展安全联合检查。③开展站点间交叉安全督查新模式，克服长期由同一监督站执法人员检查同一码头企业产生的感知疲劳，提升监管效力。同时充分利用各监督站执法人员知识结构和经验的差异，便于执法人员相互取长补短，共同进步。

(4) 开展专项行动，排除安全隐患。①组织开展浮吊清退整治行动。通过制定工作保障方案、实行大型船舶进港报告制度、对大型砂石料船舶采取管控措施、设置撤离等候区、对撤离前的浮吊实施集中停泊和看管等措施有效遏制违法作业现象；通过在船舶交易网站发布浮吊买卖信息、联系周边拆解船厂和钢材市场、联系周边拖轮企业、协调制订拖带指导价格等一系列积极主动的服务措施，有效地降低浮吊业主的撤离成本；通过派员进驻前方指挥组，实施统一调度海事、公安、港口等工作力量，统一指挥大砂船拦截处置、浮吊作业查处、滋事人员处置、行政强制措施等现场行动，提供工作效率。②组织开展"打非治违"和隐患排查治理专项行动。③组织开展内河港航防汛安全大检查。④组织开展内河港航安全大检查。

(5) 强化安全宣传，培育港航文化。①组织开展"3・25"内河安全警示日活动。通过设立活动点和咨询点、悬挂宣传横幅、设置宣传展板、设置LED宣传屏、编发宣传短信、发放《内河港航安全宣传手册》等宣传资料、发放救生衣、组织安全培训、讲座及座谈等方式，广泛宣传"安全航行、关爱生命、保护水域环境"的安全生产理念，进一步在内河港航从业人群中普及安全生产法律法规、行业常识与救助技能。②组织开展"安全生产月"活动。③参与各项安全应急演练。针对水上交通事故应急处置、水域防污染、防汛防台等内容开展各类综合应急演练活动，有效检验和提升内河应急处置实战能力。

2) 经济措施

主要为安全生产费用的提取和使用。根据财政部、国家安监总局联合制定的《企业安全生产费用提取和使用管理办法》(财企〔2012〕16号，简称《办法》)，水上客运运营企业的安全生产费提取标准和使用范围按以下执行。

(1) 计提标准

根据财政部、国家安全生产监管总局财企〔2012〕16号文件第九条规定："交通运输企业以上年度实际营业收入为计提依据，按照以下标准平均逐月提取：客运业务、管道运输、危险品等特殊货运业务按照1.5%提取。"

(2) 安全生产费用使用范围

① 完善、改造和维护安全防护设施设备支出(不含"三同时"要求初期投入的安全设施)，包括道路、水路、管道运输设施设备和装卸工具安全状况检测及维护系统、运输设施设备和装卸工具附属安全设备等支出；

② 购置、安装和使用具有行驶记录功能的车辆卫星定位装置(GPS)、船舶通信导航定位和自动识别系统、电子海图等支出;

③ 配备、维护、保养应急救援器材、设备支出和应急演练支出;

④ 开展重大危险源和事故隐患评估、监控和整改支出;

⑤ 安全生产检查、评价(不包括新建、改建、扩建项目安全评价)、咨询和标准化建设支出;

⑥ 配备和更新现场作业人员安全防护用品支出;

⑦ 安全生产宣传、教育、培训支出;

⑧ 安全生产适用的新技术、新标准、新工艺、新装备的推广应用支出,例如,驾驶员培训学校安装、使用教练车培训计时器及平台建设、维护等费用;

⑨ 安全设施及特种设备检测检验支出;

⑩ 其他与安全生产直接相关的支出。

(3) 企业使用

《办法》对企业如何规范使用和管理安全生产费用提出了具体要求,并要求各级有关部门要依法加强监督检查,对存在的问题及时处理。依据《办法》第三十五条的规定,各级交通主管部门依法对企业安全费用提取、使用和管理进行监督检查。依据《办法》第三十六条的规定,企业未按本办法提取和使用安全费用的,行业主管部门会同财政部门责令其限期改正,并依照相关法律法规进行处理、处罚。

相关企业严格落实提取要求,如上海某客运轮船公司通过实施《公司安全生产费用提取和使用管理规定》规范安全生产费用的提取和使用;上海某轮渡公司每年根据上一年度的主营收入按 1.5%提取安全生产费用,并规定当年安全生产费用的使用金额不得低于提取金额的 60%。2017 年全年该公司计提安全生产费用 101.98 万元,实际使用 75.21 万元。

6.2.3　保险机制及应用

1. 行业保险现状

依据《国内水路运输管理条例》(2017 年国务院令第 676 号修订)第十九条“水路旅客运输业务经营者应当为其客运船舶投保承运人责任保险或者取得相应的财务担保”,及第三十九条“水路旅客运输业务经营者未为其经营的客运船舶投保承运人责任保险或者取得相应的财务担保的,由负责水路运输管理的部门责令限期改正,处 2 万元以上 10 万元以下的罚款;逾期不改正的,由原许可机关吊销该客运船舶的船舶营运许可证件”,水运旅客的相关责任险被列为政府强制约束投保的险种。

水路客运承运人责任险险种主要承保范围包括:乘客在乘坐由水路客运企业合法经营的运输工具过程中发生伤残或死亡事故,依法应由水路客运企业承担经济赔偿责任,如相关企业投保水路客运承运人责任保险,保险公司将按照合同约定负责赔偿。此外,该险种还可附加投保乘客行李保险、司乘人员责任保险,为水路交通运输企业及司乘人员提供全方位风险保障。投保水路客运承运人责任保险，有助于进一步完善水路旅客运输安全监管和建设社会保障体系，对提高水路客运企业风险管理水平，预防和化解社会矛盾具有重要的意义。

目前，大多数客运船舶选择单独投保责任保险或在船舶保险单下附加此类责任风险。从保险公司承保的数据来看，由于船主或客运经营人为降低保险费成本，往往选择较低的保额，即较低赔偿限额。随着人均生活水平的不断提高，一旦发生重大安全事故，保险公司支付的赔款额度难以到达被侵权人的赔偿诉求，而船方自身的资产也难以补偿差额，给和谐社会带来不安定因素。以下举例说明上海水上客运企业的参保情况。

1）上海某客运轮船公司

（1）公司船舶、趸船保险

上海某客运轮船公司每年为17艘船舶、11艘趸船向4家保险公司（中国人民财产保险股份有限公司、安信农业保险股份有限公司、太平洋财产保险股份有限公司、中华联合财产保险股份有限公司）投保财产保险。2018年该公司总投保费用为245万元。理赔情况为：2015年14万余元，2016年11万余元，2017年25万余元。

（2）过江车辆、旅客保险

该公司下属四个客运码头，2015—2017年共运送旅客超587万人次，运送车辆超99万辆次，船舶航次超8万航次。该公司过江车辆保险向中国人民财产保险股份有限公司投保，每份保费5元。

该公司旅客意外险向中国人寿保险股份有限公司投保，该公司每年支付保费50万元。2015—2017年共理赔7次，理赔总额为10.4万元。

2）上海某轮船公司

上海某轮船公司已投保旅客意外险（中国人保）、船舶意外险（中国人保、中华联合）和防汛墙责任险（多家联保）。公司拟投保安全生产责任险，但由于目前运营该险种的保险公司较少，保费不尽合理，故暂时未投。

3）上海某轮渡公司

上海某轮渡公司投保乘客人身意外伤害保险（中国人寿保险有限公司），由甲方（上海市轮渡有限公司）、乙方（中国人寿保险股份有限公司）、丙方（上海环亚保险经纪有限公司）三方就上海某轮渡公司轮渡客船乘客人身意外伤害保险的投保方案、理赔服务等保险事宜达成协议。

2. 行业保险模式

现阶段，运营企业或政府相关管理部门与保险公司处于矛盾的地位，一方面被保险人为了节约保费成本，希望以最低的价格购买到最大程度的风险保障；另一方面近几年来各地自然灾害和意外事故频发，案件损失金额逐年攀升，保险公司基于盈利的需求，市场价格已无下降空间。

基于上述情况，建议水上客运企业购买码头营运人责任保险、沿海内河船舶保险及水路客运承运人责任险。

6.3 案例分析

【案例1】 上海某客运轮船公司滚装船火灾事件

(1) 事件基本情况

2018年4月11日11:30,上海某客运轮船公司“沪航20”轮按计划从长兴开往横沙。

11:37,船舶准备停靠横沙码头,此时甲板巡检船员发现一辆红色卡车尾部发生火情,火势迅速从车尾向车头蔓延。巡检船员立刻向船长报告险情。船长在接报后立即根据应急预案开展灭火自救行动,船员在船长指挥下疏散旅客避险并使用船上灭火器及消防龙头进行灭火。同时船组成员紧急向横沙岸站报告,请求119及120救助。

11:52,船舶安全停靠码头,火势基本得到控制。随后船员及码头人员共同扑灭船上明火,但仍有大量烟雾从船上冒出。同时,疏散岸上人员并撤离了船上旅客。

12:00,消防车赶到现场,对事故车辆上的暗火进行扑救,之后事故车辆被开上码头,继续做灭火处理,消防和边防派出所接管现场。事故未造成人员伤亡。

(2) 现场掌握情况

据了解,事发货车属临沂大德运输有限公司,该车共装有14 t漂白粉(化学名:次氯酸钙,特性:为白色或灰白色粉末或颗粒,本身具有一定危害性,遇高温、水、酸或油脂都会引起燃烧爆炸)和5 t面粉,2018年4月10日从山东郯城运往横沙,用于当地农民蟹塘消毒,一路上未有相关人员询问装载货物情况。

该车登船前,码头安检人员发现车上装有袋装物,随即要求驾驶员靠边停车并接受安检,安检人员询问该车装载何物,驾驶员回答“面粉”后被放行。车辆发生火情后,为确保救火方式正确,船员再次追问驾驶员所装货物情况,驾驶员见无法隐瞒,遂承认车上装有漂白粉。

事故发生后,该客运轮船公司采取了积极有效的应急处置,没有让事态进一步恶化,但该司还存在管理制度落实不到位等问题,督促提醒企业针对该事件要举一反三、引以为戒,按照相关管理部门要求全面开展隐患排查,并对发现问题积极落实整改,杜绝此类事件发生。

【案例2】 崇明某客轮公司安全工作情况

上海崇明某客轮公司成立于2010年6月,属国资独有的社会服务类企业,专业从事水上车、客运输业务,现有员工601名。设立体系管理、安全监督、运输生产、人力资源等九个内设职能部门。目前该公司拥有船舶运力总数17艘,其中高速客船11艘,车客渡船6艘,总客位4 607个,总车位159个。年运送客运量约189.6万人次,年运送车流量约32.8万辆次。每年车、客流量均有小幅增长。该公司自成立以来未发生一般及以上安全、污染水域环境的责任事故,相关安全管理经验可为同类型企业的安全建设提供可借鉴的经验和参考。

在安全生产教育培训方面。一是安全管理人员构成。该公司总经理和分管安全副总经理分别持有安全生产管理负责人证书、安全生产管理人员证书。该司专门设立安全监督管理部，配备专职安全管理人员6名，其中5人持有安全生产管理人员证书。其他各职能部门负责人及客运站站长及部分副站长共28人持有安全生产管理人员证书。二是安全培训教育工作。该公司每年制定《年度培训工作计划》，指导管理人员、生产岗位职工的安全培训教育工作。如对船员和特种作业人员的培训，该公司按照海事部门船员培训规定开展，做到全部人员持证上岗；对企业新员工该公司进行了三级安全教育。该公司的培训情况如下：2015年，该公司总经理等8位高中层管理人员参加了“安全管理人员”培训；13人次参加了主管部门举办的“海上搜救”“标准化内评员”“应急管理”等专业培训；124人次参加了客船特殊培训和高速客船特殊培训。2016年，该公司副总经理等14位高中层管理人员参加了“安全管理人员”培训；7人次参加了海事部门举办的“海上搜救”培训，其中2名员工得到了“优秀搜救志愿者”荣誉称号，另有74人次参加了船舶适任证书和客船特殊培训以及高速客船特殊培训。同时，依据交通部2014年第9号令规定，该公司分批对所有船员开展了安全知识、应急处置、有限空间作业等业务知识培训和考核，参培率达到100%。2017年，该公司开展了对船舶水手和舵工共55人次的安全和业务技能培训，2人次参加了海事部门举办的“海上搜救”培训，另有107人次参加了船舶适任证书和客船特殊培训以及高速客船特殊培训。此外，该司对所有车客渡船厨房工作人员开展了“船舶油灶操作培训”，对所有站船服务人员共计140人次开展了日常工作相关安全知识、紧急救护及职业健康防护知识的培训。

在安全生产管理制度建设方面。该公司成立了安委会，下设安委会办公室，建立了完善的安全生产管理网络。依据国家、地方有关法律法规，结合企业实际，该公司健全了《安全生产责任制》《安全教育培训管理制度》《安全检查和隐患治理管理制度》《安全投入保障制度》《消防管理制度》等规章制度。在建立健全各项规章制度的同时，该公司全生产分级管理，层层分解指标和责任、实行目标责任管理。如对于安全生产责任制的落实，该公司通过每年层层签订《安全生产责任书》，明确了各级人员的安全生产责任、安全生产指标，安全生产工作做到横向到边、纵向到底。该公司及下属各船舶、客运站紧紧围绕该公司安全管理体系所指定的“严格管理、保证安全、保护环境、保障健康”总方针，不断完善各项安全管理制度，制定了相应的安全生产的管理制度和操作规定、操作流程，并具有较强的可操作性。对于隐患排查制度落实方面，该公司制定并执行《安全生产事故隐患排查治理制度》，针对不同时段结合安全检查开展各种隐患排查，对排查出的事故隐患经相关负责人签字确认，分级建档，督促整改，做好相关台账。安全监督部每月对站船上报自查自纠的隐患进行统计，并进行季度、半年、年度统计汇总，按照隐患排查工作方案要求，对各种内外部安全检查提出的隐患进行调查和原因制定控制措施并督促整改，保证安全隐患得到及时整改。

在安全生产标准化建设方面。自2013年起，该公司大力推进安全生产标准化建设，成立了以总经理为首的“安全标准化领导小组”，负责标准化的落实、监督及评价工作。同时制订了完善的安全生产标准化工作计划,稳步推进安全标准化工作。如在设备设施安全运行保障方面,公司通过健全《安全管理体系》《标准化管理制度》等各项设备管理制度,落实责任,做到了设备的日常维修、保养有计划,强化了设备使用全过程中的点检、自查工作,及时消除了隐患,保证了设备设施安全运营。

在应急管理方面。该公司成立至今,未发生一般及以上安全、污染水域环境的责任事故。该公司制定了《安全生产事故综合应急预案》,明确了应急组织体系、预警预防机制、应急响应、应急处理、后期处理等应急保障措施并印发到各站和各船。同时,该公司根据船舶可能发生的紧急情况及应急处置编制了各种《专项应急预案》《应急手册》,执行《公司应急计划》。为加强事前管理,该公司在开展各类专项活动的基础上,还着力抓好日常安全工作。一是抓好春节、国庆等重要节假日和国家重大活动期间的旅客运输工作,通过发放安全通告、手机短信群发或微信平台发布安全工作提示以及召开专项会议形成会议纪要并下发等多种形式,提醒站船加强安全风险防范,保障城市安全运行。二是提前采取相关防范措施,为防御台风的袭击做好充分准备。三是定期测量通道和各码头前沿水域水深,维护船舶航行安全。四是联系海事部门和渔政部门规范渔网设置,保障航道畅通。五是联系海事部门协调规范引水船交接区域,降低船舶穿越航道时的风险。六是投入专项资金疏浚公司各码头前沿水域。七是聘用专业安保队伍持证上岗,确保过江车辆和旅客安检率100%。八是落实资金,更新了客运站原有的视频监控系统,提高了安保水平。

【案例3】 上海市码头管理中心2018年客运企业安全生产大检查工作方案

安全生产大检查工作的目的在于加强水上旅游客运(含游艇、轮渡)行业安全和反恐防范工作,督促客运企业落实安全生产主体责任。本案例以上海市码头管理中心2018年客运企业安全生产大检查工作方案为例,说明水上客运企业安全生产大检查工作方案的要素,以供相关管理部门借鉴。

1. 总体要求

总结并吸取"4·11长横渡车辆夹带危险品自燃事件"教训,牢固树立企业安全发展理念和安全生产"红线"意识,结合客运行业安全生产特点,通过积极开展一系列港口客运安全专项检查,强化企业安全责任意识,完善企业各项安全生产制度。推动企业落实安全生产主体责任,强化反恐防范检查工作,坚决遏制重特大事故发生,全面提升客运行业安全工作水平,确保港口客运行业安全、有序、稳定。

2. 组织机构

中心港务监管科负责本次"客运企业安全生产大检查工作"的组织领导,各相关站(队)具体负责各自职责范围内检查工作的开展。

3. 工作安排

(1) 专项检查工作重点

一是企业是否获得岸线许可证和港口经营许可证,许可内容和实际经营情况是否符合。二是企业是否通过安全评价，安全评价内容和实际经营情况是否符合。三是企业是否具有健全的经营管理制度和安全管理制度以及生产安全事故应急预案，应急预案是否经专家审查通过。四是浮码头(趸船)是否有船舶证书且通过船舶检验。五是企业安全生产主体责任落实情况(经营管理制度和安全管理制度落实情况、安全检查和视频监控等设备设施配备和使用情况、是否存在超等级靠泊和危险品船舶靠泊情况)。

(2) 专项检查工作时间段

专项检查工作时间段为2018年5月中旬至2018年10月下旬。

① 组织企业开展自查自纠活动(5月中旬—6月中旬)

各相关站(队)按照本实施方案要求，明确部署，组织辖区内企业开展自查自纠活动，要求企业对自身安全生产制度落实情况(重点针对客运反恐防范安全生产的工作落实情况)及进行自查自纠，对客运事故风险进行排摸，突出重点，定期对客运经营中存在的安全隐患进行排查梳理，制定完善的应急预案并经专家审查通过，细化安全管控手段，强化人防、物防、技防水平，制定有效的反恐防范措施，定期开展客运站安全现状评价并对客运站建设项目实施安全评估，将评审通过后的安全验收评价报告报港口行政管理部门备案。

② 开展客运企业安全专项检查工作(6月中旬—8月中旬)

各相关站(队)按照本实施方案要求，开展客运安全专项检查，在各自辖区针对客运行业安全工作重点，对企业安全管理制度、安全操作规程、反恐防范工作落实情况、隐患排查工作、应急预案、应急演练落实情况、码头工作人员执行情况的自查记录、码头安全评价报告、趸船证书及年检证书等进行检查。对于查见问题突出的客运企业，予以督导并要求限期整改。

③ 组织开展客运企业闭环抽查(8月中旬—10月底)

各相关站(队)对之前查见问题的单位进行重点督导，跟踪复查整改落实情况。结合中秋、端午、国庆等节假日时段以及“中国国际进口博览会”等重大活动的安全工作，对码头中心辖区内各客运企业开展安全专项抽查。针对无证经营的单位或查见问题不予整改的单位依法进行查处。

4. 工作要求

(1) 安全责任落实到位

各站(队)要充分发挥在安全管理中的组织协调、督促检查的作用，帮助辖区内的客运企业不断完善自身体制机制，强化客运企业自身安全生产主体责任落实。督促港口客运企业从提高对危险品检查的认识水平，加强企业自身的“底线”意识，提升港口客运安全维稳工作水平。

(2) 督促隐患整改到位

各站(队)要跟踪检查过程中查见问题的整改情况，督促企业全面深入开展各类事故安全隐患排查和行业管理中的薄弱环节，着力做好港口客运安全维稳和事故预防工作，探索港口客运安全从事故管理向实施风险管理转化。加强客运安全风险防控；坚持“隐患就是事故”的理念，建立隐患整治问题清单、责任清单、整改清单，确保整改措施、责任、时间“三落实”。

(3) 严格执法整治到位

各站(队)在日常监管工作中要进一步加大港口客运行业安全监管力度,强化执法检查,以“全覆盖、零容忍、严打击”高压态势,加强对港口重点客运企业安全执法检查,提高中心执法检查发现问题的专业性、精准性、有效性,要坚持依法严管,敢于动真碰硬,依法严厉处罚违法违规行为,确保港口客运安全持续稳定、可控。

(4) 完善信息上报机制

各站(队)在整治工作推进过程中发现的问题,要及时汇总上报港务监管科,并跟踪掌握整改进展情况直至整改完成,做到闭环管理。如遇重大问题或突发事故、事件,按照中心信息上报管理规定及时联系中心值班室,并按中心指令做好应急响应。

【案例4】　上海海事局黄浦江核心区段船舶排放控制专项整治工作方案

本案例摘录上海海事局黄浦江核心区段船舶排放控制专项整治工作方案,对船舶排放控制工作进行说明。

该船舶排放控制专项整治工作的指导思想是:以人为本,坚持科学发展观,认真贯彻执行《中华人民共和国大气污染防治法》《上海市大气污染防治条例》和《关于上海港实施船舶排放控制区的公告》等法规和文件精神,提高城市环境质量,保障公众健康,积极参与构建“生态之城”。

整治目标是:通过开展黄浦江船舶排放控制专项整治,严厉打击相关违法行为,坚决查处船舶未持有相关证书文书、使用不符合标准的船用燃油、违法排放大气污染物等行为,特别是船舶行驶中冒出明显可见黑烟的行为,实现船舶经营主体和从业船员环保意识明显提高,船舶排放控制监管执法能力明显增强,船舶排放控制取得明显成效。

上海海事局黄浦江核心区段船舶排放控制专项整治活动的时间为2017年11月3日至12月8日。整治对象为在黄浦江核心区段(杨浦大桥、卢浦大桥之间水域)航行、停泊、作业的游览船、轮渡船。该船舶排放控制专项整治活动分为部署和自查、整治、评估总结三阶段。

(1) 部署和自查阶段(2017年11月3日至11月12日)

充分发挥传统媒介和新媒体平台作用,加大对船舶排放宣传引导,组织召开专项整治启动宣贯会议,阐明船舶排放控制相关要求,认真开展专项整治活动动员部署。督促经营主体和船舶全面开展自查,建立隐患排查治理清单。于2017年11月3日开展专项整治启动会,参会单位包括黄浦江核心区域内航行、停泊、作业的游览船、对江轮渡公司代表,以及市环保局、市交通委、组合港管委会办公室代表。

(2) 整治阶段(2017年11月13日至12月1日)

各单位根据职责,深入开展整治工作,及时解决船舶大气污染排放控制中存在的问题,确保各项工作取得实效。

(3) 评估总结阶段(2017年12月2日至12月8日)

各单位认真总结经验成果,研究成果应用转化,建立长效机制,巩固专项检查成果。

该船舶排放控制专项整治活动的主要任务为核查船舶硫氧化物排放、查处船舶违法排放黑烟行为、核查船舶排放氮氧化物排放、核查船舶消耗臭氧物质排放四方面。

(1) 核查船舶硫氧化物排放

核查船舶的燃油供受单证，确认燃油供受油单证中列明的燃油硫含量是否符合《普通柴油》(GB 252—2015)要求，必要时，对船舶使用柴油进行“取样送检”，对船舶燃油含硫量进行确认。对使用不符合标准燃油和未按规定保存燃油供受油单证、燃油样品的船舶实施行政处罚。

(2) 查处船舶违法排放黑烟行为

通过电子巡航、水域巡视加强对船舶排烟监测，对船舶航行期间排出肉眼可见的明显黑烟予以重点监测并按照《船舶违法排放大气污染物案件调查手册》予以调查取证。

(3) 核查船舶排放氮氧化物排放

核查船舶柴油机是否经过船舶检验机构检验认证，核查船舶柴油机实际布置是否与船舶检验证书记载一致，船舶柴油机是否按照适用的标准进行检验认证。对使用未经认可船用柴油机的、船用柴油机重大改装未经认可的责令整改。

(4) 核查船舶消耗臭氧物质排放

核查船舶安装的消耗臭氧物质系统或设备是否与《船舶防止空气污染证书》记载一致，重点检查船上冰箱、空调、冷库等设备具体使用的消耗臭氧物质是否符合规定，是否向大气故意排放消耗臭氧物质。

对船舶使用禁止使用的消耗臭氧物质应当责令其整改，对船舶违法故意排放消耗臭氧物质予以行政处罚。

附录　水上客运行业相关应急预案

附表 4-1　　水上客运行业相关应急预案

国家预案	《国家突发公共事件总体应急预案》
	《国家安全生产事故灾难应急预案》
	《水路交通突发事件应急预案》
	《交通运输综合应急预案》
市级预案	《上海市突发公共事件总体应急预案》
	《上海市交通委员会处置本市内河水上突发事件应急预案》
	《上海市交通委员会处置突发事件总体预案》
	《上海交通行业处置大规模暴力犯罪事件专项应急预案》
	《上海交通行业处置恐怖袭击事件专项应急预案》
	《上海市交通委员会处置本市港口突发事件应急预案》
	《上海市航务管理处(地方海事局)处置突发事件总体预案》
	《上海市地方海事局防汛防台应急预案》

（续表）

市级预案	《上海市航务管理处处置气象灾害专项应急预案》
	《上海市航务管理处处置地震灾害专项应急预案》
	《上海市航务管理处处置暴力犯罪事件专项应急预案》
	《上海市航务管理处处置恐怖袭击事件专项应急预案》
	《上海市航务管理处处置本市港口突发事件应急预案》
	《上海市航务管理处（地方海事局）处置本市内河水上突发事件专项应急预案》
	《上海市航务管理处处置行业群体性上访事件专项应急预案》
	《上海市航务管理处落实〈上海市空气重污染专项应急预案〉实施细则》
	《上海市码头管理中心客运码头事故（事件）应急响应预案》

第 7 章　大型综合客运枢纽的风险防控

根据《综合客运枢纽分类分级》(JT/T 1112—2017)，综合客运枢纽(multimodal passenger transportation hub)指将两种及以上对外运输方式与城市交通的客流转换场所在同一空间(或区域)内集中布设，实现设施设备、运输组织、公共信息等有效衔接的客运基础设施。对外运输方式是指铁路、公路、水路、航空等方式。

根据综合客运枢纽主导方的不同，综合客运枢纽一般可划分为四种类型。

(1) 铁路主导型综合客运枢纽——依托铁路客运站(除仅接入城际铁路的客运站)，与公路及城市交通衔接形成的综合客运枢纽。

(2) 公路主导型综合客运枢纽——依托公路客运站，与城际铁路及城市交通衔接形成的综合客运枢纽。

(3) 水运主导型综合客运枢纽——依托港口客运站，与公路及城市交通衔接形成的综合客运枢纽。

(4) 航空主导型综合客运枢纽——依托机场航站楼，与铁路、公路等对外运输方式及城市交通衔接形成的综合客运枢纽。

综合客运枢纽主导方是指在综合客运枢纽形成过程中，受特定工程建设条件(如空域、水域、线位、净空、地质条件、土地资源等)限制，对其他交通运输方式起主要约束影响作用的某一对外运输方式。一般情况下，综合客运枢纽主导方按照航空、水运、铁路、公路的优先次序进行判定。四种类型综合客运枢纽特征见表 7-1。

表 7-1　四种类型综合客运枢纽特征

类型	特征	案例
铁路主导型综合客运枢纽	受铁路选址影响，多位于城市中心或新城区； 普速铁路“等候式”和高速铁路“通过式”特征对设施配置及服务水平需求差别较大	南京南站综合客运枢纽、成都沙河堡综合客运枢纽、深圳北站综合客运枢纽等
公路主导型综合客运枢纽	多依托与改扩建的公路客运站，并引入城际铁路线路； 客流到发密集，长短班线班次不均衡分布，高峰小时周期相对较长	惠州新汽车南站综合客运枢纽(衔接莞惠城际铁路)、长沙汽车南站综合客运枢纽(衔接长株潭城际铁路)
水运主导型综合客运枢纽	受水域条件制约，均位于大江大河或主要沿海港口码头后方或重要的旅游风光带沿岸； 受航线影响，旅客流量一般不会太大，但是旅游旺季或闲暇假日中会出现小高峰客流	珠海九洲港综合客运枢纽、舟山蜈蚣峙旅游交通集散中心、大连皮口陆港中心、大连湾综合交通枢纽等

（续表）

类型	特征	案例
航空主导型综合客运枢纽	受机场选址条件约束，离所在城市中心较远； 旅客服务需求层次较高，服务水平和品质的要求相对其他类型综合客运枢纽高	深圳机场地面交通中心、武汉天河机场交通中心、南京禄口国际机场交通中心等

此外，对于三种及以上对外运输方式衔接的综合客运枢纽主导方的选择，同样按照航空、水运、铁路、公路的优先次序进行判定。如上海虹桥综合客运枢纽、新疆吐鲁番综合客运枢纽均具备航空、铁路、公路三种对外运输方式，按照上述优先次序，判定为航空主导型综合客运枢纽。

根据设计年度综合客运枢纽总发送量及对外运输方式总发送量，综合客运枢纽划分为四个级别。

（1）一级综合客运枢纽

一级综合客运枢纽应具备下列条件：

① 铁路主导型综合客运枢纽设计年度总发送量不小于 20 万人每日，或者对外运输方式总发送量不小于 10 万人每日；

② 公路主导型综合客运枢纽设计年度总发送量不小于 10 万人每日，或者对外运输方式总发送量不小于 5 万人每日；

③ 水运主导型综合客运枢纽设计年度总发送量不小于 4 万人每日，或者对外运输方式总发送量不小于 2 万人每日；

④ 航空主导型综合客运枢纽设计年度总发送量不少于 10 万人每日，或者对外运输方式总发送量不小于 5 万人每日。

（2）二级综合客运枢纽

二级综合客运枢纽应具备下列条件：

① 铁路主导型综合客运枢纽设计年度总发送量不小于 10 万人每日、不足 20 万人每日，或者对外运输方式总发送量不小于 5 万人每日、不足 10 万人每日；

② 公路主导型综合客运枢纽设计年度总发送量不小于 2 万人每日、不足 10 万人每日，或者对外运输方式总发送量不小于 1 万人每日、不足 5 万人每日；

③ 水运主导型综合客运枢纽设计年度总发送量不小于 2 万人每日、不足 4 万人每日，或者对外运输方式总发送量不小于 1 万人每日、不足 2 万人每日；

④ 航空主导型综合客运枢纽设计年度总发送量不小于 6 万人每日、不足 10 万人每日，或者对外运输方式总发送量不小于 3 万人每日、不足 5 万人每日。

（3）三级综合客运枢纽

三级综合客运枢纽应具备下列条件：

① 铁路主导型综合客运枢纽设计年度总发送量不小于 5 万人每日、不足 10 万人每日，或者对外运输方式总发送量不小于 2 万人每日、不足 5 万人每日；

② 公路主导型综合客运枢纽设计年度总发送量不小于 1 万人每日、不足 2 万人每日，或者

对外运输方式总发送量不小于 0.5 万人每日、不足 1 万人每日；

③ 水运主导型综合客运枢纽设计年度总发送量不小于 0.5 万人每日、不足 2 万人每日，或者对外运输方式总发送量不小于 0.2 万人每日、不足 1 万人每日；

④ 航空主导型综合客运枢纽设计年度总发送量不小于 2 万人每日、不足 6 万人每日，或者对外运输方式总发送量不小于 1 万人每日、不足 3 万人每日。

(4) 四级综合客运枢纽

四级综合客运枢纽应具备下列条件：

① 铁路主导型综合客运枢纽设计年度总发送量小于 5 万人每日，或者对外运输方式总发送量小于 2 万人每日；

② 公路主导型综合客运枢纽设计年度总发送量小于 1 万人每日，或者对外运输方式总发送量小于 0.5 万人每日；

③ 水运主导型综合客运枢纽设计年度总发送量小于 0.5 万人每日，或者对外运输方式总发送量小于 0.2 万人每日；

④ 航空主导型综合客运枢纽设计年度总发送量小于 2 万人每日，或者对外运输方式总发送量小于 1 万人每日。

根据《综合客运枢纽分类分级》，我国主要枢纽划分类型见表 7-2—表 7-4。

表 7-2　　我国主要铁路客运站设计年度旅客发送量案例数据

旅客发送量/(万人·日$^{-1}$)	个数	铁路客运站名称	按照目前规范划分
≥20	8	北京南站、上海虹桥、成都东站、重庆北站、西安北站、广州南站、南京站、长沙南站	特大型
10～20	8	南京南站、杭州东站、广州北站、深圳北站、沈阳北站、沈阳南站、西宁站、贵阳北站	特大型
7～10	15	哈尔滨西站、哈尔滨站、兰州西站、合肥南站、武汉站、汉口站、武昌站、宁波站、长沙南站、长春西站、济南西站、苏州站等	大型
5～7	12	南昌西站、许昌东站、天津站、吉林站、齐齐哈尔南站、乌鲁木齐南站、郑州东站等	大型
3～5	24	青岛北站、福州南站、襄阳站、绍兴北站、海口站、天津西站、蚌埠南站、邯郸东站、四平东站、黄山北站等	大型
2～3	17	德州东站、宜昌东站、涪陵北站、内江北站、莆田站、泉州站、恩施站、松原站、防城港北站等	中型
1～2	26	宿州东站、余姚北站、璧山站、辽阳站、宣城站、荆州站、广安南站、枣庄站、宜春站等	中型
≤1	30	孝感北站、永川东站、梧州南站、德惠西站、吐鲁番北站、绩溪北站、鹤壁东站等	中型、小型
合计	140		

表 7-3　我国主要民航机场涉及年度旅客发送量案例数据

旅客发送量/(万人·日$^{-1}$)	个数	机场名称	按照目前规范划分
≥10	4	北京首都、上海浦东、广州白云、北京大兴机场	6 级
7～10	0		
5～7	7	成都双流、深圳宝安、上海虹桥、昆明长水、西安咸阳、郑州新郑、成都新机场	6 级
3～5	13	重庆江北、杭州萧山、厦门高崎、南京禄口、武汉天河等	6 级
2～3	7	青岛流亭、三亚凤凰、贵阳龙洞堡等	5 级
1～2	13	哈尔滨太平、太原武宿、兰州中川等	5 级、4 级
≤1	156	西双版纳、西宁曹家堡等	4 级、3 级、2 级、1 级
合计	200		

表 7-4　我国主要港口客运站旅客发送量运营数据

旅客发送量/(万人·日$^{-1}$)	个数	港口客运站名称	按照目前规范划分
≥10	2	大连港客运站、大连湾新港客运站	一级
7～10	1	烟台环海路客运站	二级
5～7	3	重庆万州港客运站、烟台北马路客运站、大连湾客运站	三级
≤1	2	大连新海航运有限公司客运站、武汉港客运站	四级
合计	8		

本书以上海虹桥枢纽作为研究目标，对大型综合客运枢纽风险防控进行说明。

7.1　行业概况

7.1.1　设施及运行①

1. 设施情况

虹桥综合交通枢纽(简称虹桥枢纽)是按照上海作为现代化国际大都市以及两个中心的城市发展定位，本着服务全国、服务长江流域、服务长三角的原则，依托城市交通基础设施规划建设的国内最大现代化城市综合交通枢纽。它是上海市、长三角地区与国内、国际城市以及地区相互连接的纽带，是上海西部地区与城市中心区连接的纽带。

① 虹桥枢纽概况，http://www.sh-sr.com.cn/images/2013shsr/web/hqsn-snjs1.html；
上海虹桥商务区管理委员会，http://www.shhqcbd.gov.cn。

虹桥综合交通枢纽位于上海市西南，距离上海市中心人民广场约 13 km，规划区域东起外环线(A20)，西至现状铁路外环线，北抵北翟路，南到沪青平高速(A9)。包括原虹桥机场，整个枢纽规划区域占地面积 26.3 km^2，见图 7-1。

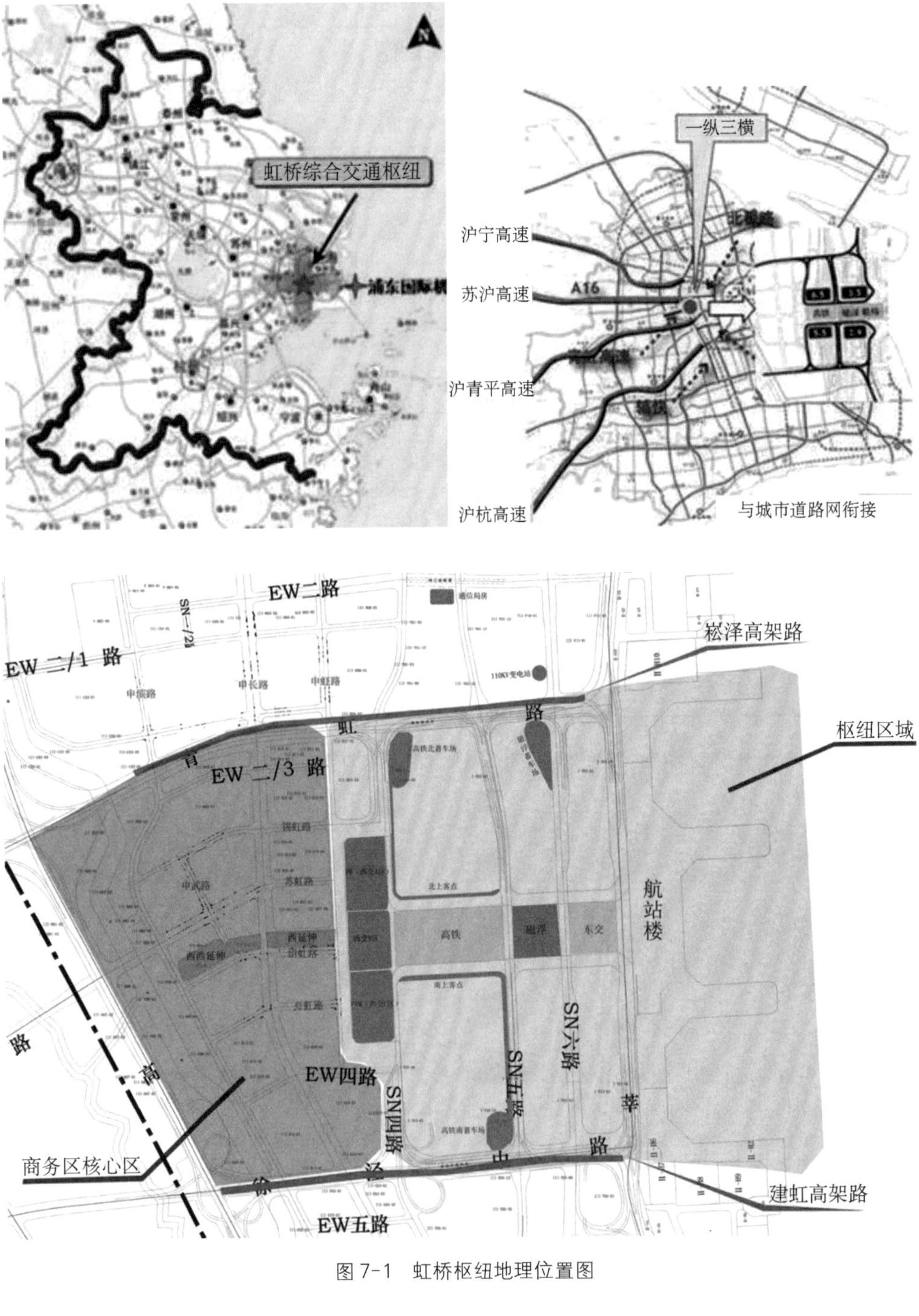

图 7-1　虹桥枢纽地理位置图

虹桥综合交通枢纽涵盖了除水运之外的航空、铁路(高铁和城际铁)、长途等城市对外大交通以及地铁、公交、出租等市域交通，最终形成轨、路、空三位一体、日客流集散量达 110 万～140 万人次的超大型的城市对外综合客运枢纽。它是上海市航空、铁路、轨道、快速路网四网交汇的重要节点，充分发挥枢纽型、功能性和网络化基础设施对区域社会和经济发展的集聚、辐射和带动作用，增强上海的综合竞争力，提升上海的服务效率和水平，为区域交流合作创造更为便捷的条件。虹桥商务区如图 7-2 所示，虹桥综合交通枢纽如图 7-3 所示。

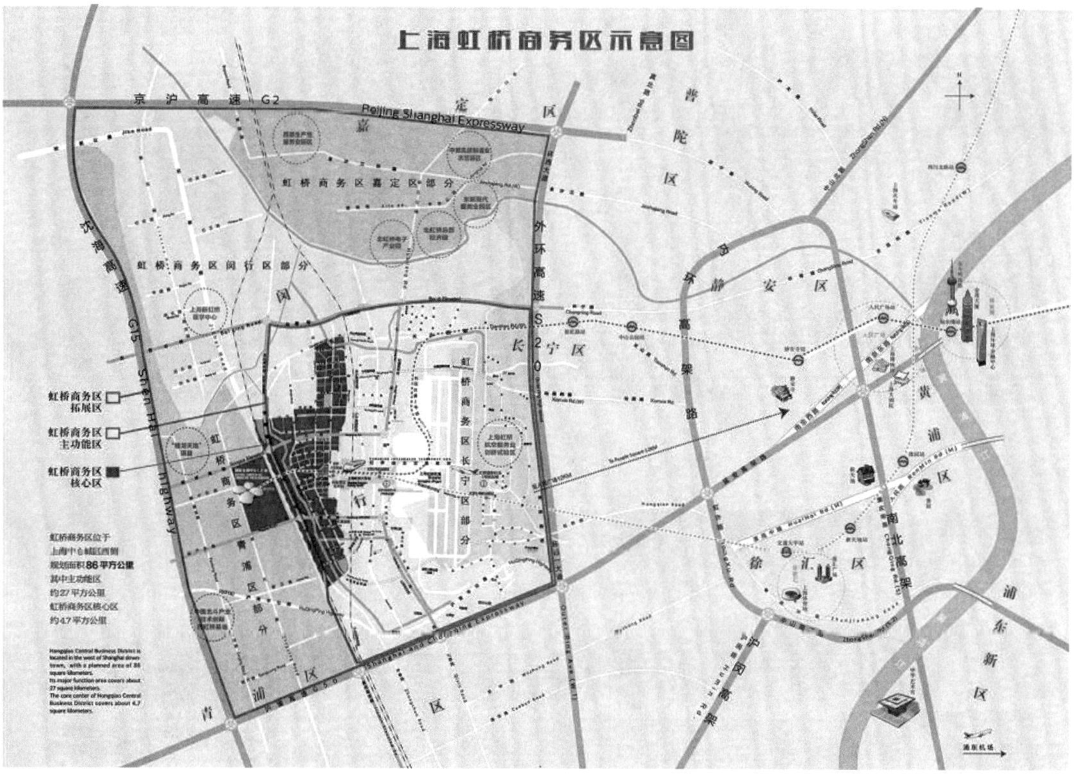

图 7-2　虹桥商务区示意图

虹桥枢纽核心区建筑综合体由虹桥机场 2 号航站楼、东交通中心、磁浮虹桥站、高铁上海虹桥站和西交通中心，共五块功能设施所组成，总建筑面积约 150 万 m^2。占地面积约 1.3 km^2。虹桥综合交通枢纽核心区建筑综合体示意如图 7-4 所示。

交通中心是虹桥综合交通枢纽核心建筑综合体的重要组成部分，总建筑面积约 80 万 m^2。随着枢纽内客流的增长，交通中心作为枢纽功能的主要承载空间，其协调人流集散、引导高效中转、统一应急管理的功能越来越突出。

2. 管理情况

虹桥综合交通枢纽范围大、涉及管理单位多、管理界面复杂，虹桥综合交通枢纽集民用航

图 7-3　虹桥综合交通枢纽示意图

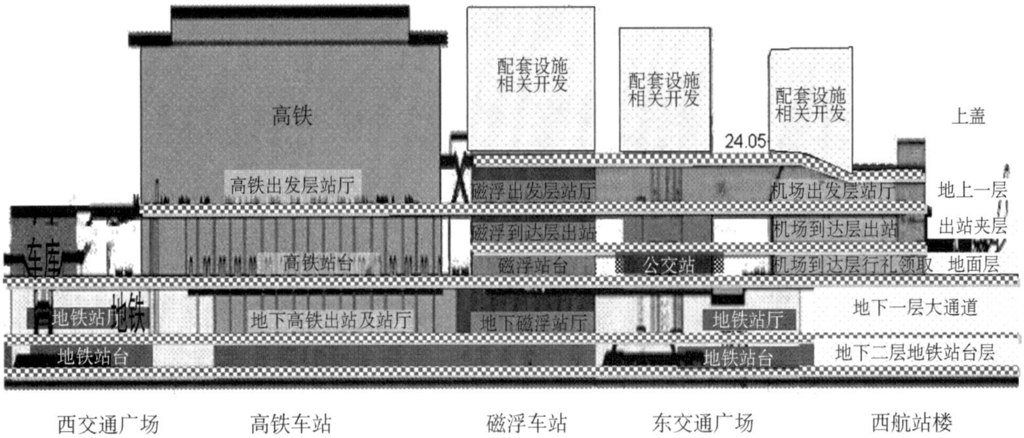

图 7-4　虹桥综合交通枢纽核心区建筑综合体示意图

空、高速铁路、城际铁路、长途客运、地铁、地面公交、出租汽车等多种交通方式于一体，是目前世界上最大的综合交通枢纽之一。2010 年 3 月 16 日，虹桥机场 2 号航站楼启用，同年 7 月 1 日和 10 月 26 日，沪宁、沪杭城际高速铁路相继开通，2011 年 6 月 30 日，京沪高铁开通。

虹桥综合交通枢纽主体建筑呈东西向布局，由 2 号航站楼、铁路站、长途客运站、东西交通中心和地铁站等组成，总建筑面积达 150 万 m^2。虹桥机场设有两条间隔仅为 365 m 的近距离跑道,2 号航站楼与 1 号航站楼互为卫星厅,同时亦作为浦东国际机场的城市航站楼。铁路站距 2 号航站楼约 450 m,规模为 30 股道、16 个站台。长途客运站设置在铁路站以西,设 20 个发车位。截至 2019 年 7 月,虹桥枢纽日均到发总旅客已达 115.6 万人次。

（1）区域管理

上海虹桥枢纽商务区管委会为市级派出管理结构,管理范围:上海虹桥商务区(以下简称虹桥商务区)的范围包括东起外环高速公路(S20),西至沈阳—海口高速公路(G15),北起北京—上海高速公路(G2),南至上海—重庆高速公路(G50)。其中,虹桥商务区主功能区(以下简称主功能区)的范围包括东起外环高速公路(S20),西至现状铁路外环线,北起北翟路,南至上海—重庆高速公路(G50)。涵盖了虹桥综合交通枢纽,即指位于虹桥商务区主功能区,由民用机场、铁路、公路、城市道路、磁浮、轨道交通、公共汽电车、出租汽车等交通设施组成的大型综合交通枢纽。

街道覆盖:虹桥枢纽七莘路以东为长宁区,以西为闵行区新虹街道管理范围。

（2）治安管理

机场范围虹桥枢纽 1 号航站楼、2 号航站楼、东交通中心含南北停车场/库治安管理由机场公安负责,周边道路由机场交警大队负责;铁路虹桥站滴水线内及地下南北出租车上客站点由高铁公安负责;西交通中心含长途客运、南北停车场/库范围为闵行枢纽派出所,外围道路由闵行交警七中队负责;轨道交通 2 号、10 号、17 号线,虹桥 1 号航站楼站、虹桥 2 号航站楼站、虹桥火车站,安检费区范围内由地铁公安负责。

（3）运营管理单位

各部分运营管理单位如下:机场 1 号航站楼、2 号航站楼、东交通中心含南北停车场/库为上海机场(集团)有限公司管理;虹桥火车站为中国铁路上海局集团有限公司;长途客运为上海交运巴士客运(集团)有限公司;轨道交通 2 号、10 号、17 号线,虹桥 1 号航站楼站、虹桥 2 号航站楼站、虹桥火车站为上海申通地铁集团有限公司;公交为上海巴士实业(集团)股份有限公司;出租车行业管理单位为执法大队;枢纽内连接各交通方式大通道公共区域管理单位为上海虹桥枢纽交通中心建设发展有限公司。

3. 运行情况

上海虹桥综合交通枢纽涵盖航空、高速铁路、城际铁路、城市轨道交通、长途巴士、公交和出租等多种交通方式,是轨、路、空三位一体的日旅客吞吐量 110 万人次的超大型、世界级交通枢纽,其特性体现为不同交通方式之间大量、便捷的换乘。

2017 年,虹桥枢纽完成总客流 3.9 亿人次,日均 107.2 万人次,较去年同期增长 14.9%;全年共发生 85 起铁路列车在轨道交通末班车后抵达枢纽的情况,其中千人次以上 64 起,累计疏散旅客 106.7 万人次。

对外交通方面(包括航空、铁路和长途汽车),2017 年全年,虹桥枢纽承担客流为 1.7 亿人次,日均客流 46.5 万人次,同比增长 13.5%。从方式看,航空日均进出港客流 11.3 万人次,同比增长 4.7%，占枢纽日均总客流的 10.6%；铁路日均客流 34.2 万人次，同比增长 17.2%，占枢纽日均总客流的 31.9%；长途客运日均客流 1.0 万人次，同比增长 8.7%，占枢纽日均总客流的 1.0%。

市内交通方面(包括轨道交通、地面公交、出租汽车和社会车辆)，2017 年全年，虹桥枢纽承担客流 2.2 亿人次，日均 60.6 万人次，同比增长 16.1%。从方式看，轨道交通日均进出站客流 27.2 万人次，同比增长 13.9%，占枢纽日均客运量的 25.4%；地面公交日均运送乘客 7.2 万人次，同比下降 0.3%，占枢纽日均客运量的 6.8%；出租车日均发车 2.7 万辆。

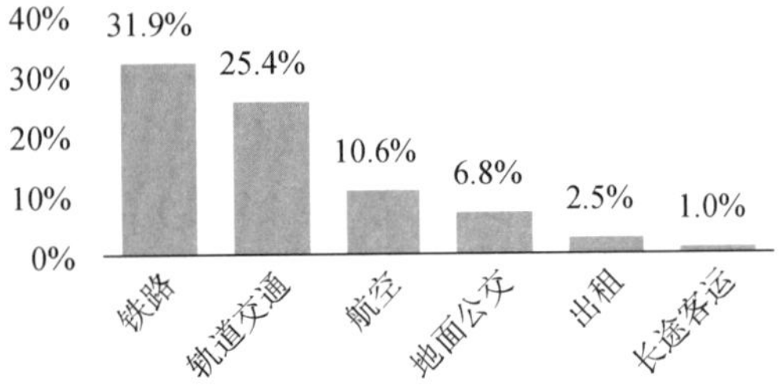

图 7-5　2017 年虹桥枢纽主要交通方式分担情况

数据来源：虹桥商务区管委会。

2017 年虹桥枢纽主要交通方式分担情况如图 7-5 所示。

7.1.2　行业管理

1. 法律法规

大型综合客运枢纽风险防控相关的法律法规包括以下内容。

《中华人民共和国突发事件应对法》

《上海市实施〈中华人民共和国突发事件应对法〉办法》

《综合客运枢纽投资补助项目管理办法》

《“十三五”现代综合交通运输体系发展规划》

《关于打造现代综合客运枢纽　提高旅客出行质量效率的实施意见》

《中共上海市委上海市人民政府关于全力打响上海“四大品牌”率先推动高质量发展的若干意见》

《上海市虹桥商务区管理办法》

《上海市人民政府办公厅关于进一步加强本市基层应急管理单元建设的意见》

《上海市城市管理行政执法条例实施办法》

《上海市鼓励企业设立服务全国面向世界的贸易型总部若干意见》

《上海市建设工程文明施工管理规定》

《上海市建设工程质量和安全管理条例》

《上海市建设工程行政审批管理程序改革方案》

《关于打造现代综合客运枢纽提高旅客出行质量效率的实施意见》(发改基础〔2016〕952 号)

2. 行业引导

在国家层面，交通运输部按照国务院赋予的“指导综合交通运输枢纽规划与管理”职责，自 2008 年以来，针对我国各运输方式客运站场各自为政、独立建设、互不衔接的现象与问题，加快发展综合客运枢纽作为综合运输体系建设的切入点，在“十二五”期间通过规划引领、资金扶持和技术指导等手段大力推进，取得了良好的效果。

交通运输部《交通运输“十二五”发展规划》明确提出“加快综合客运枢纽建设”，“建成100个左右铁路、公路、城市交通有效衔接的综合客运枢纽”。为推进该项工作，交通运输部先后制定实施了《综合客运枢纽投资补助项目管理办法》，组织编制完成了《综合客运枢纽术语》《综合客运枢纽分类分级》等行业标准和《综合客运枢纽可行性研究指南》《综合客运枢纽设计指南》等技术指导文件，明确了综合客运枢纽的概念为“将两种及以上对外运输方式与城市交通的客流转换场所在同一空间（或区域）内集中布设，实现设施设备、运输组织、公共信息等有效衔接的客运基础设施”。以上措施在“十二五”期间有效促进了我国综合客运枢纽的建设发展，充分调动了各地建设综合客运枢纽的积极性，涌现了一批优秀综合客运枢纽，如上海虹桥综合客运枢纽、南京南站综合客运枢纽、广州南站综合客运枢纽、深圳宝安机场综合客运枢纽。

“十三五”时期是我国全面深化改革、全面建成小康社会和推进新型城镇化建设的关键时期，是各种运输方式集中建设、衔接成网、提质增效的重要阶段。交通运输部继续支持综合客运枢纽建设，“按照零距离换乘要求，在全国重点打造150个开放式、立体化综合客运枢纽”已纳入了国务院印发的《“十三五”现代综合交通运输体系发展规划》中。

交通运输部推进综合客运枢纽发展工作也引起了各级政府和社会广泛关注。国家发展改革委于2016年出台了《关于打造现代综合客运枢纽　提高旅客出行质量效率的实施意见》，江苏、湖北、福建、安徽、贵州等省份也纷纷出台了有关促进综合客运枢纽发展的指导意见、技术标准及支持政策。

在上海市层面。《上海市综合交通“十三五”规划》中提出，加快推进综合客运枢纽建设；优化综合客运枢纽布局，规划建设约30个综合公共交通枢纽；新建综合客运枢纽的各类设施统一规划、统一设计、同步建设、协同管理，对已有衔接效率不高、功能不完善的综合客运枢纽实施改造，以完善功能；优化整合中心城长途客运站，推进郊区长途客运站改造，构建“主枢纽站＋区县骨干站＋辅助站”三个层次的公路长途客运枢纽结构。

3. 运营管理

(1) 虹桥商务区开发建设指挥部

2012年3月9日，《上海市人民政府办公厅关于成立虹桥商务区开发建设指挥部的通知》（沪府办〔2012〕30号）指出，为加快推进虹桥商务区开发建设，形成责权相称、统一协调、运作高效的建设和管理体制，经市政府研究，决定成立虹桥商务区开发建设指挥部。指挥部办公室设在虹桥商务区管委会。

(2) 上海虹桥商务区管理委员会

2009年，上海市委市政府做出了开发建设虹桥商务区的重大战略决策。2009年7月17日，沪委〔2009〕436号文件明确成立上海虹桥商务区管理委员会。2010年1月6日，上海市人民政府令第25号明确上海虹桥商务区管理委员会为市政府派出机构，同时发布了《上海市虹桥商务区管理办法》，明确了虹桥商务区的区域范围、功能定位、规划编制、产业发展等。

虹桥商务区管委会的主要职责包括以下方面：①综合交通组织管理，组织和协调虹桥枢纽内不同交通方式之间的衔接、集散、转换，协调和落实虹桥枢纽综合交通应急保障，确保枢纽功能发挥和安全运营；②区域规划发展统筹，参与编制和完善虹桥商务区和商务拓展区域规划，与规划部门共同做好相关规划的报批工作，组织协调相关管理部门的区政府落实区域发展规划；③组织实施区域开发，指导相关单位按照规划，实施区域土地开发建设，指导相关区政府按照总体规划，推动区域内现代服务业发展；④指导协调属地管理，通过制定管理政策和办法，协调、指导相关区政府和管理单位履行行政管理职责，检查、监督相关区政府和管理单位工作落实情况。

内设办公室、交通协调处、规划管理处、开发建设处、综合管理处、商务发展处、企业服务处、政策法规处、综合交通枢纽应急响应中心。

(3) 上海申虹投资发展有限公司

上海申虹投资发展有限公司(简称申虹公司)是上海虹桥枢纽的开发建设主体，成立于2006年7月，是经市政府批准组建的市级多元投资开发公司。自公司成立到2010年，作为代表市政府开发建设虹桥综合交通枢纽的唯一授权主体，作为“虹桥综合交通枢纽工程建设指挥部办公室”这一日常工作机构，公司承担着虹桥综合交通枢纽开发建设的总体组织协调、规划设计的系统集成、施工建设的全面管理、26 km^2 的动拆迁、13 km^2 的土地储备以及周边地区的规划发展之重任。

(4) 上海虹桥枢纽交通中心建设发展有限公司

交通中心是虹桥综合交通枢纽核心建筑体的重要组成部分，上海虹桥枢纽交通中心建设发展有限公司是受申虹公司委托，承担交通中心运营的主体，肩负着枢纽运营保障的重要社会责任。主要职责包括：旅客服务与车流、客流管理；设备运行、维护、保养及更新；固定资产的接收、统计与管理；环境保洁、秩序维护与管理；消防、安全管理；应急联动、应急处置；与枢纽其他交通管理单位和相关职能部门协调配合。

交通中心公司运行管理范围包括110 kV变电站、申虹国际大厦、西交通广场(含南北车库)、高铁南北出租车蓄车场及上客点以及长途虹桥站(含长途蓄车场)。管理内容包括：旅客服务与车流、客流管理；设备运行、维护、保养及更新；环境保洁、秩序维护与管理；消防、安全管理；应急联动、应急处置；固定资产的接收、统计与管理；与枢纽其他交通管理单位和相关职能部门协调配合(图7-6)。

其运行管理模式为运行协调自主管理、物业服务外包管理，即运行协调类由公司自主管理，物业服务类按照专业化、市场化、社会化原则，选择社会专业服务方提供服务，并由公司进行外包管理(图7-7)。

其运行管理架构为两级两区管理架构。根据交通中心管理项目的区域划分为东区和西区两大区域。交通中心的运行管理由交通中心公司分区域直接组织管理(图7-8)。

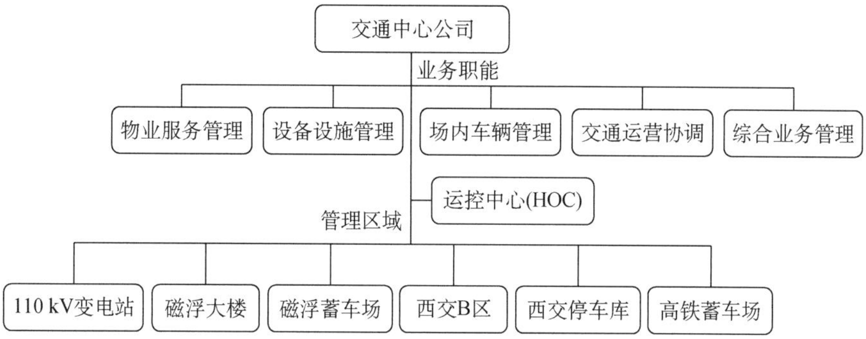

图 7-6　交通中心公司运营组织图

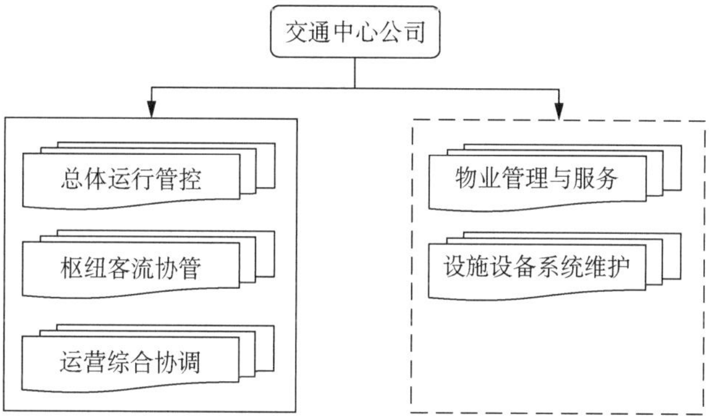

图 7-7　运行管理模式示意图

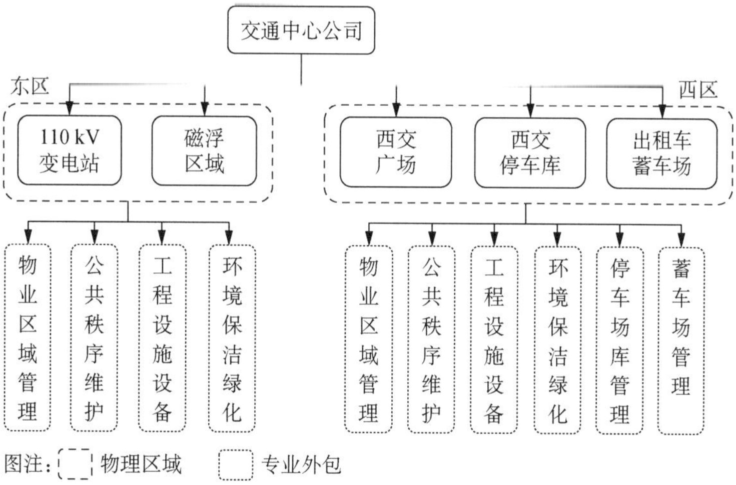

图 7-8　运行管理架构示意图

4. 安全管理

上海市作为国际超大城市，创新理念思路和方法，以世界眼光和战略思维加强城市应急管理顶层设计，在推行基层网络化管理、城市精细化管理和充分发挥专家及社会力量作用等方面形成了许多宝贵经验。当城市现代化程度越高,风险越集中、脆弱性越大,要继续加强战略谋划,强化风险防控措施落实,着力构建全天候、系统性、现代化的城市运行安全保障体系。希望与上海市有关部门和高等院校等加强合作,围绕应急管理发展战略、构建统一多元应急管理体系、推进智能化管理等问题开展课题研究,深化案例分析,提炼经验措施,为全国城市应急管理工作提供借鉴。①

国家高度重视城市综合客运枢纽的安全发展问题。[7]国家发改委制定的《综合交通网中长期发展规划》(2006—2020年)要求城市综合客运枢纽要以人为本,强化枢纽衔接和一体化运输设施配置,促进现代综合交通体系的建立,满足便捷、通畅、高效和安全的运输服务需求。《"十二五"综合交通运输体系规划》特别强调了城市综合客运枢纽对出行者"安全"换乘的要求。《"十三五"现代综合交通运输体系发展规划》将"打造一批现代化、立体式综合客运枢纽"作为主要目标之一,提出要提升综合客运枢纽站场一体化服务水平,科学规划设计城市综合枢纽,在全国重点打造150个开放式、立体化综合客运枢纽。国家发改委《促进综合交通枢纽发展的指导意见》(发改基础〔2013〕475号)将"体现人性化服务和安全保障的要求"作为综合客运枢纽发展的重要原则。

然而,我国大规模开展城市综合客运枢纽建设的时间较短,现有标准规范虽然给出了功能和总体规模的规定,但不成体系,且缺乏针对安全问题的全面考虑。同时,城市综合客运枢纽的运营处于探索和积累经验阶段,尚未建立起行之有效的管理体系,虽然运营时间短,并没有发生社会影响较大的安全事故,但仍存在诸多安全隐患。

5. 信息化

《国家发展改革委印发〈关于打造现代综合客运枢纽提高旅客出行质量效率的实施意见〉的通知》(发改基础〔2016〕952号)中提到:打造智慧枢纽,以新一代移动互联为媒介,将综合客运枢纽打造为汇集各类客流、商流、资金流、信息流的城市智慧中枢。加强大数据等应用,推进综合客运枢纽与智慧交通等融合发展。加强信息采集、处理、共享,建立统一的信息平台,拓展手机等终端应用,实现信息及时发布与实时更新,提升服务精准性。发挥综合客运枢纽牵引作用,打造宜居、宜业、宜行、宜娱的生产生活和创新创业空间。

6. 节能环保

虹桥枢纽节能、生态、环保的绿色理念在设计过程中得到了充分实践,设计师们通过多种交通模式的高度集约,实现了土地资源、综合配套设施以及城市环境资源的集约化,最终达到节地的高效率;结构构件外露不做装饰以作为建筑元素表达,以及室内多用清水混凝土材料的设计手法,既节省了建材,又创造了材料的质感美;绿色环保建筑重点关注的自然通风、自然采光、光伏发电、空调冷水直供系统、雨水回用系统等新技术在工程中得到了广泛的应用,大大降低建筑能耗,实现了预期节能目标;航站楼西立面基本不开窗,采用混凝土墙面及下沉式停车库的节能设计使得绿色建筑的先进理念得以充分体现,取得了很好的节能减排效果。

① 2018年8月9日,黄明在上海市调研城市应急管理工作。

7.1.3 风险防控特点

综合交通枢纽在有限的空间内聚集了各种交通方式，各种交通单元必须依靠道路、管道、线路、通信等各种基础设施系统来支撑和运行。如果其中某一点遭到破坏，不但会给某个局部的危机管理带来灾难，还可能使整个交通枢纽陷于瘫痪，造成严重损失。

1. 综合交通枢纽风险防控特点

大型综合客运枢纽风险防控特点体现在以下几个方面。

(1) 存在踩踏事故等安全隐患

城市综合交通枢纽人流量大。由于需要完成步行至换乘车站、购票、等车等一系列动作才会出站，高峰时段枢纽的换乘大厅和换乘通道常常有大量人员滞留。如果没有完善的行人引导系统、疏散设施、应急预案及应急管理措施，一旦出现突发事件，不仅疏散困难，更容易发生人群拥挤、踩踏事件导致群死群伤的重特大事故[8]。

(2) 多方式多线路一体化运营带来的风险

由于各种运输方式在设施构成、出行规律、客流特点、运输组织、运输工具等方面的显著差异，不同接驳运输方式的组合以及接驳规模的差异，导致枢纽在风险管理方面存在较大差异。如接驳航空运输，虽然客流的流量和集中性相对不高，但行李较多；接驳高速铁路，存在客流高峰明显，短时客流量起伏较大的特点；接驳长途公路客运，虽然客流量、集中度均相对不高，但其车辆调度、运输组织复杂，对枢纽及周边交通秩序影响较大。

此外，城市综合交通枢纽衔接多种运输方式的多条运输线路，但各条运输线路的运营主体往往不同。这使得城市综合交通枢纽在管理中的最大挑战是需要与多方面开展沟通和协调。目前枢纽管理单位一般以协议的形式，与进站的城市轨道交通运营企业、公交企业、铁路管理部门等方面约定站场内治安、消防安全等方面的责任和义务。这种协议实际上是在没有对枢纽运营中可能发生的各种安全状况进行全面分析的情况下拟定的，只规定了日常运营中的常见情况，对突发安全事件情况下如何协调配合没有做出详细的规定，对运营中的信息共享、运营高峰时段的协调控制、枢纽在多种方式和多条线路间协调调度的地位和作用都未做明确的规定。而一旦发生踩踏、火灾、治安、交通、设备故障、自然灾害、恐怖袭击等突发事件，各运营主体的协同应对措施、配合方式和效率就显得复杂而且重要。

(3) 规划设计不合理给枢纽的安全管理带来风险

综合交通枢纽多建设在城市区域，用地往往受限，而由于相关标准规范的不完善，一些枢纽的建设空间偏小，换乘大厅和通道、公交乘降场地、停车场地、进出道路等设施的规模和布局不合理。如北京西直门枢纽存在的换乘距离过长、公交换乘需要在场外等问题。又如，北京东直门枢纽乘客下公交车要在场外完成，无出租车换乘区等问题，均与规划设计不完善有关。同时，规划设计对运营安全考虑不足，造成运营管理时的先天缺陷，应急疏散的效率受到诸多设施瓶颈的限制。在这种情况下，通过对运营特性的分析，开展运营安全风险辨识和评估，制定相应的防控措施和应急预案，能有效预防突发事件的发生，减低突发事件的影响程度，最大程度地减少人员伤亡和财产损失。

(4) 枢纽多主体应急协调联动风险

大城市综合运输已经高度网络化,城市综合交通枢纽作为该网络的重要节点,肩负协调、疏解、平衡城市交通运输运行的重要功能。目前,我国大中城市往往存在多个城市综合交通枢纽,这些枢纽构成的枢纽群,在运行中协调联动、配合调度,对整个城市综合运输网络的安全、高效运行,发挥着越来越大的作用。在突发事件条件下,更需要综合客运枢纽之间协调联动,对于应急疏散发挥决定性作用。

城市综合交通枢纽接入多种运输方式和多条运输线路,一方面,各条运输线路出现异常情况有可能传导至枢纽,如地铁故障会导致地铁乘客滞留在枢纽换乘大厅;另一方面,枢纽在发生紧急情况时,需要各运输线路及其他枢纽的配合与支持,如火灾情况下疏散乘客需要缩短公交车发车时间间隔等。

2. 综合交通枢纽风险防控难度

对于特大型综合客运枢纽——虹桥枢纽来说,风险防控的难度主要体现在以下方面。

(1) 枢纽规模的宏大性和人流的集聚性

虹桥综合交通枢纽是集航空港、高速铁路、城际铁路、城市轨道交通、公交车和出租车等多种交通方式于一体,轨、路、空三位一体的日旅客吞吐量达 110 万人次的超大型、世界级交通枢纽中心。其特性体现为不同交通方式之间的大量换乘,包含 64 种可能的连接以及 56 种换乘模式,这样规模的交通枢纽和人流的集聚在国内外都是首屈一指的。

在综合性如此强的一个多应急单元组成的复杂系统中,危机事件的发生将不再是仅仅局限于一定空间、一定领域的某一交通方式的独立事件,而是会引发连锁反应,产生一系列次生、衍生灾害的复杂事件。

(2) 枢纽内部突发事件的多样性、不确定性、破坏性

虹桥综合交通枢纽内部空间交错、设备复杂、线路多样,又集聚了多种交通方式,每天迎来送往客流量巨大,可能涵盖了自然灾害、事故灾难、公共卫生事件和社会安全事件四种类型以及更加具体的灾害种类,突发事件就有极大的多样性和不确定性。同时,枢纽系统内的设备、人员相对比较集中,运营过程各种构成要素往往以网络的形式发挥其功效,极易形成灾害链,一旦某个环节出现问题,很容易波及整体,诱发新的灾害出现,具有极大的破坏性。

7.2 风险防控与实践

7.2.1 风险辨识与评价

风险因素是指能对人造成伤亡或对物造成突发性损害的因素,风险源是指一个系统中具有潜在能量和物质释放风险的、可造成人员伤害、在一定的触发因素作用下可转化为事故的部位、区域、场所、空间、岗位、设备及其位置。

1. 风险辨识

根据上海虹桥枢纽交通中心建设发展有限公司发布的《危险源辨识、风险评价及控制措施策划表》(2017 年 7 月)，区分高处作业、动火作业、施工作业、高配/供电、电器使用、电梯使用、消防管理、检维修作业、建筑体、区域活动和管理、机(库)房管理、职业健康、停车/蓄车管理、经营监管食品管理等场景，梳理风险源并提出管控措施。具体内容见表 7-5—表 7-18。

(1) 高处作业

表 7-5　高处作业风险源

场景分类	影响人群		风险源描述		
	员工	旅客	危险状态	根源	可能的伤害
高处作业	√		作业人员未戴安全帽	高处作业的势能	人员摔伤
	√		作业人员未系扣安全绳、安全带	高处作业的势能	人员坠落
	√		作业人员未穿防滑鞋	高处作业的势能	人员坠落
	√		作业人员未按要求穿戴和检查安全防护装置	高处作业的势能	人员坠落
	√		当日作业人员出现登高禁忌状态	高处作业的势能	人员坠落
	√		作业当日有 6 级以上大风	高处作业的势能	人员坠落
	√		作业当日有暴雨、闪电等黄色预警	高处作业的势能	人员坠落
	√		作业前，安全绳已有磨损，未进行检查	高处作业的势能	人员坠落
	√		作业时，安全绳固定不规范，牢固程度未检查，或无法进行安全绳固定(无支撑点)	高处作业的势能	人员坠落
	√		作业时，安全绳在尖锐处进行磨损，未垫防护物	高处作业的势能	人员坠落
	√		作业场地地面有坡度，登高器具有斜度	高处作业的势能	人员坠落
	√	√	作业人员在升降车上进行移动	高处作业的势能	人员坠落
	√		作业时，人员从高处抛掷工具和物品	高处作业的势能	人员砸伤
	√	√	作业前，未对人字梯的防滑垫和支撑架进行检查	高处作业的势能	人员坠落
	√	√	作业前，未对作业区域进行围挡隔离	违章作业	人员摔伤、砸伤
	√		临边作业未设置防护栏或防护不牢固	高处作业的势能	人员坠落
	√		未经培训合格的人员操作升降机进行登高作业	高处作业的势能，机械动能	人员摔伤、砸伤，财产损失
	√		擅自核准高等级的登高作业，且防护措施不落实、少落实或不专业等	高处作业的势能	人员摔伤、砸伤，财产损失
	√		登高作业单位未经核准擅自进行登高作业，防护措施不落实、少落实或不专业等	高处作业的势能	人员摔伤、砸伤，财产损失
	√		登高作业区域无照明设施或照明不足，易造成操作失误	高处作业的势能	人员坠落

(2) 动火作业

表 7-6 动火作业风险源

场景分类	影响人群		风险源描述		
	员工	旅客	危险状态	根源	可能的伤害
动火作业	√		未持证人员或作业人员无证操作	违章作业	人员烫伤,火灾
	√	√	作业前,未对作业附近有无易燃易爆物质进行检查	动火作业的热能	火灾,爆炸
	√	√	作业前,未对作业区域进行隔离	动火作业的热能	人员烫伤,火灾
	√		作业时被高温物体灼伤或有眩光产生	动火作业的热能	人员烫伤或视力受损
	√	√	高处电焊切割作业时,火星溅落下方可燃物	动火作业的热能	火灾
	√		切割作业时,乙炔瓶和氧气瓶间距不规范	动火作业中的化学能	火灾,爆炸
	√		搬运过程中,抛、摔、滚等撞击乙炔瓶	动火作业中的化学能	火灾,爆炸
	√		搬运过程中,乙炔瓶和氧气瓶同车运输	动火作业中的化学能	火灾,爆炸
	√		夏季作业时,乙炔瓶和氧气瓶无遮盖	动火作业中的化学能	火灾,爆炸
	√		切割作业前未检查专用减压器、回火防止器	动火作业中的化学能	火灾,爆炸
	√		切割作业时,乙炔气体压力小于 0.3 MPa	动火作业中的化学能	火灾,爆炸
	√		切割作业时,用铜、银焊条与乙炔接触	动火作业中的化学能	火灾,爆炸
	√		电焊作业时,电焊机未接地或接零	动火作业中的电能	触电
	√		电焊作业时,借用金属管道、钢架等做回路电线	动火作业中的电能	触电
	√		电焊作业时,焊把线绝缘失效	动火作业中的电能	触电
	√		电焊作业时,搭铁线大于 5 m,焊把线大于 30 m,且无防护罩	动火作业中的电能	触电
	√		擅自核准高等级的动火作业,且防护措施不落实、少落实或不专业等	动火作业的热能	火灾
	√		动火作业区域无照明设施或照明不足,易造成操作失误	动火作业的热能	火灾

(3) 施工作业

表 7-7 施工作业风险源

场景分类	影响人群		风险源描述		
	员工	旅客	危险状态	根源	可能的伤害
施工作业	√	√	区域内堆放易燃物品	管理缺陷	火灾
	√	√	临时用电箱未安装漏电保护和接地等装置	设备的电能	触电
	√	√	用电设备绝缘线裸露、接线不规范等	设备的电能	触电

（续表）

场景分类	影响人群		风险源描述		
	员工	旅客	危险状态	根源	可能的伤害
施工作业	√	√	作业区域内未配置消防灭火器材	管理缺陷	火灾
	√		使用无证人员进行搭脚手架、电工等作业	管理缺陷	人员伤亡
	√	√	区域外围未做警示标识	管理缺陷	人员伤亡
	√		区域内物品堆放杂乱，通道受阻	管理缺陷	人员摔伤
	√		区域内有锐角面未做处理	运动的动能	人员划伤
	√		人员不穿戴劳防用品进行作业（安全帽、电工鞋等）	管理缺陷	人员伤亡

(4) 高配/供电

表 7-8　高配/供电风险源

场景分类	影响人群		风险源描述		
	员工	旅客	危险状态	根源	可能的伤害
高配/供电	√		未持证人员或作业人员持失效证件操作	违章作业	触电
	√		作业人员未穿戴绝缘防护用品进行作业	违章作业	触电
	√		使用失效的绝缘工具进行操作	设备的电能	触电
	√		带电操作中产生高压电弧伤人	设备的电能	灼伤
	√		倒闸操作中违法操作程序	违章作业或指挥	触电，灼伤
	√		行车运行中发生人员伤害	设备的动能和势能	财产损失，人员伤亡
	√	√	EPS/UPS 蓄电池柜散热不佳	电池的热能	火灾
	√	√	EPS/UPS 蓄电池漏液短路	电池的化学能	火灾
	√	√	运行区域突发停电事故、应急发电设备或电源无法供电	管理缺陷	财产损失
	√	√	高配间内照明设施故障，影响突发事件的处置	管理缺陷	财产损失
	√	√	高配设备损坏，采购周期长或无法采购，影响运行	管理缺陷	财产损失

(5) 电器使用

表 7-9　电器使用风险源

场景分类	影响人群		风险源描述		
	员工	旅客	危险状态	根源	可能的伤害
电器使用	√		使用未经审批的大功率电器	管理缺陷	触电，火灾
	√	√	未经培训使用专业设备作业（登高车、场内机动车辆、机械保洁工具等）	管理缺陷	人员伤亡

（续表）

场景分类	影响人群		风险源描述		
	员工	旅客	危险状态	根源	可能的伤害
电器使用	√	√	工程、保洁器械等移动电器外壳和插头漏电	电器的电能	触电
	√	√	移动式接线盘外壳和插头漏电	电器的电能	触电
	√	√	使用有故障或无防护罩的旋转机械进行作业，有物件抛出	机械的动能	人员砸伤、划伤
	√	√	公共设备外壳和插头、插座漏电（信息屏等）	电器的电能	触电
	√	√	电器超负荷使用或短路	使用中的热能	火灾
	√	√	电器超期使用或短路	使用中的热能	火灾
	√	√	违规使用大功率电器造成线路超负载	使用中的热能	火灾
	√	√	水景设备设施有漏电现象	电器的电能	触电
	√		冬季在有易燃物区域使用高温电器取暖	电器的热能	火灾

（6）电梯使用

表 7-10　　电梯使用风险源

场景分类	影响人群		风险源描述		
	员工	旅客	危险状态	根源	可能的伤害
电梯使用	√	√	自动扶梯或步道梯使用中突发故障（骤停、倒溜、踏空、停电）	运行中的动能和势能	人员摔伤、夹伤
	√	√	垂直电梯突发故障（停顿、困人）	运行中的动能和势能	财产损失，人员伤亡
	√	√	旅客衣物卷入自动扶梯和步道梯或手卷入垂直电梯门缝中	运行中的动能和势能	人员摔伤
	√	√	旅客逆向使用自动扶梯和步道梯	运行中的动能和势能	人员摔伤
	√	√	旅客攀爬自动扶梯	运行中的动能和势能	人员伤亡
	√	√	单人携带大量行李乘坐自动扶梯	运行中的动能和势能	财产损失，人员摔伤
	√	√	人员不当使用自动扶梯或垂直电梯（蹦跳、阻挡、掰门等）	运行中的动能和势能	财产损失，人员伤亡
	√	√	电梯或安全装置未定期进行年检	管理缺陷	财产损失，人员伤亡
	√	√	电梯安全标识缺失或损坏	管理缺陷	财产损失，人员伤亡
	√	√	电梯内应急通话不通或声音质量不佳	管理缺陷	财产损失，人员伤亡
	√	√	夏季室外垂直电梯轿厢内温度过高	高温	中暑

（7）消防管理

表 7-11　　消防管理风险源

场景分类	影响人群		风险源描述		
	员工	旅客	危险状态	根源	可能的伤害
消防管理	√	√	监控室内无人值守或未配备足额人员，消防监控人员未持证或作业人员持失效证件操作	违章作业	财产损失，人员伤亡
	√	√	低温时，气体灭火管道爆裂	管道中的弹性势能	财产损失，人员伤亡
	√	√	消防器材灭火剂失效	管理缺陷	财产损失，人员伤亡
	√	√	消防通道堵塞、不畅、封闭	管理缺陷	财产损失，人员伤亡
	√	√	消防联动设备无法启动或部分设备失效	管理缺陷	财产损失，人员伤亡
	√	√	作业时，气体灭火系统误动作，气体泄漏	有害物质	财产损失，人员窒息
	√	√	区域内未见消防疏散标识图或地面疏散标志损坏	管理缺陷	人员伤亡
	√	√	报警人员不会或不正确操作报警流程（地址寻找、报警复位、远程启动、状态转换），不及时核对火灾报警信息	管理缺陷	财产损失，人员伤亡
	√	√	消防设备故障长期无法修复	管理缺陷	财产损失，人员伤亡
	√	√	消防疏散时防烟面具失效	管理缺陷	人员伤亡
	√	√	灭火器材堆放点前有杂物堆放	管理缺陷	人员伤亡
	√	√	室外消防设施或器材有锈蚀现象	管理缺陷	人员伤亡
	√	√	火灾时，消防水带或橡胶水管破损	管理缺陷	人员伤亡
	√	√	蓄电池汽车或助动车充电时火灾	短路，蓄电池的热能	财产损失，人员伤亡
	√	√	未经消防部门备案或审核的消防设施设备改造	管理缺陷	财产损失，人员伤亡
	√	√	租户内配备的消防器材失效，使用不合格的大功率电器引起火灾	管理缺陷	火灾，触电

（8）检维修作业

表 7-12　　检维修作业风险源

场景分类	影响人群		风险源描述		
	员工	旅客	危险状态	根源	可能的伤害
检维修作业	√		未有上岗资格的人员进行电工、暖通、消防等有资质要求的作业	管理缺陷	财产损失，人员伤亡
	√	√	检维修中，未对作业区域进行围挡隔离	违章作业	财产损失，人员伤亡

（续表）

场景分类	影响人群		风险源描述		
	员工	旅客	危险状态	根源	可能的伤害
检维修作业	√		集水井、污水井清理淤泥中，有毒气体溢出	有害物质	人员伤亡
	√		过境车道内进行检维修作业	车辆的动能	财产损失，人员伤亡
	√		防汛期间，雨污水井堵塞，排水设备损坏	管理缺陷	财产损失
	√	√	维护自动扶梯或步道梯后防护板未复位、未检查	违章作业	财产损失，人员伤亡
	√		检维修后，配电柜或箱未上锁	违章作业	财产损失
	√		未审批进行受限空间作业（吊顶作业、井道清洗、水箱清洗）	违章作业	人员伤亡
	√		未及时对饮用水进行滤芯更换	管理缺陷	疾病
	√	√	未及时对生活用水和饮用水进行检测	管理缺陷	疾病
	√	√	汛期中，集水井中只有1台排水泵且控制装置无法切换至该设备工作	管理缺陷	财产损失，人员伤亡

（9）建筑体

表7-13　建筑体风险源

场景分类	影响人群		风险源描述		
	员工	旅客	危险状态	根源	可能的伤害
建筑体	√	√	蓄车场进出口建筑体下沉造成玻璃窗爆裂	建筑的沉降	人员砸伤
	√	√	蓄车场进出口建筑体大面积渗水	建设缺陷	财产损失，人员伤亡
	√	√	高处室外玻璃的爆裂	玻璃的势能	人员砸伤
	√		大楼或建筑体防雷设施失效或未整改	电能	触电
	√	√	建筑体内天花板或墙面瓷砖、粉层脱落	物体的势能	财产损失，人员砸伤
	√	√	停车库上方或站前广场路面有载重量超30 t以上的车辆	建筑结构的静载力	结构变形，坍塌
	√	√	建筑体或设备机房内有漏水现象	建设缺陷	财产损失，人员伤亡
	√	√	停车库BM2和B1层高不足以进入消防车辆	建设缺陷	财产损失，人员伤亡
	√	√	P10公交站点路面严重破损	建设缺陷	财产损失，人员伤亡
	√	√	电梯厅与人行天桥处地板严重破损	建设缺陷	财产损失，人员伤亡

（10）区域活动和管理

表 7-14　　区域活动和管理风险源

场景分类	影响人群		风险源描述		
	员工	旅客	危险状态	根源	可能的伤害
区域活动和管理	√	√	人员行走中地面湿滑(室外场所、卫生间、冷凝水、雨天时、保洁作业时、大温差时等)	行走的动能	人员摔伤
	√	√	旅客将未熄灭的烟蒂扔至垃圾箱	烟蒂的热能	火灾
	√	√	禁烟区内有人吸烟或吸游烟(含施工区域)	烟蒂的热能	火灾
	√	√	在区域内发现疑似不明物体未按规定操作	物体的化学能	火灾,爆炸
	√	√	在员工休息室等场所燃烧盘香	盘香的热能	火灾
	√	√	公共区域内有车辆行驶撞伤旅客	运行中的动能	人员撞伤
	√	√	旅客在室外低处玻璃爆裂处活动	运行中的动能	人员划伤
	√	√	旅客短时间内集中某一区域(大客流)	人员密度和动能	人员挤伤,踩踏
	√	√	旅客或租户人员与管理方等发生的肢体冲突	纠纷	人员打伤
	√	√	违规停放非机动车堵塞消防通道	管理缺陷	财产损失,人员伤亡
	√	√	人员掉落集水井或排水沟	管理缺陷	人员伤亡
	√	√	旅客使用公共区域内不合格插座	插座的电能	人员伤亡
	√	√	过境车道内有超高车辆行驶	车辆的动能	财产损失
	√	√	过境车道内有超速行驶的车辆	车辆的动能	财产损失
	√	√	过境车道内进行保洁作业未设置防护区	车辆的动能	财产损失,人员伤亡
	√	√	夜间过境车道出口,司机驾驶发生暗适应现象	车辆的动能	财产损失,人员伤亡
	√	√	租户或办公区域内发生盗窃事件	管理缺陷	财产损失
	√	√	区域内夜间照明不足	管理缺陷	财产损失,人员伤亡
	√	√	恶劣天气引起的影响运行的设备故障、运行秩序破坏、室外悬挂物或树木坠落或倒伏	自然灾害	财产损失,人员伤亡
	√	√	应急物资损坏、缺失、不足	管理缺陷	财产损失,人员伤亡
	√	√	监控录像保存期限未达标	设备缺陷	财产损失
	√	√	区域内旅客或司机等人员突发疾病等意外事件	疾病	人员伤亡
	√	√	各种原因造成使用热水过程中受伤	热能	人员烫伤
	√	√	使用微波炉加热时间过久,造成食品焦糊	热能	火灾,财产损失
	√	√	区域内的租摆电器有漏电现象	电能	触电
	√	√	排水沟渠不畅通,导致区域溢水	管理缺陷	财产损失
	√	√	保洁员工收集到未熄灭的烟蒂	热能	火灾,财产损失
	√	√	玻璃门上无任何标记导致碰撞	动能	人员撞伤
	√	√	发生动物伤人事件	疾病	动物抓伤、咬伤

(11) 机(库)房管理

表 7-15　　机(库)房管理风险源

场景分类	影响人群		风险源描述		
	员工	旅客	危险状态	根源	可能的伤害
机(库)房管理	√		机房内防雷电装置失效	装置的电能	触电,人员伤亡
	√		机房内散热效果不佳或无排烟通风装置,停用部分 EPS 蓄电设备等	设备的热能	财产损失,火灾
	√	√	库房内物资堆放杂乱,无法取用物资	管理缺陷	财产损失,人员伤亡
	√		机(库)房内无灭火器材	管理缺陷	财产损失,人员伤亡
	√		机(库)房钥匙遗失或门锁损坏	管理缺陷	财产损失
	√	√	机房大面积漏水或管道爆裂水浸	管理缺陷	财产损失
	√		机(库)房内未放置防小动物装置	管理缺陷	财产损失
	√	√	机(库)房内放置易燃易爆或有害物品	物品的化学能	火灾,爆炸

(12) 职业健康

表 7-16　　职业健康风险源

场景分类	影响人群		风险源描述		
	员工	旅客	危险状态	根源	可能的伤害
职业健康	√		高温时,工作人员疲劳作业	高温	中暑
	√		低温时,工作人员室外作业	低温	冻伤
	√	√	停车库或上客点内客车尾气排放	有害气体	疾病
	√	√	公共卫生事件时,旅客流动与工作人员接触	疫情	疾病
	√		工作中,力不从心搬运重物	负荷超限	扭伤
	√		动火作业时产生的眩光	眩光	电光性眼炎
	√		长期使用手持转动工具	振动	手臂振动病
	√		长期在风机房或发电机等噪声环境	噪声	噪声聋
	√	√	夏季高温辐射环境下露天作业	紫外线	皮炎、太阳光眼炎
	√		长时间关注电脑屏幕	单调作业	心理疲劳
	√		长期接触强酸碱化学药剂进行作业	药剂的化学能	疾病
	√		冬季长时间使用红外取暖器	红外线	白内障
	√		工作人员误食保洁清洁剂	药剂的化学能	疾病
	√	√	相邻区域内或本管理区域内施工作业方扬尘或噪声污染	浮尘或噪声	疾病或心理疲劳

(13) 停车/蓄车管理

表 7-17　　停车/蓄车管理风险源

场景分类	影响人群		风险源描述		
	员工	旅客	危险状态	根源	可能的伤害
停车/蓄车管理	√		区域工作人员未穿戴反光衣进行工作	车辆的动能	人员撞伤
	√	√	车库内行人走在机动车道上	车辆的动能	人员撞伤
	√	√	机动车辆逆向行驶	车辆的动能	车辆损坏，人员撞伤
	√		超高机动车辆强行进入车库、上客点	车辆的动能	财产损失
	√	√	机动车辆行驶失控，撞坏防护设施、建筑体、收费岗亭或人员	车辆的动能	财产损失
	√	√	恶劣天气导致视野不佳，行驶车辆碰撞	车辆的动能	车辆损坏，人员撞伤
	√	√	暴雨天气，车道地面积水	恶劣天气	车辆损坏，人员撞伤
	√	√	机动车辆停驻期间漏油	油品的化学能	火灾
	√	√	有火灾隐患的车辆驶入	隐患车辆的热能	火灾
	√	√	场内未设置人行道路，人车混行	车辆的动能	人员撞伤
	√	√	高温时，隐患车辆的自燃	高温的热能	火灾
	√		区域内窨井盖缺失	管理缺陷	车辆损坏，人员摔伤
	√	√	行驶中的相向车辆开灯产生眩光	眩光	车辆损坏，人员撞伤
	√	√	车辆在非停车区域停车	管理缺陷	车辆损坏，人员撞伤
	√	√	区域内行驶标识、区域标识、提示标识不明确	管理缺陷	车辆损坏，人员撞伤
	√	√	社会车辆驶入出租车蓄车场、上客点区域	管理缺陷	车辆损坏、人员撞伤
	√	√	机动车辆短时间内集中在进出口	车辆密度和动能	财产损失
	√	√	停车收费系统因大数据传输或硬件故障造成系统瘫痪	设备的可靠性	财产损失
	√	√	车辆在进出建筑物时，地面或盖板损坏，盖板固定不牢导致车辆损坏	管理缺陷，车辆动能	财产损失，人员撞伤
	√	√	车辆在停放时被损坏的挡车器或道牙扎破轮胎	管理缺陷	财产损失
	√	√	车辆与导航进入上客点出口处的共享单车碰撞	车辆动能	车辆损坏，人员撞伤

(14) 经营监管食品管理

表 7-18　　经营监管食品管理风险源

场景分类	影响人群		风险源描述		
	员工	旅客	危险状态	根源	可能的伤害
经营监管食品管理	√	√	食品经营方、管理人员和操作人员未持二证(健康证和食品安全培训证)或持失效证件操作	管理缺陷	疾病,财产损失
	√	√	人员食用不洁食品后,多人发生疾病	不洁食物	食物中毒
	√	√	厨房有气体泄漏现象	设备或管理缺陷	火灾
	√	√	不具备操作条件时,提供冷菜	管理缺陷	食物中毒
	√	√	夏季提供放置时间较长(超过 2 h)的食物,未进行再加热处置	管理缺陷	食物中毒
	√	√	未能提供食品采购的有效证明(检验证明等)	管理缺陷	疾病,财产损失
	√	√	未专人管理使用食品添加剂	管理缺陷	疾病,财产损失
	√	√	非法处置食品废料	管理缺陷	疾病,财产损失
	√	√	长期未清洗油烟管道	管理缺陷	火灾
	√	√	加工食品过程中,中心温度未达到 75 ℃以上,且持续时间少于 15 s 以上	管理缺陷	疾病,财产损失
	√	√	食品供应过程中,保温档温度未达到 65 ℃以上,食品供应时间超过 3 h	管理缺陷	疾病,财产损失
	√	√	食品容器生熟不分,食品与杂物混放,交叉感染	管理缺陷	疾病,财产损失
	√	√	食堂内配备的消防器材失效,使用不合格的大功率电器引起火灾	管理缺陷	火灾,触电

2. 风险评价①

根据上海虹桥枢纽交通中心建设发展有限公司的风险评分,风险评价结果示例见表 7-19。

表 7-19　　虹桥枢纽风险源评价表

序号	场景分类	影响人群		风险源描述	风险值评价				
		员工	旅客	危险状态	可能性 L	频繁度 E	严重性 C	风险值 D	危险等级
1	高处作业	√		作业人员未戴安全帽	3	3	7	63	二级
2		√		作业人员未系扣安全绳、安全带	1	3	15	45	二级
3		√		作业人员未穿防滑鞋	3	3	7	63	二级

① 《虹桥综合交通枢纽应急管理体系建设研究》研究报告 2010。

（续表）

序号	场景分类	影响人群		风险源描述	风险值评价				
		员工	旅客	危险状态	可能性 L	频繁度 E	严重性 C	风险值 D	危险等级
4	高处作业	√		作业人员未按要求穿戴和检查安全防护装置	1	3	15	45	二级
5		√		当日作业人员出现登高禁忌状态	3	3	7	63	二级
6		√		作业当日有 6 级以上大风	6	1	15	90	三级
7		√		作业当日有暴雨、闪电等黄色预警	6	1	15	90	三级
8		√		作业前，安全绳已有磨损，未进行检查	1	3	15	45	二级
9		√		作业时，安全绳固定不规范，牢固程度未检查，或无法进行安全绳固定(无支撑点)	3	3	15	135	三级
10		√		作业时，安全绳在尖锐处进行磨损，未垫防护物	1	3	15	45	二级
11		√		作业场地地面有坡度，登高器具有斜度	6	2	7	84	三级
12		√	√	作业人员在升降车上进行移动	1	3	7	21	二级
13		√		作业时，人员从高处抛掷工具和物品	6	2	7	84	三级
14		√	√	作业前，未对人字梯的防滑垫和支撑架进行检查	6	6	1	36	二级
15		√	√	作业前，未对作业区域进行围挡隔离	6	6	1	36	二级
16		√		临边作业未设置防护栏或防护不牢固	3	6	7	126	三级
17		√		未经培训合格的人员操作升降机进行登高作业	3	3	7	63	二级
18		√		擅自核准高等级的登高作业，且防护措施不落实、少落实或不专业等	6	2	7	84	三级
19		√		登高作业单位未经核准擅自进行登高作业，防护措施不落实、少落实或不专业等	3	6	7	126	二级
20		√		登高作业区域无照明设施或照明不足，易造成操作失误	3	3	7	63	二级
21	动火作业	√		未持证人员或作业人员无证操作	3	3	7	63	二级
22		√	√	作业前，未对作业附近有无易燃易爆物质进行检查	3	3	15	135	三级
23		√	√	作业前，未对作业区域进行隔离	3	3	7	63	二级
24		√		作业时被高温物体灼伤或有眩光产生	3	3	1	9	一级
25		√	√	高处电焊切割作业时，火星溅落下方可燃物	3	3	15	135	三级
26		√		切割作业时，乙炔瓶和氧气瓶间距不规范	3	2	15	90	二级
27		√		搬运过程中，抛、摔、滚等撞击乙炔瓶	3	2	40	240	四级
28		√		搬运过程中，乙炔瓶和氧气瓶同车运输	3	2	40	240	四级
29		√		夏季作业时，乙炔瓶和氧气瓶无遮盖	3	1	40	120	三级
30		√		切割作业前未检查专用减压器、回火防止器	3	2	7	42	二级
31		√		切割作业时，乙炔气体压力小于 0.3 MPa	1	2	15	30	二级
32		√		切割作业时，用铜、银焊条与乙炔接触	1	2	40	80	三级

（续表）

序号	场景分类	影响人群		风险源描述	风险值评价				
		员工	旅客	危险状态	可能性 *L*	频繁度 *E*	严重性 *C*	风险值 *D*	危险等级
33	动火作业	√		电焊作业时，电焊机未接地或接零	6	3	7	126	三级
34		√		电焊作业时，借用金属管道、钢架等做回路电线	1	2	7	14	一级
35		√		电焊作业时，焊把线绝缘失效	6	2	7	84	三级
36		√		电焊作业时，搭铁线大于 5 m，焊把线大于 30 m，且无防护罩	6	2	7	84	三级
37		√		擅自核准高等级的动火作业，且防护措施不落实、少落实或不专业等	6	2	7	84	三级
38		√		动火作业区域无照明设施或照明不足，易造成操作失误	3	3	7	63	二级
39	施工作业	√	√	区域内堆放易燃物品	6	3	7	126	三级
40		√	√	临时用电箱未安装漏电保护和接地等装置	6	6	7	252	四级
41		√	√	用电设备绝缘线裸露、接线不规范等	3	2	7	42	二级
42		√	√	作业区域内未配置消防灭火器材	3	6	7	126	三级
43		√		使用无证人员进行搭脚手架、电工等作业	6	2	7	84	三级
44		√	√	区域外围未做警示标识	3	2	7	42	二级
45		√		区域内物品堆放杂乱，通道受阻	6	6	1	36	二级
46		√		区域内有锐角面未做处理	6	6	7	252	四级
47		√		人员不穿戴劳防用品进行作业（安全帽、电工鞋等）	6	3	7	126	三级
48	高配/供电	√		未持证人员或作业人员持失效证件操作	3	6	7	126	三级
49		√		作业人员未穿戴绝缘防护用品进行作业	3	6	7	126	三级
50		√		使用失效的绝缘工具进行操作	1	2	15	30	二级
51		√		带电操作中产生高压电弧伤人	3	1	7	21	二级
52		√		倒闸操作中违法操作程序	3	1	7	21	二级
53		√		行车运行中发生人员伤害	1	1	7	7	一级
54		√	√	EPS/UPS 蓄电池柜散热不佳	6	3	7	126	三级
55		√	√	EPS/UPS 蓄电池漏液短路	3	6	7	126	三级
56		√	√	运行区域突发停电事故、应急发电设备或电源无法供电	3	3	7	63	二级
57		√	√	高配间内照明设施故障，影响突发事件的处置	6	6	1	36	二级
58		√	√	高配设备损坏，采购周期长或无法采购，影响运行	6	3	7	126	三级
59	电器使用	√		使用未经审批的大功率电器	6	6	1	36	二级
60		√	√	未经培训使用专业设备作业（登高车、场内机动车辆、机械保洁工具等）	3	3	7	63	二级
61		√	√	工程、保洁器械等移动电器外壳和插头漏电	3	6	7	126	三级

（续表）

序号	场景分类	影响人群		风险源描述	风险值评价				
		员工	旅客	危险状态	可能性 L	频繁度 E	严重性 C	风险值 D	危险等级
62	电器使用	√	√	移动式接线盘外壳和插头漏电	3	6	7	126	三级
63		√	√	使用有故障或无防护罩的旋转机械进行作业，有物件抛出	1	3	7	21	二级
64		√	√	公共设备外壳和插头、插座漏电（信息屏等）	6	10	1	60	二级
65		√	√	电器超负荷使用或短路	3	2	7	42	二级
66		√	√	电器超期使用或短路	6	6	1	36	二级
67		√	√	违规使用大功率电器造成线路超负载	6	6	1	36	二级
68		√	√	水景设备设施有漏电现象	3	6	15	270	四级
69		√		冬季在有易燃物区域使用高温电器取暖	6	1	7	42	二级
70	电梯使用	√	√	自动扶梯或步道梯使用中突发故障（骤停、倒溜、踏空、停电）	3	10	7	210	四级
71		√	√	垂直电梯突发故障（停顿、困人）	3	10	7	210	四级
72		√	√	旅客衣物卷入自动扶梯和步道梯或手卷入垂直电梯门缝中	3	10	1	30	二级
73		√	√	旅客逆向使用自动扶梯和步道梯	3	10	1	30	二级
74		√	√	旅客攀爬自动扶梯	1	3	7	21	二级
75		√	√	单人携带大量行李乘坐自动扶梯	3	3	7	63	二级
76		√	√	人员不当使用自动扶梯或垂直电梯（蹦跳、阻挡、掰门等）	3	2	7	42	二级
77		√	√	电梯或安全装置未定期进行年检	1	2	7	14	一级
78		√	√	电梯安全标识缺失或损坏	3	10	1	30	二级
79		√	√	电梯内应急通话不通或声音质量不佳	3	10	7	210	三级
80		√	√	夏季室外垂直电梯轿厢内温度过高	1	3	7	21	二级
81	消防管理	√	√	监控室内无人值守或未配备足额人员，消防监控人员未持证或作业人员持失效证件操作	6	6	7	252	四级
82		√	√	低温时，气体灭火管道爆裂	1	2	7	14	一级
83		√	√	消防器材灭火剂失效	3	6	7	126	三级
84		√	√	消防通道堵塞、不畅、封闭	6	6	7	252	四级
85		√	√	消防联动设备无法启动或部分设备失效	3	6	7	126	三级
86		√	√	作业时，气体灭火系统误动作，气体泄漏	1	6	7	42	二级
87		√	√	区域内未见消防疏散标识图或地面疏散标志损坏	3	3	7	63	二级
88		√	√	报警人员不会或不正确操作报警流程（地址寻找、报警复位、远程启动、状态转换），不及时核对火灾报警信息	3	6	15	270	四级
89		√	√	消防设备故障长期无法修复	6	6	7	252	四级
90		√	√	消防疏散时防烟面具失效	3	6	7	126	三级
91		√	√	灭火器材堆放点前有杂物堆放	3	6	7	126	三级

（续表）

序号	场景分类	影响人群		风险源描述	风险值评价				
		员工	旅客	危险状态	可能性 L	频繁度 E	严重性 C	风险值 D	危险等级
92	消防管理	√	√	室外消防设施或器材有锈蚀现象	3	6	7	126	三级
93		√	√	火灾时，消防水带或橡胶水管破损	3	10	7	210	四级
94		√	√	蓄电池汽车或助动车充电时火灾	3	6	7	126	三级
95		√	√	未经消防部门备案或审核的消防设施设备改造	3	6	7	126	三级
96		√	√	租户内配备的消防器材失效，使用不合格的大功率电器引起火灾	6	3	7	126	三级
97	检维修作业	√		未有上岗资格的人员进行电工、暖通、消防等有资质要求的作业	3	6	7	126	三级
98		√	√	检维修中，未对作业区域进行围挡隔离	3	2	7	42	二级
99		√		集水井、污水井清理淤泥中，有毒气体溢出	1	3	15	45	二级
100		√		过境车道内进行检维修作业	6	2	7	84	三级
101		√		防汛期间，雨污水井堵塞，排水设备损坏	6	3	7	126	三级
102		√	√	维护自动扶梯或步道梯后防护板未复位、未检查	3	6	7	126	三级
103		√		检维修后，配电柜或箱未上锁	6	6	1	36	二级
104		√		未审批进行受限空间作业（吊顶作业、井道清洗、水箱清洗）	6	1	7	42	二级
105		√		未及时对饮用水进行滤芯更换	3	3	1	9	一级
106		√	√	未及时对生活用水和饮用水进行检测	3	6	1	18	一级
107		√	√	汛期中，集水井中只有 1 台排水泵且控制装置无法切换至该设备工作	3	2	7	42	二级
108	建筑体	√	√	蓄车场进出口建筑体下沉造成玻璃窗爆裂	10	3	7	210	四级
109		√	√	蓄车场进出口建筑体大面积渗水	10	6	1	60	二级
110		√	√	高处室外玻璃的爆裂	3	2	7	42	二级
111		√		大楼或建筑体防雷设施失效或未整改	6	3	7	126	三级
112		√	√	建筑体内天花板或墙面瓷砖、粉层脱落	1	2	7	14	一级
113		√	√	停车库上方或站前广场路面有载重量超 30 t 以上的车辆	3	1	15	45	二级
114		√	√	建筑体或设备机房内有漏水现象	10	3	1	30	二级
115		√	√	停车库 BM2 和 B1 层高不足以进入消防车辆	10	3	7	210	四级
116		√	√	P10 公交站点路面严重破损	10	10	1	100	三级
117		√	√	电梯厅与人行天桥处地板严重破损	10	3	7	210	四级
118	区域活动和管理	√	√	人员行走中地面湿滑（室外场所、卫生间、冷凝水、雨天时、保洁作业时、大温差时等）	6	6	1	36	二级
119		√	√	旅客将未熄灭的烟蒂扔至垃圾箱	6	6	1	36	二级

（续表）

序号	场景分类	影响人群		风险源描述	风险值评价				
		员工	旅客	危险状态	可能性 L	频繁度 E	严重性 C	风险值 D	危险等级
120	区域活动和管理	√	√	禁烟区内有人吸烟或吸游烟(含施工区域)	6	10	1	60	二级
121		√	√	在区域内发现疑似不明物体未按规定操作	1	3	7	21	二级
122		√	√	在员工休息室等场所燃烧盘香	3	1	7	21	二级
123		√	√	公共区域内有车辆行驶撞伤旅客	6	6	1	36	二级
124		√	√	旅客在室外低处玻璃爆裂处活动	3	6	1	18	一级
125		√	√	旅客短时间内集中某一区域(大客流)	10	2	7	140	三级
126		√	√	旅客或租户人员与管理方等发生的肢体冲突	3	1	1	3	一级
127		√	√	违规停放非机动车堵塞消防通道	6	6	1	36	二级
128		√	√	人员掉落集水井或排水沟	3	6	1	18	一级
129		√	√	旅客使用公共区域内不合格插座	6	3	1	18	一级
130		√	√	过境车道内有超高车辆行驶	6	10	1	60	二级
131		√	√	过境车道内有超速行驶的车辆	3	1	7	21	二级
132		√	√	过境车道内进行保洁作业未设置防护区	6	1	7	42	二级
133		√	√	夜间过境车道出口，司机驾驶发生暗适应现象	6	10	1	60	二级
134		√	√	租户或办公区域内发生盗窃事件	1	1	7	7	一级
135		√	√	区域内夜间照明不足	3	6	1	18	一级
136		√	√	恶劣天气引起的影响运行的设备故障、运行秩序破坏、室外悬挂物或树木坠落或倒伏	6	2	7	84	三级
137		√	√	应急物资损坏、缺失、不足	6	1	7	42	二级
138		√	√	监控录像保存期限未达标	10	6	1	60	二级
139		√	√	区域内旅客或司机等人员突发疾病等意外事件	3	2	7	42	二级
140		√	√	各种原因造成使用热水过程中受伤	1	3	1	3	一级
141		√	√	使用微波炉加热时间过久，造成食品焦糊	10	3	7	210	四级
142		√	√	区域内的租摆电器有漏电现象	3	6	7	126	三级
143		√	√	排水沟渠不畅通，导致区域溢水	3	10	1	30	二级
144		√	√	保洁员工收集到未熄灭的烟蒂	1	6	7	42	二级
145		√	√	玻璃门上无任何标记导致碰撞	3	3	7	63	二级
146		√	√	发生动物伤人事件	3	3	7	63	二级
147	机(库)房管理	√		机房内防雷电装置失效	1	6	7	42	二级
148		√		机房内散热效果不佳或无排烟通风装置，停用部分 EPS 蓄电设备等	10	3	7	210	四级
149		√	√	库房内物资堆放杂乱，无法取用物资	3	2	7	42	二级

（续表）

序号	场景分类	影响人群		风险源描述	风险值评价				
		员工	旅客	危险状态	可能性 L	频繁度 E	严重性 C	风险值 D	危险等级
150	机（库）房管理	√		机（库）房内无灭火器材	1	3	7	21	二级
151		√		机（库）房钥匙遗失或门锁损坏	3	2	1	6	一级
152		√	√	机房大面积漏水或管道爆裂水浸	3	1	7	21	二级
153		√		机（库）房内未放置防小动物装置	1	6	7	42	二级
154		√	√	机（库）房内放置易燃易爆或有害物品	3	1	7	21	二级
155	职业健康	√		高温时，工作人员疲劳作业	6	1	7	42	二级
156		√		低温时，工作人员室外作业	6	1	7	42	二级
157		√	√	停车库或上客点内客车尾气排放	1	6	1	6	一级
158		√	√	公共卫生事件时，旅客流动与工作人员接触	3	1	15	45	二级
159		√		工作中，力不从心搬运重物	6	2	1	12	一级
160		√		动火作业时产生的眩光	10	6	1	60	二级
161		√		长期使用手持转动工具	6	3	1	18	一级
162		√		长期在风机房或发电机等噪声环境	6	6	1	36	二级
163		√	√	夏季高温辐射环境下露天作业	6	2	7	84	三级
164		√		长时间关注电脑屏幕	3	6	1	18	一级
165		√		长期接触强酸碱化学药剂进行作业	3	6	1	18	一级
166		√		冬季长时间使用红外取暖器	6	2	1	12	一级
167		√		工作人员误食保洁清洁剂	1	6	1	6	一级
168		√	√	相邻区域内或本管理区域内施工作业方扬尘或噪声污染	3	6	1	18	一级
169	停车/蓄车管理	√		区域工作人员未穿戴反光衣进行工作	3	6	7	126	三级
170		√	√	车库内行人走在机动车道上	6	3	7	126	三级
171		√	√	机动车辆逆向行驶	6	3	7	126	三级
172		√		超高机动车辆强行进入车库、上客点	3	1	7	21	二级
173		√	√	机动车辆行驶失控，撞坏防护设施、建筑体、收费岗亭或人员	6	3	7	126	三级
174		√	√	恶劣天气导致视野不佳，行驶车辆碰撞	3	1	7	21	二级
175		√	√	暴雨天气，车道地面积水	3	1	7	21	二级
176		√	√	机动车辆停驻期间漏油	3	3	7	63	三级
177		√	√	有火灾隐患的车辆驶入	3	1	7	21	二级
178		√	√	场内未设置人行道路，人车混行	6	6	1	36	二级
179		√	√	高温时，隐患车辆的自燃	3	1	7	21	二级

（续表）

序号	场景分类	影响人群		风险源描述	风险值评价				
		员工	旅客	危险状态	可能性 L	频繁度 E	严重性 C	风险值 D	危险等级
180	停车/蓄车管理	√		区域内窨井盖缺失	3	1	7	21	二级
181		√	√	行驶中的相向车辆开灯产生眩光	3	1	7	21	二级
182		√	√	车辆在非停车区域停车	6	2	7	84	三级
183		√	√	区域内行驶标识、区域标识、提示标识不明确	3	10	1	30	二级
184		√	√	社会车辆驶进出租车蓄车场、上客点区域	3	1	7	21	二级
185		√	√	机动车辆短时间内集中在进出口	10	6	1	60	二级
186		√	√	停车收费系统因大数据传输或硬件故障造成系统瘫痪	6	6	1	36	二级
187		√	√	车辆在进出建筑物时，地面或盖板损坏，盖板固定不牢导致车辆损坏	3	10	1	30	二级
188		√	√	车辆在停放时被损坏的挡车器或道牙扎破轮胎	3	10	1	30	二级
189		√	√	车辆与导航进入上客点出口处的共享单车碰撞	3	1	7	21	二级
190	经营监管食品管理	√	√	食品经营方、管理人员和操作人员未持二证（健康证和食品安全培训证）或持失效证件操作	6	6	7	252	四级
191		√	√	人员食用不洁食品后，多人发生疾病	3	6	7	126	三级
192		√	√	厨房有气体泄漏现象	1	1	40	40	二级
193		√	√	不具备操作条件时，提供冷菜	3	3	7	63	二级
194		√	√	夏季提供放置时间较长（超过 2 h）的食物，未进行再加热处置	3	3	7	63	二级
195		√	√	未能提供食品采购的有效证明（检验证明等）	3	6	7	126	三级
196		√	√	未专人管理使用食品添加剂	3	6	7	126	三级
197		√	√	非法处置食品废料	3	6	7	126	三级
198		√	√	长期未清洗油烟管道	6	6	7	252	四级
199		√	√	加工食品过程中，中心温度未达到 75 ℃以上，且持续时间少于 15 s 以上	3	6	7	126	三级
200		√	√	食品供应过程中，保温档温度未达到 65 ℃以上，食品供应时间超过 3 h	3	6	7	126	三级
201		√	√	食品容器生熟不分，食品与杂物混放，交叉感染	3	6	7	126	三级
202		√	√	食堂内配备的消防器材失效，使用不合格的大功率电器引起火灾	6	3	7	126	三级

7.2.2 风险防控措施

1. 一般管控措施

综合交通枢纽各类场景风险源一般管控措施如下所述。

（1）高处作业

① 建立高处作业制度，做好人员培训，作业前分级审批核准、作业当日人员持证上岗核对、检查记录天气情况、人员状态和防护装置、器具合格程度等，设置作业区域并对作业进行情况交底和告知操作中的注意事项（如在建筑锐角处放置防护垫，移动中不得磨损绳索等）；作业全过程专人监护并做好记录；作业后及时检查区域清理情况；管理单位发现擅自进行登高作业的，应立即执行停止作业要求，并按信息流程通报。对屡犯或不整改者，报告相关部门处置。

② 建立升降车操作规程，专人培训后持证操作，作业前做好设备状态和人员防护情况的检查并告知作业时的注意事项，作业中做好维护和专人监管记录，作业后及时撤离升降车。

③ 建立登高器具管理制度，对人字梯等登高器具的检查、使用进行培训，作业前进行检查并进行记录，使用中应专人监护，使用后对器具进行检查，放置专用存储区域并进行记录。

④ 管理单位发现擅自进行登高作业的，立即执行停止作业要求，并按信息流程通报。对屡犯或拒不整改者，报告相关部门处置。

⑤ 登高作业时间一般放在白天，对确需夜间实施的作业，无照明设施或照明不足的应架设临时照明装置，提供充足照明，无法照明的应停止作业。

（2）动火作业

① 建立动火作业制度，做好人员培训，作业前分级审批核准，作业当日人员持证上岗核对、监督人员进行技术交底和安全措施要求，并检查记录人员状态和防护装置、气瓶间距、电焊机设备、电源保护装置、接地情况、现场（含下方）清除易燃易爆物质等合格程度，设置作业区域，配备两只以上的灭火器材，专人全程监护并记录；作业后及时检查区域清理情况，至少留看 10 min 以上无隐患后撤离。

② 动火作业时间一般放在白天，对确需夜间实施的作业，无照明设施或照明不足的应架设临时照明装置，提供充足照明，无法照明的应停止作业。

（3）施工作业

① 建立施工管理制度，做好人员培训；施工前分级审批核准、签订安全协议；根据核准的施工日期，区域移交方进行技术交底和告知施工注意事项，并需双方签字记录，监督方定期对区域内的易燃物品、消防器材、围护标识、物品进出、专业作业（临时用电、动火作业、登高架设）、人员防护、垃圾清运等进行监管。施工完成后双方进行签字交接。

② 专人对临时用电箱进行检查，要求采用三级配电系统；采用 TN-S 接零保护系统；采用二级漏电保护系统。电箱应符合《施工现场临时用电安全技术规范》（JGJ 46—2012）的相关要求。

（4）高配/供电

① 建立实施员工培训管理制度，做好人员培训；定期记录员工持证有效性，形成清单和检

查记录。持失效证件的人员，不得从事相关工作。

② 建立实施特种设备管理制度，做好人员培训；专人负责，形成《特种设备定期检验周期表》，定期及时检验高压用具；将需当年检测的器具及时纳入年度计划中，不得使用失效器具，待检测合格后使用。

③ 依据国家电网公司《电力安全工作规程》建立实施本单位的《高压电工操作规程》，做好人员培训；作业前，员工记录器具有效性和员工防护情况的检查和互查，合格后，按操作规程进行作业。在不涉及安全和运行的情况下，进行停电作业。

④ 作业前，主管人员对操作过程进行核准，对行车作业中的注意事项进行交底，对人员的防护工作进行检查和记录。

⑤ 建立设备管理制度，做好人员培训，定期记录维护保养，定期记录应急发电设备运行情况，定期记录保证发电时间的油品存储量和存储情况。提高设备应急发电的可靠性。

⑥ 建立巡检制度，及时报修，对维修周期较长的，应配备应急照明装置，定期检查照明装置的完好程度，确保完好即时使用。

⑦ 对管理设备的易损件或关键部件进行采购备货；必要时，管理方与专家提出替换部件的方案，局部试验，制定突发事件的处置方案。

(5) 电器使用

① 建立大功率电器管理制度，做好人员培训，形成《大功率电器核准使用清单》，定期记录大功率电器使用的线路负载、相位平衡情况。对发现不符合要求的应立即停止使用大功率电器。

② 建立实施员工培训管理制度，人员培训相关设备的操作规程；需持证上岗的应定期记录员工持证有效性，形成清单和检查记录。持失效证件的人员，不得从事相关工作。

③ 建立移动电器管理制度，做好人员培训，形成《移动电器清单》，定期专人或委托有资质的人员检查和记录移动电器的外观、绝缘值合格情况，电器绝缘值应符合《手持式电动工具的管理、使用、检查和维修安全技术规程》(GB/T 3787—2006)的要求。

④ 建立实施设备管理制度，人员培训相关设备的操作规程的注意事项；对有故障或无安全装置、安全装置损坏的设备应做好标识，并停止使用，专区存放。使用前，应对设备进行检查并记录，并设置作业区域，使用后应及时检查和存放。

⑤ 采用三级配电系统；采用 TN-S 接零保护系统；采用二级漏电保护系统。

(6) 电梯使用

① 建立电梯维护保养和巡检制度，做好人员培训，根据法规要求定期记录电梯维护保养和巡检情况；形成《特种设备定期检验周期表》，定期及时检验电梯和限速器；将需当年检测的内容及时纳入年度计划中；专人负责，对未通过检测的事项及时进行整改，对不合格的电梯或安全装置及时停用；维护保养过程中关注安全装置的有效性，维护结束后确认检查安全使用情况；张贴电梯安全使用注意事项和提示标志，客流较大时，派专人进行维护。

② 制定电梯困人应急预案，进行人员培训及演练，定期检查三方通话设备情况；根据年度演练计划及时演练电梯困人应急预案，提高应急救援的速度。在条件允许的情况下，安装空调装置。

③ 安装防卷入装置，张贴电梯安全使用注意事项和提示标志，在显著位置张贴应急开关提示标志；确保注意事项、提示标志的完好。

（7）消防管理

① 建立实施员工培训管理制度；定期记录员工持证有效性，形成清单和检查记录。持失效证件的人员，不得从事相关工作。消防专业人员持证上岗，建立消防报警方面的台账，定期对消防操作人员进行消防处置方面的培训，应符合上海机场地区消防工作考核的相关要求。

② 建立设备机房巡查管理制度，定期进行巡查记录温度；有条件的采取保温等防冻措施。

③ 建立消防管理制度，编制消防器材清单，定期记录消防器材检查情况；检查要求应符合《建筑灭火器配置验收及检查规范》(GB 50444—2008)的相关要求。编制防烟面具清单，定期检查记录防烟面具情况；发现有失效记录时，及时记录并更换。定期对消防水带和橡胶水管进行检查，发现损坏及时更换。

④ 定期记录消防通道检查情况；对堵塞、封闭等不符合消防要求的情况，应提出整改要求。定期记录消防疏散图或地面疏散标志的检查情况；对丢失、脱落、损坏等不符合标识要求的，应采取报修或补缺张贴的方式。

⑤ 建立设备管理制度，根据法规或本单位的管理要求进行定期检测，对检测不符合要求的设备，应及时进行整改并进行复测合格。

⑥ 设置充电警示提示，电路设置过载保护，能够及时断电；建立巡检制度，人员培训蓄电池火灾扑救方法，火灾时及时使用大量的水进行灭火，无明火状态时仍用大量的水对蓄电池进行冷却，防止复燃。

⑦ 任何原规划的消防设施设备改造必须经业主方与消防部门的沟通，提交改造方案进行备案或审核。

⑧ 监管：定期对消防器材进行检查，发现失效器材时，及时与租户提出；定期对租户使用的大功率电器进行负载和绝缘方面的检查，发现问题及时与租户进行沟通，要求进行整改。

（8）检维修作业

① 建立实施员工培训管理制度，做好人员培训；定期记录员工持证有效性，形成清单和检查记录。持失效证件的人员，不得从事相关工作。

② 建立实施检维修作业制度，做好人员培训；强化检维修作业流程，设备主管人员进行维护质量的自查。对有可能产生有毒气体的检维修应做好员工的个体防护；检维修前，对集水井、污水井进行通风置换，降低有毒气体的浓度。

③ 制定排水设备维保方案，在汛期前完成排水设备的维护保养；培训人员告知维护保养期间，临时变更排水设备的控制状态，确保备用排水设备能够工作。加强防汛期间的排水设备检查和井道清淤工作的工作频次，确保排水通顺，对损坏的设备应确保维修。

④ 建立电梯维护保养和巡检制度，根据法规要求定期记录电梯维护保养和巡检情况；形成《特种设备定期检验周期表》，定期及时检验电梯和限速器；将需当年检测的内容及时纳入年度计划中；维护保养过程中关注安全装置的有效性，维护结束后确认检查安全使用情况；张贴电梯安全使用注意事项和提示标志。

⑤ 建立实施受限空间作业制度，做好人员培训；明确受限空间作业流程和所需的安全防护措施；作业前，由专人记录安全防护措施的检查结果（电梯紧急制动、有毒气体置换、低压电器等），合格后进行作业；作业过程中，由专人监护，作业后及时检查区域清理情况。

⑥ 及时进行饮用水滤芯更换，主管人员每月记录按计划对维护内容进行自查的情况。及时定期对生活用水和饮用水进行检测；对不符合要求的指标，应寻找原因采取措施后进行复检。

(9) 建筑体

① 定期观察，必要时对爆裂玻璃进行拆除或更换。

② 设置防滑标识、地面采取防滑措施；必要时对建筑进行维修或改造。

③ 根据《上海市建筑玻璃幕墙管理办法》制定相关管理制度，定期及时进行玻璃幕墙的检测和自查，发现爆裂或有隐患的玻璃应立即进行区域围护措施，危险性较大的应采取防护或拆除措施。

④ 制定年度维护保养计划，定期及时对大楼或建筑体进行防雷检测，涉及整改的应及时整改后进行复检。

⑤ 建立实施消防巡检制度，对地下建筑增加消防巡检频次；加强员工的消防培训，提高扑灭初期火灾的能力。

⑥ 区域单位定期进行巡检，发现破损及时报修。

(10) 区域活动和管理

① 对人员集中或易滑区域设置防滑提示标识；对保洁或其他工作设置作业围护；特殊区域或天气应加强地面除湿作业；必要时，对地面进行防滑技术措施。

② 设置吸烟区或在禁烟区设置灭烟提示和装置；将吸烟者引导至吸烟区；现场人员加强巡检，发现隐患及时扑灭；加强员工消防器材使用培训，提高初期火灾灭火能力；施工前签署安全协议，对施工区域吸烟者采取处罚等措施。

③ 制定不明物体处置流程，每人培训；对不明物体设置隔离区域；采购处置不明物体的应急物资，定期检查应急物资完好情况；及时报告警方进行处置。

④ 建立实施消防巡检制度，在夏冬季节增强对电器、休息室等非营业区的检查，加强对租户等消防宣传；培训员工消防器材使用，提高扑灭初期火灾的能力。

⑤ 要求进入公共区域的车辆限速行驶；对发生碰撞事件的应及时记录双方信息，了解情况经过，填写《非日常事件报告》；采用调取录像或拍照的形式进行现场取证，保存证据，以备调用。

⑥ 定期及时进行玻璃自查，发现爆裂或有隐患的玻璃应立即进行区域围护措施，危险性较大的应采取防护或拆除措施；设置提示标识。

⑦ 对较易形成客流的区域，编制大客流应急预案，按计划定期演练；对可能发生大客流的时段，提前做好方案、人员、物资等准备。

⑧ 对发生肢体冲突的人员及时进行劝离，必要时，进行报告 HOC 或报警。

⑨ 采用收费方式减少车辆总量；定期巡查消防通道，发现违停及时搬离；设置标识提示。

⑩ 对集水井或排水沟地面设置颜色标识；作业时，进行围护；作业完成后，对集水井或排水沟的盖板进行检查性的踩踏，无松动，无撬动；对盖板进行定位或绑扎。

⑪ 对公共区域的插座孔进行覆盖，张贴提示标识；必要时，对公共区域插座进行断电；定期对插座进行检查。

⑫ 设置限高标识；对容易损坏的限高杆进行加固，定期进行巡检；必要时，在进出口设置监控录像。

⑬ 设置限速标识；对容易损坏的盖板等进行绑扎或加固，定期进行巡检；必要时，在进出口设置监控录像。

⑭ 作业前进行审批，明确作业方案和配合单位；由专人监护安全防护措施落实情况；作业前，在车道一侧前 20 m 设置提示标识；作业完成后，由专人检查各防护措施的复位情况。

⑮ 设置提示标志；必要时，在出口处增加部分照明。

⑯ 在租户手册或员工培训时，提示贵重物品的处置方式；设置前台或无人时勤关门；秩序定时进行巡检；在出租区域的公共区域设置监控等。

⑰ 制定年度的照明开启时间；定期进行巡视和记录；对照明设施损坏的区域及时进行维修；对无照明设置的，应自行评估后提交方案，审批后安装。

⑱ 及时关注气象预警等级并进行报告；在灾害前检查应急物资数量和质量程度，及时布置在易事故处或撤除易事故物，根据应急预警级别安排应急处置人员或采取处置措施；编制恶劣天气专项应急预案，定期进行演练。

⑲ 制定应急物资清单，根据计划定期进行检查；发现损坏及时增补；应急物资一般不借用，需借用时，应记录借用物资数量、时间，用完后及时记录和检查设备情况；各单位指定专人负责应急物资的日常管理(堆放、数量质量、借用等)。

⑳ 定期对监控录像进行导出；必要时，进行设备改造。

㉑ 及时报告至区域信息平台，将监控等摄像设备调整至该区域；制定相关应急预案，相关人员定期进行演练。

㉒ 在热水设备或存放处设置提示标识。

㉓ 在微波炉使用处贴提示牌，要求加热时人员进行监护；对设备的进行定期检查；必要时，对设备进行限时改造。

㉔ 定期委托有资质的人员检查，电器绝缘值应符合《手持式电动工具的管理、使用、检查和维修安全技术规程》(GB/T 3787—2006)的要求；发现有漏电现象时要求租摆方进行整改，整改前对隐患设备进行断电处置。

㉕ 建立排水沟检查制度，人员培训，定期检查和疏通，汛期关注排水沟渠状态，发现堵塞及时清除。

㉖ 引导旅客至可吸烟处，设置灭烟装置；对收集到的烟蒂确认状态或集中可靠处置。

㉗ 在玻璃门上粘贴标记。

㉘ 对携带动物的旅客进行提示，有条件的要求戴防护罩。发生伤人事件时，应报警处置。

（11）机（库）房管理

① 制定年度维护保养计划，定期及时对大楼或建筑体进行防雷检测，涉及整改的应及时整改后进行复检。

② 定期进行巡检关注机房环境、机柜和蓄车池的温度，特别在高温季节应增加频次；安装空调等设备；对无法安装空调、通风装置的，应设置禁火等标志，定期检查消防器材等。

③ 制定应急物资清单，根据计划定期进行检查；发现损坏及时增补；应急物资一般不借用，需借用时，应记录借用物资数量、时间，用完后及时记录和检查设备情况；各单位指定专人负责应急物资的日常管理（堆放、数量质量、借用等）。

④ 编制消防器材清单；定期对清单内的器具进行检查和记录，对失效器材及时进行维修和增补。

⑤ 编制钥匙管理制度，人员培训；明确各类钥匙的责任单位和管理范围，明确应急事件处置时钥匙的管理方式，明确遗失配置钥匙的流程等。

⑥ 定期对机房设备和设施进行巡检记录；对应设备引起的管道爆裂水浸，应立即关闭上级阀门控制水量；影响区域运行或电梯的应及时由信息平台告知相关单位采取电梯上升、区域围护、及时清理积水、放置提示牌等措施。

⑦ 定期对机房设备和设施进行巡检记录（如机柜关闭）；放置捕捉小动物的装置，定期进行检查记录。

⑧ 制定机房或库房管理制度，做好人员培训；定期检查记录，发现有易燃易爆或有害物品应专门存放，存放处应有防火标识和防爆、通风设施。

（12）职业健康

① 尽量避免高温时段进行户外作业，必需时，应缩短户外连续工作的时间，配置防晒用品；休息区域应避免温差过大，配置防暑用品，及时补充水分。

② 缩短户外连续工作的时间，配置防寒用品；休息区域应避免温差过大，及时补充热量。

③ 开启通风设备；设置个人防护用品；定期检测相关区域的空气质量。

④ 根据疫情设置监控措施；个人配置防护用品，勤洗手。

⑤ 对员工进行意识和搬运方面知识的培训；使用负荷工具。

⑥ 对作业过程中产生的危害和防护措施进行培训；作业过程中使用个人防护装备；缩短作业时间；必要时，采用减振措施。

⑦ 消除和降低噪声（使用垫子等）；加强个人防护措施（带耳塞）。

⑧ 主要劳逸结合；根据规定进行换班休息或做其他工作。

⑨ 收集化学品的 MSDS 数据，根据数据进行培训；作业时，对容器进行标识，个人使用防护用具和加强环境通风；由专人负责化学药剂的管理。

⑩ 培训员工在电器使用过程中的注意事项。

⑪ 本区域内的扬尘要求湿式作业或密闭作业，影响运行的停止作业。相邻区域的施工影响本区域运行的，由区域管理单位进行初步交涉，效果不明显时，上报运控中心，由运控中心告知相关部门进行交涉。

(13) 停车/蓄车管理

① 对员工进行培训；工作前，主管人员进行检查；对一些影响运行的作业放在运营结束后进行。

② 加强现场管理，引导人员走安全通道；对车辆行驶速度设置限速标志；现场管理人员应穿着反光标志服。

③ 加强现场巡查，安排人员进行引导；设置提示标识。

④ 设置限高标志，并在入口进行巡查和劝阻。

⑤ 对车辆行驶速度设置限速标志；对地面采取设置限速栏、割线槽的方式进行限速；极寒天气采用化雪、铺设防滑垫的方式进行控制。对损坏的设施或建筑体进行赔偿，涉及人员伤害时应及时报警和救护处理。

⑥ 对车辆行驶速度设置限速标志；增加照明，增设引导人员。

⑦ 对车辆行驶速度设置限速标志；暴雨天气采用铺设防滑垫、增加积水处置的方式进行控制。

⑧ 对车辆进行巡检，发现漏油进行围栏，清除地面油污或使用黄沙进行覆盖的处置；对处置的污物进行集中处置。

⑨ 在入口进行巡查和劝阻；定时进行车辆巡检，发现隐患车辆及时进行牵引隔离或初期火灾的扑灭。

⑩ 加强现场管理，引导人员走安全通道；对车辆行驶速度设置限速标志；现场管理人员应穿着反光标志服。

⑪ 定时进行车辆巡检，发现隐患车辆及时进行牵引隔离或初期火灾的扑灭。

⑫ 定时进行巡检，发现隐患进行围栏隔离；及时报修进行补缺。

⑬ 对车辆行驶速度设置限速标志；设置提示标识或由现场人员引导车辆行驶。

⑭ 定时进行巡检，发现违停及时劝离或锁闭，对影响运行的进行牵引撤离；引导车辆至其他区域；必要时，进行改造增加停车位。

⑮ 对标识进行改进；现场人员进行引导和管理；对车辆行驶速度设置限速标志。

⑯ 设置车辆禁止通行的标识，现场加强巡视；必要时，进行环境改造。

⑰ 增设临时收费设备，确保收费设备的可靠性；增设车流控制栏杆，应有人员现场巡视，及

时控制车流量；收费人员进行培训；制定应急放行规定。

⑱ 制定停车设备管理规定，做好人员培训；明确设备维护、传输数据等关键操作的规定；关注设备的备品备件管理；提高维保质量。

⑲ 制定设备巡检制度，做好人员培训，定期对盖板的损坏和牢固程度进行检查；发现问题及时报修，及时修复；对不牢固的盖板定位进行绑扎处置。必要时，设置减速带的设施。

⑳ 制定巡检制度，定期进行巡检，及时报修，及时对损坏挡车器的车位进行封闭；采取拔除挡车器固定钉的措施。

㉑ 设置车辆禁止通行的标识，现场加强巡视；向相关部门网站进行沟通，修改软件提示内容。

(14) 经营监管食品管理

① 监管相关人员持证有效性。持失效证件的人员，不得从事相关工作。

② 制定食品操作过程中的注意事项，做好人员培训；定期对采购、厨房操作等进行监管；对当日食物进行 24 h 的留样。

③ 设置气体泄漏报警装置；定期对装置进行检查。

④ 对采购的供应商进行管理，要求提供相关有效证明。

⑤ 对食品添加剂的使用进行培训；由专人管理记录存放使用添加剂。

⑥ 与专业单位签订合同，定期清洗和记录油烟管道清洗结果，加强操作间的火源管理。

⑦ 定期对消防器材进行检查，发现失效及时与租户提出；定期对租户使用的大功率电器进行负载和绝缘方面的检查，发现问题及时与租户进行沟通，要求进行整改。

2. 技术措施

虹桥枢纽成立政府平台应急响应中心 ERC，位于枢纽西侧虹桥商务区公共事务大厦，为 24 h 运作的平台，落实应急办的操作事务如数据枢纽运行单位的客流数据、统计分析，与各枢纽运行单位的控制中心建立联系，保证上传下达。同时，监视枢纽运行状况，并做评估预警。

除了政府平台的机制外，枢纽各运行单位企业之间、企业与政府各管理机构的广泛沟通也十分重要。交通中心与各交通运输单位都有交界面，在日常的运行组织过程中存在多种衔接，如服务标准对接、标志标识衔接、应急响应衔接、客流人流管理、设备设施如消防报警对接、维修通道物资运输通道的衔接等。为此，交通中心公司应急中心(HOC)与虹桥枢纽应急中心(ERC)、各交通运输企业运控中心等各单位应加强沟通，互通运行客流数据、运行状况等。交通中心还应与各运输企业的管理层级对接，通过日常的磨合建立运行组织、应急响应的共识。

交通中心公司应急管理架构如图 7-9 所示。其中：ERC 指虹桥枢纽应急中心；HOC 指交通中心公司应急中心，属于公司总控中心；MOC 指磁浮区域应急中心，属于磁浮区域分控中心；OCC 指西交区域应急中心，属于西交区域分控中心。

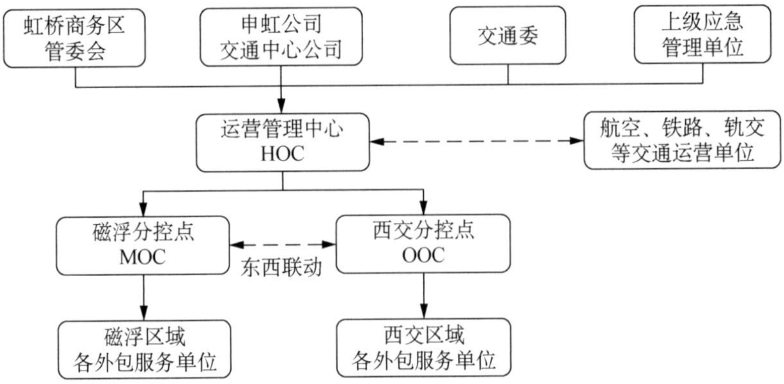

图 7-9　交通中心公司应急管理架构

3. 应急预案

(1) 国家层面

《国家突发公共事件总体应急预案》

《公路水运工程生产安全事故应急预案》

(2) 地方层面

《上海市突发公共事件总体应急预案》

《虹桥综合交通枢纽市级基层应急管理单元突发事件应急预案(总案)》

《上海市节假日期间非重大活动突发大客流交通应急保障预案》

(3) 企业层面

① 交通中心安全文件

《上海虹桥枢纽交通中心建设发展有限公司安全手册》

《关于上海虹桥枢纽交通中心建设发展有限公司成立安全生产委员会的通知》

《上海虹桥枢纽交通中心建设发展有限公司安全生产责任制》

《交通中心公司安全管理网络》

《交通中心公司防恐怖工作领导小组》

② 交通中心制定预案

交通中心公司已经建立了完整的应急预案体系，编制了《交通中心公司突发事件处置总体预案》、火灾、灾害天气、公共安全、应急疏散、电梯困人预案等一系列专项预案(表 7-20)。

表 7-20　交通中心预案清单

预案级别	预案名称
综合应急预案	上海虹桥枢纽交通中心综合应急预案(总体预案)
专项应急预案	上海虹桥枢纽交通中心恶劣天气应对专项应急预案
	上海虹桥枢纽交通中心火灾事故专项应急预案
	上海虹桥枢纽交通中心大面积停电事件专项应急预案

（续表）

预案级别	预案名称
专项应急预案	上海虹桥枢纽交通中心电梯困人事件专项应急预案
	上海虹桥枢纽交通中心旅客伤亡事故专项应急预案
	上海虹桥枢纽交通中心大客流专项应急预案
	上海虹桥枢纽交通中心公共卫生事件专项应急预案
专项应急预案	上海虹桥枢纽交通中心公共安全事件专项应急预案
	上海虹桥枢纽交通中心应急疏散专项应急预案
	上海虹桥枢纽交通中心停车库收费系统故障应急处置预案
	上海虹桥枢纽交通中心停车库大车流应急处置预案
应急处置方案	从事交通中心外包业务的企业编制并向交通中心报备

7.2.3　保险机制及应用

1. 保险险种

目前，适合大型综合客运枢纽投保的险种包括财产一切险、机器损坏险和公众责任险。

(1) 财产一切险

财产一切险是承保财产因自然灾害或意外事故以及由于突然和不可预料的事故造成的损失，除保险条款规定的责任外，保险人均负责赔偿。财产一切险是在火险基础上发展起来的。火险只承保火灾、雷电和爆炸，其余风险如地震、洪水等人力不可抗拒的自然灾害和意外事故，作为火险的附加险，综合形成财产保险，但对人为的偷窃、疏忽、他人的恶意行为等风险一概除外。财产一切险则承保了人力不可抗拒的风险和人为的风险，除保险条款列明的责任外都予负责。

财产一切险的保险财产及费用一般可包括建筑物(包括装修)、机器设备、办公用品、仓储物品、清除残骸费用、灭火费用等，其保障程度比较宽。被保险人遵守保险单中的各项约定，是财险公司承担赔偿责任的先决条件。在投保了财产一切险的基础上，经与财险公司协商一致，可由保险公司加批若干附加条款，以增加对被保险人的保障程度。

承保由于自然灾害造成的损失，也承保由于意外以及员工操作不当(需在附加投保机器损坏险的基础上)所造成的损失。自然灾害包括雷电、飓风、台风、龙卷风、风暴、暴雨、洪水、水灾、冻灾、冰雹、地崩、山崩、雪崩、火山爆发、地面下陷下沉及其他人力不可抗拒的破坏力强大的自然现象。意外事故包括不可预料的以及被保险人无法控制并造成物质损失的突发性事件，包括火灾和爆炸。

(2) 机器损坏险

机器损坏保险是在传统财产保险的基础上发展起来的，专门承保各种工厂、矿山等安装完毕并已转入运行的机器设备，在运行过程中因与其特性相关的人为的、意外的或物理原因造成突然发生的、不可预见的机器设备损失。根据国际习惯做法，对工厂、企业、机器设备所有者、提供贷款的银行、拥有机器设备的租赁公司或其他金融机构以及其他对机器设备有权益者，提供保险保障。机器损坏险与财产险有所不同，二者在保险责任有着良好的互补性，二者相互补充、相辅相成，因此机器损坏险通常与财产保险同时投保，以求得完备的保险保障。

(3) 公众责任险

公众责任险(Public Liability Insurance)，又称普通责任保险或综合责任保险，它以被保险人的公众责任为承保对象，是责任保险中独立的、适用范围最为广泛的保险类别。

所谓公众责任，是指致害人在公众活动场所的过错行为致使他人的人身或财产遭受损害，依法应由致害人承担的对受害人的经济赔偿责任。公众责任的构成，以在法律上负有经济赔偿责任为前提，其法律依据是各国的民法及各种有关的单行法规制度。此外，在一些并非公众活动的场所，如果公众在该场所受到了应当由致害人负责的损害，亦可以归属于公众责任。因此，各种公共设施场所、工厂、办公楼、学校、医院、商店、展览馆、动物园、宾馆、旅店、影剧院、运动场所，以及工程建设工地等，均存在着公众责任事故风险。这些场所的所有者、经营管理者等均需要通过投保公众责任保险来转嫁其责任。

2. 参保情况

目前虹桥枢纽交通中心公司投保的保险险种包括财产一切险、机器损坏险和公众责任险三类。承接公司保险的单位为中国太平洋财产保险股份有限公司。

2015—2017年保险出险主要有建筑玻璃爆裂(财产险)、出租车事故后赔偿(第三者责任险)、客伤事件等。2015—2017年保险费率没有调整，但是总金额有所下降。

7.3 案例分析

【案例1】 虹桥枢纽一体化运控机制建设

1. 一体化运控平台

二级管理模式下，运行管理架构调整为“两级两区管理”后，公司将直接面对管辖内的各专业外包服务方，如何实现有效监控、信息共享、实时沟通、快速响应的管理效果，是做好运行控制的关键。

因此，公司设置运控中心(HOC)管理机构，并在东区(磁浮)和西区(西交广场)设立运控分控点(磁浮为MOC、西交为OCC)，以实现“服务一体、信息共享、综合运营、管理集约、有效协调、快速响应”的管理目的。

2. 运控分控点与HOC的关系

MOC、OCC作为东、西区的运控分控点，实际承担着各自区域内运行控制中心的职能，总辖东、西区内相关事件的处理，原则上服从HOC的协调指挥，但同时对所辖区域内的相关事件有协调、处置、监督权。两者间的关系具体体现在以下几个方面。

(1) 服务投诉的受理和转报

MOC、OCC 接受涉及各自区域内的相关投诉,并根据投诉内容协调相关单位或部门前去处理,同时将处理结果及时反馈于 HOC。MOC、OCC 设立投诉受理座席但不单独处理投诉。

(2) 突发事件的协调、联动以及信息共享机制

东、西区如发生超区域单位能力的突发事件时,分控中心应有独立的协调和指挥权,应将处置状态及时报 HOC,由 HOC 将应急信息传递给相关部门。分控中心(MOC、OCC)应接受 HOC 的领导,统一指挥各类突发事件。

(3) 应急救援的指挥统一、联动以及信息共享机制

东、西区如发生超管理区域能力的突发事件时,分控中心(MOC、OCC)应及时将现场状态、应急需求报 HOC,由 HOC 统一协调和指挥应急救援,应有独立的东、西区联动应急的协调和指挥权。同时,由 HOC 将应急信息传递给相关部门,接受相关部门的统一领导。

3. HOC 运控职责与流程

运营管理中心(HOC)的运控职责主要包括以下内容。

(1) 与管委会应急指挥中心 ERC 及其他各交通方式的信息沟通协调。

(2) 交通运行信息的收集、处理、发布、维护等。

(3) 负责汇总交通中心范围的运行信息。

(4) 东、西区突发事件的综合协调、应急处置。

HOC 信息传递流程如图 7-10 所示。

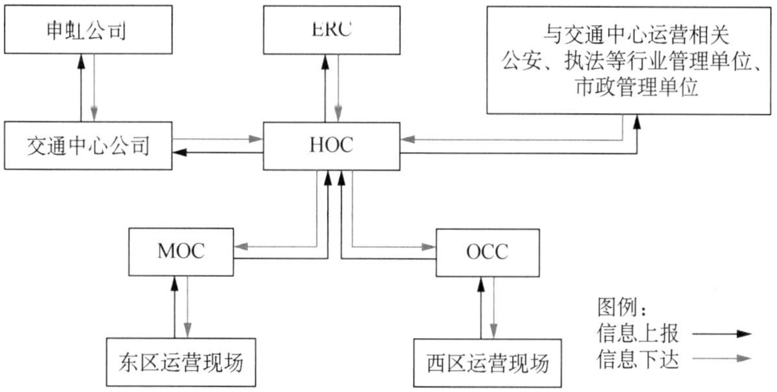

图 7-10　HOC 信息传递流程示意图

4. MOC 运控职责与流程

东区运营分控点(MOC)的运控职责主要包括以下内容。

(1) 负责磁浮站区和商业办公区直至其车道边范围内的所有日常运行事务的协调、处置。

(2) 负责受理涉及磁浮站区及商业办公区范围内的旅客和客户投诉。

(3) 负责协调磁浮站区及商业办公区各服务、保障、管理单位之间在运行中出现的问题。

(4) 负责监控磁浮站区及商业办公区内各类设备设施的运行状态。

(5) 负责受理涉及磁浮站区及商业办公区范围内及相邻车道边的各类设备设施的报修,包括受理由 HOC 转来所涉及磁浮站区和商业办公区及相邻车道边的设备设施报修。

(6) 负责监视交通枢纽的相关信息,协同枢纽区域其他单位相关运行。

(7) 负责监视磁浮站区及商业办公区内现场安全、服务、秩序、环境等相关事务。

(8) 负责磁浮站区及商业办公区内应急救援的统一协调。必要时经 HOC 同意交 TMC 做好相关应急救援工作。

(9) 负责磁浮站区及商业办公区内各类运行通告的发布(停电、停水、设备调试、演练等)。

(10) 定期对磁浮站区及商业办公区的运营情况进行收集、整理、汇总、分析。

(11) 定期召开运行协调会,并在 HOC 认为必要时召集召开临时协调会。

MOC 运控流程如图 7-11 所示。

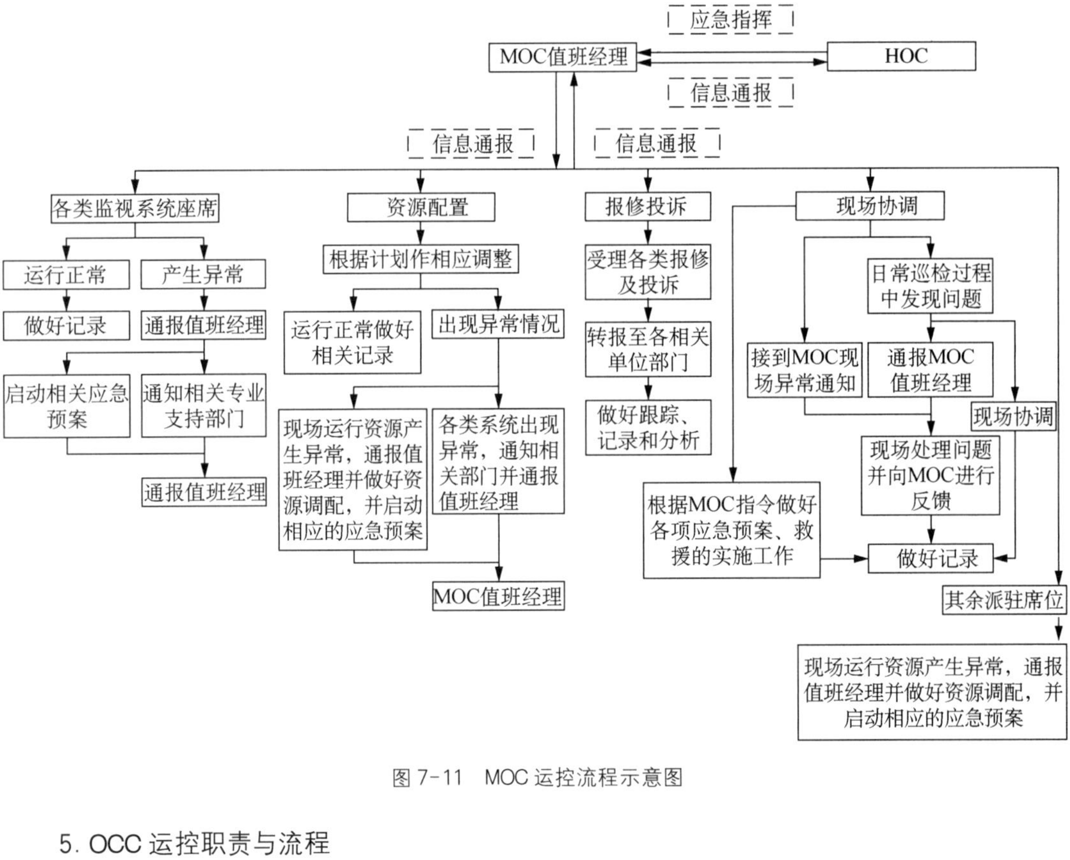

图 7-11　MOC 运控流程示意图

5. OCC 运控职责与流程

西区运营分控点(OCC)的运控职责主要包括以下内容。

(1) 负责西交通中心区域范围内的所有日常运行事务的协调、处置。

(2) 负责受理涉及西交通中心区域范围内的旅客和客户投诉。

(3) 负责协调西交通中心区域范围内各服务、保障、管理单位之间在运行中出现的问题。

(4) 负责受理涉及西交通中心区域范围内各类设备设施的报修,包括受理由 HOC 转来所涉及西交通中心区域范围内设备设施报修。

(5) 负责监视交通枢纽的相关信息，协同枢纽区域其他单位相关运行。

(6) 负责监视西交通中心区域范围内现场安全、服务、秩序、环境等相关事务。

(7) 负责西交通中心区域范围内应急救援的统一协调。

(8) 负责西交通中心区域范围内各类运行通告的发布(停电、停水、设备调试、演练等)。

(9) 定期对西交通中心区域范围内的运营情况进行收集、整理、汇总、分析。

(10) 定期召开运行协调会，并在HOC认为必要时召集召开临时协调会。

OCC运控流程如图7-12所示。

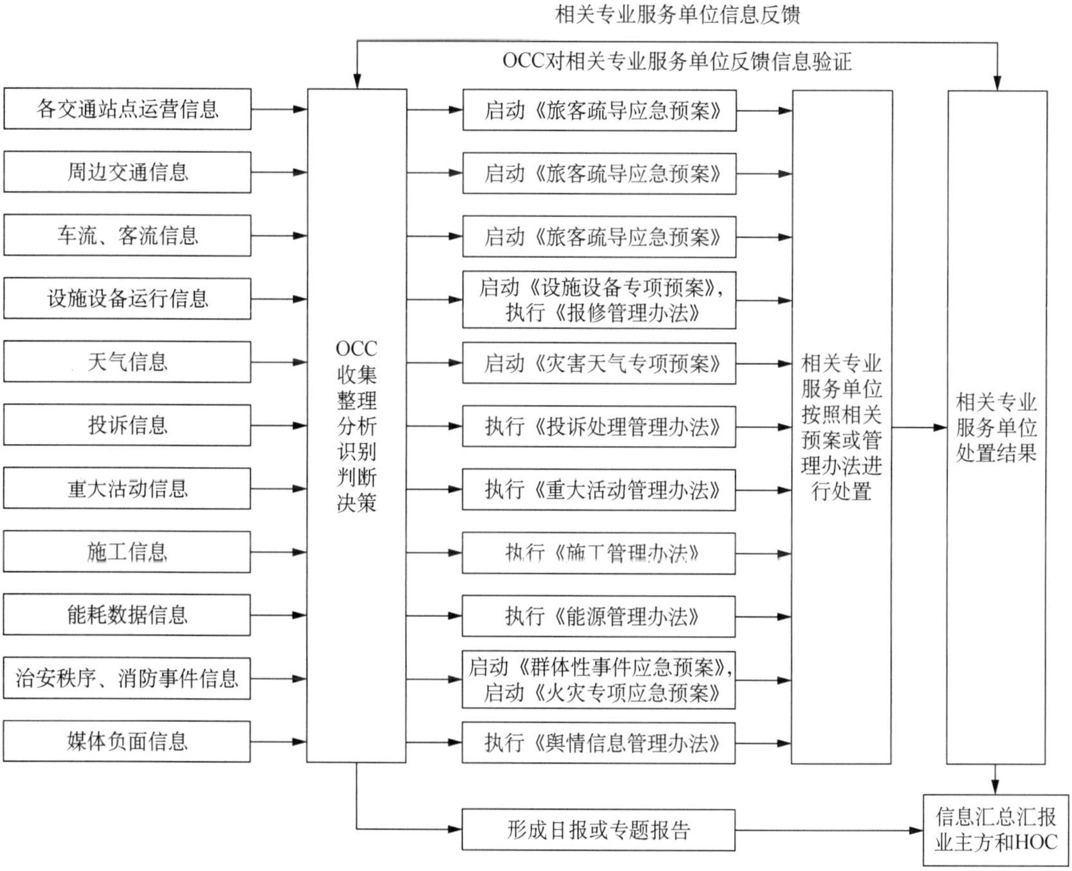

图7-12　OCC运控流程示意图

6. 运控信息传递机制

1) 各类事件信息分类

(1) A类事件信息内容

① 自然灾害事件

因地震、龙卷风、台风、暴雨、大雾、冰冻雨雪、雷击、高温等自然灾害引起以下情况。

(a) 极端恶劣自然灾害发生时建筑物受损或局部遭到破坏甚至坍塌，发生重大人员伤亡、财产损失、交通中心运营中断的情况等。

(b) 枢纽内航空、铁路、轨道交通等交通方式运营受到严重影响，造成较多架次/列次航班、铁路、轨道交通临时停运或大面积晚点(晚点影响人数超过5 000人次)，枢纽内旅客不能及时疏散，大量旅客长时间滞留的情况。

(c) 枢纽内设备设施出现严重故障，造成交通中心区域大面积停电的情况，地下车库与地下公共通道出现严重积水被迫封闭的情况。

② 非正常运营事件

(a) 火灾事件：包括交通中心区域内火灾，枢纽内其他区域发生火灾但对交通中心可能有较大影响的情况。

(b) 危化品事件：化学爆炸、危险化学品(含有毒气体)泄露，可能引起重大人员伤亡的情况，可能引起人流集中区域群死群伤、设备受损、人群拥挤甚至踩踏等情况。

(c) 重大运营设备故障事件：包括各类关键系统的故障甚至瘫痪；突发长时间全面停电或大面积停电的情况；停水、停热、停冷且对运营产生较大影响的情况；能源系统、通风系统、排烟系统等故障且对运营可能产生影响的情况；设备设施故障、系统辅助设施故障且对运营可能产生影响的情况等。

(d) 大客流爆满：大客流爆满(非政治因素引起)，可能引起群体性事件、人群拥挤踩踏的情况。

(e) 各交通方式运营影响：因为航空器、铁路列车、轨道交通列车发生故障运营异常甚至停运，影响交通中心运营，可能引起人员拥挤、群体性事件的情况等。

③ 突发公共卫生事件

(a) 食品安全事件：交通中心运营区域内(含出租车蓄车场食堂等管理区域)发生多位旅客或工作人员食物中毒或其他涉及食品安全(如饮用水安全等)的情况。

(b) 重大传染病或群体性不明原因疾病事件：重大传染病或群体性不明原因疾病，存在相互传染的危险性，并有向外传播的风险，容易引起人流恐慌甚至引起踩踏事件。

④ 社会公共安全事件

(a) 恐怖袭击事件：恐怖袭击事件，可能引起重大人员伤亡、财产损失以及运营中断或使运营受到严重影响的情况；接收到交通中心运营区域可能遭受恐怖袭击事件的预警。

(b) 治安群体性事件：治安群体性事件，可能引发骚乱，导致航空、铁路和轨道交通等交通方式延误甚至停运，严重影响交通中心正常的情况。

(c) 人为蓄意破坏、非法干扰事件：发生人为蓄意破坏、非法干扰情况，直接对交通中心运营产生影响，或在其他交通方式发生，可能对交通中心运营产生影响的情况。

⑤ 其他事件

交通中心范围内发生人员严重伤亡事件；严重社会治安事件；严重综治负面事件；因服务质

量导致重大投诉，并可能引起媒体曝光的情况；发生重大交通事故或严重影响道路通行并对交通中心运营可能产生严重影响的情况；其他有必要按照A类信息要求上报的事件。

(2) B类事件信息内容

① 自然灾害的事件

因台风、暴雨、大雾、冰冻雨雪、雷击、高温等自然气候引起以下情况。

(a) 枢纽内航空、铁路、轨道交通等交通方式运营受到影响，造成航班、铁路架次/列次较多晚点(晚点影响人数超过1 500人次)、枢纽内旅客不能及时疏散的情况。

(b) 交通中心供电设备部分受损，交通中心部分区域停电的情况；地下车库、地下公共通道出现积水影响旅客通行的情况。

② 非正常运营的事件

(a) 运营设备故障：供电系统故障，交通中心部分区域停电，可能影响到正常运营的情况；局部区域供热、供气、供水和通风、排烟等系统出现故障；能源系统故障且可能对运营产生影响的情况；设备设施故障、系统辅助设施故障对局部区域运营可能产生影响的情况；重要保障系统(设施设备)发生故障或存在隐患可能对运营产生影响的情况，等等。

(b) 枢纽相关交通方式出现大客流，且客流仍在继续聚集，或出现旅客不能及时有效疏散，现场不加以科学疏导可能会产生人群拥堵影响运营的情况。

③ 突发公共卫生事件

食品安全事件，可能引起个别旅客或工作人员食物中毒(含出租车蓄车场管理食堂区域)等情况。

④ 社会公共安全事件

(a) 接到非正常事件预警，可能发生引起人员伤亡、财产损失及运营受到影响的情况。

(b) 接到治安群体性事件预警，可能发生产生人流非正常聚集甚至骚乱，可能导致航空、铁路和轨道交通等交通方式延误，影响交通中心运营的情况。

(c) 发生人为蓄意破坏、非法干扰情况，有一定影响，可能会影响交通中心局部区域运营的情况。

⑤ 其他事件

交通中心范围内发生人员受伤情况、发生社会治安事件的情况；航空、火车、轨道交通、公交等交通方式发生可能影响旅客出行、换乘的情况；因服务质量导致投诉，影响交通中心服务形象或可能发生曝光的情况；其他有必要按照B类信息要求上报的事件。

对于A、B类信息处置：若HOC从ERC获得信息，第一时间将信息发布至交通中心分控中心(MOC、OCC)，分控中心(MOC、OCC)根据HOC的信息要求现场各运营单位采取应对措施，将事件处置情况、关键节点、动态情况及事件处置结束及时汇报HOC，并由HOC汇报ERC。

(3) C类信息内容(日常运营生产信息)

其他对交通中心整体运营影响相对较小的事件信息：由分控中心(MOC、OCC)汇总各自运营管理区域内事件信息，事件详细经过等信息主要以运营日报、周报的方式报HOC。事件发生及事件处置结束后应及时向HOC报备，HOC将事件情况及时报告交通中心运营值班人员。

2）信息传递程序与方式

交通中心突发事件及重大情况信息传递中以交通中心HOC和东区MOC、西区OCC为信息流转的主要节点。

（1）信息报告：运营现场发现突发事件及重大情况，交通中心东、西区区域管理单位在第一时间向“119”“110”“120”报告，并将情况报告分控中心（MOC、OCC），由分控中心（MOC、OCC）报告HOC，再由HOC将应急信息传递给相关部门，接受相关部门的统一领导。

（2）信息传递：坚持“电话汇报为主，短信、微信群发为辅”的报告原则，即交通中心发生突发事件及重大情况时，根据事件影响程度、范围，按照信息传递分类及流程，根据各级信息要求，利用电话及时通知关键部门和人员后，利用短信群发或微信功能将信息告知相关部门领导和运营管理人员（根据事件处置进展，做好突发事件及重大情况的首报、续报、终报）。

（3）信息传递（含短信群发或微信）范围按照逐层负责的原则进行，即HOC向交通中心公司及各业务部门、ERC报告，交通中心公司上报申虹公司；分控中心（MOC、OCC）向区域管理单位及现场其他运营管理单位实施信息传递。

3）信息传递要求

（1）接到事件信息第一人应在获悉突发事件及重大情况信息后立即报告对口部门，汇报内容包括事发时间、地点、设施设备名称、事件原因、事件概况、可能造成的影响等。

（2）交通中心HOC接ERC运营信息通报或东区MOC、西区OCC汇报后，根据事件的性质在5 min内报交通中心公司运营值班人员；并在10 min内将该信息按要求利用短信群发方式或微信发送至相关位领导与运营管理人员。

（3）若发生一般及一般以上安全事故（事故标准按照《生产安全事故报告和调查处理条例》493号令中定义）、对交通中心运营有严重影响的重大情况时，20 min内由区域管理单位或责任单位向交通中心公司上报书面简报（交通中心HOC代为接收），如不能确定事发原因、责任认定等内容，可暂时省略，待查明后续报，并在事件处理过程中以书面形式随时续报。

（4）交通中心公司管辖范围内发生重大情况，区域管理单位或责任单位应在2 h内向交通中心公司提供书面报告。报告应包括事发时间、地点、发生事件的主要情况、造成的后果、原因、责任分析和初步处理意见等内容。情况复杂的，原因、责任分析和处理意见等内容可做后续书面报告。

（5）事故（件）处理完毕的24 h内，由区域管理单位或责任单位将详细情况报交通中心公司。

（6）在发生B类及B类以上突发事件、重大情况时按下述处置。

① 发生B类突发事件、重大情况时，交通中心公司运营值班人员应立即赶赴运营现场，协助区域管理单位或责任单位组织抢修处置综合协调，必要时交通中心分管领导应立即赶赴现场处置。

② 发生A类突发事件、重大情况时，交通中心公司分管领导及运营值班人员应立即赶赴现场，协助区域管理单位或责任单位组织抢修处置。

4）其他要求

（1）交通中心各运营管理单位需严格按照信息传递流程执行信息传递，同时需加强信息的双向沟通，确保信息闭环。

（2）事件处理过程中涉及各现场管理单位的情况，由交通中心分控中心（MOC、OCC）汇总，将事件处理过程信息报交通中心HOC，保证交通中心公司及时掌握事件的处理进度及事态状况。

（3）交通中心HOC完整记录突发事件及重大情况全过程信息，HOC值班人员按要求填写各运营日报、运营信息记录事件专报。

（4）交通中心各运营管理单位按规定报送、通报、公布有关突发事件及重大情况的信息。不得拒报、瞒报、谎报、漏报、缓报、篡改和编造有关突发事件与重大情况信息，或者通报、报送虚假信息。

【案例2】 上海虹桥枢纽火车站出租车上客站点风险防控管理

1. 枢纽火车站出租车上客站点概况

上海虹桥综合交通枢纽是集高速、城际铁路、磁浮、城市轨道交通、长途巴士、公共巴士、出租车、社会车辆及航空港等轨、路、空三位一体的超大型、世界级交通枢纽中心，设计日旅客吞吐量可达110万～140万人次。其枢纽功能布局如图7-13所示。

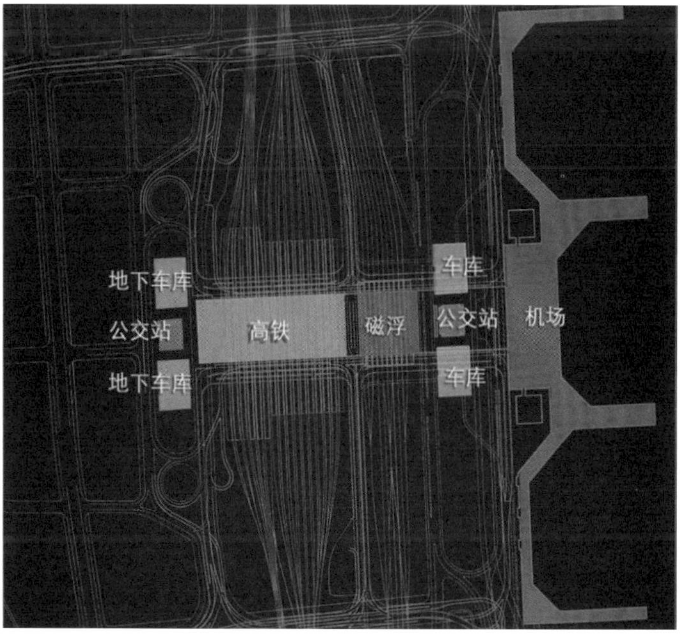

图7-13　枢纽功能布局水平示意图

上海虹桥火车站是上海虹桥综合交通枢纽的组成部分，位于上海虹桥枢纽西侧，为特等站，隶属于中国铁路上海局集团有限公司，于2008年7月20日开工建设，2010年7月1日投入使用。上海虹桥站北端引接京沪高速铁路、沪汉蓉高速铁路，南端与沪昆高速铁路、沪杭甬客运专线接轨，是华东地区最重要、规模最大的铁路客运枢纽。

上海虹桥火车站出站口为枢纽换乘通道，设在地下一层位于站台正下方，两侧分布30个出站检票口。换乘通道串联航站楼和长途客运站这两个交通枢纽，往东可以到达虹桥机场T2航站楼和东交通中心，向西则通往长途汽车站、地下车库和西交通中心；换乘通道设有地铁换乘大厅和出租车上客点，并连接公交车站点；地铁换乘大厅位于通道西侧，出租车站点均匀分布于通道外侧。通过换乘通道，各种交通工具之间可实现“零换乘”。

2. 枢纽火车站出租车上客站点设施

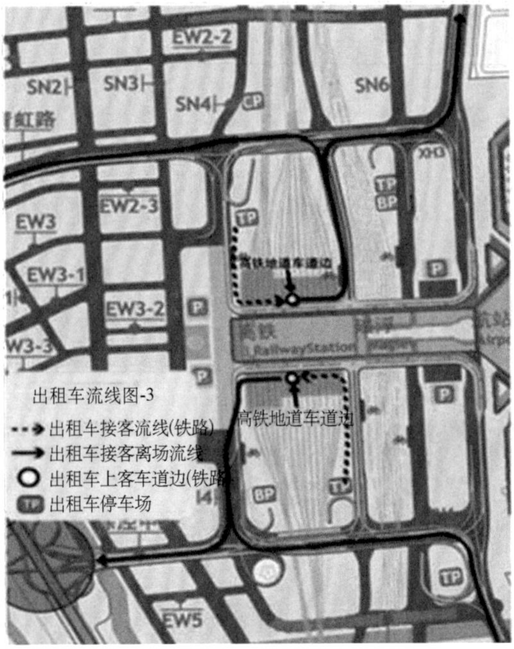

图7-14　枢纽火车站出租车上客站点设施示意图

虹桥火车站根据功能区域和层高划分可分为五层，其中地下一层为到达换乘通道可达地铁站厅层、出租车车道及上客站点。出租车在火车站南、北出租车蓄车场排队后，通过专用通道进入出租车上客点车道边排队接客，出租车上客点为出租车专用，专用的通道分别布置于铁路虹桥站南北蓄车场地面及铁路虹桥站站厅地下一层南北两侧（图7-14）。

虹桥火车站出租车道及联络通道工程是服务于高铁车站的地下出租车道，是虹桥综合交通枢纽快速集散系统工程的一部分，承担铁路出站旅客乘出租离站的功能。工程建设规模10 965 m^2。其中，出租车联络通道为2 631 m^2，出租车道（位于铁路站房旁两侧地下范围内）部分为7 973 m^2，设备用房351 m^2（图7-15）。

上海虹桥火车站地下一层南北各一条出租车道，出入口处路宽约6.5 m。中间部分长度约310.4 m，路宽约10 m三车道。出租车站点旅客候车区长度约277.4 m，人行候车区域为2 m宽。

3. 上海虹桥枢纽火车站出租车上客站点的运营

1）出租车上客站点运营单位

上海虹桥枢纽火车站出租车上客站点的规划、设计与建造是与上海虹桥火车站一并进行的，但从资产投资方而言为上海申虹投资发展有限公司，资产界面为出租车上客站点靠近虹桥火车站一侧的墙壁，以墙根为界墙壁属于铁路资产。

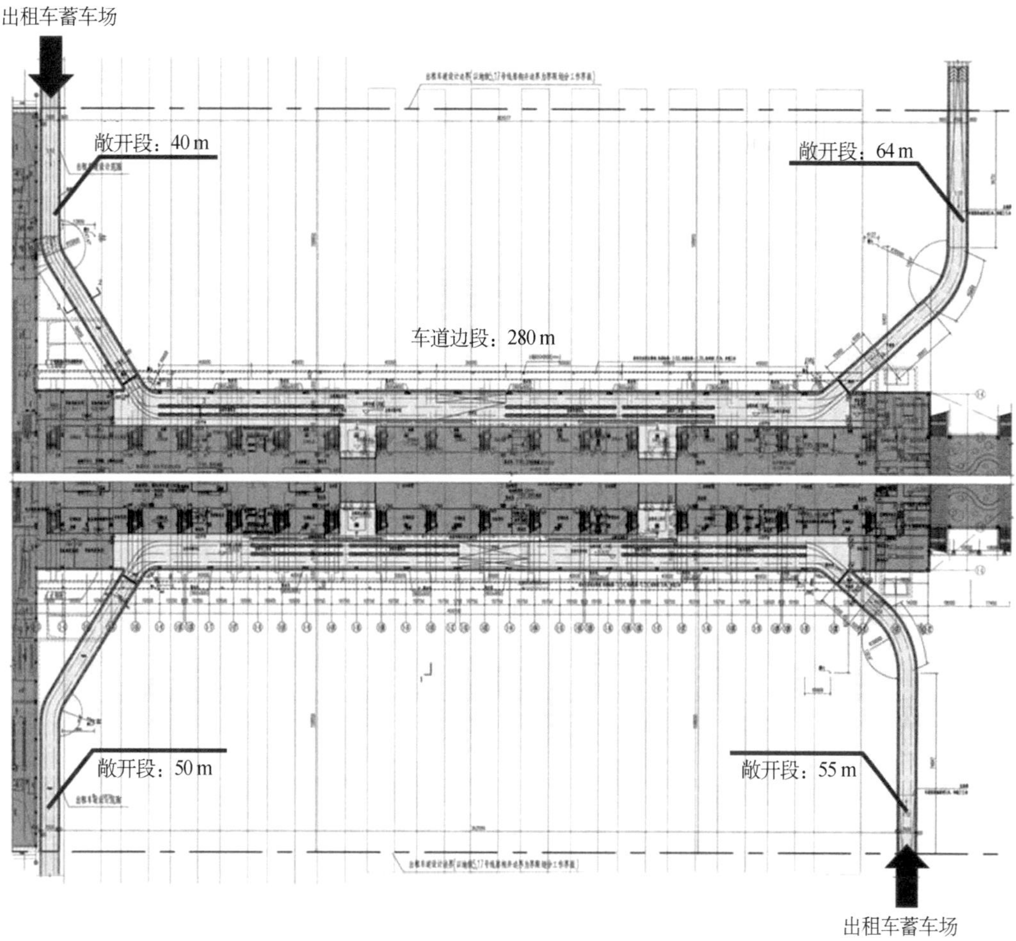

图 7-15　出租车车道及联络通道设计图

上海申虹投资发展有限公司成立于 2006 年 7 月，是经市政府批准组建的市级多元投资开发公司。自公司成立到 2010 年，作为代表市政府开发建设虹桥综合交通枢纽的唯一授权主体，作为“虹桥综合交通枢纽工程建设指挥部办公室”这一日常工作机构，公司承担着虹桥综合交通枢纽开发建设的总体组织协调、规划设计的系统集成、施工建设的全面管理、26 km^2 区域的动拆迁、13 km^2 的土地储备以及周边地区的规划与发展之重任。

出租车上客站点的现场管理单位为上海申虹的子公司上海虹桥枢纽交通中心建设发展有限公司(以下简称交通中心公司)。公司成立于 2008 年 6 月，主要承担上海虹桥综合交通枢纽交通中心项目及相关配套项目的整体运营管理。交通中心项目是虹桥综合交通枢纽的核心建筑体，自东向西、自上而下将机场航站楼、磁浮、高铁、地铁、长途车站、公交站、出租车上客点及社会停车库等交通设施集约布局于一体，是各交通主体组成交通枢纽的联系纽带，是各交通主体旅客便捷换乘的公共空间，是公共服务资源和经营资源优化配置的体现。交通中心公司按照“服务为本，安全至上，协调各方，拓展功能，开源节流”的总体要求，以安全、便捷、舒适、智慧为宗旨，努力做好枢纽的运营管理和旅客服务工作，努力成为国内交通枢纽运营管理的标杆企业。

2）出租车上客站点的布设

上海虹桥火车站出租车站点早期采用南北出租车道各设一个上客点的运行模式，随着火车客流的逐年大幅上升，出租车上客点的排队客流也大幅上升，旅客排队候车时间长的问题和上客点内的消防疏散问题逐步突显。为了缓解这些矛盾，交通中心公司调整现场运行组织形式，目前采用南北出租车道边各布置2个发车点，共4个发车点，如图7-16所示。

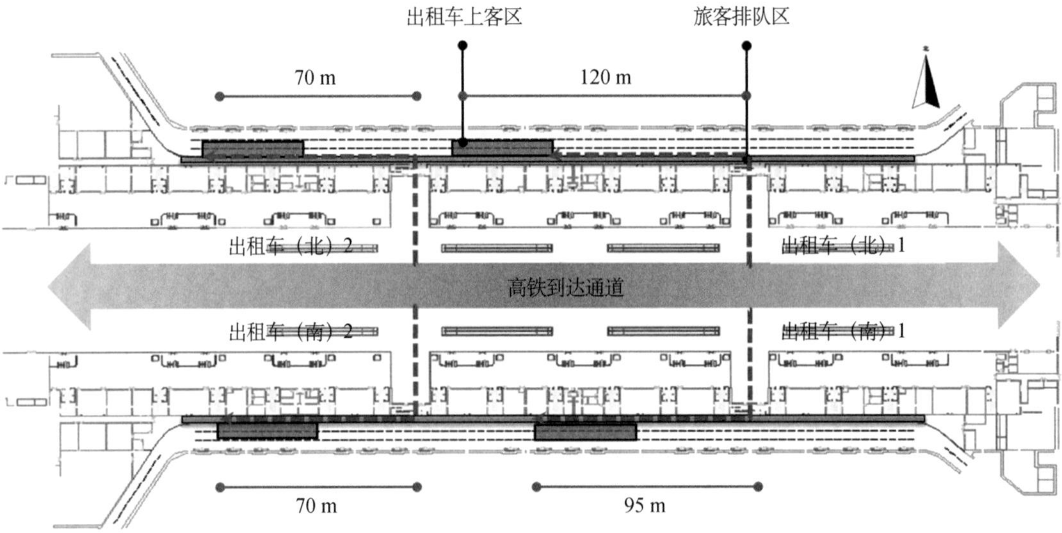

图7-16　南北出租车道双上客站点示意图

以北上客通道为例，车道为3条，包括2条上客车道和1条外侧过境车道。2个发车点各设置停车位2列5排（共10个），合计20个停车位。南上客通道与之对称（图7-17）。

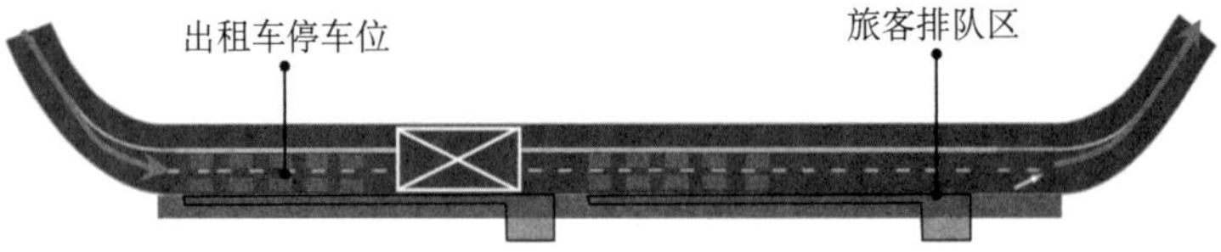

图7-17　北上客通道车道边布设示意图

出租车从铁路虹桥站北侧的蓄车场经专用道由西侧进入北上客通道，依次到达北2号门和北1号门（图7-18）。

3）出租车上客站点运营情况

出租车上客点运行时间跟随火车站列车到达时间，目前为早6:50—次日00:45，匹配火车站到达车次7:00—23:40。岗位设置以北上客点为例：北1号门、北2号门各1岗，2个上

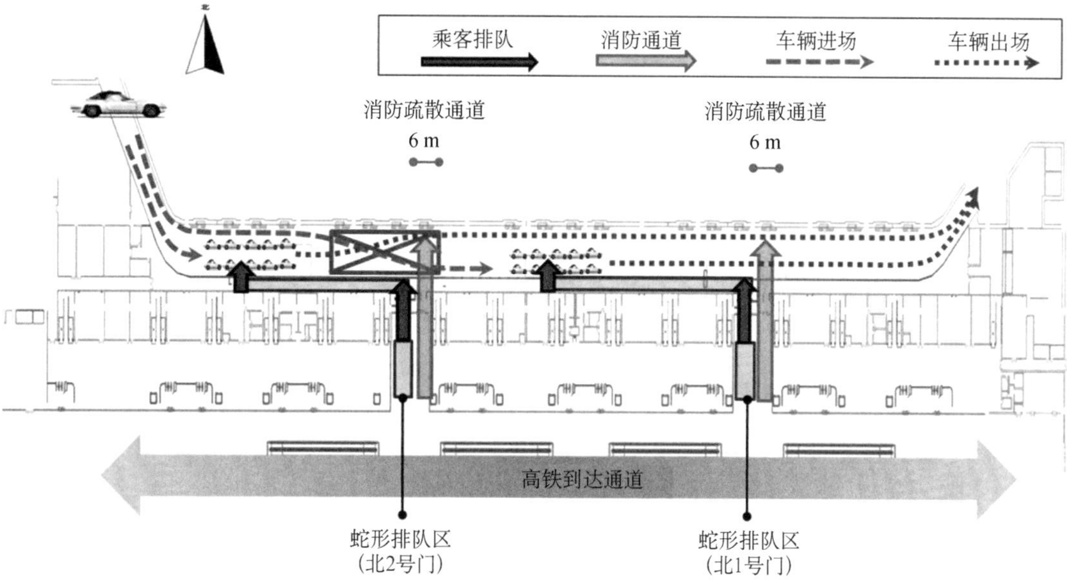

图 7-18　北上客通道(点)出租车进出场布设示意图

客点各 3 岗，上客点之间车道引导 1 岗，合计 9 岗，极端情况如在春运返程高峰期增加 2 岗辅助旅客行李搬运。这些岗位承担着以下责任：旅客问询咨询；驱离黄牛黑车，配合公安处置；维护站点人流秩序，驱离乞讨小广告，劝阻吸烟；车流引导，车拒载、人挑车时协调，配合执法大队处置；车道引导，入口车辆控制，上客点间车流引导；应急响应，疏散引导；辅助搬运行李。

在目前的运行组织情况下，高峰发车量最优可达 600～630 辆/h，相较以往单点发车的效率提高 25%，加大了出租车上客通道(点)通行能力，减少旅客候车等待时间，提升了出租车车道边消防疏散能力。

出租车站点发车规模，随着虹桥火车站发车列次及旅客的到达总量不断攀升，以下列举 2016—2017 年的出租车发车及客流数据统计(表 7-21、表 7-22)。

表 7-21　　2016 年出租车季度数据统计

统计日期	铁路南		铁路北		火车站合计	
	发车/车次	客流/人次	发车/车次	客流/人次	发车/车次	客流/人次
一季度	534 226	96.2	405 143	72.9	939 369	169.1
二季度	599 932	108.0	505 909	91.1	1 105 841	199.1
三季度	617 545	111.2	536 516	96.6	1 154 061	207.8
四季度	604 448	108.8	517 320	93.1	1 121 768	201.9
年度总计	2 356 151	424.2	1 964 888	353.7	4 321 039	777.9

表 7-22　　2017 年出租车季度数据统计

统计日期	铁路南		铁路北		火车站合计	
	发车/车次	客流/人次	发车/车次	客流/人次	发车/车次	客流/人次
一季度	648 501	116.7	535 857	96.5	1 184 358	213.2
二季度	727 161	130.9	639 801	115.2	1 366 962	246.1
三季度	735 070	132.3	671 050	120.8	1 406 120	253.1
四季度	692 537	124.7	616 191	110.9	1 308 728	235.6
年度总计	2 803 269	504.6	2 462 899	443.3	5 266 168	947.9

注：上客点客流量＝车流量×1.8(其中 1.8 为出租车辆载客系数)。

对运行数据分析发现以下规律。

(1) 南北差异，一般南上客点的发车量总大于北上客点，这与旅客偏向于向南走延安路高架路进入市区有关，目前北边的北翟路高架尚处于施工阶段也是旅客选择南边线路的原因，待北横通道贯通后该差异会有所减少。

(2) 年发车总量。与火车站旅客总量正相关，据虹桥火车站旅客数量数据，2017 年环比上升约 12%，出租车站点发车总量 2017 年环比上升 22%。

(3) 日发车总量与多种因素相关。受出租车供给量、火车旅客总量、晚间是否加开地铁等因素交织影响，但总体呈现暑运、小长假、周末较多的趋势。

(4) 小时发车量。在出租车供给有保证情况下与旅客类型如商务客、短途旅行游客、家庭以及携带行李的多少相关。最优情况高峰可达 10 s 发一辆车。

4. 出租车上客站点行业管理状况

从区域来看，依据《上海市虹桥商务区管理办法》(市政府令第 25 号)，由市一级的派出机构上海虹桥商务区管委会负责，组织协调虹桥枢纽内交通设施管理以及不同交通方式的衔接、集散和转换，协调落实应急保障工作。

从反恐防控治安条线来看，因出租车上客站点建筑结构与虹桥火车站为一体的，其日常的治安由铁路公安处虹桥站派出所负责。

从行业来看，出租车上客站点的行业管理属于上海市交通委员会，现场为上海市交通委员会执法总队枢纽联合支队四支队，其职责为负责出租汽车客运监督检查工作，并依法对有关违法案件实施查处。执法依据为《出租汽车驾驶员从业资格管理规定》《巡游出租汽车经营服务管理规定》《上海市出租汽车管理条例》《上海市网络预约出租汽车经营服务管理若干规定》《网络预约出租汽车经营服务管理暂行办法》《上海市出租汽车营业站管理办法》。

按照《上海市出租汽车营业站管理办法》第六条：出租车营业站日常管理单位应当对营业站内标设、护栏等设施进行定期维护保养。设在机场、火车站、客运码头、长途汽车站等客流较大地区的营业站还应配备符合要求的管理人员或者调度员，维持好营业站内的运营秩序。据此，上海虹桥枢纽交通中心建设发展有限公司负责虹桥火车站的出租车营业站点的设备设施养护，并配置了现场的调度员负责上客站点的秩序维护。

与出租车上客站点相关的法律法规还有很多，如反恐、消防、防烟、控烟等，交通中心公司每年组织现场外包单位对法律法规进行辨识、培训，此处不再一一表述。

5. 枢纽火车站出租车上客站点风险防控

1）风险防控特点

交通枢纽建筑面积约160万 m^2，日均客流量110万人次，目前客流量已经接近设计最大客流，集空、路、轨于一体超大型交通枢纽是上海连接世界的重要窗口。虹桥综合客运枢纽人流、车流、物流出入复杂，建筑体量大、空间复杂、多层叠加、相互交错，涉及的应急管理方面的责任主体更加复杂和多元。面临大客流、火灾、灾害事故、防控反恐等风险。因而综合客运枢纽必须建立枢纽特有的分级响应机制，做到各自应对，相互协同。

2）风险辨识

按照《企业安全生产标准化基本规范》的要求，以及2015年《上海市人民政府办公厅关于印发修订后的虹桥综合交通枢纽市级基层应急管理单元突发事件应急预案(总案)的通知》涵盖了风险评估、预警级别的定义及要求。明确枢纽各运营管理单位要对本单位内可能发生的突发事件进行分析评估，并有针对性地采取避免和降低风险的措施；加强各类风险隐患的日常管理，依法对各类危险源、危险区域进行调查、登记和评估，定期进行检查、监控。

交通中心公司作为综合客运枢纽衔接各种交通方式公共换乘区域的运行管理单位，已经建立《隐患排查治理管理制度》，建立分层安全隐患排查机制，明确责任部门、人员、方法；组织事故隐患排查工作，对隐患进行分析评估，确定隐患等级，登记建档，及时采取有效的治理措施。

(1) 每年由安质部牵头公司各业务部门开展隐患排查工作，编制《交通中心公司危险源辨识及控制措施策划表》对隐患进行分析评估，确定隐患等级，登记建档。

(2) 每月由管辖范围各区域现场管理单位负责人开展安全检查。

(3) 每日运行控制中心及管理人员开展安全点检。

(4) 交通中心公司建立季节性、节假日、重要活动前的隐患排查计划，开展专项隐患排查或专业性隐患排查。

(5) 交通中心公司在法律法规、标准规范发生变更或有新的公布时，以及社会上发生安全事故事件后，及时组织学习、研究，并组织隐患排查，落实安全措施。

隐患排查前制定排查方案，明确排查的目的、范围，选择合适的排查方法。排查方案应依据：有关安全生产法律、法规要求；政府相关职能部门的要求；设计规范、管理标准、技术标准；公司的安全生产目标等。

交通中心公司隐患排查的范围覆盖交通中心管理范围的所有运行、经营场所、环境、人员、设备设施和活动，并考虑多方面因素的交互影响。包括：恶劣天气，如台风、暴雨、雷电、降雪、冰冻、高温；时间点，如节假日、重大活动；社会治安形势；交通方式，停运、延误；大客流、车流；设备设施故障；维护维修、外来施工作业；人员精神状态、身体状态。

从风险点的辨识中应注意分析：物的不安全状态，设备设施如消防报警、消防设施、防汛设施；环境的不安全因素，人员聚集、外来车辆、气候、建筑体；管理缺陷，管理界面文件、规章制度、操作规程、应急响应；人的不安全行为，人员涵盖外部人员旅客、司机、执法人员、社会人员，内部人员秩序维护岗、保洁人员、维护维修施工人员等在出租车上客点或影响上客点的活动。

3）风险分析

（1）企业风险评级分析

依据沪安监行规〔2017〕1号《市安全监管局关于印发上海市企业安全风险分级管控实施指南（试行）的通知》，交通中心公司作为企业单位可以参照开展风险辨识、评价。文件将安全风险等级从高到低划分为四级。

A级：重大风险/红色风险，评估属不可容许的危险；必须建立管控档案，明确不可容许的危险内容及可能触发事故的因素，采取安全措施，并制定应急措施；当风险涉及正在进行中的作业时，应暂停作业。

B级：较大风险/橙色风险，评估属高度危险；必须建立管控档案，明确高度危险内容及可能触发事故的因素，采取安全措施；当风险涉及正在进行中的作业时，应采取应急措施。

C级：一般风险/黄色风险，评估属中度危险；必须明确中度危险内容及可能触发事故的因素，综合考虑伤害的可能性并采取安全措施，完成控制管理。

D级：低风险/蓝色风险，评估属轻度危险和可容许的危险；需要跟踪监控，综合考虑伤害的可能性并采取安全措施，完成控制管理。

交通中心公司开展风险辨识后，从分级来看，主要集中为C级、D级风险，考虑到曾经发生过的案例事件从升级管控的角度将少数纳入B级风险。从辨识出的风险源来看，出租车上客点并无重大风险源。事实上，从规划设计建设阶段，综合客运枢纽作为人员聚集的区域，相关规范就已规避重大风险源。

（2）枢纽风险评级分析

虹桥枢纽是由民用机场、铁路、公路、城市道路、轨道交通、公共汽（电）车、出租车等交通设施组成的特定区域，作为综合客运枢纽这一特定区域管理责任主体多、有多个应急单元叠加、应急协调涉及面广、突发事件处置难度大。其应急响应工作原则更多考虑的是多家枢纽运行单位的统一领导、分类管理、信息共享、联动应对，协同配合、快速处置，以人为本、安全至上。虹桥枢纽的应急以突发事件的影响范围及所需要的应急资源来分级响应，其响应体现了枢纽各运营管理单位各自应对，相互协同，枢纽应急领导小组牵头协调组织的机制。《虹桥综合交通枢纽市级基层应急管理单元突发事件应急预案（总案）》中对突发事件应急响应分为四级：Ⅰ级、Ⅱ级、Ⅲ级和Ⅳ级，分别对应特大、重大、较大和一般突发事件。

Ⅰ级响应标准：当枢纽突发事件性质特别严重、规模特大，且影响范围涉及枢纽外围地区，或超出枢纽应急处置能力，必须集中全市应急资源和力量实施处置的。

Ⅱ级响应标准：突发事件性质严重、规模很大，且影响范围波及枢纽地区全域，需要枢纽应急领导小组指挥协调相关成员单位共同应对处置的。

Ⅲ级响应标准：突发事件性质较重、规模较大，且影响范围涉及枢纽内两个及两个以上运营管理单位，已部分影响枢纽的正常运行，需要枢纽应急领导小组牵头协调相关运营管理单位共同实施应急处置的。

Ⅳ级响应标准：突发事件性质一般、规模较小，且影响范围只涉及枢纽内单个运营管理单位，不需要枢纽内其他运营管理单位参与处置的。

据此，对虹桥火车站出租车上客站点的风险进行分析并分级分类。从辨识出的风险来看绝大多数属于影响局限在出租车上客站点范围内，交通中心公司凭借自身管控及应急资源可以应对的，即属于Ⅳ级风险响应范畴。

交通中心公司自身难于解决，按照分级属于枢纽Ⅲ级风险响应的是出租车上客站点的大客流风险。随着虹桥火车站客流的上升，出租车上客站点的运行组织压力与日俱增。产生该风险的根本原因是上客点出租车疏散旅客的运能与高铁动车的大容量运输能力不相匹配，这一问题在日间常规交通方式公交、地铁停运后更为突出。加之虹桥火车站出租车上客点建筑属于地下空间，层高低，结构狭长，2 m 宽的车道边上设置了排队的护栏，排队通道狭窄。在大客流情况下人流车流聚集，车道边长时间积压大量排队乘客。如遇紧急事故，通道内过多的排队乘客拥堵、行李阻碍容易产生踩踏，遇到火警消防疏散困难。枢纽出租车候客点如图 7-19 所示。

图 7-19　枢纽出租车候客点

4）风险防控

（1）运营企业风险防控

针对分级属于枢纽Ⅳ级以上风险响应的出租车上客站点的大客流，交通中心公司采取如下措施控制风险。

① 设备设施方面优化：入口处增设微型消防站、增设车道边灭火器；优化车道边排队护栏设置，均衡各出租车上客点排队容量；排队围栏布设充分考虑围栏的活动性，避免紧急情况发生时围栏对人员疏散的阻碍；新增部分标志标线、道路隔离栏，引导司机准确驶入停车位；对车道路面进行改善，铺设防滑路面，降低出租车司机在地道内的事故率。

② 运行组织方面

一方面，明确管理界面。鉴于上客点消防安全、防恐防暴工作压力，要控制在上客点内的排队规模，经过与铁路虹桥站、铁路警方的反复沟通协调，目前明确以进入上客点的防火隔离门作为管理界面。据此编制了出租车上客点大客流情况应急处置预案，限流进入上客点，将等候旅客在进入上客点前就在铁路B1层大厅内组织排队，分批放入。

另一方面，采取以下措施：控制人流，在出租车上客点入口处控制进入站点人流，限制总人数；出租车流组织，有序进入站点，提高发车效率；与枢纽应急指挥中心、交通委值班、执法大队建立联系，传递缺车信息，及时引导出租车不断供；获取虹桥火车站到达列次及旅客人数信息，特别是红眼班次信息，做好人岗安排；加强人员培训，编制应急预案强化实战模拟演练。

（2）枢纽应急管理风险防控

着眼虹桥综合交通枢纽这一特定区域管理责任主体多、应急协调涉及面广、突发事件处置难度大的实际，规范应急管理体系，理顺体制机制，提高虹桥枢纽应对突发事件的能力，确保公众的生命财产安全，保障虹桥枢纽安全运行，政府层级的管理必不可少。为此《上海市虹桥商务区管理办法》（以下简称《办法》）经2010年1月4日市政府第66次常务会议通过，《办法》明确设立上海虹桥商务区管理委员会（以下简称管委会）。管委会是市人民政府的派出机构，并依据本办法的规定履行职责，其中：组织协调虹桥枢纽内交通设施管理以及不同交通方式的衔接、集散和转换，协调落实应急保障工作；本市在虹桥枢纽设立应急联动机构。管委会应当做好应急联动机构与虹桥枢纽各运营管理单位间的衔接工作，督促相关单位制定应急预案。

以上明确了作为市一级的派出机构管委会具有虹桥枢纽行政管理的组织协调、交通设施建设和运营管理的职责，并且在虹桥枢纽设立应急联动机构枢纽应急响应中心，做好应急联动机构与虹桥枢纽各运营管理单位间的衔接工作，督促相关单位制定应急预案。据此，管委会牵头编制了《虹桥综合交通枢纽市级基层应急管理单元突发事件应急预案（总案）》，明确了应急领导及指挥机构、应急联动机构即枢纽应急响应中心、办事机构即枢纽应急办；编制了《虹桥综合交通枢纽处置大客流专项应急预案》《虹桥综合枢纽紧急疏散专项应急预案》。

作为应急联动机构的枢纽应急响应中心（ERC）连接枢纽各交通方式及职能部门，实时把握枢纽运行状况，是综合客运枢纽信息共享机制、协调联动的核心。枢纽应急响应中心信息传递如图 7-20 所示。

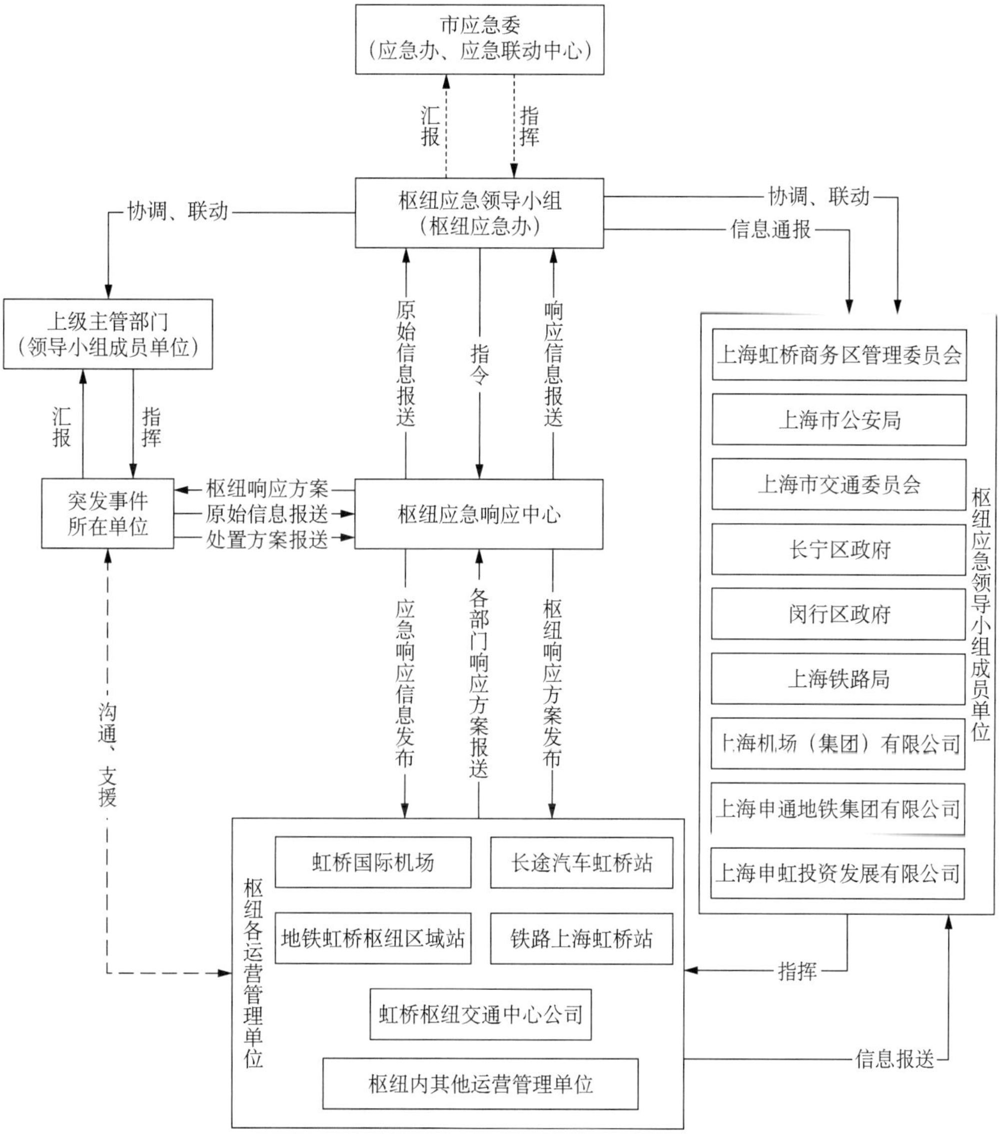

图 7-20　枢纽应急响应中心信息传递图

枢纽应急响应中心日常收集枢纽各运营管理单位的客运客流数据、气象数据等，接收突发事件报告，在收集分析汇总后向各运营管理单位发送预警信息、响应指令。

管委会在虹桥综合客运枢纽的风险防控中起到了举足轻重的作用。以虹桥火车站出租车上客点应对春运返程大客流为例：管委会年前召开枢纽运行管理单位联席会议专题协调落实春运工作保障措施；组织枢纽春运保障工作专项检查并对发现的问题提出整改要求；要求交通单位，如铁路虹桥站报送节后返程客流预测数据；协调市交通委制定了返程客流高峰交通保障预方案;建立了“虹桥枢纽应急保障”微信群,由各相关单位负责人参与,及时发布当日客流数量信息及应急响应、工作部署。

交通中心公司依据既往发车数据预警春运期间可能发生的到达大客流,应急响应中心、枢纽应急办综合分析考量火车红眼班次、车载旅客到达数据、气象数据上报应急领导小组指挥协调启动大客流专项预案二级、一级响应。

协调交通部门做好地铁加班车次并延长运行时间及出租车、公交春运夜宵专线等运力保障;协调相关部门、单位加强枢纽现场管理、秩序维护、旅客引导。

其中地铁加开班次、夜宵公交加大密度都极大增加了枢纽疏散旅客的运能,缓解了日间常规交通方式停运给出租车上客点带来的客流压力。交通中心公司也通过增设电子显示屏、协调铁路到达大厅广播分流旅客至地铁或夜宵公交,从而更好地控制大客流风险。

(3) 综合交通枢纽风险防控启示

① 政府挂帅。加强综合交通枢纽风险管理,应对各种突发事件,是维护枢纽平稳运行、畅通安全的一项重要工作,是坚持以人为本、执政为民和全面履行政府职能的重要体现。因而综合客运枢纽的风险防控,政府管理不可缺位。明确拥有足够职权的政府管理机构,才能组织协调相关政府管理机构、指导监督枢纽运营企业共同加入枢纽的风险防控中。只有政府管理才有行政执法权,可以调动枢纽外部资源,整合内部枢纽运行单位资源,弥补界面缝隙,编织风险防控的大网。

② 企业担当。明确枢纽运营企业的安全及风险防控主体责任。综合交通枢纽的运行组织可能由多家单位共同完成,在各家运行组织单位的管控范围内,安全及风险防控的第一责任人是企业,因而枢纽运行单位要自主建立安全及风险防控体系,积极开展隐患排查、风险辨识、防控风险,编制预案储备物资做好应急响应,同时落实投保事宜如公众责任险、资产类险种。除了做好自身的风险防控外,企业之间也应建立广泛的联系,做好信息的传递,明确彼此的界面协议以及风险防控应急响应的职责。参与枢纽运行组织的各家单位风险防控的基石稳健了,枢纽的风险防控才能落实。

③ 分级响应。综合交通枢纽的风险防控可以考虑影响的范围、涉及的运行管理单位、需要的资源等方面进行分级防控。按照企业管理范围风险可控、多家企业共同处置政府协调、枢纽范围政府指挥调度、超越枢纽范围应急资源需要上升到市级的防控响应。

综合交通枢纽最易遇到的是人员聚集带来的风险,在编制风控及应对预案时可以考虑依据旅客集聚的人数作为分级的量化标准。

④ 机制建立。综合交通枢纽的风险防控,在企业及政府共同参与下需要有一定的组织形式、工作机制。管委会牵头组建了 24 小时值守的枢纽应急响应中心,作为枢纽应急联动的工作平台完善相关应急联动机制与各枢纽运营管理单位的控制中心对接,承担枢纽各类突发事件的应急值守、信息汇总、综合协调和指挥平台等职责。

联席会议机制:管委会召集例会,交通管理机构、公安、街道、枢纽各运行单位参加,沟通客流信息,研讨运行问题,管委会协调。通过例会机制各单位、政府管理机构之间建立更紧密的联系,信息互通,寻求共识。

信息共享机制:通过枢纽应急响应中心、联系会议、专项会议、网络、微信、电话、传真等多种形式、技术手段建立最广泛的信息共享机制。枢纽运行组织相关的管理机构、运行单位收集积累数据并加以分析作为风险预警的基础。

(4) 出租车上客点风险防控与规划设计

上海虹桥综合交通枢纽是在2009年规划设计的,当时考虑虹桥火车站的客流疏散主要依靠地铁运能,同时为了便于旅客的快捷换乘出租车,虹桥火车站出租车上客站点采用的是地下空间的设计。从物理结构来看,上客站点狭长层高低,出入口较少,消防疏散困难;空气流动性较差,汽车尾气容易聚集;随着客流上升出租车等待时间长,旅客使用体验不佳,往往引起社会负面评价。

经过设计院测算,受限于出租车上客点的物理结构,增加发车点位如从现有两发车点改为三发车点,或是在2车道不可变情况下增加车位到2×6,受车流组织及人行距离的影响,发车效率不升反降。从运行组织高峰发车量来看,现在可达10 s发一辆车,这个速度受多种因素影响要再大幅提升也困难。在运行平顺的情况下,旅客从出租车上客点入口排队到乘上出租车的时间约为半小时。随着虹桥火车站到达客流的大幅增长以及旅客对出租车换乘的需求不断增长,出租车上客点内排满人并延伸到铁路到达大厅内的高风险时间段将不断延长。

对于大客运量的综合交通枢纽,出租车上客点的风险防控主要是解决在大客流情况下人流车流聚集,车道边长时间积压大量排队乘客所带来的踩踏及消防疏散问题,建议在规划设计站点时优选路面上客点,设置时考虑站点旅客的排队及遮蔽风雨。路面上客点消防疏散便利,可为出租车考虑专用道避免与社会车辆交互影响,上客点停车位采用并列多车道、港湾式、斜列式选择更多,运行组织形式也更为灵活。

【案例3】 虹桥枢纽其他风险源辨识及管控实践

1.《在役城市综合客运枢纽运营安全风险辨识手册》

风险因素是指能对人造成伤亡或对物造成突发性损害的因素,风险源是指一个系统中具有潜在能量和物质释放风险的、可造成人员伤害、在一定的触发因素作用下可转化为事故的部位、区域、场所、空间、岗位、设备及其位置。

与城市综合客运枢纽(以下简称:枢纽)运营安全有关的因素划分为四类:人、设备设施、环境和管理。这四种因素和灾害事件发生存在着必然的逻辑关系,借助事故树中的条件或门,运用布尔代数原理可写出式(7-1)。

$$T=X_1(X_2+X_3+X_4)=X_1X_2+X_1X_3+X_1X_4 \tag{7-1}$$

式中　T——灾害事件;

X_1——管理因素;

X_2——人为因素；

X_3——设备因素；

X_4——环境因素。

城市综合交通枢纽风险因素如图 7-21 所示。

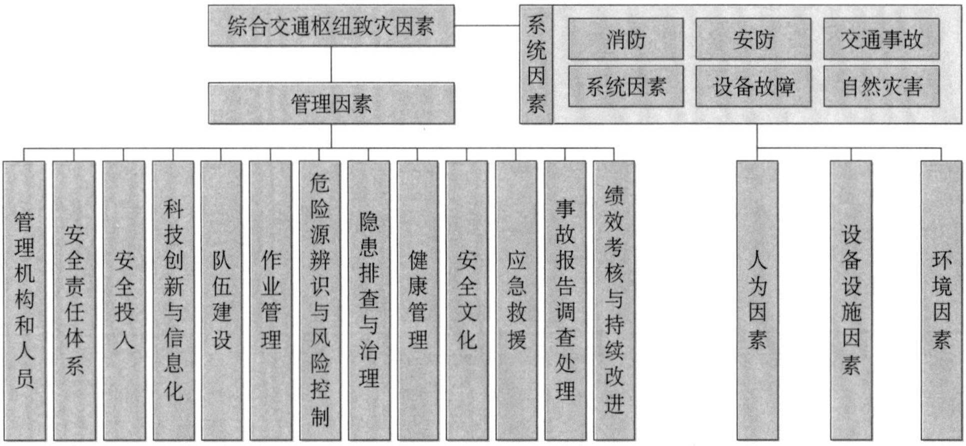

图 7-21　城市综合客运枢纽风险因素总图

根据枢纽不同事故类型，得到风险因素识别表(表 7-23)。

表 7-23　　枢纽风险因素识别表

事故类型		主要风险因素
消防	人员因素	乘客携带易燃易爆物品
		人员吸烟、工作人员对设备误操作或人为纵火等
		维修时产生电火花
		燃气使用端人员误操作
		保养维修时引入易燃易爆的清洗溶剂
		工作人员未按相关规章制度管理维护配电室
		餐饮等商业区违规使用明火
		违规将车停放在防火门下
		违规将车停放在消防通道
	设备设施因素	电气线路短路、过载、接触电阻过大
		电气设备失检、过载、短路
		导线、开关、接触器、接线端子等有过热及打火现象
		带电部位裸露，发生漏电
		变配电系统故障
		燃气管道老化，发生燃气泄漏，静电或明火引发火灾爆炸

（续表）

事故类型		主要风险因素
消防		车辆碰撞引发火灾
		车辆因电气或高温原因自燃
		机房通风系统故障导致机房温度升高
		机房发生静电导电现象（产生火花，引燃周围可燃物）
		电信机房内电脑、空调等用电设备长时间通电，设备故障引发火灾
	环境因素	使用可燃、易燃装修材料，尤其是空调隔热层和风管隔热材料
		配电室内堆放易燃易爆物
		雷击建筑物或设备
		储物间离厨房明火距离近
		周边有较大火灾危险性的建筑（易燃易爆化学品生产、充装、储存、供应、销售单位）
		防火分隔
		防烟分区
		耐火等级
		防火间距
		扑救条件
		疏散通道
		防排烟系统
		自动报警设备
		自动灭火系统
		诱导系统
安防	人员因素	人员身体本身疾病，健康状况异常
		人员密集区通风系统故障
		其他环境不适（高热、高湿等）
		酗酒后寻衅滋事
		枢纽内聚众闹事
		枢纽内打架斗殴
		儿童或老人走失
		抢劫盗窃
		宠物伤人
		风险人员携带、放置易燃易爆物品
		风险人员施放毒气
		风险人员闯入操作间抢夺刀具
		风险人员对食物下毒

（续表）

事故类型		主要风险因素
安防		行车区穿行、争抢上下车、强扒车门
	设备设施	屏蔽门故障，人员意外跌落或夹伤
		电梯关人、滑落、咬人事件
		电梯高处坠落，人员意外受伤
		楼扶梯护栏损坏，人员意外跌落受伤
	环境因素	暴雨、暴雪天气造成路面湿滑，人员意外摔伤
		漏水或跑水造成路面湿滑，人员意外摔伤
		安全防护缺陷（未及时清扫积雪、未及时设置防滑毯、未设置安全警示标识等），人员意外摔伤
		口部防护措施
		结构与材料
		疏散通道
		专用避难空间
		安全检查设备
		通信设备
		防排烟系统
		自动报警系统
		自动灭火系统
		毒物探测系统
		诱导系统
交通事故	人员因素	驾驶员开车打电话
		行人违规穿行车区通道
		未开转向灯或转向灯错误
		疏散或指挥错误
	设备设施因素	车辆的设备老化、漏油、操纵器缺陷、制动器缺陷等
	环境因素	交通标志、标线设置不当
		护栏数量、位置、高度等设置不合理
		安全警示标识缺失
		停车位指示信息错误
		出入口设置、管理不当
		周边交通环境不良
		路面塌陷等道路环境不良
		雨天、雪天、雾天等恶劣天气影响

(续表)

事故类型		主要风险因素
运营事件	人员因素	运营信息发布不及时
		疏散或指挥错误
		高峰时段应对措施不足
	设备设施	信息显示屏损坏
		误报警引起群体恐慌
		电梯停运
		照明灯具照度不足
		应急照明灯具电池故障
		用电设备过电压(操作与谐振过电压)导致停电
		电源系统故障
		自动售票机故障
	环境因素	因天气或接驳交通工具故障造成客流激增
		出入口设计不合理
		逃生通道数量、大小、分布等设计不合理
		楼扶梯或电梯的位置、宽度、台阶高度设计不合理
		突发事件引发恐慌
设备故障	人员因素	人员违规操作
		配电室未设警示标志或防盗铁门,非工作人员进入
		工作人员未按相关规章制度管理维护配电室
		给排水系统设计缺陷(如超高设计不良等),产生积水
		设备漏检漏修
	设备设施	水暖设施老化爆裂,发生跑水、漏水
		给排水管道爆裂或堵塞,产生积水
		排水泵故障,产生积水
		用电设备未安装漏电保护器
		电气设备漏电
		带电部位裸露
		办公室内乱拉线,线路绝缘层磨坏
		导线出入管口处的绝缘破损

（续表）

事故类型		主要风险因素
设备故障		配电接地装置出现故障
		配电室紧固接线端子与导线接头过热氧化严重
		设备带病作业
		设备超负荷工作
	环境因素	安全警示标识缺失
		地势较低的配电室，室外雨水或雪水发生倒灌
		有小动物钻入配电室的通道、孔洞等

2.《虹桥综合交通枢纽应急管理体系建设研究》

2010年，虹桥枢纽开展虹桥综合交通枢纽应急管理体系建设研究，分析了枢纽内交通主体应急管理体系现状，建立应急管理模式，明确风险管理框架设计，并进行风险评估。

根据突发事件的发生过程、性质和机理，我国将突发公共事件分为四类：自然灾害类、事故灾害类、公共卫生事件类、社会安全事件类；按照突发事件严重性和紧急程度，将突发事件分为重大事件(1级)、重大事件(Ⅱ级)、较大事件(Ⅲ级)和一般事件(Ⅳ级)四个等级。通过定性分析历史上各种事故灾害在上海发生的状况、前期调研分析报告，按照分类分级原则，我们对影响枢纽安全的主要风险类型进行分类汇总，并依据各自对枢纽安全影响程度的不同，对其发生频率及其危害程度进行了分析，初步归纳总结了枢纽安全影响因素的综合危险度。

虹桥枢纽内部集合了机场、地铁、高铁、地下空间四个基层应急单元，东、西交通中心等重要部门，公共区域、路面交通等关键领域。因此，在风险缝隙的时候，要对各个单元、部门、区域进行风险分析的基础上，综合考虑各风险类型对枢纽各个区域可能造成的影响，并对其危害程度进行综合评价，确保风险分析评估的全覆盖、科学有效。枢纽各类风险分析见表7-24—表7-27。表中“发生频率”是根据历史上该类型的事故灾害在上海发生的状况、前期调研分析报告进行定性分析而成，“影响程度”指在数据分析的基础上，结合枢纽区域特征，对可能产生的影响进行评价，这两项指标都有“高”“中”“低”三个测量值。

由于行业性特征及区域性特征的不同，同一风险类型对不同区域的影响程度会各有不同，我们在对风险进行分类、初步定性评估发生频率、影响(程度、范围)的基础上，需要重点分析各类风险会诱发枢纽不同区域及整体发生哪些突发事件。根据报告研究成果，表中“对枢纽的威胁”是枢纽不同区域可能发生的各类突发事件种类汇总。

表 7-24　枢纽自然灾害风险分析

风险种类	风险名称	对枢纽各组成各单元的影响							对枢纽交通中心的综合影响	发生频率	影响程度	综合危险度
		机场	轨道交通	高铁	东西交通广场	地下空间	磁悬浮	路面交通				
自然灾害	地震	建筑物受损或坍塌、重大人身伤亡、财产损失以及运营中断				坍塌导致堵塞	重大人身伤亡、财产损失及运营中断	权限瘫痪	重大人身伤亡、财产损失及运营中断	低	高	Ⅱ
	台风	航班延误或机场瘫痪	轨交区域内发生水管爆裂、漏水、积水	列车晚点、旅客滞留	供电设备受损致使大面积停电	地下设施积水、大面积浸水	区域内发生水管爆裂、漏水、积水	交通拥堵、部分区域中断	人流、车流拥挤	中	高	Ⅰ
	暴雨	航班延误或者机场积水而瘫痪(进出机场的道路积水、水管爆裂)	轨交区域内发生排水管爆裂、漏水、积水(汛期)	直接影响大,列车晚点、旅客滞留	地下车库积水,公交、出租影响大	地下设施积水、大面积浸水	直接影响小	交通受阻	间接影响大(车辆晚点、旅客滞留等)	中-高	高	Ⅰ
	大雾	航班延误	有一定间接影响	直接影响小	旅客滞留	没有直接影响	无直接影响	交通受阻	有间接影响	中	低	Ⅲ-Ⅱ
	冰冻雨雪	航班大面积晚点,旅客大量滞留	轻轨受较大影响,地铁影响小	列车晚点、旅客滞留	旅客滞留、人员拥挤	旅客滞留、人员拥挤	运行安全风险加大	交通受阻或中断	外围影响对枢纽造成巨大压力,旅客滞留	低-中	中	Ⅱ-Ⅰ
	雷击	可能引起人员伤亡、信息系统破坏、航班延误	无直接影响	影响小	影响较小	无直接影响	雷击是磁悬浮运行中应当重点防范的风险	直接影响较小	影响小	中	中	Ⅲ-Ⅱ
	高温	直接影响小	高峰时有一定影响	直接影响小	有一定影响	影响小	无直接影响	影响小	大客流时有一定影响	中	中	Ⅱ
	龙卷风	有造成机场局部受灾的可能	影响较小	直接影响有限	有一定影响	无直接影响	龙卷风造成的飞行物对行驶中的磁悬浮有较大影响	会造成部分交通拥堵或瘫痪	影响有限	中	中	Ⅲ

表 7-25 枢纽事故灾害风险分析

风险种类	风险名称	对枢纽各组成各单元的影响							对枢纽交通中心的综合影响	发生频率	影响程度	综合危险度
		机场	轨道交通	高铁	东西交通广场	地下空间	磁悬浮	路面交通				
事故灾难	火灾	建筑物坍塌、人群拥挤踩踏、重大人身伤亡	人群拥挤踩踏、运营中断、重大人员伤亡	建筑物坍塌、人群拥挤踩踏、重大人身伤亡	影响大，严重的会造成人员伤亡、客流疏散有一定困难	影响巨大，可能造成重大人员伤亡、人流疏散困难	人群踩踏、运营中断、重大人身伤亡	交通拥堵	区域内火灾，影响大，其他区域火灾有较大影响	中-高	高	Ⅰ
	化学爆炸	人流集中区域将造成群死群伤、设备受损、人群拥挤等							群死群伤、人群拥挤等	中	高	Ⅱ-Ⅰ
	危险化学品(有毒气体)泄露	引起中毒、火灾、爆炸等重大人员伤亡							火灾爆炸，重大人员伤亡	低	高	Ⅱ
	重要运营设备故障	系统中断/失效、信息系统、助航系统、空管系统、空管设备故障或者瘫痪	突发长时间全面停电、大面积停电、停水、停热、停冷	旅客大量滞留	突发长时间全面停电、大面积停电、停水、停热、停冷		运行中断	交通拥堵	人群拥挤、群体性事件	高	中	Ⅱ
	能源系统故障(水、电、气、通风排烟)	人群拥挤、群体性事件、火灾、污染	列车停运，电气火灾和触电	人群拥挤、群体性事件、火灾	人群拥挤、群体性事件、火灾、污染	人群拥挤、群体性事件、火灾、污染	人群拥挤、群体性事件	交通拥堵	人群拥挤、群体性事件	中	中	Ⅱ
	系统失效/中断：通讯信息系统、助航系统	通信信号中断、航班延误、人群拥挤踩踏	通信信号中断、人群拥挤，列车大面积停运，列车脱轨、冲突、颠覆	列车晚点或者停运、旅客大量滞留	人群拥挤、群体性事件	人群拥挤踩踏	通信信号中断、列车停运、人群拥挤踩踏		人群拥挤、群体性事件	中	高	Ⅲ-Ⅱ

（续表）

风险种类	风险名称	对枢纽各组成各单元的影响							对枢纽交通中心的综合影响	发生频率	影响程度	综合危险度
		机场	轨道交通	高铁	东西交通广场	地下空间	磁悬浮	路面交通				
事故灾难	系统辅助设施故障（站台、站厅、大通道）	人流拥挤踩踏、火灾、旅客大量滞留	人流拥挤踩踏、火灾、旅客大量滞留	人流拥挤踩踏、火灾，旅客大量滞留	人流拥挤踩踏、火灾		人流拥挤踩踏、火灾		人群拥挤、群体性事件	低	高	Ⅲ
	大客流爆满（非政治因素引起）	群体性事件、人群拥挤踩踏	群体性事件、人流挤下站台	旅客大量滞留	群体性事件、人群拥挤踩踏		乘客被拥挤人流挤下站台	交通拥堵	群体性事件、人群拥挤踩踏	中	中	Ⅱ-Ⅰ
	航空器紧急事件：失事（坠毁、爆炸、起火、严重损坏），空中故障，冲出或偏离跑道、地面火灾	航班延误或机场瘫痪	直接影响小	直接影响小	人流拥挤踩踏		人流拥挤	交通拥堵	人流拥挤	低	高	Ⅱ
	列车脱轨、冲突、颠覆	人流拥挤	列车运行中断、严重人员伤亡	人流拥挤	人流拥挤踩踏		人流拥挤		人群拥挤、群体性事件	中-低	高	Ⅱ
	未遵守乘客规则：跳下站台、擅自携带危险品	火灾爆炸	列车运行中断、火灾爆炸	列车运行中断、火灾爆炸	可能引起爆炸等事故	引发公共换乘空间人流拥挤等	影响运行安全	引发爆炸等事故	引发爆炸、恐慌、踩踏等人身安全事故	中	高	Ⅱ

表 7-26 枢纽突发公共卫生事件风险分析

风险种类	风险名称	对枢纽各组成各单元的影响：机场	轨道交通	高铁	东西交通广场	地下空间	磁悬浮	路面交通	对枢纽交通中心的综合影响	发生频率	影响程度	综合危险度
突发公共卫生事件	食品安全	影响较小			食物中毒等	餐饮引起食物中毒等	无直接影响	无直接影响	枢纽内可能引起大面积人员中毒或其他事件	中	中	Ⅱ
	重大传染病	相互传染的危险性，并有向外传播的风险							人流恐慌引起踩踏事故	低	中	Ⅱ
	动物疫情	有一定间接影响							有一定影响	低	中	Ⅲ
	群体性不明原因疾病	可能引起航班延误，旅客滞留	旅客滞留、人流恐慌引起踩踏事故					无直接影响	引起恐慌，严重的可能引起踩踏事故	低	中	Ⅲ
	其他公共卫生事件	有一定影响							有一定影响	中	低	Ⅲ

表 7-27 枢纽社会安全风险分析

风险种类	风险名称	对枢纽各组成各单元的影响：机场	轨道交通	高铁	东西交通广场	地下空间	磁悬浮	路面交通	对枢纽交通中心的综合影响	发生频率	影响程度	综合危险度
社会安全	恐怖袭击	重大的人身伤亡、财产损失以及运营中断							重大的人身伤亡、财产损失以及运营中断	低	高	Ⅰ
	治安群体性事件	引发骚乱，可能导致航班、列车和地铁等延误，严重的影响枢纽运营							影响枢纽运行，可能引发重大事故	高	中	Ⅱ
	人为蓄意破坏，非法干扰	有一定影响，严重的影响枢纽局部运行							有较大影响	中	中	Ⅲ-Ⅱ
	劫机事件	运营终端、人员伤亡	有一定间接影响				无影响	有一定间接影响	影响枢纽运行，可能引发重大事故	低	高	Ⅰ

参 考 文 献

［1］孙建平.交通安全风险管理与保险［M］.上海：同济大学出版社，2016.

［2］住房和城乡建设部地铁与轻轨研究中心.城市轨道交通技术规范：GB 50490—2009［M］.北京：中国建筑工业出版社，2009.

［3］上海市交通港航发展研究中心.上海市交通行业发展报告(2017)［J］.交通与港航，2017，4(4)：70.

［4］裴欢，张薇薇.关于轨道交通运营风险控制的一些思考［J/OL］.城市建设理论研究：电子版，2013(19).

［5］张正贵，袁春强，徐树亮，等.南京地铁运营危险源识别及风险评估与控制［J］.都市快轨交通，2011，24(5)：34-37.

［6］施国荣.厦门市出租汽车企业风险管理研究［D］.西安：长安大学，2012.

［7］刘杰，刘力力，衡玉明.城市综合客运枢纽运行安全现状分析［J］.道路交通与安全，2014(6)：10-12.

［8］朱忠隆，蒋宏，贺胜中，等.虹桥综合交通枢纽应急交通疏散预案仿真研究［J］.交通与运输，2008(2)：41 44.